U0906005

“十二五”职业教育国家规划教材
经全国职业教育教材审定委员会审定
江苏省高等学校精品教材

公共基础课教材系列

大学生职业发展与就业指导

（第三版）

季跃东　主编

科 学 出 版 社
北 京

内 容 简 介

本书系统介绍了大学生在校期间应如何为终身的职业发展做好准备，以及如何应对在求职中遇到的问题。主要内容包括：大学生在职业道德、职业能力和职业心理等方面应具备的基本素质；职业、职业观念、职业选择、职业规划、创业的有关知识；求职前的准备和求职活动指导，以及有关就业的各项政策、法规、程序等。

本书结构新颖、内容丰富、指导性强，可作为高职院校职业发展指导课程教材或教学参考用书。

图书在版编目（CIP）数据

大学生职业发展与就业指导/季跃东主编．—3版．—北京：科学出版社，2019.10

（“十二五”职业教育国家规划教材·经全国职业教育教材审定委员会审定·江苏省高等学校精品教材）

ISBN 978-7-03-062398-0

Ⅰ．①大…　Ⅱ．①季…　Ⅲ．①大学生-职业选择-高等学校-教材　Ⅳ．①G647.38

中国版本图书馆CIP数据核字（2019）第210790号

责任编辑：沈力匀/责任校对：赵丽杰

责任印制：吕春珉/封面设计：耕者设计工作室

科学出版社 出版

北京东黄城根北街16号

邮政编码：100717

http://www.sciencep.com

三河市骏杰印刷有限公司印刷

科学出版社发行　各地新华书店经销

*

2008年9月第一版　2022年9月第二十五次印刷

2012年9月第二版　开本：787×1092　1/16

2020年10月第三版　印张：19

字数：470 000

定价：50.00元

（如有印装质量问题，我社负责调换〈骏杰〉）

销售部电话 010-62136230　编辑部电话 010-62135235（VP04）

第三版前言

本书充分吸收和借鉴国内外职业生涯规划与就业创业指导方面的理论和经验，根据我国高职教育规律和人才培养特点，从教育学、管理学、社会学、心理学等角度阐述大学生职业发展和就业指导的理论，加强大学生职业观念、职业素质、职业生涯规划和就业创业能力的培养，引导其树立科学的人生观、价值观和就业观，科学规划职业生涯，明确职业定位，提高就业的实效性和针对性，逐步构建适合我国大学生就业指导课程的体系和内容。

全书本着必需、够用、实用的原则，从解析大学生职业规划和职业发展必备的能力入手，分为职业认知、职业生涯规划、求职指导三篇，涵盖就业形势和专业认知、职业素质培养、职业意识启蒙、个体发展评价、创新创业基本素质养成、就业观念引导、求职途径与技巧、入职适应指导、职业发展能力等内容，对学生职业发展与就业进行全方位指导。编者综合考虑高职多学制、课时数较少、重视技能训练、培养模式多样化等因素，使理论与实践相结合，教师讲授与学生自主学习相结合，提高了大学生职业发展与就业指导和课程内容的指导性、实用性和适应性。

本书在写作上力求体现如下特点：

1）改变传统的按学科理论体系编排内容的体例，根据大学生认知规律、就业创业能力培养过程，按照能力培养目标组织全书内容。

2）针对高职教育推行工学结合培养模式的要求，各篇相对独立，便于灵活调整教学内容和进度。

3）将国外职业生涯规划的成果同中国国情和高职人才培养目标有机结合起来，力求本土化，增强实用性。

4）理论教学与实践训练并重，通过案例强化理论教学的效果。书中实践活动要求和校园文化活动、社团活动、社会实践、职业心理测评和咨询等活动有机结合起来，用团队活动、模拟情境训练、讲座、辅导、咨询来拓展实践性课程，切实提高大学生的职业发展的能力。

5）针对高职院校相关师资力量较为薄弱、缺乏大学生职业发展与就业指导实践经验的现状，通过内容牵动，强化教与学的互动，教学相长。

自 2008 年 9 月第一版出版以来，众多职业院校采用本书作为职业发展与就业指导教材或者教学参考书；本书于 2011 年被评为“江苏省高等学校精品教材”；2012 年进行了第二版修订，成为“普通高等教育‘十二五’规划教材”。随着社会经济的发展变化，大学生职业指导与就业创业形势新政策、新视点、新理论和新要求不断更新，为了与时俱进，编者对第二版的体系和内容做了修订和调整。在体系上，全书分篇、章、节，在章之下分设“理论指导”和“学生活动”两个板块。在内容上，汲取了最新资讯，大部分章节更新了内容；增加了部分章节的学生活动内容；更新了图表内容；作为立体化教材创新尝试，将教学课件（PPT）和学生拓展阅读形成二维码，插入相关章节供授课教师和学生扫描阅读或下载。

本书由江苏工程职业技术学院季跃东担任主编，并负责全书的策划、统稿和定稿工作。参与本书编写的都是从事大学生职业发展与就业指导的一线教师，具体编写分工如下：第一章、第三章、第五章由季跃东编写；第二章由王谦编写；第四章由吴云霞编写；第六章由刘记红编写；第七章由冯思遐编写；第八章至第十章由姚英编写；第十一章由徐磊编写；教学课件（PPT）部分，第一至第六章由石慧编写，第七至第十一章由史蓓编写。

在本书编写的过程中编者参考了部分大学生职业发展与职业指导方面的书籍和相关互联网的内容，在此向相关作者表示感谢。限于编者的水平，书中不足之处在所难免，欢迎广大读者批评指正。

第一版前言

本书定名为《大学生职业发展与就业指导》，旨在充分吸收和借鉴国内外职业生涯规划和就业指导方面的理论和经验，根据我国高职教育规律和人才培养特点，从教育学、管理学、社会学、心理学等角度阐述大学生就业指导的理论，加强大学生职业观念、职业素质、职业生涯规划和就业指导与服务，引导大学生确立科学的人生观、价值观和就业观，科学规划职业生涯，明确职业定位，提高大学生就业指导工作的实效性和针对性，促进大学生顺利就业，逐步构建适合我国高职高专大学生就业指导课程的体系和内容。

全书在结构体系上，本着必需、够用、实用的原则，从解析高职大学生职业规划和职业发展必备的能力入手，按照就业能力分解为若干项目模块构建教材结构体系，每个模块按照本章综述、理论指导、案例分析、学生活动、阅读资料来编排内容，其中本章综述、理论指导、案例分析、学生活动为纸质教材；阅读资料为网络教材内容。书中内容由职业生涯规划、职业素质培养、求职指导和职业发展四大板块构成，涵盖职业意识启蒙、行业发展和专业认知、个体发展评价、职业素质培养、就业观念引导、求职途径与技巧、入职适应指导、职业发展能力等内容，对学生就业进行全程指导。综合考虑高职多学制、课时数较短、重视技能训练、培养模式多样化的因素，做到纸质教材和网络教材相结合，课内学习和课外学习相结合，校内学习和校外实践相结合，理论和实践相结合，教师讲授和学生自主学习相结合，提高教材对大学生就业指导和服务的针对性、指导性、实用性、操作性、时效性和适应性。

本书在写作上力求体现如下特点：一是改变传统的按学科理论体系编排内容的体例，按照大学生认知规律、就业能力培养过程，按照能力培养体系形成教材编写体系；二是针对高职教育推行工学结合培养模式的要求，各个模块相对独立，便于教学实践中灵活调整教学内容和进度；三是将国外职业生涯规划的成果同中国国情和高职人才培养目标有机结合起来，力求本土化，增强实用性；四是理论教学与实践训练并重，通过案例强化理论教学的效果，书中实践活动要求和校园文化活动、社团活动、社会实践、职业心理测评和咨询等活动有机结合起来，用团队活动、模拟情境训练、讲座、辅导、咨询来拓展实践性课程，切实提高大学生的职业发展的能力；五是增强数字化资源内容，收录了就业政策、行业发展趋势、成功案例、求职文本等内容，便于广大师生选用，读者可以在南通纺织职业技术学院招生就业网站“生涯设计”专栏（www.zjc.nttec.edu.cn）和科学出版社职业技术出版中心网站“资源下载”专栏（www.abook.cn）中阅读或下载；六是针对高职院校相关师资力量较为薄弱、缺乏高职学生职业发展指导实践经验的现状，通过教材内容牵动，强化师生教与学互动，教学相长，提高教学效果。

本书由南通纺织职业技术学院季跃东担任主编，并负责全书的策划、统稿和定稿工作。参与编写的人员都是从事大学生就业指导和服务的教师。全书共十一个章节。前言、

第 1 章、第 3 章、第 5 章、第 8 章、第 9 章、第 10 章由季跃东编写；第 2 章由吴云霞编写；第 4 章由王谦编写；第 6 章由刘纪红编写；第 7 章由冯思霞编写；第 11 章由徐磊编写。在编写过程中参考了部分大学生职业指导方面的书籍和部分互联网的相关内容，在此向原作者表示感谢。限于编者的水平，书中有不妥之处，欢迎读者批评指正。

目　　录

上篇　职 业 认 知

中篇　职业生涯规划

下篇　求职指导

上篇

职业认知

第一章　大学生就业体制和就业形势

本章要点

高等职业教育培养的是生产、管理、服务第一线的高素质技能型人才，实质上就是生计教育、就业教育。本章主要通过阐述我国大学生就业政策的发展和变化、现行大学生就业政策的特点、目前大学生就业的环境和就业发展的趋势，引导和帮助大学生在适应大学生活的同时，及早了解大学生就业政策、就业形势和就业发展趋势，掌握提高自身就业能力的有效办法，对自己的职业生涯进行科学合理的规划，从而实现人与职业的和谐匹配。

理论指导

第一节　大学生就业体制的变革

> 物竞天择，适者生存。
>
> ——赫胥黎

作为高等职业教育体制的组成部分，大学生就业体制的变革随着计划经济体制向社会主义市场经济体制的转变而不断变化。它始终与我国的生产力和经济、政治体制及其他体制改革相适应，并随着各项体制改革的深化而不断深化。我国的大学生就业体制的演变，受政治经济体制的变革、生产力发展水平、国民经济对人才的需求和高等职业教育规模等因素的影响，经历了计划经济时代指令性计划的“统招统分”阶段，计划经济向市场经济转轨过程中的国家分配与自主择业相结合的过渡阶段，市场经济体制下的双向选择、自主择业阶段。大学生就业，首先要了解国家宏观就业政策和制度的变迁，了解就业法律法规、就业途径及就业市场的运行规律和发展趋势，只有这样才能未雨绸缪、少走弯路，增强实现自身职业预期的可行性（表 1-1）。

表 1-1　我国就业体制的变化

时间	经济体制	就业体制	特点
中华人民共和国成立至 20 世纪 80 年代初	计划经济	计划分配为主体	统一计划单向分配，不自主、精英教育

续表

时间	经济体制	就业体制	特点
20 世纪 80 年代初至 90 年代末	经济转型	国家分配和自主择业相结合	扩大高校毕业生的分配权，逐步改变分配计划的调配方法，试行招生和就业“双轨制”，推行高等教育收费上学、毕业自主择业制度
20 世纪90 年代末至今	市场经济	双向选择、自主择业	就业导向，就业关系合同化，就业市场多层次、多样化

一、计划经济时代计划分配为主体的就业体制

中华人民共和国成立后到 20 世纪 80 年代初期，我国建立了高度集中的计划经济体制，大学生毕业实行由各级政府负责的统一计划分配制度。我国大学生毕业分配工作始于 1950 年。1951 年，政务院颁布的《关于改革学制的决定》明确规定了国家对大学生毕业实行统一计划分配的制度，从此，高度集中的高校毕业生计划分配管理制度开始形成。“文化大革命”时期，在当时特定的经济、政治形势下，高等学校（简称高校）实行以推荐为主的从工农兵中招收在校生的制度，在招生和分配就业上实行“厂来厂去、社来社去、哪来哪去”这种特定的招生和就业制度。1977 年，我国恢复全国统一考试的高考制度，并重新实行统一分配制度。1981 年，在国家统一计划下，按照“抽成调剂、分级安排”的办法，原则上由教育部直属高校、中央业务部门主管的院校和省（自治区、直辖市）主管的院校分别对大学生毕业面向全国、本系统、本地区分配。在之后几年中，虽然高校毕业生计划分配的就业体制有过调整，但是“统招统分”的基本特征没有改变。

二、经济体制转型期国家分配和自主择业相结合的就业体制

随着改革开放的逐步推进和社会经济的不断发展，我国以“统”和“包”为特征的高校毕业生分配体制与社会生产力和经济、政治发展状况不相适应的矛盾日益暴露出来，主要表现为：①高等学校、毕业生和用人单位难以直接见面，造成了学非所用、用非所学、专业不对口的现象；②计划分配制度环节过多，造成了分配渠道的不畅通；③条块分割的就业管理体制，造成了部委和地方所属高校毕业生很难进行横向调剂，毕业生资源配置不合理；④用人单位急需的人才要不到，不需要的人才却年年供给，造成人才的积压与短缺并存；⑤大学生包分配，在一定程度上削弱了学生学习的主动性；⑥高校不了解社会，专业设置不能适应社会需求，缺乏提高办学质量、效益的内在动力和外部压力，阻碍了教育质量的提高和高等教育事业的发展。从 20 世纪 80 年代初起，我国大学生毕业就业制度开始进行渐进式的改革，主要包括以下几个方面的内容。

（一）扩大高校毕业生的分配权

1985 年，《中共中央关于教育体制改革的决定》提出了改革大学招生的计划制度和高校毕业生分配制度的要求，指出：国家招生计划内的大学生，毕业分配实行在国家计划指导下由本人选报志愿、学校推荐、用人单位择优录用的制度。从 1986 年起，由原国

家计划委员会主管的编制高校毕业生分配计划的工作，改由原国家教育委员会（现已恢复为“教育部”）主管，促进了高校毕业生分配工作的进一步改革，逐步将原来由政府直接管理的部分权力（如毕业生分配计划建议权、毕业生分配名单决定权、分配计划不当的调整权、少数学生的直接分配或建议权等）交给学校。

（二）逐步改变分配计划的调配方法

改变分配计划的调配方法主要是指改变过去全部由政府部门少数人编制分配计划的办法，采取由主管部门和高等学校上下结合的方法编制分配计划。从 1986 年开始，原国家教育委员会直属院校 80%的高校毕业生，由原国家教育委员会提出分专业、分用人单位的分配方案；另外 20%的高校毕业生，则由学校根据社会需求提出建议分配计划。

（三）试行招生和就业“双轨制”

1986 年，清华大学和上海交通大学等学校成为在供需见面的基础上由用人单位自主招聘、考核、录用的改革试点。随后，供需见面的高校毕业生就业办法在全国高校中逐步推广实行。1989 年，国务院批转了原国家教育委员会《关于改革高等学校毕业生分配制度的报告》，对高等学校招生和就业提出了“双轨制”要求，决定把高等学校的招生计划分为国家任务招生计划和社会调节性计划（指联合办学、委托培养和自费上学的学生），相应地改变高等教育培养费拨付办法，建立各种奖学金和某些收费制度，逐步将高校毕业生计划分配就业制度改为社会选择就业制度。国家任务招生计划招收的学生，毕业后可在国家方针、政策指导下，按照有关规定在一定范围内选择职业，用人单位择优录用。社会调节性计划招收的联合办学、委托培养的学生，毕业后到合同规定的地区、行业或单位择优录用；自费生毕业后自主择业，也可以请学校帮助推荐就业。供需见面、双向选择的分配办法，于 1990 年全面实行。《关于改革高等学校毕业生分配制度的报告》同时也提出了“按长远改革方向，毕业生将主要通过人才（劳务）市场自主择业”的最终改革方向。到 1993 年，全国有 100 多所高校毕业生开始按照“双向选择”的方式就业。

（四）推行学生自费上学，毕业自主择业制度

随着社会主义市场经济体制的逐步确立和高等教育办学规模的逐步扩大，国家承担大学生培养费用，以及毕业生就业单靠行政手段包分配的就业体制已不能适应形势发展的需要。随着经济体制、政治体制和科技体制改革的深化，教育体制改革必然要采取综合配套、分步推进的方针，加快步伐改革“包得过多、统得过死”的体制，初步建立起与社会主义市场经济体制和政治体制、科技体制改革相适应的教育新体制。

1993 年，中共中央、国务院颁布了《中国教育改革和发展纲要》，1994 年国务院发布了《关于〈中国教育改革和发展纲要〉的实施意见》，原国家教育委员会也提出了《关于进一步改革普通高等学校招生和毕业生就业制度的试点意见》。这几个文件对高等学校的招生和毕业生就业制度改革提出了明确的要求：改变全部按国家统一计划招生的体制，实行国家任务计划和调节性计划相结合，逐步扩大招收委托培养的学生和自费生的比重，改革学生上大学由国家“包下来”的做法，逐步实行收费制度，有条件的地方和学校，

可进行国家任务计划和调节性计划招生“并轨”改革的试点；改革高校毕业生“统包统分”和“包当干部”的就业制度，实行少数毕业生由国家安排就业、多数由学生“自主择业”的就业制度，高校毕业生“双向选择”的范围进一步扩大。《中国教育改革和发展纲要》提出，“随着社会主义市场经济体制的建立和劳动人事制度的改革，除对师范学科和某些艰苦行业、边远地区的毕业生，实行在一定范围内定向就业外，大部分毕业生实行在国家方针政策指导下，通过人才劳务市场，采取‘自主择业’的就业办法。与此相配套，建立人才需求信息、就业咨询指导、职业介绍等社会中介组织，为毕业生就业提供服务”。国务院发布的《关于〈中国教育改革和发展纲要〉的实施意见》明确提出，到1997年大多数学校按新制度运作，到2000年基本实现新旧体制转轨的改革步骤。

1994年，全国37所重点院校试行并轨制收费，到1998年，大学开始全面自费，大学生从此要自费读书。1997年，原国家教育委员会颁布《普通高等学校毕业生就业工作暂行规定》。1998年，第九届全国人民代表大会第一次会议批准将“国家教育委员会”又更名为“教育部”，全国毕业生就业由教育部归口管理。高校毕业生就业管理体制初步完成由条块分割向条块有机结合的转化，采取在政府宏观调控下，以市场需求为导向，实行分级负责、相互调剂的办法。国家根据每年度高校毕业生的资源情况和社会对高校毕业生的需求，制订年度方针、政策或指导性就业计划，高等学校按照国家的方针、政策和学校主管部门的要求落实高校毕业生就业计划，组织派遣高校毕业生，用人单位按照国家下达的接收计划接收高校毕业生。不同隶属关系高等学校的毕业生就业办法又有所不同。

三、市场经济体制下的双向选择、自主择业阶段

随着1999年开始的高校扩大招生和高等教育管理体制改革的深入发展，高校毕业生数量迅速增加，我国高等教育开始进入大众化教育阶段，我国大学生就业工作也随之进入了一个新的历史阶段。由于思想观念、体制和工作等原因，高校毕业生就业产生了一些新的问题，一些地方高校毕业生就业出现困难。党中央和国务院高度重视高校毕业生就业工作，进一步完善高校毕业生就业工作的管理体制，以《国务院办公厅转发教育部等部门关于进一步深化普通高等学校毕业生就业制度改革有关问题意见的通知》为标志，根据新的就业形势和任务，确立了高校毕业生“市场导向、政府调控、学校推荐、学生和用人单位双向选择的就业机制”和“由政府主管领导牵头，有关部门参加的领导协调机构，统筹做好高校毕业生就业工作”的就业工作管理体制。在此基础上，国务院、各有关部委、各省（自治区、直辖市）根据各自的职能，相继出台配套的政策文件、措施和实施细则，取消了高校毕业生就业制度中户口迁移、就业单位、用人指标等制约高校毕业生自主择业的瓶颈，制约和限制高校毕业生就业的政策性障碍逐步消除，高校毕业生到基层和非公有制单位就业、自主创业、灵活就业和多渠道就业得到鼓励、支持和肯定。到“十五”期末，逐步构建起与市场经济体制相适应的促进大学生就业的政策制度体系和就业市场体系，在全社会营造了关心、支持高校毕业生就业的环境，为高校毕业生的就业提供一系列优惠政策条件和良好的外部环境，为做好高校毕业生就业工作提供了重要的组织保证和体制保障。

现行大学生就业机制的核心是按市场机制运作，自主择业，以优胜劣汰、双向选择

的市场竞争为主导，以人才市场和就业市场为中介，实现人才供需关系的动态平衡和人力资源配置的效益最优化。它具有以下特点。

（一）大学生就业关系合同化，市场导向机制在高校毕业生就业工作中发挥主体作用

以市场导向机制为特征的大学生就业市场具有鲜明的特点。

首先，大学生就业市场以需求为导向，供需双方见面。大学生作为供给方根据自己的专业知识、择业意向、工作能力等条件选择工作单位；用人单位作为需求方根据岗位要求和毕业生的综合素质，择优录用所需人员。双方的选择结果由供求关系决定，最终供需双方签订就业协议。无论企业、事业单位，还是国家机关、社会团体，只要录用高校毕业生，都必须签订就业协议。大学生也必须按照就业协议上岗工作。这种机制是随着我国经济体制改革、劳动人事制度改革、大学生就业制度改革的不断深入，逐步建立和形成的，也有一个逐步规范的过程。

其次，大学生就业市场是一种专门性的人才市场。大学生学历相对整齐，从大专生到研究生，年龄相近，所学习的专业知识仅仅是基础，相对比较接近，因而就业时竞争比较激烈。

再次，大学生就业市场是一种初次就业市场。大学生一般从每年 7 月 1 日起毕业，许多高校特别是高职高专学校将毕业生实习和就业结合起来，实行预就业制度，使大学生提前一个学期进入就业市场，具有一定的季节性和时限性，择业受毕业时间相对集中、选择职业时间较短的影响较大。大学生大多数没有就业经历，缺乏就业经验，就业愿望迫切，期望值较高，理想和现实之间容易产生矛盾。

最后，这是一种群体性就业市场。随着高校扩招，全国每年有几百万名大学生就业。大学生大都要通过就业市场走出校门、走向社会，因而就业市场不是孤立的、分散的，而是集体的、聚合的，具有鲜明的群体性。与之相对应，人才市场的有效需求却在短期内增加有限，因而就业岗位有限，就业压力增大。

大学生应当根据上述就业市场的特点，从自己的实际出发，选择不同的市场来就业。同时，市场是变化的，高校毕业生的就业策略和期望值也应随市场的变化而变化。当市场需求大时，大学生可提高期望值，好中选优；当市场需求较小时，大学生应降低期望值，低中选高。当然，劣与优、低与高都是相对的，大学生可酌情而定。大学生在就业市场中择业，必须明确自己的权利和义务，而大学生最基本的权利是选择权，基本的义务是遵守市场的规则，把个人的志愿与国家的需要紧密地结合起来，只讲权利不讲义务是不行的。市场是无情的，竞争是激烈的，大学生必须清醒地意识到这一点。一旦进入市场，就是一场知识的竞争、能力的竞争、素质的竞争，危机意识是不可缺少的。有了危机感，大学生才会更加珍惜大学生活，集中精力学习知识和技能，提高素质，增强自己的竞争力。

（二）大学生就业市场具有多层次、多样化的特点

在国家政策培育下，大学生就业市场正在逐步成熟起来。目前我们所讲的大学生就业市场，主要是指有形的市场，它的主要特征是有固定的场所、有具体的时间和地点、有特定

的招聘对象等。有形市场按不同的分类标准，主要有表 1-2 所示的几种形式。

表 1-2　就业市场的类别及其特征

分类依据	具体类别	具体形式
举办单位	单个学校举办的大学生就业市场	针对本校大学生的专业特点和服务行业，邀请相关的用人单位参加，主要为本校大学生就业服务举办的招聘会、洽谈会 优势：高职院校通过产学合作的方式通过供需双方建立经常性的联系，与用人单位共建一批稳定的实训和就业基地，学校对大学生就业指导和服务的作用得以充分发挥，从而使这类就业市场签约率较高，市场效益较佳。此种形式因其高效、可靠、真实、规范而深受大学生和用人单位的欢迎
	学校联办的大学生就业市场	指两所或两所以上的高校联合举办的大学生就业市场 优势：强弱联合或强强联合，避免了就业市场规模小、单位少、效能差的问题
	企业自办的大学生就业市场	由大型企业和企业集团举办的以招聘本企业所需岗位的就业市场
	政府主管部门或人才中介机构主办的大学生就业市场	一种是由省（自治区、直辖市）主管大学生就业的部门组织各高校所设立的大学生就业市场；另一种是由地方人事主管部门或人才中介机构设立的人才市场
举办区域	区域性大学生就业市场	由地方大学生就业主管部门举办的为本地区经济发展服务的就业市场和各大经济区联合举办的区域性大学生就业市场
	国际性大学生就业市场	由国内外人才中介组织举办的人才市场 优势：实现了大学生在国际上的流动。招聘的人才可在国内外大型企业或跨国公司就业，从而形成国际性的大学生就业市场
举办类别	分科类大学生就业市场	地方大学生就业主管部门从用人单位和学校两方面考虑，从市场细化的角度出发，把理、工、农、医、师等学科类的毕业生分别集中起来，与相应的用人单位双向选择
	分层次大学生就业市场	指招聘单位对学历层次的要求不同而形成的研究生就业市场、本科和专科大学生就业市场等
	分行业大学生就业市场	由中央部委主管大学生就业的部门主办的主要为本系统、本行业大学生和用人单位服务的就业市场

就业市场随着市场经济的发展已呈现出多种多样的形式，如果用一种分类标准来划分会具有局限性。从现状来看，有的有形市场已同时具备多种就业市场的特性。

（三）大学生无形就业市场发展迅速，将在促进大学生就业中发挥更大的作用

无形就业市场主要指大学生联系工作不受特定的时间和空间限制，以信息化的网络平台为依托，依据个人意愿，自行择业。这种市场其外在表现是没有具体的时间、地点和固定场所的，它是无形的，但又是客观存在的，它具有方便、快捷、安全、高效、经济的优点。

现在全国就业服务信息化建设突飞猛进，网络已成为做好大学生就业工作的重要平台。国家正在建立高校毕业生就业供求信息发布制度和国家高校毕业生就业网上联合招聘制度，由教育、人力资源和社会保障等部门定期发布高校毕业生求职登记信息和用人

单位对高校毕业生的岗位需求登记信息，定期联合举行网上招聘活动。2006年，教育部、原人事部、原劳动和社会保障部、国家发展和改革委员会（以下简称国家发改委）、国务院国有资产监督管理委员会5个部门发起并在北京联合启动了全国高校毕业生就业网络联盟，希望通过整合岗位信息和毕业生资源信息的方式促进大学生就业。现在全国各省（自治区、直辖市）基本都建立了高校毕业生就业信息网，运用“互联网+”技术推进就业信息跨区域互通共享。各高校积极创造条件，打造高校毕业生网络招聘信息平台，普遍开通就业网站，各种网络互联互通，网上招聘市场十分活跃，网络视频、远程面试等也开始在高校毕业生就业过程中发挥作用。高校毕业生除利用有形市场直接洽谈外，更多地将通过网络查询用人信息进行自我推销，通过网络视频、远程面试与用人单位见面交谈，为高校毕业生与用人单位双向选择提供更加方便的条件。

第二节　大学生当前的就业形势

> 观念不变原地转，观念一变天地宽。
>
> ——张瑞敏

就业形势就是有关就业的环境状况和发展趋势。大学生就业环境是由大学生、用人单位、高校、国家职能部门等要素构成的有机整体。诸要素各有其功能又相互作用，是一个受社会政治、经济、教育、科技诸方面因素相互影响并不断发展变化的开放体系。从总体上讲，大学生就业环境面临着机遇与挑战并存的局面。高校毕业生应该对当前的就业环境及未来发展趋势有全面、客观、清醒的认识，并主动去适应就业环境，转变就业观念，理性、准确地给自己定位，加强职业生涯规划，提高自身的就业竞争能力。

一、大学生就业环境中的有利因素

（一）政府重视和支持大学生就业工作，通过政策杠杆，充分发挥促进大学生就业的调控作用

为了做好高校毕业生就业工作，国家出台了一系列新政策，已经形成了中央和地方两级管理，以地方管理为主的管理体制，逐级明确高校毕业生就业工作的责任。2004年，国务院批准成立了部际联席会议。国家发改委、财政部、公安部、原人事部、原劳动和社会保障部、民政部、原国家工商总局、中国人民银行、共青团中央等有关部门按照部际联席会议的分工和各自职责，在构建政策体系、培育市场、提供就业信息、开展多种服务、支持基层就业、就业见习和创业培训等方面发挥了重要作用。目前，大学生就业政策框架体系已经形成，并且日趋完善。全国各省（自治区、直辖市）党委、政府把大学生就业工作纳入了重要议事日程，加强领导，完善政策，认真落实。目前，全国各省（自治区、直辖市）从省到县基本建立了大学生领导协调机制。各地相关部门也通力合作、齐抓共管，积极促进了高校毕业生就业工作。同时，社会各界也大力支持高校毕业生就

业工作，广大用人单位积极参与，中介机构日趋活跃，新闻界广泛关注。每年，中央和地方各级政府都要颁布文件，召开电视电话会议，明确当年大学生就业工作的方向和任务，并对就业工作做出具体部署，不断推出促进大学生就业的优惠政策，保证大学生就业工作的顺利进行。因此，大学生的就业有着社会其他人员无法比拟的优越条件，具体政策可参见第九章相关内容。

（二）我国经济持续、稳定、快速的发展为大学生就业提供了广阔的空间

从我国宏观经济运行环境看，社会经济持续快速的发展为总量逐年快速增长的大学生群体提供了比较充足的就业岗位。“十一五”期间，我国克服了世界金融危机等不利因素的影响，经济持续稳定增长，GDP（gross domestic product，国内生产总值）年均增速为 11.2%。2006～2010 年，我国高校毕业生总量为 2708 万人，根据麦可思研究院就业蓝皮书，大学毕业生半年后就业率 2007 年为 87.5%，2008 年为 85.5%，2009 年为 86.6%，2010 年为 89.6%，且连续 4 年高职高专毕业生半年后的就业率与非“211”本科差距缩小，在同样的经济形势下高职高专毕业生就业率提高较快。在“十二五”时期，我国加速推进新型工业化进程，加快转变经济增长方式，改变传统的以“三高一低”为基本特征的粗放式生产模式，向高技术化、高附加值、低资源消耗、低碳排放为基本特征的现代集约型生产模式转型。在世界经济增速整体放缓的情况下，我国采取稳定增长的政策措施，扩大市场需求和有效供给，实施就业优先战略，整个社会经济运行稳中有进，GDP 年均增速为 7.8%，在经济增速放缓的背景下就业总量不降反升，有效保障了大学生就业。2011～2015 年，我国高校毕业生总量为 3983.3 万人。根据麦可思研究院就业蓝皮书，大学生毕业半年后就业率 2011 年为 89.6%，2012 年为 90.9%，2013 年为 91.4%，2014 年为 92.1%，2015 年为 91.7%，与“十一五”期间相比，大学生毕业半年后就业率呈现稳定提升趋势，5 年平均增长了 3.84 个百分点，净增大学生就业人数 1266.3 万人。

“十三五”期间，国家坚持把就业放在经济社会发展的优先位置，促进经济增长与扩大就业联动，以供给侧结构性改革为主线，扩大有效供给，满足有效需求，加快形成引领经济发展新常态的体制机制和发展方式，预计 GDP 年均增速为 6%～8%。国家还积极培育新的就业增长点：①保护和改造提升能带动就业的传统动能，引导劳动密集型企业向中西部和东北地区转移，大力发展制造业和服务业，通过创造多样化需求带动就业，在新旧动能接续转换中促进就业。②加快推进经济全球一体化进程，新型工业化、信息化、城镇化、农业现代化孕育巨大发展潜力。③紧紧把握全球科技革命和产业变革重大机遇，深入实施创新驱动发展战略，不断优化政策组合，大力发展新兴产业、新兴业态，推进新产品、新服务应用示范，加快产业化进程，持续释放吸纳就业潜力。④不断拓展新兴就业领域，大力发展新一代信息技术、高端装备制造、新材料、生物、新能源、节能环保、数字创意等战略性新兴产业，拓展产业发展新空间，创造就业新领域。⑤持续推进“双创”，营造大众创业、万众创新的良好环境，加快培育新动能带动就业，全面落实创业扶持政策，强力推进简政放权、放管结合、优化服务改革，加快创业孵化基地、众创空间等创业载体的建设，实施支持和促进重点群体创业就业的税收优惠政策，以创业带动就业。这些都为促进就业奠定了更加坚实的基础。根据麦可思研究院就业蓝皮书，

大学毕业生半年后就业率 2016 年为 91.8%，2017 年为 91.6%。数据说明，“十三五”期间高校毕业生人数仍然呈上升趋势，大学生毕业半年后就业率基本持平，但就业总量逐年上升。同时，应届高校毕业生起薪也在持续增长。麦可思研究院《2018 年中国大学生就业报告》数据显示，2017 届高校毕业生的月收入（4317 元）比 2016 届高校毕业生的月收入（3988 元）增长了 329 元，比 2015 届高校毕业生的月收入（3726 元）增长了 591 元。其中，高职高专院校 2017 届毕业生的月收入（3860 元）比 2016 届的 3599 元增长了 261 元，比 2015 届的 3409 元增长了 451 元。从近三届的趋势可以看出，高校毕业半年后月收入呈现上升趋势。2017 届高校毕业生月收入（4317 元）高于城镇居民 2017 年月均可支配收入（3033 元）。社会经济的持续稳定发展成为保证高校毕业生就业的重要经济因素。

（三）高校普遍重视毕业生就业工作，并在大学生就业中发挥着主体作用

我国高等学校普遍实行党委书记、校长“一把手”工程，把越来越多的精力放到毕业生就业工作上来，如坚持以就业为导向，贴近社会需求，调整专业设置，改革人才培养模式和教学方法，提高教学质量。高等学校普遍加强了就业指导和服务工作队伍建设，逐步向专业化、职业化和专家化方向发展，就业指导的理念得到更新，创业与就业教育也已经纳入高校的教学体系。全程化指导、全员参与意识、全方位指导在很多高校得到实施，就业指导方法得到提高。就业机构、人员、经费等得到基本保障。高等学校高度重视校内就业市场的培育和管理，组织学生参加大型毕业生洽谈会；适应形势，转变职能，主动开拓就业市场，使自身更加完善，真正起到了大学生和用人单位之间的桥梁与纽带作用。据统计，已就业的大学毕业生中，80%是通过学校来落实就业单位的。总之，学校就业指导和服务水平不断提高，就业指导和服务水平进入了一个新的阶段。

二、大学生就业环境中的不利因素

（一）现阶段社会对人才有效需求与高校毕业生规模快速增长之间出现不协调

国家经济形势对于各类人群的就业都有着宏观上的制约。尽管国民经济呈稳定增长态势，但就业岗位增长放缓与高校毕业生快速增加，形成“剪刀差”型缺口，造成适合大学生就业的岗位数量紧张，客观上导致了高校毕业生就业问题的长期性，就业压力与形势不容乐观。

自 1999 年高校扩招以来，高校毕业生数量大幅增加，从 1999 年的 90 万人猛增到 2018 年的 820 万人。2002 年高等教育毛入学率超过 15%，标志着高等教育从精英阶段进入了大众化阶段。2018 年高等教育毛入学率达到 48.1%，未来几年高等教育将走过大众化阶段而进入普及化阶段。我国高等教育规模已经超过美国，位居世界第一。大学生就业也随之进入大众化就业阶段。“十五”期间，我国高校毕业生总数为 1100 万人。“十一五”期间，我国高校毕业生总数为 2708 万人，平均每年增幅为 14.19%，比“十五”期间净增 1600 多万人。“十二五”时期我国高校毕业生总量规模在 3983.3 万人，比“十一五”期间增加了 1275.3 万人，年均高校毕业生规模为 797 万人，与“十一五”时期相

比年均增加 255 万人。2011～2018 年全国高校毕业生人数如图 1-1 所示。预计“十三五”时期我国高校毕业生总量规模超过 4100 万人，比“十二五”期间增加 100 万人，平均高校毕业生供给在 988 万人左右，年均高校毕业生需求在 856 万人左右，年均供求缺口为 132 万人。由于产业升级、结构性调整以及有效供给不足，未来时期高校毕业生就业（失业）的结构性矛盾将会更加突出。可以预计，未来一段时间高校毕业生就业总量矛盾持续存在，就业结构矛盾问题还会延续。

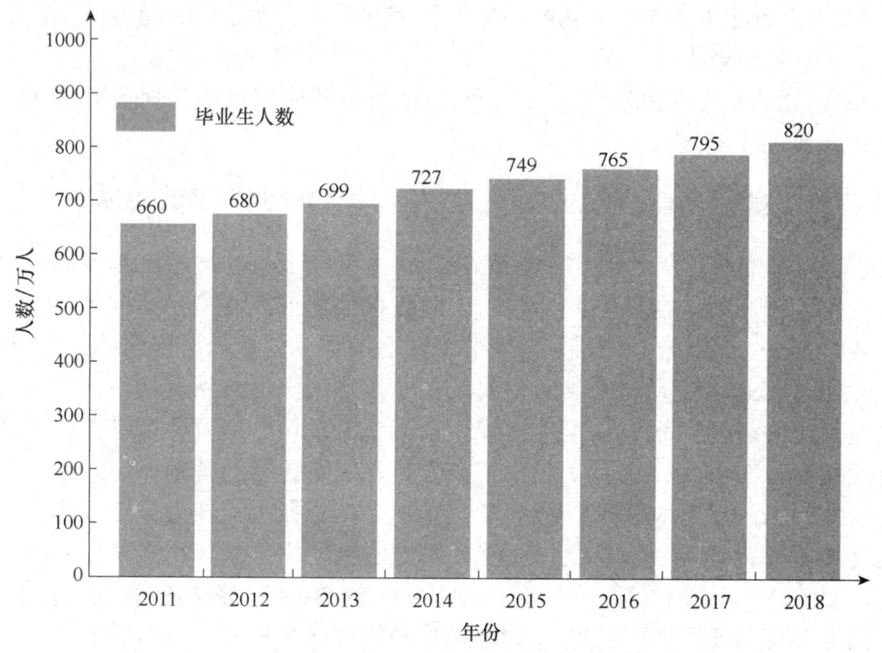

图 1-1 2011～2018 年全国高校毕业生人数

数据来源：教育部及相关网站。

（二）高校毕业生就业受到社会经济发展多种因素的制约

社会经济发展状况无疑是制约高校毕业生就业的重要经济因素。经济发展状况包括经济发展水平、经济发展结构和劳动力市场需求。社会经济发展水平制约着就业总量。目前，我国存在着毕业生数量急剧增长与社会经济发展处于战略性结构调整时期向社会提供的就业岗位总数相对减少的就业矛盾。

“十二五”期间，劳动力市场上总体表现为劳动力供过于求的矛盾，扩招后的大学生就业与下岗人员再就业、城镇新增劳动力就业、农村劳动力转移这三股就业力量碰撞在一起，形成了城市劳动力就业的高峰，大学生与其他求职者之间的竞争更加激烈，总体就业形势极其严峻。“十三五”期间，国际经济形势依然复杂多变，国内一些长期积累的深层次矛盾逐步显现，经济发展新常态和供给侧结构性改革对促进就业提出了新的要求，劳动者素质结构与经济社会发展需求不相适应、结构性就业矛盾突出等问题凸显。“十三五”期间，就业形势将保持总体稳定，高校毕业生“有业不就”的现象依旧存在，“无业可就”的问题得到大大改善。高校毕业生的就业问题将从保证就业数量转移到提高就业质量上来。

（三）供需双方双向选择存在误区

在我国劳动人事制度改革深化和高校毕业生就业制度逐步健全的情况下，企业对人才的聘用更具自主权，大众化教育带来的高校毕业生就业“买方市场”的形成，为我国企业的人才聘用创造了更加广阔的空间。但从用人单位的情况来看，用人机制还不完善。长期以来，由于受传统观念的影响，社会上普遍存在“重学历、轻能力，重文凭、轻技能”的人才观和用人导向，企业也习惯于唯学历、文凭是用。近年来，由于毕业生“买方市场”的形成，用人单位在人才市场上处于绝对的主导地位；由于毕业生生源的“富余”，用人单位对毕业生的挑选十分苛刻，“重资轻能”的倾向日益严重。例如，用人单位对于人才的学历盲目求高，不能根据企业实际和岗位的需要有针对性地选材、聘才，而是求全责备、盲目攀比，对一些重点大学、名牌院校的毕业生青睐有加，而对普通院校的毕业生不屑一顾。固然，随着社会进步与高新技术的发展，一些行业、岗位需要一批具有一定专业水平、素质较高、潜能较大的高级人才，但是，许多岗位高职高专毕业生完全可以胜任，而且高职高专毕业生有较强的实际操作能力和可塑性，用人单位没有必要花更大的代价盲目追求高学历。从近年来的劳动力市场运行情况来看，这种“求高”的趋势仍会持续一定的时期。有些企业目光短浅，缺乏重视知识、重视科学、重视人才的新观念，不能合理地置换冗员，以加强企业的人才储备，提高员工的整体素质，增强企业的竞争力。这在客观上也对许多大专生甚至部分本科生的就业造成了不利影响。

从高校毕业生的择业心态来看，良好的择业心态对于毕业生择业非常重要。许多毕业生不愿面对就业形势严峻这一现实，不少毕业生仍有传统的“精英”就业意识，就业定位不准确，存在着急功近利、眼高手低和缺少竞争意识的不良现象。还有一部分毕业生，综合素质不能适应用人单位的要求，存在如思想道德素质不高、知识结构不合理、专业面过窄、实际动手能力较差等问题。虽然近年来我国大学生数量有较大幅度的增加，就业形势也比较严峻，但是我国的大学生在全国人口中的比例还是比较低的，就业的空间应该很大。而这些空间主要是各省市的边远地区（包括整个中西部地区）、基层单位和广大农村。这些地方容量巨大，而且求贤若渴。然而，有的毕业生非机关事业单位不去，仍然抱有“铁饭碗”的思想，没有竞争意识和进取精神；有的毕业生对薪资待遇和职位期望值普遍高于用人单位所提供的待遇，非沿海地区、大都市、高薪企业不去，单纯考虑经济待遇和工作环境，“宁要沿海一张床，不要内地一间房”。麦可思研究院的调查报告显示，2015 届全国高校毕业生选择在沿海地区就业的比例最多，大概是 66.91%。80%以上高校毕业生在城市就业，高职高专毕业生对工作稳定、解决户口和专业对口的关注度要明显高于其他类型的高校。有的毕业生承受能力较弱，依然怀有“一锤定终身”的思想，对“选择与被选择”准备不足。还有很多毕业生缺少多种形式自主择业和艰苦创业的思想准备和心理准备，在这样的择业心态驱使下，许多本来完全可以发挥其才能的单位都没能进入他们的择业视野。从这个角度讲，现在大学毕业生就业难实质上是就业不难而择业难，这在很大程度上造成了就业形势严峻的现象。

（四）供需结构性矛盾是高校毕业生就业难的主要原因

目前，我国社会对人才的需求总体上不应当出现供过于求的状况，社会和经济的快速发展，经济体制和经济增长方式的转变，迫切需要优化从业人员的知识和技能结构，需要大批适销对路的创新型人才和高素质的劳动者。高校毕业生就业难的根本原因并不是高校毕业生人数的迅速增长，供过于求，而是在社会主义市场经济体制条件下的结构性矛盾。这种结构性矛盾主要表现在以下几个方面。

1. 高等教育的人才培养与社会、经济对人才的需求存在结构性矛盾

高等教育的结构与产业结构是否协调是影响高校毕业生就业的关键因素。人岗不匹配的结构性矛盾仍是我国大学生就业领域的主要矛盾，其实质上就是劳动力供给和需求错位的问题。高校毕业生的总体供给与社会需求的矛盾，实际上是高等教育的快速发展与社会发展和经济发展所处于的转型阶段不配套的结构性矛盾，其实质是有效供给不足。另外，高等教育具有滞后性和周期性特点。目前，高校专业设置和人才培养规格与产业结构、社会需求不协调。在快速变化的社会需求面前，高校招生的专业设置和人才培养结构与社会实际需求脱节，专业设置和更新改造未能真正做到贴近社会需求和以就业为导向。例如，在专业设置上较多地考虑学科、师资等办学资源优势，专业的设置和人才培养规格滞后于社会需求，某些社会急需和紧缺的大学毕业生严重缺乏，而某些社会需求饱和的人才又供大于求。造成这种现象的原因是高校的教育教学质量和人才培养模式没能遵循市场规律；不少学校定位不准，过分追求学校升格，过分强调层次提升，过分注重学术型人才的培养，造成大学生的知识能力素质不能适应用人单位的需求；从人才培养的规律上讲，大学专业调整一般3～4年为一个周期，而社会人才需求变化远远快于这个速度，结果导致招生时的热门专业在毕业时变成了供大于求的冷门专业。这些因素都造成了毕业生的数量、层次、专业、素质与社会需求的结构不完全适应。

2. 大学生就业存在就业区域性不平衡的结构矛盾

从区域上看，东部沿海省份和经济文化发达的中心大城市，如广东、江苏、浙江等省及北京、上海等大城市，社会需求比较旺盛，工作条件和薪酬待遇高，成为大学生择业的主要地区，吸纳了50%以上的高校毕业生；随着西部大开发战略的实施，中西部地区的需求也有所回升。而一些边远省区及经济欠发达的地区（如西部地区和广大农村）需求明显不足。这些地方所能支付的价格（工资收入、发展机会、流动性等）不足以补偿大学生的人力资本投资，经济发展状况很难对大学生形成有效需求，造成对毕业生吸引力失衡，发达地区的毕业生出现供过于求的现象。很多高校毕业生宁愿在发达地区失业，也不愿去欠发达地区就业，使欠发达地区和农村基层的就业岗位无人问津，人才匮乏，这不仅加剧了发达地区高校毕业生就业的压力，还使发达地区与欠发达地区之间就

业的不平衡进一步扩大。

3. 大学生就业还存在着行业间、不同学历层次间的结构矛盾

由于社会经济发展存在着不均衡性，不同行业吸纳大学毕业生就业的容量也不相同。一些传统行业出现大批下岗人员，而一些新兴的产业、行业和技术职业需要的技能较高的人员又供不应求。例如，随着高新技术产业的迅猛发展和国家对基础设施投资的加大，计算机、通信、电子、土建、机械、自动化、医药等学科的大学毕业生需求旺盛，而哲学、社会学、经济学、法学、农学、林学等学科的大学毕业生需求时有波动。一些新兴产业，如文化创意产业、动漫产业、会展业、现代物流业的发展空间非常大，对人才需求旺盛。随着产业结构和布局调整，劳动力用工成本的增加，冶金、化工、建材等行业企业的发展将受到调整和控制，中小型劳动密集型用工也受到较大影响，这些行业的人才需求必将受到影响。

另外，不同学历层次的人才需求也不一样，通常低层次、低学历的毕业生就业较为困难。在不同院校之间人才需求也很不均衡，重点大学、名牌院校、名牌专业的“名牌”效应呈现出优势，社会需求增长，其就业率也较高；而一般院校、一般专业的需求相对较弱。就高职高专毕业生而言，随着社会经济的发展，高等职业技术人才需求量增加，社会认同度提高，就业率呈明显上升态势。在经济发达地区，高职高专毕业生的就业率甚至超过了研究生和本科生的就业率。

总之，在大学生就业环境中，结构性就业矛盾仍然是我国经济新常态下大学生就业最为突出的特征。就高校毕业生而言，其主要表现在全国范围的“技工荒”明显、大学生结构性就业问题凸显、工匠型人才严重不足等方面。这就要求我们从就业环境的总体性出发，转变观念、拓宽视野、理清思路，形成合力，帮助和引导高校毕业生不断提高自身素质，增强竞争能力，调整择业心态，在日益严峻的挑战面前顺利就业。

三、大学生就业的发展趋势

高等教育已经进入了大众化时代，精英就业的时代已经结束，并开始进入新的大众化的就业阶段。现阶段，少数高校毕业生在精英岗位上就业；大多数高校毕业生在大众化的普通劳动岗位上就业，将成为有知识、有文化、有技能的普通劳动者，这是大学生就业总的发展趋势。

（一）高校毕业生就业市场将向运作更加规范、功能更加完善的方向发展

近年来，在大学生就业市场运行过程中存在不少问题，就业市场的行为不规范，市场制度不健全。诸如非法职业介绍机构扰乱毕业生就业市场，招聘、应聘中的弄虚作假，供需双方的轻率违约，合法权益得不到保护，各种乱收费现象，以及某些招聘活动中的非公开、非公正行为的存在等。这些问题严重干扰了大学生就业市场的正常运行。

随着我国社会主义市场经济的不断发展和完善，国家对大学生就业工作更加重

视。首先，市场导向、国家调控、学校推荐、毕业生和用人单位双向选择的就业机制更加完善。国家陆续出台相关政策，通过法律政策、经济杠杆、需求信息等手段的调控，促使大学生就业市场不断向规范化、法制化、信息化方向迈进，公开、公正、公平竞争的良好择业氛围正在形成。例如，户籍等制约大学生就业的一些瓶颈问题正在逐步得到解决，简化档案转递手续，做好集体户口落户、社会保险转移接续等工作，为高校毕业生跨区域、跨不同性质单位就业提供便利。其次，国家把保障高校毕业生就业权益摆在突出位置，积极营造有利于就业公平和人才合理流动的良好环境。例如，加强人力资源市场监管，严厉查处虚假招聘、违规收费、“黑中介”等违法违规行为，规范人力资源市场秩序；健全招聘信息管理制度，持续推进国有企业招聘应届高校毕业生信息公开，强化用人单位主体责任和招聘服务提供者信息审查责任，不得设置性别、民族等歧视性内容，确保高校毕业生能获得真实可靠的就业信息；加大就业权益保护的宣传，在招聘会现场、服务大厅和相关网站发布防范求职陷阱的提示、典型案例、维权警示和投诉渠道，增强高校毕业生风险防范意识和权益保护意识。再次，大学生就业市场的功能更加完善。随着大学生就业市场的发展，未来大学生就业市场不仅具有有效配置毕业生资源、交流供需信息的功能，还具有就业指导和服务功能（即包括就业指导、服务、咨询、推荐就业、就业培训及就业测试功能），大学生就业服务体系更加完善，信息渠道更加多元和畅通，就业方式更加灵活多样，就业去向更加多元化。总之，国家将加强宏观调控，通过市场机制实现毕业生的最佳配置，实现人才的合理流动，尤其是在向关系国计民生的国有骨干企业、重点教学科研单位、国防、军工及边远、艰苦地区输送优秀人才，积极地引导吸引高校毕业生向这些地区和单位就业，并对离校后未就业的高校毕业生实施就业培训服务和社会保障工作。

（二）大学生就业难的形势短期难以改变，高职生就业前景趋好

随着扩招后大学生毕业期到来，高校毕业生人数在短期内会迅猛增加，然而社会的有效需求在短期内却增速有限。高校毕业生就业的结构性矛盾需要一个较长的时期通过国家产业结构调整、就业政策导向、高校专业设置调整、用人单位和毕业生供需双方的磨合才能解决。麦可思研究院就业蓝皮书公布的近几年大学生就业率就佐证了这种趋势。从表 1-3 可以看出，从 2007 年开始，专科毕业生就业率一直处于上升趋势，2017 年专科毕业生就业率首次超过了本科。这说明在社会经济发展为大学生就业拓宽了空间；高职院校毕业生就业观念发生了转变，就业期望值更加理性，就业预期低于本科生，有业不就的现象相对较少；高职院校以职业教育为主，针对市场需求设置专业和组织教学，并加大实践应用环节的教学力度，同时还和企业直接合作，实行订单培养、对口培养，拓宽了就业渠道。高职院校通过职业资格培训，使越来越多的毕业生手中有了“双证”，提升了他们的就业竞争力，高职高专毕业生变得“抢手”起来。

表 1-3　2007～2017 年全国高校毕业生就业率

年份	2007	2008	2009	2010	2011	2012	2013	2014	2015	2016	2017
本科生就业率/%	91	88	88	90.2	90.8	91.5	91.8	92.6	92.2	91.8	91.6
专科生就业率/%	84	84	85.2	88.1	89.6	90.4	90.9	91.5	91.2	91.5	92.1
总就业率/%	87.5	85.6	86.6	89.6	90.2	90.9	91.4	92.1	91.7	91.6	91.9

注：根据麦可思研究院就业蓝皮书数据整理，表中各年就业率数据截止到每年 12 月 31 日。

（三）社会对高职认同度和需求度不断提高，供求双方在双向选择中定位趋于理性

高等职业教育培养的是高素质、高技能人才，即职业岗位定位于生产、管理和服务等领域岗位一线，熟练掌握专门知识和技术，具备精湛的操作技能，并在工作实践中能够解决关键技术和工艺的操作性难题的人员，如高级技工、技师、高级技师。据人力资源和社会保障部测算，我国技术技能劳动者有 7000 多万人，约占从业劳动者总数的 50%。其中，高级以上技工（包括技师、高级技师）280 多万人，约占从业劳动者总数的 4%。这一规模远不能满足经济社会发展的需要。在我国走新型工业化发展道路和实施农业产业化、大力发展第三产业的战略布局中，经济社会发展对高技能人才的需求将持续增加，供给缺口将长期存在。目前，我国各地高技能人才已出现整体年龄结构偏高、知识技能老化的现象。同时，高技能人才的地区分布不均衡现象十分明显，呈现出东部规模大、中西部偏小的状况。在高技能人才增量开发的培养能力上，也呈现出东部强、中西部弱的状况。由于东部地区就业形势较好、待遇高，高技能人才单向流动（从中西部地区向东部地区流动）的现象较为普遍，这进一步加剧了高技能人才的地区分布不平衡状况。因此，目前中西部地区对高技能人才的需求相对更大。

根据高职人才培养定位和社会经济发展的需求，高素质、高技能人才的就业呈现以下发展趋势：

一是文化水平高移。未来高技能人才的文化水平构成将大幅度高移，本科、大专文化水平的一线生产工人将成为高技能人才的主流。

二是复合技能型人才将占据主导地位。兼设计和生产于一身的“灰领”人才及一专多能型“通才”，将是今后技能人才的基本发展趋势，并在技术工人总数中占据越来越大的比例。

三是企业成为高校毕业生就业的最主要单位。据“全国高校毕业生就业状况调查”课题组 2003～2017 年的 8 次调查显示，国有企业、民营企业、三资企业的合计就业比例都在 50%以上，2009～2017 年的合计占比均在 70%以上。民营企业后来居上，成为吸纳高校毕业生就业的最主要单位。民营企业所占的比例增长显著，由 2003 年的 10.7%上升到 2011 年的 45.8%，随后经历了略降再升的过程。但是不管怎样，2011 年以后该比例一直稳居第一。

四是管理技能型人才迅速发展。随着企业管理的扁平化，企业的大量具体生产管理工作将逐步向一线转移，班组长、工长这些生产一线的技能骨干将进一步发展成为管理

技能型人才。

五是自动化和信息类专业技能型人才就业前景好。我国 21 世纪前 20 年经济建设和改革的主要任务是基本实现工业化，大力推进信息化。2016 年，我国发布《装备制造业标准化和质量提升规划》，要求对接《中国制造 2025》，大力推进工业自动化和工业信息化。面对我国传统工业的落后现状，国家将加快技术改造的步伐，使我国工业技术向多样化、自动化、智能化方向发展，因此，急需大量自动化和信息类专业技能型人才。

六是高素质的服务技能型人才需求增加。国家产业结构正在由工业主导型向服务业主导型转变。2012 年，我国服务业增加值占 GDP 比重超过第二产业；2015 年，服务业占 GDP 比重过半，取代制造业成为新增就业的主渠道。第三产业将成为高校毕业生的主要就业去向，特别是 IT 行业和金融领域、现代通信技术服务、高科技电子产品服务、养老服务与管理等现代服务业，这些行业能够提供大量的就业岗位，为大学生就业提供了可贵的机遇，第三产业已经成为高素质服务型技能人才求职的主要领域。

（四）政府着力推动落实创业带动就业政策，集中优质资源支持高校毕业生创业实践

国家在政策层面助推高校毕业生就业、创业。2015 年国务院印发《关于大力推进大众创业万众创新若干政策措施的意见》，2017 年国务院印发《“十三五”促进就业规划》，贯彻“劳动者自主就业、市场调节就业、政府促进就业和鼓励创业”的新时期就业方针，把创业纳入就业的范畴，鼓励以创业带就业，着力解决结构性就业矛盾，完善对大众创业扶持政策，积极适应新常态时期就业面临的新情况。一是加强舆论宣传引导力度，推进大众创业、万众创新战略，激发民族的创业精神和创新基因，培育和催生经济社会发展新动力。政府、社会和高校着力抓好就业创业政策落实，强化大学生创新创业能力素质培养。二是推动高校深化教育教学改革，实施融入创新创业教育的人才培养模式。三是社会将创业培训向校园延伸，依托各类培训机构、企业培训中心等平台，创新开发一批质量高、特色鲜明、针对性强的培训实训课程，更好地满足高校毕业生创业的不同阶段、不同领域、不同业态的需求。四是优化创业指导服务，推动公共就业创业服务机构、创业孵化基地向高校毕业生开放，充实完善涵盖不同行业领域、资源经验丰富的专家指导团队，为毕业生创业提供咨询辅导、项目孵化、场地支持、成果转化等全要素服务，帮助他们解决工商税务登记、知识产权、财务管理等实际问题。五是政府加大大学生创业政策资金支持力度，落实好创业担保贷款、一次性创业补贴、场租补贴等扶持政策，支持有条件的地方设立高校毕业生就业创业基金，积极引入各类社会资本，多渠道助力高校毕业生创业创新。六是将高校毕业生就业创业政策与经济政策、引才引智政策有机结合，在推动产业转型升级、区域协调发展、实施乡村振兴战略、支持小微企业创新发展中，多渠道开发适合高校毕业生的就业岗位。同时，加强政策引导和服务保障，鼓励高校毕业生到城乡基层、中西部地区、艰苦边远地区就业创业。

第三节 大学生就业能力的培养

大学生就业关键要定好位，要放得下架子，做好蓝领才能做好白领。就业的心态要好，切忌好高骛远。

——张文龙

当前就业市场明显呈现出结构性就业难的特点。调查显示，88.51%的大学生以大中型城市党政机关和国有企事业单位为就业首选目标，而相对贫困地区和一些中小企业却很难招到适用人才。因此，当前大学生就业难问题的根源并不在于大学生数量过多，而在于没有形成高等教育质量提升与产业优化升级的良性互动发展机制。一方面，以低端制造为主的产业结构严重制约了大学生就业岗位的创造。另一方面，高等教育的培养模式也无法满足产业优化升级发展对高素质人才的要求。解决这一问题的关键在于提升大学生的就业力，这也是促进高等教育人才培养与社会人才需求对接的突破口。受经济全球化及知识经济的冲击、产业结构的调整、就业形势的变化，以及劳动力市场供求变化的影响，当前大学生进入社会后，不仅要面对来自现有各方面的竞争，还必须能够持续接收新知识，适应新型就业机制，适应非终身雇用形态和非线性的职业生涯发展路径。基于此，美国、英国、加拿大、澳大利亚、新西兰等国家，以及欧洲联盟、联合国等国际组织自 20 世纪 90 年代开始都将提升青年的就业力视为重要的政策议题。

一、就业力概述

就业力是指个人在经过学习过程后，能够具备获得工作、保有工作、做好工作的能力。

一般而言，就业（employment）关注的通常是大学生在某一特定短期内（如 3 个月、6 个月）能否找到工作，进入职场服务；相对地，就业力（employability）关注的是大学生在某一专业领域的长期生涯发展，甚至可转换至不同专业领域的工作能力之培养。因此，就业力并不狭隘地只注重大学生的就业，还重视大学生的竞争力，即使其所学在劳动力市场或职场上已趋饱和，仍可产生外溢效果而有能力转移至其他专业领域就业与生涯发展。从劳动力市场的角度来看，良好质量的高等教育容易使学生获得良好的工作，或者在劳动力市场未能吸收之时，也会使学生具备就业力。

拓展阅读 1-1

大学生的就业力调查

学者曾针对英国及其他一些欧洲国家和日本的大学生进行调查，这些受调查国家的大学生，被要求针对 36 项能力（competencies）评定他们毕业时具备的程度。这 36 项能力涵盖与特定技能和知识有关的能力（如特定领域的理论性知识、特定领域的经验/实务方法知识、了解复杂社会、组织和技术体系）、更为广博的能力（general competencies）（如问题解决能力、分析能力、口头表达技能）及行为/态度上的特质（如主动性、适应性、批判思维、领导能力）。此项调查结果发现，被英国、欧洲其他国家及日本大学生列为毕业时所拥有的前十项能力如表 1-4 所示。

表 1-4　大学生毕业时自己评定的必须具备的能力排名

排名	英国	欧洲其他国家	日本
1	学习能力	学习能力	忠诚与整合
2	工作独立性	集中力	集中力
3	书写沟通技能	工作独立性	适应性
4	团队工作能力	书写沟通技能	个人全心投入
5	压力下工作	忠诚与整合	学习能力
6	正确性、专注细节	特定领域的理论性知识	特定领域的理论性知识
7	集中力	个人全心投入	工作适应力
8	口语沟通能力	批判性思考	原创性
9	问题解决能力	适应性	容忍性
10	原则性	容忍性	团队工作能力

二、就业力的培养

就业力的培养要紧贴市场对人才素质的需要，形成具有支撑性、发展性的核心能力。就业力的培养主要注重以下几个方面。

（一）专业能力

就业能力的高低直接影响就业结果，可以说，专业能力与就业力强弱成正比。专业能力指从事职业和创业活动所必需的知识和技能，以及运用已掌握的知识和技能解决职业工作中实际问题的能力。

专业能力是人们从事某一特定社会职业所必须具备的能力和本领。专业能力是能力培养中最基本也是最重要的能力。专业能力是影响就业力的重要因素。精通专业知识和技能是适应社会生活、对社会有所贡献所必需的素质。一般来说，高校毕业生就业后能否很快适应专业工作要求、取得用人单位的领导和同事的认同，首先与其掌握专业知识技能的状况密切相关。专业知识技能的水平越高，就越能胜任工作，越有利于工作中各种关系的处理，更有利于形成良好的职业发展循环。专业能力包括以下几个方面。

1. 合理的知识结构

专业知识和相关知识的掌握能力历来为人们所重视，也是用人单位选人最重要的依据。只有具有广博扎实的专业知识和相关知识，在实际工作中才能驾轻就熟、得心应手，才能运用所学知识去开拓创新。

但在知识的学习与学习能力的培养过程中，一定要注重知识的结构。知识经济时代的核心思想是把知识作为职业发展的重要因素，这是因为一个人所具有的能力与他掌握的知识、技能是相互联系和制约的，而一个人的能力直接决定着其职业状态，最终需要以知识来增进职业进程。

2. 过硬的专业技能

专业技能包括智力技能和操作技能，体现的是一种实际工作能力和岗位能力。智力技能是在大脑内部借助于内部语言，以缩减的方式对事物的印象进行加工改造而形成的，它以抽象思维为主要特征。能力的操作过程，无论是机械的还是非机械的，是自动化的还是非自动化的，是熟练的还是非熟练的，都是在智力（包括观察力、注意力、记忆力、想象力等一般能力）的指导、支配和调节下进行的。智力技能的形成，对于解决生产中的难题、进行技术更新改造，以及从业人员开创性个性品质的养成，具有很大作用。

操作技能是由一系列外部动作构成的，是经过反复训练形成和巩固起来的一种合乎规则的随意行动方式。操作技能是专业技术能力的有机组成部分，也是形成专业综合能力的基础。掌握操作技能要通过对动作的认识、联系达到协调完善三个阶段，操作技能虚拟训练总要通过认识动作样板、了解动作程序、掌握动作关键，从而理解整个动作，进而反复联系，使之有机联系、相互协调，最后形成连锁反应，接近自动化动作，达到准确性、协调性、速度和技巧利用的定型。

3. 较高的计算机和外语水平能力

计算机与外语水平的高低也是用人单位选择高校毕业生的一个重要条件。随着科学技术的日益发展和改革的不断深入，用人单位的对外交往也逐年增多，生产技术、办公自动化程度也逐渐提高，计算机和外语已成为各种人才必备的应用工具。

（二）适应能力

适应能力的高低直接影响到就业的成败，可以说，适应能力是就业力的核心能力。适者生存，不适者被淘汰，这是生物界与人类社会最普遍的法则。

适应在心理学上一般是指个体调整自己的动机和心理状态，使之与环境条件的要求相符合。适应能力是指在社会组织系统、群体或经济文化因素中，个体的生存功能、发展目标和实现相应变化的能力。适应能力主要包括以下几个方面的能力。

1. 人际交往能力

人际交往能力是适应环境的关键，是求职择业中非常重要的能力。人际交往能力实际上是与他人相处的能力，它包括人际沟通、人际和谐两大基本内涵。人际交往或人际关系是工作学习中人与人之间必然要发生的联系和关系，是一种普遍的社会现象，是人与人之间心灵沟通的一种方式。能否正确、有效地与同辈、同事、上级、老师、熟悉的人、陌生的人进行沟通，并协调处理好日常学习、工作和生活中人与人之间的各种关系，不仅影响到一个人对环境的适应状况，还影响到一个人的工作效能、心理健康、生活状况和事业成败。

2. 表达能力

表达能力是指应用语言或文字阐明自己的观点、意见或抒发自己思想的能力，它包括口头表达能力、数字表达能力、图示表达能力等多种能力。特别是口头表达能力，无论是在求职面试时，还是对外交往时都非常重要。一个人即便学贯中西、满腹经纶、技能超群，若缺乏表达能力，便难以展示自己的才华，让他人接受自己、欣赏自己。

3. 组织管理能力

尽管不是每个人将来都会从事管理工作，但每个人在工作中都不同程度地需要具备组织管理才能。这是现代社会对人才的基本要求。

4. 客观评价自我的能力

客观评价自我的能力是指清醒地认识自我、评价自我、定位自我的能力。在就业市场中，有些人因缺乏客观评价自我的能力，往往自我定位“错位”“失位”，出现期望值过高或过低的倾向；或表现出高不成、低不就，认为这个单位不行，那个单位也不好；或唯唯诺诺，不敢尝试，坐失良机，难以适应就业形势与就业市场的变化。这说明客观评价自我的能力对求职择业来说同样是十分重要的。

5. 承受一定挫折的能力

耐挫者胜，逆境成才者大有人在。由于人生的成长并不都是坦途，求职择业也不会一帆风顺，在就业途中遭受挫折是正常的。遭受了挫折怎么办？怨天尤人没有用，自暴自弃只会雪上加霜，最好的办法莫过于静下心来认真思考，以积极的心态对待挫折。如果一遇挫折就心烦气躁，头脑不冷静，乱了方寸，不知所措，就难以适应这激烈竞争和变革的时代。此时需要的是，无论何时、何地、在何事上碰到挫折，均不消沉，更不放弃，积极、乐观，这对求职择业成功十分重要。

（三）竞争能力

竞争能力简称竞争力，它是就业的支撑性要素，是促进就业成功的重要力量，能直接影响就业效果。

现代社会是一个竞争激烈的社会。面对充满激烈竞争的就业市场，如何打破就业难的坚冰，如何在激烈的就业竞争中获得自己的一席之地，主要靠就业的竞争力。因此，大学生不仅要敢于竞争、善于竞争，还应当培养和提高自身的竞争力，并在以下几个方面下功夫。

1. 思维能力

思维能力是指在表象、概念的基础上进行分析、综合、判断、推理的能力。思维能力是就业竞争力的重要组成部分。人们常说，思想决定思路，思路决定出路。如何进行“思”，如何进行“想”，就是一种思维能力。在严峻的就业形势面前，在激烈竞争的就业市场中，如何看、如何想、如何行，都取决于思维的能力。只有思路正确，才会出路光明。

2. 营销能力

营销能力是指一个人在现代社会生活中推销自我，获得他人信任和社会认可的能力。营销是卖的艺术，是满足他人的策略，是提高性价比的智慧。这种能力在求职择业中十分重要，可以说，求职的过程就是营销自己的过程，营销能力与求职成功率成正比。“我围绕求职应当做些什么？”“我是一个怎样的人？”“我需要什么样的职业？”“什么样的职业适合我？”“我能得到什么样的职业？”这些是构成就业营销的基本要素，只有真正弄懂了这些问题，自我推销才会成功。

3. 发展能力

发展能力是指一个人身上表现出来的发展潜力，以及自我激励、自我进取、自我完善、追求卓越的能力。这种能力在就业竞争中具有十分重要的作用，它是用人单位极其重视的一个指标，既要看你学得怎么样、发展得怎么样，还要看你的进取精神、团队合作意识、责任感的高低，以及对待生活的态度，这些方面展现出来的能力都属于个人的发展能力。

4. 创新能力

创新能力是指在各种智力因素和多种能力的基础上，创造新颖独特具有社会价值的新理论、新思维、新设想、新工艺、新产品的能力。这是一种综合性的、高层次的思维和行动能力，是能力和素质中最关键、最重要的因素。

5. 创业能力

创业能力是指一个人在职业生涯中进行创造性劳动的能力。这里的创业，既指创办“自己的企业”，也指开创事业。自主创业是一项非常具有挑战性的社会活动，对创业者自身的智慧能力、气魄胆略、市场竞争力都是一种全方位的考验。自主创业能否成功与个人的意志品质、商业意识，以及性格、气质、爱好和特长等有着紧密的联系，因而并不是所有高校毕业生都适合创业活动。但创业能力仍是竞争力的重要内涵和显著特征，也是创业者创业成功的前提条件。

（四）情感智商

情感智商（也可称为情感智力）是指人们识别自己和他人的情绪，鞭策自己进取，并驾驭自己情绪，以及把握人际关系的能力。可以说，情感智商是就业中非常重要的能力，甚至比个人的知识、技能、智慧更重要，它可以直接影响人的就业结果与事业成功与否。

拓展阅读 1-2

大学期间应学会的十件事

1. 树立目标，规划大学生活

一个人不可能在所有的方面都获得成功，这时就需要树立属于自己的真正目标，规划自己的大学生活。唯有如此，才能面对纷繁的世界进行选择和判断，要永远追随自己的目标。

2. 学会交流，推销自我

交流的过程，实际上就是“推销自我、展示自我、获得认可”的过程。无论是身在大学还是将来走向社会，交流都是大学生必备的基本素质。

3. 学会做事，提高效率

效率很重要，但效能更重要。正确做事很重要，但更重要的是做正确的事。学会“正确地做事”和“做正确的事”，提高工作学习的效率和效果。

4. 学好外语，练好口语

在全球经济一体化的今天，学会一门外语，就会给自己的发展多开一扇门。

5. 学会读书，多读好书

书，谁都会读，但关键是如何读、读什么书。回顾我们的读书生涯，大多是走马观花、浅尝辄止。在书籍种类丰富的年代，我们缺乏古人“头悬梁，锥刺股”的读书精神。我们习惯于读书“从厚到薄”，但却忽略了“由薄到厚”的基本功。

6. 提出问题，解决问题

平时我们在与人交谈中，常常会觉得某人很有思想、谈吐不凡，其实这是他掌握了“提出问题、解决问题的方法”。

7. 学会管理时间、掌控时间

时间对于我们的重要性，相信每个人都知道。学会管理时间，有效掌控时间，才能保证大学生涯不虚度。

8. 学会减压，自我调节

做事不可能一蹴而就，难免会遇到失败和挫折。这个时候，就需要适当调节自我，从容应对压力。

9. 学会勤劳，积极进取

一分耕耘，一分收获。只有付出辛劳的汗水，才能够收获甜蜜的果实。只有不断进取，不断追求，才能真正发挥主体精神，走上成功之路。无数事实告诉我们，要想取得一些成绩，必须要有进取心；同样，只要有进取心，每个学生都可以走向成功。

10. 学会执行，重在行动

不要做思想的巨人、行动的侏儒。一个人“想到”是一回事，“做到”却是另一回事。“重在行动”与其说是我们应该学会的一件事，倒不如让它成为我们的座右铭。

案例分析

关注就业政策，注重信息收集

江苏某高等职业技术学院毕业生小魏，一心想要留在大城市工作。所以，从大学二年级开始，她就强烈地意识到自己的就业问题不能像一些有“背景”的同学靠家里帮忙了，只有依靠自己主动去争取。小魏对自己的状况做了以下客观的分析，认为自己虽已是大学二年级学生，但对就业问题一无经验，二无资料，千头万绪，该从哪开始呢？听同学讲得神神秘秘，老师在就业指导课上也讲了许多，分析来分析去，小魏打定主意，先按老师说的从掌握就业政策入手，把长江三角洲一带的就业政策和就业信息调查研究一番，再做决定。她首先用一段时间到图书馆把长江三角洲各地的报纸找到，然后在学校就业网站和各市人才招聘网站上查询一番。再加上其他一些渠道，凡是有长江三角洲大城市的就业方面的信息，她都要收集起来分析研究。通过一段时间的努力，她的心中慢慢有底了，对上一年的就业形势和就业政策比较熟悉了。到了大学三年级，小魏参加了上海、南京、苏州、无锡等地区的供需见面会。小魏看到很多教育单位“要求本科以上学历”的条件，对一般院校的毕业生主要接收本地生源。她及时调整了自己的求职方向，把眼光放到中小城市，参加了学校为毕业生顶岗实习和预就业举办的几场用人单位招聘会，发现在南通、张家港、常熟、昆山、江阴一带对自己所学专业的人材需求量较大，而且，那里的人事政策仍容许接受部分外地毕业生。结果，小魏果然在江阴找到了比较理想的就业岗位。小魏回到学校后，在班会上她说了一段令同学们印象很深的话。她说：“政策就是信息，政策就是机会，对于就业政策及其他一些知识，我们一定要尽可能多地掌握。”

分析：小魏求职的成功经历给我们以下几点启示。

一是可以看出就业的相关政策对于大学生求职来说是非常重要的。就业政策和法规在“双向选择、自主择业”的条件下，不但是对高校毕业生的就业行为进行规范，更重要的是保护大学生和用人单位双方的合法权益。这对高校毕业生在求职过程中，如何把握政策所带来的机遇，从而取得求职成功是大有裨益的。

二是可以看出在就业问题上也需要信息的积累，收集就业信息、了解就业趋势十分有必要。小魏从大学二年级开始收集就业的相关资料，这是非常有远见的做法。所以她能够在求职过程中对长江三角洲各地区的就业和人事政策了如指掌，顺利地实现了自己的职业理想。因此，在一些求职择业的关键时刻，一定要注意政策方面的信息，尤其是各地接收高校毕业生的基本条件，包括生源、层次、专业等方面的要求都要做一定分析、对比，从中寻找符合自身条件的政策信息，有的放矢地进行求职活动。

三是要熟悉就业环境，不能好高骛远，及时调整期望值，准确定位。就业市场对于大学生而言还是一个陌生的环境，与我们所熟悉的校园生活截然不同。所以，大学生必须尽快熟悉就业环境，只有把个人就业需求和社会需求结合起来，才能提高就业成功率，少走弯路，避免不必要的损失，才能够顺利地实现自己的职业理想。

学生活动

1.1　采用团队活动形式研讨下列问题

1.1.1　改革开放以来，我国就业制度发生了哪些变化？

1.1.2　你对就业制度和就业形式有哪些看法？

1.1.3　联系实际谈谈接受大学生就业观念教育的体会。

1.2　社会实践

采用社会实践活动对应届大学生的就业观念进行调查。

1.3　调研回答下列问题

1.3.1　你所学专业（专业群）的人才培养规格有何要求？

1.3.2　列出你所学专业（专业群）的就业岗位（岗位群）。

1.3.3　调查近五年所学专业的就业状况（专业对口率、半年后的就业率和起薪数、用人单位对毕业生素质的评价、毕业生对母校和专业的评价）。

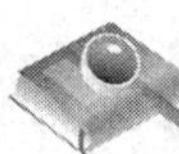

阅读资料及教学课件

劳动力市场七大供需变化影响大学生就业

高校扩招后大学生就业十二大变化

大学生应培养和建立全新的就业观念

大学生就业应避免的几大误区

给大学新生的建议

原北大校长王恩哥送给毕业生的10句话

第一章教学课件

第二章　自我认知与职业

本章要点

正确认识自己是通向成功的起点，谁能够正确地认识和评价自己，谁就等于踏上了成功的大道。职业心理学的研究表明：一个面临求职择业的人，只有对自己的才能、特长、心理素质及弱点都有了实事求是的认识和评估之后，从实际出发选择最适合自己的职业，才能最大限度地发挥自己的潜能，有效地实现自我价值，从而保证在事业上取得更大的成功。

理论指导

第一节　自我认知

> 你的人生想要什么，取决于你能付出什么作为回馈。
>
> ——哈佛励志名言

大学生在求职择业的过程中，既要清楚社会对自己的要求，又需要妥善地把握自己，想清楚自己想干什么、能干什么。清晰的自我认知对大学生求知的目标、策略和心理等起着重要的影响作用。

一、自我认知对大学生求职目标的影响

（一）自己喜欢干什么

大学生要通过自我认知，弄清楚自己的态度、兴趣、就业的理想，以及个人成功的标准思想、行为动机和理由。具体来说，就是深入思考：自己的人生追求到底是什么？什么对自己来说最重要，是挣钱多还是从事什么样的职业？怎么才能使自己快乐，是巨额财富还是平和的生活？

大学生要把个人的兴趣和对成功的理解同自己的职业目标、职业方向联系起来，不可以为别的标准或利益而抹杀自己的兴趣，随随便便迁就一份工作，因为这样既影响工作又耽误个人的发展。

（二）自己能干什么

要通过自我认知，弄清楚自己的知识、能力、个性、特长等，以及思想和行为的环境因素和自然基础。过高的自我评价往往使自己脱离现实，意识不到自身的条件限制，甚至狂妄自大，由自信走向自负；过低地评价自己，往往会忽视自身的长处，缺乏自信，过于自卑。因此，大学生要时常用“我能干什么”的眼光全面审视自己，扬长避短，走出求职择业的误区，找到最适合自己的职业。

二、自我认知对大学生求职策略的影响

在人才市场的竞争中，人才的质量是成败的基础，而求职时采取的方法和策略是成败的关键。要找到恰当的方法，必须对自己和自己应聘的工作有足够的了解，知彼知己，方能百战不殆。

因此，大学生求职时，一旦确立了正确的求职目标，就要通过自我认知，对达到自己求职目标的方法和策略进行全方位的思考，了解自己各方面的长短优劣，客观地给自己定位，在求职时采取恰当的方法和策略，扬长避短，力争顺利达成自己的就业目标。

三、自我认知对大学生求职心理的影响

大学生求职时有许多心理误区，如互相攀比、自命不凡，消极面对、随波逐流，缺乏主见、寻求依托等。因此，正确的自我认知对于大学生求职时的心理调节具有十分重要的意义。

自我认知贯穿于每个人生命的全过程，它的目的在于完善自己。只有实事求是地看待自己，才能心安理得，避免心理冲突，防止产生心理障碍。这不但对大学生求职择业具有重要的意义，对大学生的学习生活也大有裨益。

拓展阅读

朗途大学生职业规划测评系统

朗途大学生职业规划测评系统是国内第一套自助式职业规划测评系统。该系统整合了职业咨询师、测评顾问、人力资源专家多年的职业指导经验，实现了国际上最权威的动力理论与应用最广泛的人格理论的有效结合，力求在最短时间内捕捉被测者的职业素质及心态，是进行职业生涯规划的得力助手。朗途职业规划测评系统是应用于职业生涯规划的重要的应用软件之一，该系统由北京北森生涯教育科技有限公司开发，目前在许多高校得以广泛的应用。该系统以简便快捷的方式，帮助大学生了解自己的性格与动力特征，并在此基础上分析大学生的行为风格、优势与劣势，以及适合的职业环境特点等，辅助大学生确定适合的职业定位，减少职业规划中的盲目性。

1. 系统使用说明

该测评系统可以对个人开展个人性格和动力两部分的测试。其中性格部分的开发基于荣格的心理类型学理论，包含 4 个两极性的维度，即心理能量倾向（外向-内向）、接收信息方式（感觉-直觉）、处理信息方式（思维-情感）、行动方式（判断-知觉），每个维度的两极对应于两个相反的偏好。动力部分基于成就动机理论，也包含 4 个维度：成功愿望、影响愿望、挫折承受和人际交往。

2. 操作说明

1）初次进入朗途测评的首页后，可以单击【新手操作指南】按钮了解软件用法。一般进入系统的用户登录名为学生自己的学号，密码为自己设置的密码（学号和姓名一般由软件购入单位从管理后台导入），如图 2-1 所示。

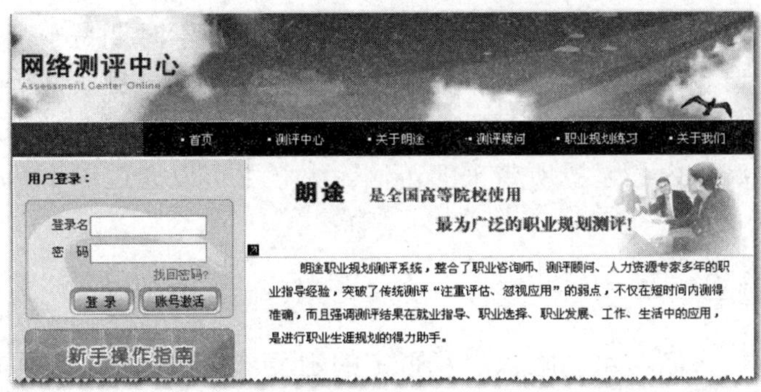

图 2-1　网络测评系统登录界面

2）单击【登录】按钮进入测评主页图，然后单击【开始测评】按钮开始测评，你将需要在规定的时间内完成 187 道测试题的测试，然后再单击【查看报告】按钮查看你的分类测试报告，或单击【整体报告】按钮查看你的整体版测试报告。整体版测试报告回答了“你的性格类型是什么？你做事的动力如何？你的动力类型是什么？你的长处在哪里？什么样的岗位适合你？你可以探索的职业有哪些？你的短板在哪里？你可以尝试的发展建议有哪些？”等问题，便于你在职业生涯规划时使用（图 2-2）。

图 2-2　网络测评中心界面

第二节 自我分析

> 目标分解是现实处境与美好愿望的实现之间建立可拾阶而上的阶梯通道。目标的选择是为了保障最大效益。目标组合是找出不同目标之间互为因果、相互促进的内在联系。
>
> ——职场名言

一、自我分析的步骤

确认自我就是确认本来的、真正的我是怎么样的。大学时期是一个人全面进行自我确认的阶段。这种自我确认，不论是相关专业、家庭背景、自身条件等，都会影响到身心尚未成熟的大学生的人生观和价值观。提高自我确认的能力，会减少进行自我确认时走弯路的时间，并减少内心矛盾所带来的苦恼。大学生可以通过以下两个步骤进行自我确认。

（一）建立问题库

在日常生活中，人们常常会陷入自我否定的困境。这种自我否定可能长期困扰一个人，也可能只在偶然的一瞬间突然进入一个人的脑海。

自我否定并不可怕，它是一个人自我确认的前提。大学生可以利用“对自己的否定”把脑海中涌现的问题写下来，建立自己的问题库。表 2-1 所示的问题库可以给大学生提供一些参考。

表 2-1　自我确认所涉及的问题库

项目	问题
自我评价	1）我不能全身心地为实现自己的目标而努力 2）我很难对重要的事情或人做出认真的承诺 3）我缺乏自信，对什么都感到能力欠缺 4）我对我的专业不满意，也不知道自己对什么专业感到满意 5）我的生活节奏太乱了，没有一点条理 6）我没有合理地利用自己的时间，而是把时间都浪费掉了 7）我常常感到抑郁，不想做任何事情
人际境遇	1）我很难做到向他人表达我的感情 2）我过分依赖他人，害怕抛头露面 3）我很不愿意接受批评，对待批评的方式很不友好 4）我害怕在众人面前讲话 5）我不愿意表明我的观点，尤其是在与他人观点不一致的时候 6）遇到心烦的事时，我不能控制自己的脾气，但事后总感到后悔 7）我非常害羞、胆怯，不愿意与别人打交道，这使我在群体中感到被孤立

大学生可以参照表 2-1 所示问题做适当的修改和增减，建立自己的问题库。这样一来，存在的问题就会被陈列出来，大学生可以用眼睛直接看到自己存在的问题，使这些问题清晰呈现，而不是处在无法把握的混乱当中。

在提出问题的同时，大学生就有了一个可以看得见的目标，使自己清楚应该做什么。只要大学生坚定信念，自己身上存在的问题总有一天会消失的。

（二）确认问题库中的问题

从问题库中提取一个问题，进行确认训练。最重要的是，通过训练确认生活中的一个难题，增强自己确认问题的能力。面对提出来的问题进行确认，可以分为两点。

第一点：你承认问题确实存在吗？此时，可按图 2-3 所示流程处理。

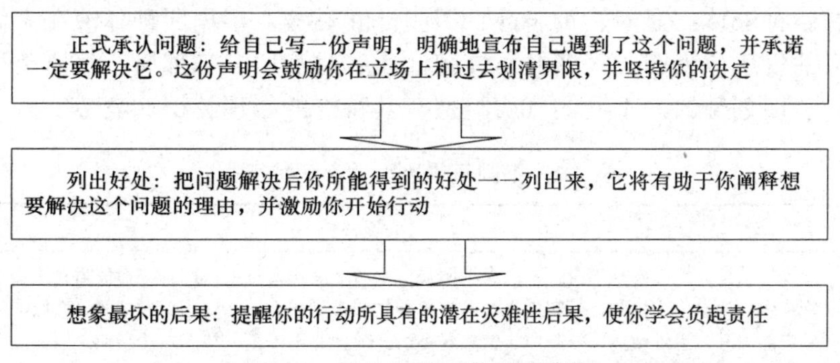

图 2-3　承认问题后的处理流程

第二点：你如何确认问题（图 2-4）？

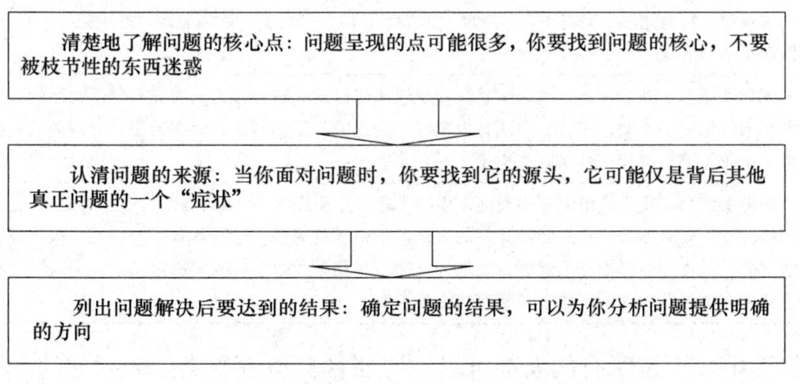

图 2-4　确认问题

（三）注意事项

在确认问题时，要注意两点“具体化”。

1）把陈述具体化：准确地确定你的问题，不要使用太笼统的词语，学会对问题做较为具体的陈述。

2）把问题具体化：大的问题是由一些具体的问题组成的，为了确定大的问题，通常需要确定并叙述其具体问题。

二、自我分析的主要内容

（一）气质

气质主要是由生物特性决定的相对稳定而持久的心理特征，是行为的表现方式，主要表现在心理活动的强度、速度、稳定性、灵活性和指向性上，也就是人们平常所说的“秉性”“脾气”。这些都是天生的、不容易改变的。

1. 气质类型及其特征

古今中外对气质的解释很多，但其中影响最大的是古希腊著名医生希波克利特，他认为人体内有四种液体：血液、黄胆汁、黑胆汁和黏液。根据四种体液在人体中所占比重，可以把人的气质分为四类：多血质、胆汁质、黏液质、抑郁质。气质类型是根据气质在人身上的表现划分的，不同的气质类型有其特殊的心理特征（表 2-2）。

表 2-2　不同气质类型的心理特征

气质类型	心理特征
多血质	活泼好动型。情绪容易兴奋且外部表现明显，反应速度快而且灵活，表现为情绪变化迅速，对人对事易情绪化，随意反应性强，可塑性强。具有此种气质类型的人，一般感受性高而耐性低，语言表达能力和感染能力强，思维敏捷、交际广、情感易外露，但体验不深刻；待人热情亲切，但又显得粗心浮躁，往往办事时凭兴趣，见异思迁，缺乏耐心和毅力
胆汁质	兴奋热烈型。情绪兴奋性高，抑制能力差，反应速度快而灵活，表现为情绪产生迅速，具有爆发性的特点。具有此种气质类型的人，感受性低，而耐受性高，外倾明显；在日常生活中一般较为热情积极、性情直率、精力充沛、坚忍不拔，遇事处理果断，但自制力差、性情急躁、办事粗心，有时有刚愎自用、傲慢不恭的表现
黏液质	缄默安静型。外部表现少，内倾明显，反应速度慢但稳定性强。具有此种气质类型的人，感情不易变得强烈，稳固、克制、忍让、生活有规律，不为无关的事情分心，埋头苦干，有耐久力，但做事过于谨慎，不善于随机应变，容易固执拘谨
抑郁质	缓慢羞涩型。反应速度慢而不灵活，精神上难以承受或大或小的神经紧张，常为微不足道的小事产生情绪波动，具有内倾特点。此种类型的人，多是多愁善感的，情绪体验少而微弱，极少在外表流露自己的情感，但内心体验却相当深刻；表现为沉静、易相处、办事稳妥可靠等特点；遇事缺乏果断和信心，生活常有孤独的表现，工作中易疲劳且不易恢复

在现实生活中，不是所有的人都可以按照四种典型气质类型来划分的，多数人是介于各类型之间的混合型，即在某种气质类型下，兼有其他气质类型的特征。

2. 气质类型与职业

人的气质差异是客观存在的，它本身并没有好坏之分。任何一类气质都有其积极的一面，也有其消极的一面。同一种气质类型的人，有的人可能是优秀人才，有的人可能只是平庸之辈。所以说，问题的关键并不在于你是什么气质类型，而在于气质与职业是否相适应。多血质和胆汁质的人比较适合一些要求做出迅速、灵活反应的工作，黏液质和抑郁质的人对此则较难适应；相反，要求细致的工作，对于黏液质、抑郁质的人比较适合，多血质和胆汁质的人则难以在这方面取得较高的效率（表 2-3）。

表 2-3　气质类型与适合的职业

气质类型	适合的职业
多血质	适合与外界打交道，从事灵活多变、富有刺激性和挑战性的职业，如外事人员、公关经理、公务员、商人、记者、律师、驾驶员、运动员、演员等。多血质的人不适合做过于细致、单调的机械性工作
胆汁质	适合从事与外人打交道，工作内容不断变化，环境不断转换并且热闹的职业，如导游、勘探工作者、推销员、节目主持人、外事接待人员等，但难以胜任长期安坐、持久耐心细致的工作
黏液质	适合做稳定的、按部就班的、静态的工作，如外科医生、会计、出纳员、话务员、法官、播音员等。黏液质的人不太适合需要经常策划、创造的工作
抑郁质	适合做安静、细致的工作，如校对、打字、人事、机要、档案、编辑、排版等工作，但不适合工作场合比较热闹的工作

对大多数职业而言，气质并不是决定职业适应和成功的主要因素，它只具有一定的辅助作用。但在一些特殊的职业中，气质对职业的影响力非常大，如果从业人员不具备这些气质特征或没有达到应有的水平，那么该项工作就无法完成，甚至会造成重大事故。例如飞行员、宇航员、大型动力系统调度员及运动员等，这些职业都要求身心的高度紧张、反应敏捷、具有顽强的毅力等，多血质的人比较适合，而黏液质、抑郁质的人则不适合。

（二）性格

生活中，我们经常对他人进行评价："×××热情开朗，为人豪爽。""×××胆小怕事，对人冷淡。"……我们的这种评价，实际上说的就是人的性格特征。我们把性格定义为个人对现实的稳定态度和习惯化的行为方式，而不是那种特殊条件下偶然表现出来的态度和行为方式。也就是说，性格是个人在社会实践活动中通过个体和环境的相互作用而逐步形成的，而且一经形成，就具有一定的稳定性。

1. 性格类型

性格类型的概念是由瑞士的精神分析家卡尔·古斯塔夫·荣格于 1920 年在《心理学类型》中提出的。美国心理学家凯恩林·布里格斯和她的女儿伊莎贝尔·布里格斯·迈尔斯继承和发展了荣格的理论，创立了 MBTI（Myers-Briggs Type Indicator）理论。该理论把人在生活中、交往中的性格类型特点分为 4 种维度的 8 种类型（表 2-4）。

表 2-4　MBTI 性格类型

分类依据	类型/英文缩写	特点
对专注外在世界的角度不同	内向型/I	倾向于把精力专注于内在世界的意念、记忆和情绪，并从中获得动力
	外向型/E	倾向于把精力专注于外在世界的人、经验和活动，并从中获得动力

续表

分类依据	类型/英文缩写	特点
人们认识外在世界方法不同	感觉型/S	比较注重实际、具体、事实的看法
	直觉型/N	比较注意事件的可能性和整体性的关系
下结论、作决定的方式不同	思考型/T	比较注重客观、公平和逻辑分析
	情感型/F	比较注重价值和人际关系
处理事情的态度不同	判断型/J	做事喜欢按照一定的步骤和规划
	感知型/P	做事喜欢突发的灵感及弹性的做法

2. 性格类型与职业

职业心理学的研究表明，性格影响着一个人对职业的适应性。因为几乎每一种职业都对性格品质提出特定的要求，要去适应这一职业就必须具备这一职业所要求的性格特征。性格类型没有好坏，而工作的成就感往往来自于性格与职业的匹配。

MBTI 性格类型的 4 个维度两两组合可以组成 16 种性格类型。16 种性格类型特征及适应职业如表 2-5 所示。

表 2-5 性格类型特征及适合的职业

性格类型	特征	适合的职业
外向/感觉/思考/判断（ESTJ）	注重实际，天生的生意人及机械专家。对那些看起来没有实际利益的事情不感兴趣。喜欢组织及经营事业、活动	法律工作者、政治家、警务人员、军人
外向/感觉/思考/感知（ESTP）	做事不慌不忙，很能享受其中的乐趣。倾向喜欢机械及运动，有些直率、不敏感，喜欢真实的，最好是可以处理、拆解及重组的事情	管理人员、企业家、实业家、仲裁者、演艺制作者
内向/感觉/思考/感知（ISTP）	冷眼旁观、保守安静，以好奇心来分析观察人生。专注于自己认为有必要花心思的事上，否则是浪费时间和精力	商人、机械师、驾驶员、运动员、音乐家、美术家、手艺者
内向/感觉/思考/判断（ISTJ）	安静、认真、注意力集中、实际、合理、有秩序。只要是应做的事，不管别人的劝阻，都会下决心完成	审计员、会计税务代理、验光师、教师、书记员、图书管理员
外向/感觉/情感/判断（ESFJ）	热心、多话、受欢迎、天生的合作者、积极的参与者。对抽象思考或技术主题不太感兴趣，喜欢直接影响人生活的事情	推销员、教师、教练、私人秘书、办公室接待人员、神职人员
外向/感觉/情感/感知（ESFP）	外向、随和、接纳、友善。喜欢运动、制作东西。认为牢记事实比熟悉理论容易；在需要一般常识及实际操作能力的场合中，最能发挥自己	教导员、政府官员、演说家、小说家、剧作家、新闻记者
内向/感觉/情感/感知（ISFP）	孤独、幽默、安静、友善，不寻求突出，不会强迫别人接受自己的意见，不喜欢匆忙的工作，不喜欢领导，却是一位忠实的跟随者	护士、园艺家、兽医、雕刻家、导演、作曲家、小说家、厨师、时尚设计师
内向/感觉/情感/判断（ISFJ）	安静、友善、负责。周到地、精细地、谨慎地、耐心地完成工作及细节。体谅关心别人的感受	监护人、中层管理人员、保险代理人、图书馆馆员
外向/直觉/情感/判断（ENFJ）	处理事情时比较顾虑别人的感受，能轻松圆通地提出一个计划或领导一个团体。和睦地活跃于社团，也会用心地学习功课	神职人员、临床医生、教育家、基础护理医师、大众传播人员

续表

性格类型	特征	适合的职业
外向/直觉/情感/感知（ENFP）	亲切、热忱、富有想象力，几乎能做他所有感兴趣的事情。能迅速解决问题，灵机应变能力强，无论想要做什么，都能找到理由去做	教导员、政府官员、演说家、新闻记者、小说家、剧作家
内向/直觉/情感/感知（INFP）	热心、忠实、友善，但很少表达出来。认真地学习和思考。太重视人际关系，较少重视地位及生理环境	政府工作人员、社会工作者、人文科学教育家、幼儿咨询员
内向/直觉/情感/判断（INFJ）	以不屈不挠取胜、以创意完成要做的事情。沉静、忠实、为人着想，喜欢被人尊重	临床医生、心理学家、特殊领域教师及作家
外向/直觉/思考/判断（ENTJ）	热心、坦白，善于条理分明的谈话。容易吸收知识，乐于扩大自己的知识面	军队将领、高级管理人员
外向/直觉/思考/感知（ENTP）	迅速、聪明、直率、精通很多事情。机智地解决新问题，但可能会忽略了例行工作。易转换兴趣，对所要的事物，都会找到合适的理由	教师、创新事业领导
内向/直觉/思考/感知（INTP）	安静、谨慎，善于精细地推论，通常主要的兴趣在理想事业上，对宴会及闲聊没有兴趣	科学研究人员、经营主管人员
内向/直觉/思考/判断（INTJ）	对他们喜欢的工作，都会有组织地完成。容易怀疑、批评、独立、固执地做事，需要学会舍弃不重要的事物	教师、逻辑学家、数学家、技术专家、科学家

（三）兴趣

兴趣是指个体力求认识某种事物、掌握某种事物，并经常参与该种活动的心理倾向，而当这种兴趣直接指向与职业有关的活动时，就表现为职业兴趣。

我们要明白兴趣和所学专业、将来从事职业之间的关系。职业心理学家的研究表明，一个人的兴趣和专业学习的关注度、工作的满意度、职业的稳定性、职业的成就感之间存在着明显的关联。职业兴趣是职业的多样性、复杂性与就业人员自身个性的多样性相对应下反映出来的一种特殊的心理特点，在人的职业活动中发挥着重要的作用。如果所学专业、所从事的职业和自己的兴趣相一致，人们就会在他们感兴趣的事情上投入更多的时间和精力。人们在做自己喜欢的事情时就会感到得心应手，学习和工作也就更有激情，更有可能在工作中获得满足感，在学习和工作中形成良性循环。与此相反，如果从事的是自己并不感兴趣的工作，那么这份工作在他们的心理上便是一种负担，结果只能因为没有兴趣而无精打采，致使工作业绩平平。

美国职业指导专家约翰·霍兰德在20世纪60年代以自己从事的职业咨询为基础，通过对职业兴趣的深入研究，将人的职业兴趣大致分为6种类型，不同的职业兴趣又适合从事不同的职业，具体如表2-6所示。

表2-6　霍兰德职业兴趣类型与适合的职业

类型	标本特征	适合的职业
实际型（R）	具有实际、物质、安定等人格特征，喜欢有规则的、明确的、具体的岗位职务和需要机器进行的操作性强的工作，但缺乏社会交际能力，不适应社会性的职业	工程师、电器技师、一般劳工、木匠、农民、机械员、货车司机、摄影师、制图员、维修工等

续表

类型	标本特征	适合的职业
调研型（I）	具有聪明、理性、好奇、精确等人格特征，喜欢以观察和科学分析进行创造性研究活动和实验工作，但缺乏领导才能	心理学家、工程师、学者、科学研究人员等
艺术型（A）	具有想象、冲动、知觉、无秩序、情绪化、理想化、有创意等人格特征，喜欢文学与艺术创作，擅长具有艺术表现力的职业，但不善于事务工作	艺人、导演、艺术设计师、歌唱家、作曲家、诗人、小说家、剧作家、书法家、画家、主持人等
社会型（S）	具有合作、友善、助人、负责、圆滑、善社交、善言谈、洞察力强等人格特征，喜欢为社会及他人办事或服务，从事与他人打交道的、说服、教育、治疗及与社会福利事业方面有关的职业	教师、辅导人员、教育行政人员、传教士、咨询人员、公关人员、经理或管理服务人员等
企业型（E）	具有冒险、野心、独断、乐观、自信、精力充沛、善社交等人格特征，喜欢从事具有风险、需要胆略、承担责任较大的工作，善于管理、经销、投资与主持指派他人去做工作的职业	推销员、企业领导、政府官员、经营管理人员、销售人员、律师等
常规型（C）	具有顺从、谨慎、保守、实际、稳重、有效率等人格特征，喜欢按照固定程序与规则，从事重复性的、习惯性的、具体的日常事务，适宜常规管理方面的职业	编辑、秘书、会计、行政助理、文员、出纳员、图书管理人员等

然而，表 2-6 所示的职业兴趣类型与职业也并非绝对的。霍兰德在实验中发现，尽管大多数人的职业兴趣类型可以主要地划分为某一类型，但个人又有着广泛的适应能力，其人格类型在某种程度上相近于另两种职业兴趣类型，则也能适应另两种类型的职业。

第三节　职业的基本知识

> 年轻人刚踏入社会之时，不要东挑西挑，任何工作都可以做，都有前途；特别在企业界，只要你努力学，一年就可以得其要领，而三年有成，可以一展雄才大略。
>
> ——王永庆

一、职业的含义

从词义学的角度看，“职业”一词由“职”和“业”构成，“职”即职责、天职，“业”即事业、行业。从劳动社会学的角度来说，职业是劳动者能够稳定从事的有酬工作，是劳动者足够稳定地从事某项有酬工作而获得的劳动角色。

职业，简单讲就是工作。人们常说，三百六十行，行行出状元。这行业，其实就是由最基本的各个职业组成的。在各行各业中有像农民、工人、医生、教师、服务人员这样的大类，也有诸如汽车制造业从业人员、宇航员等专业人员。职业有成千上万种，而且层出不穷。

总之，职业对于个人发展是十分重要的，它不仅是人谋生的需要，还是贡献社会、实现自我价值的必然途径。

二、职业的特点

（一）目的性

职业以获得现金或实物等报酬为目的。社会上不同行业的人们以各自的专长来为社会创造财富，获取报酬。因此，职业也是人们谋生的手段，甚至是地位的象征。职业不同，人们的技术水平及付出的劳动代价也不同，而劳动报酬的多少决定了人们生活质量的高低。我们今天坐在教室中学习，不管从国家还是就家庭角度而言，都是为了获得高质量的劳动技能，来填补社会上人才使用的空缺或寻找自己职业上的位置，从中获得相应的报酬，以提高自己的生活水平，实现人生的目标。

（二）社会性

职业充分体现了社会分工，是社会生产力发展的产物。每一种职业都体现了社会分工的细化，体现了对社会生产和社会进步的积极作用。社会成员在一定的社会职业岗位上为社会整体做贡献，社会整体也为全体成员获得持续的发展和进步提供条件。职业的社会性反映出不同的职业承担着不同的社会责任，不同职业的人应当了解自己的职业角色，从而完成自己的使命，如医生应当“救死扶伤”，教师应当“诲人不倦”，商人应当“童叟无欺”等。从事不同职业、获得不同社会角色的人，他们的经济状况、文化水准、行为方式差别很大，并以此反映出他们各自的社会层次。

（三）规范性

职业必须遵从特定的规范。这种特定的规范就是职业规范。职业规范主要包括职业活动中应遵守的各种操作规则、办事章程、职业道德规范和各种约定俗成的习惯。现代职业规范主要以法律法规、组织章程和有关公约、守则的方式体现。不管从事何种职业，从业者都必须遵从职业规范。

（四）群体性

职业的存在常常和一定的从业人数密切相关。凡是达不到一定数量从业人员的劳动，都不能称其为职业。群体性并不仅仅表现为一定的从业人员数量，更重要的是一定数量的从业人员所从事的不同工序、工艺流程表现出来的协作关系，以及由此产生的人际关系。从业者由于处于同一企业、同一车间或者同一部门，他们总会形成语言、习惯、利益、目的等方面的共同特征，从而使群体成员不断产生群体认同感。个人对相关职业特性的了解和认同，能够促进其更有效地实现就业和职业生涯的发展。

（五）稳定性

任何一种职业都要经历一个从酝酿到形成，从发展到完善再到消亡的变化过程。一般来说，构成职业生存的社会条件变化是比较缓慢的，职业的生命周期具有相对的稳定性。尽管现代科技飞速发展，许多职业会随着人类社会的发展而产生和消亡，但是这种产生和消亡并非涉及所有的传统职业。例如医生、教师、商人等，从古至今，堪称永久性职业。职业的产生和消亡也不可能在短时间内完成。20 世纪激光从发明到应用的时间很短，但也经过了一年的时间，与此相关联的新职业发展少说也得几个年头。即使从业的个体面临着频繁的职业变化，但其本身还是在比较长的时间内从事一种职业，因此是相对稳定的。现在教育实行了专业化、规模化和科学化，使职业都具有稳定性的要求。

三、职业的功能

职业实际上实现了劳动者与生产资料的结合，体现着人与人之间的社会关系。人们通过从事职业产生职业成果来满足自身的需要，并为社会做贡献。因此，职业及职业活动对个人和社会都有着十分重要的意义。

（一）职业的社会功能

1. 职业是社会存在的内容

职业分工及其结构，是社会经济制度与社会经济结构的重要部分，是社会经济发展水平的反映。通过人的职业劳动生产出社会财富，也为社会的存在和发展提供了物质基础。

2. 职业是社会发展的动力

职业的社会运动，如个人改善职业的向上流动、与社会经济结构相联系的职业结构变动、不同职业阶层间的矛盾冲突及解决等，构成了社会发展与社会进步的动力。此外，人们往往为了追求未来的“好工作”而进行人力投资、努力学习，这也成为推动社会发展的巨大动力。

3. 职业是社会控制的方式

职业是人的重要生活方式，“安居乐业”是人们的共同愿望。衣食足而知荣辱，政府为公众创造职业岗位，促进充分就业，从其功能的角度看，可以减少社会问题，促进社会和谐。

（二）职业的个人功能

1. 职业是人生的主要活动

职业作为人们参与社会活动，进行人生实践的最主要途径，从多方面决定了个人的特征和境遇。人的职业生活使从业者进入一种社会情境，职业成为使人担任特定的社会角色，形成一定行为模式的条件。

2. 职业是人们获取利益的手段

职业是人的主要经济来源。职业作为个人获得经济收入的主要手段，成为个人生存和维持家庭的物质基础。此外，职业活动可以使个人获得多种非经济的利益，如名誉、地位、权力、各种便利等，从而使个人获得心理满足，达到“乐业”的境界。

3. 职业是个人发挥才能的手段

人们从事某种特定职业类别的工作，不仅需要个人具备一定的素质，还要能使人的才能得到发挥，并成为促进人的才能和个性发展的手段。

4. 职业是个人为社会做贡献的途径

一个人从事某种职业，就是进入一个社会劳动分工体系之中参与活动。个人在这个体系中的活动结果，就是个体为社会做出的贡献。

四、职业的分类

所谓职业分类，是指采用一定的标准和方法，依据一定的分类原则，对从业人员所从事的各种专门化的社会职业进行全面、系统的划分与归类。

2015 年版《中华人民共和国职业分类大典》将我国职业归为 8 个大类、75 个中类、434 个小类、1481 个细类（职业）。8 个大类具体如下：

第一大类：党的机关、国家机关、群众团体和社会组织、企事业单位负责人，其中包括 6 个中类、15 个小类、23 个细类。

第二大类：专业技术人员，其中包括 11 个中类、120 个小类、451 个细类。

第三大类：办事人员和有关人员，其中包括 3 个中类、9 个小类、25 个细类。

第四大类：社会生产服务和生活服务业人员，其中包括 15 个中类、93 个小类、278 个细类。

第五大类：农、林、牧、渔业生产及辅助人员，其中包括 6 个中类、24 个小类、52 个细类。

第六大类：生产制造及有关人员，其中包括 32 个中类、171 个小类、650 个细类。

第七大类：军人，其中包括 1 个中类、1 个小类、1 个细类。

第八大类：不便分类的其他从业人员，其中包括 1 个中类、1 个小类、1 个细类。

五、职业的评价

社会的分工是职业划分的基础，自从有了社会分工就有了职业评价。不同的人从不同的角度，以不同的标准和尺度评价职业。一种是研究者从学术的角度，有历史的、现实的、发展的、国内的、国外的，以不同学科标准进行评价和判断。另一种是普通人以情感的、时尚的眼光看职业，以重要与不重要、高贵与低贱、好与坏来区分。

事实上，职业并没有高与低、贵与贱、好与坏之分，职业的不同是由于社会分工的不同造成的。正是由于社会分工不同，使得职业之间在劳动强度、技术水平、智力因素、收入状况、工作条件等方面形成差别。这种差别是客观存在的，但却形成了人们对职业地位的不同看法和态度。

功能主义者认为，职业地位的差别是社会正常运行不可避免的现象。一个社会要想正常运行，需要各行各业的劳动者正常发挥其职能。不同职业对任职者的要求也不一样：有的职业与人打交道多，有的职业与人打交道少；有的职业风险大，有的职业风险小；有的职业要求智力水平高，有的职业要求体力强；有的职业因技术性要求较高故胜任的人少，有的职业绝大多数人都可以胜任；等等。由于职业的差别，人们出现了劳动报酬、社会地位等方面的差别。这就需要有一种社会机制激励人们进行职业竞争，否则，人们就不会进行更多的教育投资，不愿付出更多的努力，不愿承担更大的责任。

六、职业的发展趋势

（一）当代职业发展的趋势

随着科学技术和生产力的发展，21 世纪将是一个高新技术产生发展的时代，新技术取代旧技术，新产品取代老产品，这是社会发展的趋势。社会劳动分工的模式或社会职业结构的不断发展变化使新的职业逐渐产生，旧的职业逐渐消亡。从总体上来看，职业的发展呈现出如下几种趋势。

1. 职业的更新速度不断加快

职业产生初期，种类少，发展缓慢。因为传统生产技术相当稳定，重要技术在生产上的应用往往会持续相当长的一个时期，所以社会职业也具有相对稳定性。但随着社会的发展及科技发展的加快，职业种类的增加也逐渐加快，当代新兴行业不断涌现，新的职业也大量出现。技术创新已经成为经济发展的决定性因素，在发达国家生产技术每年淘汰率高达 20%，技术平均寿命仅为 5 年。因此，新旧职业更替的速度加快。到目前为止，经人力资源和社会保障部门认定的职业已有 1000 多种，其中不少是近几年新出现的。

2. 第三产业职业数量增加

随着科学技术水平的提高、产业结构的调整，第三产业在国民经济中所起的作用越来越大，如金融、商务、传播、物流、卫生、教育、旅游等。第三产业就业人数不断增加，这是现代社会发展的大趋势。第三产业从业者占全部从业者的比例，在发达国家和地区均已超过 50%。2017 年，我国第三产业的就业人数占就业总人数的 43.5%。

3. 职业不断调整和变化

三个产业部门中，都有许多传统职业，在新的条件下发生了较大的调整和变化。在第一产业中，传统的农民转换为农技师、农艺师或专业性更强的从事无土无害栽培工作的现代农艺师。在第二产业中，传统的手工绘图员转换为使用计算机的电子绘图员，采煤、采油向高科技的转变，产生了新型的煤炭液化、汽化职业以及海洋石油开采等职业。在第三产业中，变化则更为迅速，过去的理发师转换为形象设计师，销售、库管人员转换为物流配送师等。事实上，所有职业都会随着生产技术的进步而发生一些调整和变化。

4. 体力劳动脑力化

任何一种职业都需要劳动者付出一定的体力和脑力，人们常把付出体力劳动为主的职业称为体力劳动职业，把付出脑力劳动为主的职业称为脑力劳动职业。随着科技的不断发展，以及机械化和自动化的普及，越来越多的职业体力消耗减少，脑力消耗增加，于是就出现了体力劳动脑力化现象。

5. 综合化和多元化发展趋势明显

随着科学技术的发展，职业的专业化程度越来越高，若不具备一定的专业能力就无法胜任工作。《中华人民共和国劳动法》（以下简称《劳动法》）第六十九条规定："国家确定职业分类，对规定的职业制定职业技能标准，实行职业资格证书制度，由经备案的考核鉴定机构负责对劳动者实施职业技能考核鉴定。"职业除了专业化程度越来越高外，还开始向综合化、多元化方向发展，打破了以往每种职业都有相对固定范围的界限，职业和职业之间相互交叉延伸、界限模糊，对从业者素质的要求也越来越高。例如，以前的研究人员只管科学理论的研究和科学成果的鉴定，而现在很多研究人员，既是研究者又是市场开拓者和经营者，有的还是管理者。不少企业也以一业为主，兼营他业，这些企业的工作人员虽身处一个职业岗位却同时具有几种职能、几种身份。

另外，随着科学技术的发展，由于职业的专业化，从业者必须具备一定的专业能力。例如金融、保险、财会等行业，由于计算机的广泛应用，缺乏计算机管理技术的人难以达到工作的要求，他们只有加强学习，否则就会被这种职业淘汰。

（二）职业的发展对就业的影响

当代社会职业的迅速发展，对大学生就业产生了许多方面的影响。大学生在求职择业和进行就业准备时，要认真研究职业发展的趋势。

1. 产业结构调整对就业的影响

随着经济的发展，产业结构调整速度加快，三大产业的就业结构也随之发生了较大的变化。从世界范围来看，从事第一、第二产业的人数在不断减少，从事第三产业的人数在不断增加。我国成为世界贸易组织成员后，由于经济全球化的影响，产业结构的调整会导致某些产业的行业性亏损，那些存在着生产能力差、产品技术含量过低、经营管理不善等问题的行业会出现较严重的就业困难，就业人数会减少。同时，产业结构的调整也会使某些行业得到迅速发展，如第三产业的交通运输及邮电通信、金融保险、社会服务等，这些行业的就业人数将会明显增加。因此，大学生在求职择业过程中要密切注意社会经济发展的新动向，了解职业需求的新变化，把握和顺应我国产业结构发展的新趋势，转变择业观念，不断拓宽就业门路。

2. 所有制结构变化对就业的影响

所有制结构的调整和市场经济体制的逐步完善，为大学生求职择业提供了一个良好的社会环境和更加广阔的天地。改革开放前，我国的所有制形式较单一，就业渠道较窄，人们求职择业时追求"大而全"（大城市、大单位、全民所有制），认为只有如此才算就业，否则就是“低人一等”或者不算就业。近年来，我国不断调整所有制结构，形成了以公有制为主体、多种所有制经济共同发展的新格局。从近几年大学生的就业情况来看，到国有、集体企业就业的人数比例较以往大幅下降，而到三资企业、民营企业和个体经济组织工作的比例则呈明显上升的趋势。大学生自己开公司、放弃“铁饭碗”到三资企业任职的例子数不胜数。国有、集体企业吸纳就业能力已呈减弱趋势，而其他经济成分（如城镇私营企业、个体经济组织）的从业人员和就业人数快速增加，成为吸纳就业的新增长点。

3. 社会经济的发展对就业的影响

社会经济的发展给职业的发展带来了很大的变化，职业的分化、兴衰势必会对大学生的就业产生影响。

1）社会职业的发展导致同一职业或职位对就业者的要求不断提高，如律师资格证书、职业资格证书制度的逐渐推行，学历文凭和职业资格证书并重制度的实行等。对于某些职业来说，仅有学历文凭还不具备就业资格，这就要求大学生必须重视实践技能的培养，并通过有关的职业资格鉴定，获得职业资格证书。

2）社会职业的发展和国家劳动人事制度的改革，为人才的合理流动创造了条件。大学生的首次就业并不意味着选择了终身不变的职业。随着各种条件的变化，已就业的大学生，也可以面临第二次、第三次择业，所以大学生就业时应从发展的角度看待自己的初次就业。

3）新职业种类的大量出现，扩大了大学生的择业范围。从职业分类的角度看，适宜大学生从事的职业主要是专门职业，所以在择业中就不能不考虑专业对口，但由于社会职业发展加快，新职业种类不断增加，所谓与专业对口的职业种类也相应增多。这就要求大学生在择业时应当解放思想、开阔视野，跳出传统职业种类的狭小范围。

4. 职业与专业、事业的关系

就一般意义而言，职业是参与社会分工，利用专门的知识和技能，为社会创造物质财富和精神财富，获取合理报酬，作为物质生活来源，并满足精神需求的工作。专业是学业的分类，是从学科与技术的角度进行划分的。高职院校一个具体的专业，它与职业的对应关系密切，可以是一个职业岗位，但更多的情况是，一个专业对应的是一个职业岗位群（或职业领域）。学生进入高校经过专业学习和训练，培养自己的专业技能，取得相关职业的职业资格证书，完成学业后，就会选择职业进入企业，熟悉与自己所学专业对应的职业群。

职业是指具体的工作，可能并不是你一生所希望从事的，只是个谋生的工具。而事业则是人们所从事的具有一定目标、规模和系统，并对社会发展有影响的经常活动。事业比较抽象，是指希望从事的、可以一辈子为之所奋斗的。

案例分析 2-1

性格与职业不适应的悲剧

1993 年×月×日，我国发生了一起震惊中外的事件，国内某著名汽车制造企业总经理××跳楼自杀了。

××的死使许多人百思不得其解。因为××走得很平静，他的家人没有发现一点异样，他的秘书也没有丝毫察觉，他们很难将他生前的行为与他的自杀联系起来。

在中国的工业界，尤其在汽车行业，毫无疑问，××为一个出色的企业家。在出任总经理前，××曾担任该企业的董事会秘书长兼大项目协调部经理。在企业发展进程中，他付出了巨大的心血，因此，有人称××为“中国的艾柯卡”。××在汽车制造方面的专业理论达到了很高的造诣，被国内某知名大学聘为名誉教授。他创意建立了“××足球基金会”，并出资聘请洋教练，在中国足球史上留下了具有历史性意义的一笔。

然而，随着事业的成功和地位的上升，××面临的压力越来越大，其心理负担也日益加重，这使他有些力不从心，几乎每天晚上他都要靠安眠药帮助才能入睡。特别是1992年，该公司的汽车年产量要从1992年底的6.5万辆提高到10万辆的目标；“××足球基金会”原宣布筹资1000万元，却有240万元没有到位；与他感情深厚的夫人此时偏偏又患上癌症、动了大手术，如此等等，几乎使他心力交瘁。

终于有一天，××将文件交给秘书时说：“我想安静一会儿，请你们不要来打扰。”16分钟后，他从五楼总经理室的窗口跳下，轰然坠地，就这样平静地走了。

分析：××之死，看起来是外在的压力过大所致，实际上是他的性格与其工作性质不相适应造成的。无疑，他才干出众，正直、认真、勤勉，这对他事业的成功起了极大的作用。但他内向、少言，过于追求完美，对自己近乎苛刻，使他背上了沉重的心理包袱。长期的内心矛盾和冲突，长期的自我压抑及心理超负荷运转，最终导致了悲剧的发生。

××内向、谦和、谨慎、认真、细致、守信、富有同情心，如果他仅仅做一个研究者或一个项目负责人，或许还不至于走到这一步。作为一个现代大型企业的总经理，他工作兢兢业业，但他并不具备现代企业家所应具备的另外一些品质，如外向、爱冒险、喜交际、自信乐观、开朗愉快等，特别是面对工作压力和生活压力，缺乏有效的应对方式，由此走上了绝路。

案例分析 2-2

兴趣与专业发展

小王的父母期望他能成为一名工程师，所以当他上大学的时候，就选择了工程学专业。但是，他很快就发现，自己很讨厌这种专业。在班上，他的成绩也很不好，最后不得不退出了这个专业。当小王重新开始的时候，他选择了心理学。他发现自己对这门课程充满兴趣，学得也很容易，在期末时得了一个“A”。他认为自己在这个领域一定有发展前途。于是，他继续深造，拿了学士学位、硕士学位、博士学位。现在，他自己拥有了一家咨询公司，专门给企业提出各种建议，包括培训管理人员如何做一个真正有效的面试官，如何面试应聘者，使自己招聘到满意的员工等。小王的公司效益不错，事业也很成功。

分析： 生活中，很多人都有业余爱好，但他们却从来不认为自己的爱好应该是择业的基础。有的人下班后急忙赶回家去干自己喜欢干的事情，这说明他的事业选择错了。在众多的社会职业中，想从事某种职业的愿望，往往表明了你的职业兴趣。

案例分析 2-3

兴趣成就事业

1978 年 8 月 4 日，美国纽约市体育场数万名来自世界各国的球迷，怀着复杂的心情参加了一位足坛巨星的告别比赛。当一代球王贝利哽咽着宣布从此退出绿茵场时，在场球迷涕泗滂沱。

是什么造就了贝利？是什么造就了历史上最伟大的球王？

贝利说："我热爱足球，足球就是我的生命！"

分析： 对足球痴迷不悔的热爱是推动贝利踢球的原动力，在一种与生俱来的兴趣的引导下，贝利步入绿茵场，成为万众瞩目的英雄。从事一项喜欢的工作，工作本身就能给你一种满足感，你的职业生涯也将会从此变得妙趣横生。在设计职业生涯时务必注意：考虑自己的特点，珍惜自己的兴趣，择己所爱，选择自己喜欢的职业。

案例分析 2-4

从业者应具备相应的职业能力

鹰从高岩上飞下来，以非常优美的姿势俯冲而下，把一只羊羔抓走了。一只乌鸦看见了，非常羡慕，心想："要是我也能这样去抓一只羊，就不用天天吃腐烂的食物了，那该多好啊。"于是乌鸦凭借着对老鹰的记忆，反复练习俯冲的姿势，也希望像老鹰一样去抓只羊。

一天，它觉得练习得差不多了，从山崖上俯冲而下，猛扑到一只公羊身上，狠命地想把羊带走，然而它的脚爪却被羊毛缠住了，拔也拔不出来。尽管它不断地使劲拍打翅膀，但仍飞不起来。牧羊人看到后，跑过去将它一把抓住，剪去了它翅膀上的羽毛。傍晚，牧羊人带着乌鸦回家，交给了他的孩子。孩子问："这是什么鸟？"牧羊人回答说："这是一只乌鸦，可它却要充当老鹰。"

分析： 乌鸦的错误在于它并不具备老鹰的能力，却简单地认为自己只要用老鹰的姿势就可以抓到羊。这种脱离自己的实际能力水平而贪求不可企及的目标的做法，必然导致惨败。

学生活动

2.1 个人气质类型测试

气质量表用以判断人的气质类型。以下问卷中，若与自己情况"很符合"计 2 分，"较符合"计 1 分，"介于两者之间"计 0 分，"较不符合"计 −1 分，"很不符合"计 −2 分，最后填入表 2-7。

1. 做事力求稳妥，一般不做无把握的事。(　　)
2. 遇到可气的事就怒不可遏，想把心里话全说出来才痛快。(　　)
3. 宁可一个人做事，不愿意很多人在一起。(　　)
4. 到一个新的环境很快就能适应。(　　)
5. 厌恶那些强烈的刺激，如尖叫、噪声、危险镜头等。(　　)
6. 和人争吵时，总是先发制人，喜欢挑衅人。(　　)
7. 喜欢安静的环境。(　　)
8. 善于和人交往。(　　)
9. 羡慕那种善于克制自己感情的人。(　　)
10. 生活有规律，很少违反作息制度。(　　)
11. 在多数情况下情绪是乐观的。(　　)
12. 碰到陌生人觉得很拘束。(　　)
13. 遇到令人气愤的事，能很好地自我克制。(　　)
14. 做事总是有旺盛的精力。(　　)
15. 遇到问题总是举棋不定、优柔寡断。(　　)
16. 在人群中不觉得过分拘束。(　　)
17. 情绪高昂时，觉得干什么都有趣；情绪低落时，又觉得什么都没有意思。(　　)
18. 当注意力集中于某一事物时，别的事很难使我分心。(　　)
19. 理解问题总比别人快。(　　)
20. 碰到危险情境，常有一种极度恐惧感。(　　)
21. 对学习、工作怀有很高的热情。(　　)
22. 能够长时间做枯燥、单调的工作。(　　)
23. 符合兴趣的事情，干起来劲头十足，否则就不想干。(　　)
24. 一点小事就能引起情绪波动。(　　)
25. 讨厌做那种需要耐心、细致的工作。(　　)
26. 与人交往不卑不亢。(　　)
27. 喜欢参加热闹的活动。(　　)
28. 爱看感情细腻、描写人物内心活动的文学作品。(　　)
29. 工作、学习时间长了，常感到厌倦。(　　)
30. 不喜欢长时间谈论一个问题，愿意实际动手干。(　　)
31. 宁愿侃侃而谈，不愿窃窃私语。(　　)
32. 别人总是说我闷闷不乐。(　　)
33. 理解问题常比别人慢些。(　　)
34. 疲倦时只要短暂休息一下就能精神抖擞，重新投入工作。(　　)
35. 心里有事宁愿自己想，不愿说出来。(　　)
36. 认准一个目标就希望尽快实现，不达到目的誓不罢休。(　　)
37. 学习、工作同样一段时间后，常比别人更疲倦。(　　)
38. 做事有些莽撞，常常不考虑后果。(　　)

39. 老师或他人讲授新知识、新技术时，总希望他讲得慢些，多重复几遍。(　　)
40. 能很快忘记那些不愉快的事情。(　　)
41. 做作业或完成一件工作总比别人花的时间多。(　　)
42. 喜欢运动量大的剧烈体育运动，或者参加各种文艺活动。(　　)
43. 不能很快地把注意力从一件事转移到另一件事上去。(　　)
44. 接受一项任务后，就希望把它迅速完成。(　　)
45. 认为墨守成规比冒风险强些。(　　)
46. 能够同时注意几件事物。(　　)
47. 当我烦闷的时候，别人很难使我高兴起来。(　　)
48. 爱看情节起伏跌宕、激动人心的小说。(　　)
49. 对工作抱认真严谨、始终一贯的态度。(　　)
50. 和周围人的关系总是相处不好。(　　)
51. 喜欢复习学过的知识，重复做熟练做的工作。(　　)
52. 希望做变化大、花样多的工作。(　　)
53. 小时候会背的诗歌，我似乎比别人记得清楚。(　　)
54. 别人说我“出语伤人”，可我并不觉得这样。(　　)
55. 在体育活动中，常因反应慢而落后。(　　)
56. 反应敏捷，头脑机智。(　　)
57. 喜欢有条理而不甚麻烦的工作。(　　)
58. 兴奋的事常使我失眠。(　　)
59. 老师讲新概念时，自己常常听不懂，但是弄懂了以后就很难忘记。(　　)
60. 假如工作枯燥无味，马上就会情绪低落。(　　)

计分与解释（表 2-7）：

表 2-7　气质类型测试评分表

胆汁质	题号	2	6	9	14	17	21	27	31	36	38	42	48	50	54	58	合计
	得分																
多血质	题号	4	8	11	16	19	23	25	29	34	40	44	46	52	56	60	合计
	得分																
黏液质	题号	1	7	10	13	18	22	26	30	33	39	43	45	49	55	57	合计
	得分																
抑郁质	题号	3	5	12	15	20	24	28	32	35	37	41	47	51	53	59	合计
	得分																

把表 2-7 中的各项相加，所得分即为各类型的得分。

A. 如果某一项或两项的得分超过 20 分，则为典型的该气质。例如，胆汁质项超过 20 分，则为典型的胆汁质；黏液质项和抑郁项得分都超过 20 分，则为典型的黏液质-抑郁质混合型。

B. 如果某一项或两项的得分在10～20分，其他各项得分较低，则为该项一般气质，如一般多血质、一般胆汁质-多血质混合型。

C. 若各项得分都在10分以下，但某项或某几项得分较其余项为高（相差5分以上），则为略倾向于该项（或几项混合）的气质，如略偏黏液质型、略偏胆汁质-多血质混合型。

一般来说，正分值越高，表明被测人越具有该项气质的典型特征；反之，正分值越小或负分值越大，则表明越不具备该项特征。

现实中，典型气质类型的人并不多见，多数是偏某一种或两种气质类型。在分析气质类型表现及优劣时，不能仅看得分高低。两个得分相同的人（如同为多血质者），很可能有不同的气质表现，如A以机敏活泼、乐于交往为主要特征，而B则以性情多变、缺乏持久力为主要特征；另一方面，同样的合计分，但C在该项上的每一题得分起伏很大，或+2分或－2分，而D多为+1分、0分、－1分，起伏较小，两者的气质特征和表现自然就有差异；再者，高分项与次高分项的搭配也很重要，如E的高分项是胆汁质，次高分项是多血质，而F的高分项为胆汁质，次高分项则是抑郁质，那么E、F两者的气质特征就会有所不同。

2.2　性格类型测试

请根据以下描述对照自己，做自我评价，在每题a、b的选择方格中评分，a+b评分的总和必须为5（表2-8）。

提示：0—从不，1—很少，2—中间，3—很多，5—总是。

表2-8　性格类型测试量表

1	□a	先了解别人的想法，再做决定
	□b	不和别人商量，就下决心
2	□a	自己是一个富有想象力或凭直觉做事的人
	□b	自己是一个讲求精确、讲求事实的人
3	□a	根据现有资料和情境的分析，对他人进行评判
	□b	运用感觉来了解他人需要及价值观，并以此对他人进行评价
4	□a	顺着他人意思做出承诺
	□b	做明确的承诺，并确实给予实践
5	□a	有安静、独自思考的时间
	□b	能与他人打成一片
6	□a	运用所熟悉的好方法来完成工作
	□b	尝试运用新的方法来完成工作
7	□a	以合乎逻辑思考及按部就班的分析来得到结论
	□b	根据过去生活的体验及信息来得到结论
8	□a	定下完成工作的最后期限
	□b	拟订时间表，并严格遵行
9	□a	和他人谈论某个话题后，再自我思考一番
	□b	和他人尽兴畅谈某事后，再自我思考一番

续表

10	□a	设想各种可能发生的情况
	□b	按实际的情况处理问题
11	□a	被认为是一个善于思考的人
	□b	被认为是一个敏于感觉的人
12	□a	事前详细考虑各种可能性，事发反复思考
	□b	搜集需要的资料，稍做考虑后，做出明确决定
13	□a	拥有内在的思想和情感，而不为他人所知
	□b	与他人共同做某些活动或事件
14	□a	抽象与理论
	□b	具体与实际
15	□a	协助别人探索他们自己的感受
	□b	协助别人做出合理的决定
16	□a	问题的答案保持弹性，且可修改
	□b	问题的答案是明确的、可预知或预测的
17	□a	很少表达自我内在的想法及感受
	□b	自在地表达自我内在的想法及感受
18	□a	从大处着眼
	□b	从小处着手
19	□a	运用常识，凭着信念来做决定
	□b	运用资料分析事实来做决定
20	□a	事先详细计划
	□b	根据临时需要而做计划
21	□a	结交新朋友
	□b	独处或只与熟人交往
22	□a	重视概念
	□b	重视事实
23	□a	相信自己的想法
	□b	相信经证实的话
24	□a	尽可能在记事本上记录事情
	□b	尽可能少用记事本记录事情
25	□a	在团体中详细地讨论新奇、未做决定的问题
	□b	自己先想出结论然后和他人讨论
26	□a	拟订详密的计划，然后切实地执行
	□b	拟订计划，但不一定执行
27	□a	是理性的
	□b	是感性的
28	□a	随心所欲地做一些事
	□b	尽量事先了解别人期望我做什么

续表

29	□a	成为众人的焦点
	□b	退居幕后
30	□a	自由想象
	□b	检视实情
31	□a	体验感人的情境或事物
	□b	运用能力，分析情境
32	□a	在预定的时间内开会
	□b	在一切妥当或安适的情况下，宣布开会

计分方法：

1）将计分表上每一直栏的总分相加，共 4 对，8 个分数。

2）分别找出每一对分数中，数字较大者即为你个人的风格，每人均可有 4 个风格。例如，内向型 18 分，外向型 22 分，则取外向型为个人风格，其他以此类推。

3）每个风格都有程度上的差别，如果在相对应的两个风格中（如外向型对应内向型），有一方的程度较强，即表示另一方程度较弱，其比照分数如下（表 2-9）：

30～40 分：表示这种风格非常强，几乎没有另一种对应风格。

25～29 分：表示这种风格比另一种风格强。

22～24 分：表示这种风格比另一种风格稍强一些。

20～21 分：表示兼具两种风格的特质。

表 2-9 性格类型测试评分表

类型	内向（I）	外向（E）	直觉（N）	感觉（S）	思考（T）	情感（F）	感知（P）	判断（J）
得分	1.b	1.a	2.a	2.b	3.a	3.b	4.a	4.b
	5.a	5.b	6.b	6.a	7.a	7.b	8.a	8.b
	9.a	9.b	10.a	10.b	11.a	11.b	12.a	12.b
	13.a	13.b	14.a	14.b	15.a	15.b	16.a	16.b
	17.a	17.b	18.a	18.b	19.b	19.a	20.b	20.a
	21.b	21.a	22.a	22.b	23.b	23.a	24.b	24.a
	25.b	25.a	26.b	26.a	27.a	27.b	28.a	28.b
	29.b	29.a	30.a	30.b	31.b	31.a	32.b	32.a
合计								

根据分值测出自己属于哪一种性格类型，参照表 2-5 了解适合自己从事的职业类型。

2.3 个人职业兴趣测试

《RCCP 通用人职匹配测试量表》可帮助你根据测试结果获知自己的职业兴趣，请根据你对每一题目的第一印象做答，不必仔细推敲，答案没有对错之分。题目回答可根据与实际情况符合程度来判断，与你的实际情况相符合的用“√”表示，得 2 分；不符合的用“×”表示，得 0 分；难以回答的用“？”表示，得 1 分。对于有些你没有机会从事的工作，你也可以在“假设”从事过这些工作的情况下做出判断。希望在做完从（R）→（C）的 108 题后，再分类统计各自总分填入后面成绩登记在表 2-11 中，并依次完成类型确定过程。

（R）问题（1～18）

（　　）1. 你曾经将钢笔全部拆散加以清洗后，能独立地将它装起来吗？

（　　）2. 你会用积木搭出多种造型吗？或小时候常玩七巧板吗？

（　　）3. 你在中学里喜欢做实验吗？

（　　）4. 你对一些动手较多的技术工作很感兴趣吗？

（　　）5. 当你家里有些东西需要简单修理时，常常是由你来做吗？

（　　）6. 你常常偷偷摆弄不让你摆弄的机器或机械设备吗？

（　　）7. 你是否深深体会到身边有一把镊子或者钳子等工具，会给你带来许多便利？

（　　）8. 看到老师傅在做一项具体的工作时，你能快速准确地模仿吗？

（　　）9. 你喜欢做完一件事后再开始做另一件事吗？

（　　）10. 在做事情前，你常害怕出错而对工作安排反复检查吗？

（　　）11. 你喜欢亲自动手制作一些东西，从中得到乐趣吗？

（　　）12. 你喜欢使用锤子、斧头一类的工具吗？

（　　）13. 如果掌握一门手艺，并能以此为生，你会感到非常满意吗？

（　　）14. 你渴望当一名汽车司机吗？

（　　）15. 小时候，你常把玩具拆开，看看里面的装置吗？

（　　）16. 你喜欢电器维修一类的工作吗？

（　　）17. 你喜欢跟各类机械打交道吗？

（　　）18. 你的朋友对你亲手制作或修理的东西是否满意？

（I）问题（19～36）

（　　）19. 你对电视里的智力竞赛很感兴趣吗？

（　　）20. 你经常到书店或图书馆翻阅图书（文艺小说除外）吗？

（　　）21. 学生时代，你常主动做一些有趣的习题吗？

（　　）22. 你对一件新产品或新事物的构造或工作原理感兴趣吗？

（　　）23. 当有人向你请教某些事情如何做时，你喜欢只讲内部原理，而不讲操作步骤吗？

（　　）24. 你常会对一件想知道但无法详细知道的事物想象出它将是什么或将怎么变化吗？

（　　）25. 看到别人在讨论一个有趣的话题时，你会加入讨论或者独自思考吗？

（　　）26. 看推理小说或电影时，你常分析推理谁是罪犯，并且这种分析时常与最后结果相吻合吗？

（　　）27. 你喜欢做一些需要运用智力的游戏吗？

(　　) 28. 相对而言，你更喜欢独自一人思考问题吗？
(　　) 29. 你的理想是当一名科学家吗？
(　　) 30. 你经常不停地思考某一问题，直得得出正确的答案吗？
(　　) 31. 你喜欢抽象思维的工作吗？
(　　) 32. 你喜欢解答较难的问题吗？
(　　) 33. 你喜欢阅读自然科学方面的书籍吗？
(　　) 34. 你能够做需要持续集中注意力的工作吗？
(　　) 35. 你喜欢数学吗？
(　　) 36. 如果独自在实验室里做长时间的实验，你能坚持吗？

（A）问题（37～54）

(　　) 37. 你对戏剧、电影、文艺小说、音乐、美术等其中的一两项感兴趣吗？
(　　) 38. 你喜欢对文艺界的明星品头论足吗？
(　　) 39. 你参加过文艺演出、绘画训练或经常写诗歌、短文吗？
(　　) 40. 你的朋友经常夸赞你把自己的房间布置得比较幽雅并有品位吗？
(　　) 41. 你对别人的服装、外貌及家具摆设等能做出比较准确的评价吗？
(　　) 42. 你认为一个人的仪表美主要是为了表现一个人对美的追求，而不是为了得到别人的赞扬或羡慕吗？
(　　) 43. 你觉得工作之余坐下来听音乐、看画册或欣赏戏剧等，是你最大的乐趣吗？
(　　) 44. 遇到有美术展览、歌星演唱会等活动，你常去观赏吗？
(　　) 45. 音乐能使你陶醉吗？
(　　) 46. 你喜欢成为人们注意的焦点吗？
(　　) 47. 你喜欢不时地夸耀一下自己取得的成就吗？
(　　) 48. 你喜欢做戏剧、音乐、歌舞、摄影等方面的工作吗？
(　　) 49. 你能较为准确地分析美术作品吗？
(　　) 50. 你爱幻想吗？
(　　) 51. 看情感电影或小说时，你常禁不住落泪吗？
(　　) 52. 当接受一项新任务后，你喜欢以自己独特的方法去完成它吗？
(　　) 53. 你有文艺方面的天赋吗？
(　　) 54. 与推理小说相比，你更喜欢言情小说吗？

（S）问题（55～72）

(　　) 55. 你常主动给朋友写信或打电话吗？
(　　) 56. 你能列出5个你自认为是朋友的人吗？
(　　) 57. 你愿意参加学校、单位或社会团体组织的各种活动吗？
(　　) 58. 你看到不相识的人遇到困难时，能主动去帮助他，或向他表示你同情与安慰的心情吗？
(　　) 59. 你喜欢去新场所活动并结交新朋友吗？
(　　) 60. 对一些令人讨厌的人，你常会由于某种理由原谅他、同情他甚至帮助他吗？

(　　) 61. 有些活动，虽然没有报酬，但你觉得这些活动对社会有积极作用，就积极参加吗？

(　　) 62. 为了让人对你产生良好的印象，你会注意你的仪容风度吗？

(　　) 63. 大家公认你是一名勤劳踏实、愿为大家服务的人吗？

(　　) 64. 旅途中你喜欢与人交谈吗？

(　　) 65. 你喜欢参加各种各样的聚会吗？

(　　) 66. 你很容易结识同性朋友吗？

(　　) 67. 你乐于分担别人的痛苦吗？

(　　) 68. 对于社会问题，你很少持中庸态度吗？

(　　) 69. 听别人谈“家中被盗”一类事，很容易引起你的同情吗？

(　　) 70. 你通常不喜欢一个人独处吗？

(　　) 71. 做事时，你喜欢听取别人的意见吗？

(　　) 72. 和一群人在一起的时候，你经常能找到恰当的话题吗？

（E）问题（73～90）

(　　) 73. 当你有钱后，你愿意用于投资吗？

(　　) 74. 你常能发现别人组织的活动的某些不足，并提出改进建议吗？

(　　) 75. 你相信如果让你去创业，一定会成为百万富翁吗？

(　　) 76. 你上学时曾经担任过某些职务并认为自己干得不错吗？

(　　) 77. 你有信心说服别人接受你的观点吗？

(　　) 78. 你对一大堆的数字感到头疼吗？

(　　) 79. 做一件事情时，你常事先仔细考虑它的利弊得失吗？

(　　) 80. 在别人跟你算账或讲一套理由时，你常能换一个角度思考，而发现其中的漏洞吗？

(　　) 81. 你曾经渴望有机会参加探险吗？

(　　) 82. 你认为在管理活动中以个人的意志影响别人的行为是很必要的吗？

(　　) 83. 如果待遇相同，你愿意当一名商品推销员，而不是一名机关办事员吗？

(　　) 84. 当你开始做一件事后，即使碰到再多的困难，你也执着地干下去吗？

(　　) 85. 你总是主动向别人提出自己的建议吗？

(　　) 86. 你更喜欢自己下了赌注的比赛或游戏吗？

(　　) 87. 和不熟悉的人交谈对你来说毫不困难吗？

(　　) 88. 和别人谈判时，你不愿意放弃自己的观点吗？

(　　) 89. 在集体讨论中，你不愿意保持沉默吗？

(　　) 90. 你不愿意从事工资少但比较稳定的职业吗？

（C）问题（91～108）

(　　) 91. 你能够坐下来用一两个小时抄写一份你不感兴趣的材料吗？

(　　) 92. 你能按领导或老师的要求尽自己的能力做好每一件事吗？

(　　) 93. 无论填报什么表格，你都非常认真吗？

（　　）94. 在讨论会上，如果不少人已经讲的观点与你的不同，你就不发表自己的观点了吗？

（　　）95. 你常觉得在你周围有不少人比你更有才能吗？

（　　）96. 你喜欢重复别人已经做过的事情而不喜欢做那些要自己摸索着干的事吗？

（　　）97. 你喜欢做那些已经很习惯了的工作，同时最好这种工作责任小些，工作时还能聊聊天、听听歌曲吗？

（　　）98. 你经常将非常琐碎的事情整理好吗？

（　　）99. 你总留有充裕的时间去约会吗？

（　　）100. 对别人借你的和你借别人的东西，你都能记得很清楚吗？

（　　）101. 你喜欢经常请示上级吗？

（　　）102. 你喜欢按部就班地完成要做的工作吗？

（　　）103. 对于急躁、爱发脾气的人，你还能以礼相待吗？

（　　）104. 你是一个沉静而不易动感情的人吗？

（　　）105. 你喜欢把一切安排得整齐有条理吗？

（　　）106. 你经常收拾房间，保持房间整洁吗？

（　　）107. 你办事常常思前想后吗？

（　　）108. 每次写信你都要好好考虑，写完后至少重复看一遍吗？

请你将上述 6 个部分答题结果的得分分别填入表 2-10。

表 2-10　职业兴趣自我测评成绩登记表

类型	得分	类型	得分
实际型（R）		社会型（S）	
调研型（I）		企业型（E）	
艺术型（A）		常规型（C）	

如果你在某一部分得分明显高出其他部分，说明你属于该种典型类型的人。一般来说，综合性的兴趣特征者在生活中居多数。那么，怎么确定你自己的综合特征呢？

第一步，列出得分较高的两个兴趣类型的代号。

第二步，根据本章中的“职业兴趣”了解自己的职业兴趣类型的特点以及相对应的职业。

2.4　职业能力分析自我测试

指导语：本测试每个题目后都有 5 个等级（非常符合；比较符合；难以回答；不太符合；很不符合）供你选择，请仔细阅读每个题目，按你的实际情况选择与你的实际最接近的选项。答案无所谓对错，请如实认真地选择。完成测试后，参照表 2-6，对选择 A 或 B 的题目所对应的能力类型进行归纳分析，从而确定你擅长的职业领域。

A. 非常符合　　B. 比较符合　　C. 难以回答

D. 不太符合　　E. 很不符合

1. 能快而容易地学习新内容（逻辑推理能力）。
2. 善于表达自己的观点。
3. 能对一般物理量进行抽象概括。
4. 中学时代，立体几何学得挺好。
5. 能一眼指出相似图形中的细微差异。
6. 能够快而准确地抄写一份上级急需的资料。
7. 玩电脑游戏的高手。
8. 能快而正确地解答数学题目。
9. 阅读速度和理解能力较强。
10. 笔算能力较强，一般的加减乘除问题不必动用计算器。
11. 能很快地画出一幅三维度的立体图形。
12. 能很容易地识别不同物体之间的形态差异。
13. 阅读报告或文章时，能很容易地发现其中的错别字或计算错误。
14. 喜欢篮球、排球、足球、乒乓球、羽毛球等球类运动。
15. 针线活做得不错。
16. 能一口气说出很多成语。
17. 口算能力不算太差。
18. 看几何图形的立体感较强。
19. 往往注意物体的细节部分。
20. 能很快地查找编码卡片。
21. 与朋友、同事一块去玩保龄球时，通常可以得高分。
22. 对文章的理解、分析等综合能力较强。
23. 语文成绩一直很好。
24. 喜欢将一些复杂问题转化为数学模型来求解。
25. 面对一个盒子，可以很容易地想象出展开后的平面形状。
26. 能够正确分析一幅较为复杂的图案。
27. 可以较长时间地做一些文案工作。
28. 可以两只手同时做不同的动作。
29. 可以牢记所学的知识，不容易忘记。
30. 有较强的文学创作能力（语言表达能力）。
31. 数学成绩一向不错。
32. 一提到某一种物体，可以立即想象出它的立体形状。
33. 向别人介绍一套仪器时，能够对它进行详细的形态描述。
34. 应用文写作能力较强。
35. 打字速度很快。

2.5 个性特征与所学专业匹配

完成表 2-11，填写自己的个性特征和专业信息，并在“专业信息”栏中列出的所学专业就业时面对三个主要的职业岗位，个性与职业的吻合度以高、中、低三等级评价，分别计为 2 分、1 分、0 分。总分最高者可作为该大学生职业定向时的首选职业，总分第二名的职业可作为该大学生职业定向时的备选职业。

表 2-11 自我认知与所学专业匹配表

<table>
<tr><td rowspan="4">专业信息 / 个性特征</td><td colspan="2">学习专业</td><td></td></tr>
<tr><td colspan="2">毕业时需具备的职业资格证书</td><td></td></tr>
<tr><td colspan="3">对应社会职位吻合度评价</td></tr>
<tr><td>1</td><td>2</td><td>3</td></tr>
<tr><td>气质类型</td><td></td><td></td><td></td></tr>
<tr><td>性格类型</td><td></td><td></td><td></td></tr>
<tr><td>职业兴趣</td><td></td><td></td><td></td></tr>
<tr><td>能力类型</td><td></td><td></td><td></td></tr>
<tr><td>总分</td><td></td><td></td><td></td></tr>
</table>

大学生都有自己的个性特征和所学的专业，个性特征是影响人职匹配的相对稳定的主要因素，所学专业也是大学生职业定向时必须考虑的重要因素。如果自己的个性特征严重阻碍自己在本专业领域的发展，或者是未来该专业领域的工作职位趋于饱和，可以考虑跨专业做定向匹配。否则，原则上应该考虑在所学专业范围内做定向匹配。就专业内的匹配而言，可以有两种情况予以考虑：同一类职业内的匹配和跨职业的匹配。而同一类职业内的匹配，还可根据情况细分为同类岗位和非同类岗位的工作职业匹配。跨职业的职业匹配有多种匹配情况。例如，动物医学专业毕业的大学生可以选择不做动物医生，而进行专业内的跨职业选择，如政府行政部门公务员、兽医院校教师或兽药商人等职业。对于跨专业的职业匹配，可以有多种匹配情况。伴随专业调整，可以出现相应的职业匹配可能性。专业内的职业匹配调整，并没有改变所学专业的性质和背景，而专业外的职业匹配调整，有以下几个方向：①调学校或换专业；②重新参加高考；③继续深造不同的专业，如跨专业自学考试、报考研究生等；④校内辅修其他专业或选学第二专业；⑤跨校选修相关专业和课程。专业外的职业匹配调整已在一定程度上改变了专业特性。不过，无论是专业内还是跨专业的职业匹配，应该注重职业定向信息的有效整合，这样才能做出合理的匹配决策。

阅读资料及教学课件

细说职业分类

职业选择的策略

职业理想不等于理想职业

大学生应树立正确的择业观

职业选择：螺丝钉或者万金油

大学生十大“职业错乱症”

第二章教学课件

第三章　职业素质与职业能力

本章要点

在职业生涯中，良好的职业素质在人生发展中起着至关重要的作用，是职业生涯成功与否的关键因素。职业素质也成为企业招聘员工、考核员工的重要指标。作为大学生要从个体人格特征、个性倾向性等要素分析入手，围绕自身成长成才的目标，结合社会不同行业的职业素质要求，清楚地认识到自身素质具有的优势和不足，有意识、有针对性地培养良好的职业素质，为自己事业成功奠定坚实的基础。

理论指导

第一节　职业素质概述

> 一个人如果没有明确的目标，就像船没有罗盘。
>
> ——哈佛励志名言

一、职业素质的内涵

职业素质包括先天素质和后天素养。

先天素质本是生理学概念，指人的先天生理解剖特点，主要指神经系统、脑的特性及感觉器官和运动器官的特点，后来在心理学、生物学中被普遍运用。因为这些特点是通过遗传获得的，因此也称为遗传素质、个人禀赋。这种素质是个体生理、心理发展的基础和基本条件，它对人的知识、能力、心理的形成和发展会产生重要的制约和影响，但不能决定个体心理发展的内容、走向和发展水平。因为个体心理的发展是社会实践的产物，是在社会实践中逐步发育和成熟起来的，即使是某些遗传缺陷，也可以通过后天实践、学习和磨炼获得不同程度的弥补。

后天素养可以看作人的内在品质和质量，是在遗传素质基础上，经过后天环境、教育的影响，通过个体自身的体验认识和实践磨炼，从而形成的比较稳定的、内在的、长期发生作用的基本品质结构，包括人的思想、道德、知识、能力、心理、体格等。

我们所讲的职业素质，就是指后天素养，它是人的遗传和教育、实践交互作用的结果。职业素质就是从业者在一定生理和心理条件基础上，通过教育培训、职业实践、自我修炼等途径形成和发展起来的，在职业活动中起决定作用的、内在的、相对稳定的基本品质。简单地说，职业素质是从业者对社会职业了解与适应能力的一种综合体现，其主要表现在职业兴趣、职业能力、职业个性及职业情况等方面。影响和制约职业素质的因素很多，主要包括受教育程度、实践经验、社会环境、工作经历及自身的一些基本情况（如身体状况等）。一般说来，劳动者能否顺利就业并取得成就，在很大程度上取决于其自身的职业素质，职业素质越高，获得成功的机会就越多。现代社会对大学生的要求越来越高、越来越细，是否具备专业的职业素质已成为用人单位对高校毕业生的首要考量。

二、职业素质的特点

（一）职业性

职业素质是一个人从事职业活动的基础，并且总是同职业联系在一起。不同职业的职业素质要求是不同的。例如，对建筑工人的职业素质要求，不同于对护士的职业素质要求；对商业服务人员的职业素质要求，不同于对教师的职业素质要求。

（二）相对稳定性

一个人的职业素质是在长期执业期间日积月累形成的。它一旦形成，便产生相对的稳定性。例如一位教师，经过三年五载的教学生涯，他就逐渐形成了怎样备课、怎样讲课、怎样热爱自己的学生、怎样为人师表等一系列教师职业素质，于是，便保持相对的稳定。当然，随着他继续学习、工作和环境的影响，这种职业素质还会继续提高，但这种提高也是在原有基础上的微调，并不影响整体的稳定性。

（三）内在性

职业素质是一个人接受知识、技术、技能的教育和培养，并通过实践磨炼后的内化、积淀和升华的结果，是一个人能做什么（知识、技能）、想做什么（自我认知、角色定位）和如何做（价值取向、态度、信念）的内在特质的组合。人的职业素质一旦形成之后，就会存在并表现于主体的一切职业活动和行为中，并决定着主体职业活动和行为的效果，它的作用的发挥是一种自觉，这就是职业素质的内在性。我们常说："把这件事交给×××去做，有把握，请放心。"这种信任源于这个人已具有做好这件事情的内在素质。

（四）整体性

现代社会的职业岗位要求具有复杂性的特点，一位从业人员的职业素质是和他整个素质有关的。我们说某人职业素质好，不仅指他的思想政治素质、职业道德素质好，还包括他的科学文化素质、专业技能素质好，甚至还包括身体和心理素质好。一个从业人员，虽然思想道德素质好，但科学文化素质、专业技能素质差，就不能说这个人整体素质好。相反，一个从业人员科学文化素质、专业技能素质都不错，但思想道德素质比较差，我们同样也不能说这个人整体素质好。所以，职业素质一个很重要的特点就是整体性。

（五）发展性

虽然一个人的职业素质是通过教育、自身社会实践和社会影响逐步形成的，它具有相对性和稳定性。但是，随着现代社会经济、科学技术的发展，必然带来社会职业和职业岗位的发展变化。这种变化不断地对从业者提出新的职业素质要求，人们为了更好地适应、满足、促进社会发展的需要，总是不断提高自己的职业素质，所以，职业素质具有发展性。

三、职业素质与个人成才的关系

现代人应具有的职业素质，客观来说是现代人对待生活与工作应有的一种态度，它与个人的智力与受教育程度并没有直接的关系。在现代社会，有没有较高的职业素质，是决定一个人能否成材的重要条件。美国纽约医学院的森姆·詹纳斯教授，在对全球200名完全依靠自己白手起家的富翁做过问卷调查后发现，他们在性格（事实上性格也是职业素质的组成部分）和职业素质方面有四大共同特征，他称之为“白手起家的百万富商共同个性”。他认为，任何人如果能够培养成这些性格和职业素质的话，都可以在商界或其他领域获得成功。这四大特征是：对工作充满兴趣和热情；一心一意地刻苦工作；工作要有极大的忍耐性和坚毅精神，不因偶遇挫折便气馁，要坚持既定的信念；不因工作的贵贱而取舍，行行都能出状元。总的来看，立足职场应具备8种基本职业素质要求，具体如表3-1所示。

表3-1 基本职业素质要求一览表

基本职业素质	具体要求
道德品质要求	要有较强的纪律观念、事业心、责任感，良好的工作态度，诚实守信，爱岗敬业。对于用人单位来说，一个雇员技能欠缺，可以花钱再培训；一个雇员品行操守不好，那是不能容忍的
业务能力要求	要有胜任岗位工作需要的知识和能力结构，尤其是专业知识和专业技能要强，实际动手操作的能力和解决实际问题的能力要强，还应具备良好的人文素养
处事反应要求	思路敏捷是顺利完成工作任务，成功处理复杂事务的必要素质。反应敏捷的人在工作和处理问题时往往能洞察先机，积极主动捕捉机遇，促使事情成功
人际交往要求	人是在社会中生活的，职业活动也是一种群体活动，因此人际交往中沟通和协调能力越来越重要。善于沟通和交往，提高谈吐应对能力，既是交际的需要，又可以反映出一个人的学识和修养，赢得人们的信任和尊重
身心素质要求	身体健康的人工作起来体力充沛、精神焕发，具有战胜困难的勇气和毅力，对前途乐观进取，能担负起较重要的工作和任务。在日常工作和活动中，越是能坚持到最后一刻的人，才越是能成功的人
团队合作要求	自觉参加团队活动，并要在其中尽心、尽力、尽责，能理解、宽容、帮助他人，善于与团体内其他成员一起有效地、和谐地工作和生活
知识更新要求	在知识经济时代，社会经济不断在发展，科学技术不断在发展，职业岗位的内涵要求也在不断发展，只有不断努力学习新知识、新技术，才能使个人和企业保持持续的竞争力，赢取发展空间
意志品质要求	成功的道路上充满困难和挫折，一个人必须在竞争中谋求发展。战胜失败的信念是事业成功的重要素质。只有经得起失败、经历磨炼的人才能成为优秀人才，与企业共创辉煌

即将走出校门的大学生，首先面临的是如何顺利地进入职场，如何在职场上站稳脚跟；其次才是个人的职业生涯如何发展，个人事业如何发展。他们应对这些问题的核心在于对自己有全面的认识和把握，这样才能顺应社会发展的潮流、趋势和需要，审时度势，培养和提高自己的职业素质，从而使自己能够在职场处变不惊、稳操胜券。

拓展阅读

美国社会学家亚历克斯·英克尔斯关于现代人应具备素质的12条标准：

1）乐于并准备接受新的生活经验。

2）准备也易于接受社会改革和变化。

3）对各种意见和态度都能接受，头脑开放。

4）积极去获取能够形成见解或新态度的知识和事实，不拘泥和因袭成见。

5）乐于面向现在和未来，不愿守旧和复古，时间观念强，守时。

6）讲求效率，适应来自个人生活、社会生活、国际生活的快节奏。

7）重视新技术，有接受以技术水平高低来获取报酬的心理准备。

8）在个人生活和社会生活中，善于制订长期计划。

9）要求教育向更有益于人的方向发展。

10）尊重别人，注意相互合作。

11）了解生产及其过程。

12）对自己生活的这个世界依赖感强烈，注重人与人之间的依赖关系。

第二节　大学生必备的职业素质

人只有献身于社会，才能找出那实际上是短暂而有风险的生命的意义。

——爱因斯坦

一、大学生职业素质教育

进入高职院校学习的大学生虽然和普通高等学校大学生一样要确立“德、智、体、美”全面发展的一般成才目标，但是由于职业教育的特殊性，他们还要明确与未来职业相关的职业素质目标，并接受相应的职业素质教育。职业素质的高低也关乎大学生个人未来发展的好坏。

1. 树立职业理想

职业理想是人生对未来职业的向往和追求，帮助大学生树立坚定正确的职业理想是高职院校对大学生职业教育的切入点和核心内容。大学生的职业理想是他们人生职业实现的精神支柱，它对促进大学生在学业上奋发进取、顽强拼搏，锲而不舍地按照自己的职业需要充实完善自我，实现未来人生的职业目标有积极的促进作用。正确的职业理想还有助于大学生在求职过程中正确处理国家、社会和个人之间的关系和合理地确立求职的期望值，自觉将国家需要与个人利益相结合。大部分大学生幼儿时期就有最初的职业理想，有的想当科学家，有的想当医生，有的想当演员。这种懵懂的职业理想随着人的成长而变得成熟，特别是受过高等教育的大学生，树立正确的职业理想，将是他们人生启航的坐标点和职业归宿。目前，部分大学生受市场经济的负面作用的影响和西方腐朽思想的侵蚀，受“金钱第一”“为我奋斗”等腐朽思想的毒害，标榜“潇洒人生，梦幻人生”，使职业理想变得模糊和扭曲。要使大学生的职业理想向正确的方向发展，必须用现代的科学理论来指导就业、择业和创业，使其的人生观、价值观、世界观与职业观辩证统一起来，让正确的职业理想成为大学生成人、成才的不竭动力。

2. 了解职业个性

帮助大学生了解自己的职业个性是职业素质教育的关键点。社会人力资源的研究成果表明，职业个性对个人事业的成功与否有密切的联系。被誉为“职业指导之父”的美国职业指导专家弗兰克·帕森斯明确指出：人的个性影响职业行为习惯，每个人都有自己独特的能力模式和人格特征，每个人格模式的个人都有其相适应的职业，人们要想在职业生活中充分地施展自己的个性特点，实现自己的个性要求，获得尽可能大的自由感、满足感和适应感，那么在择业前，就应该了解自己所属的个性类型及其职业适应性。因此，职业素质培养的目的就是要解决大学生的兴趣、能力与工作机会相匹配的问题，帮助大学生寻找与其特性相一致的职业。例如，喜欢什么样的同事，喜欢怎样的活动，对什么问题感兴趣，这些问题都会与他们未来的工作状态有必然的联系。如果了解了这一点，在确定自己的工作时，会多一层理性的思考，择业的针对性就会增强一些。例如，个性偏内向的人要知道自己的个性如何更好地发挥优势；个性外向类型的人在做研究工作时的最大挑战是什么；作为管理人员要善于交往沟通，多角度思维，关心下属；而商场营业员则必须具有主动、耐心、热情等性格。可以说，从事每一种职业都有一定的职业性格，好的职业性格有助于个体在相应职业中更好地完成工作。

3. 提升职业品质

大学生职业品质是指大学生在职业行为、工作作风方面表现出来的思想、认识、态度和品质等。提升职业品质的过程，也是使自己逐步实现社会化的过程，这是提高大学生职业素质的关键所在。来自哈佛大学的研究表明，成功因素中的85%取决于积极的职业态度，15%才是本人的职业技能。从某种角度讲，用人单位对应聘者的职业品质需求对学生发展有着很好的导向作用，诸如积极的人生态度、开拓创新精神、沉着应变能力、团队合作精神、敬业精神等，许多职业向就业者还提出了更高的要求。

4. 培养职业技能

培养自己的职业技能是职业素质培养的落脚点。相应的技能是大学生进入职业领域的资本，不同的职业会对人有不同的技能要求。做研究工作要求具有调查、分析、归纳、演绎的技能；做教育工作要求有澄清、说服、评估、鼓励的技能。有些大学生对技能的理解存在一些模糊的认识，认为经过专业学习，就有了相应的技能。其实，知识教育只是学习技能的基础，要把知识转化为技能，一定要经过反复实践或者体验。我们要学会整理自己的技能清单，了解这些技能与自己的职业目标之间的差距，以及职业技能培养的途径和认识的方法。大学生应该通过制订自己的职业计划来了解自己，也包括了解他人和了解社会。在制订计划过程中，大学生需要经历几个实践环节：一是通过各种途径收集一些相关的信息来补充、完善自己制订的职业培养计划；二是在做计划时要评估目标实现的可能性，兼顾自己的能力、环境条件的限制，以及周围人对自己的期望；三是要预测在实现目标的过程中可能出现的阻碍和如何逾越障碍。学校教育工作者要鼓励学生采访有关职业成功人士，获取他们的成功经验。特别是应鼓励学生利用业余时间参加一些临时性的工作，以获取更多的经验和社会信息。通过实践，让学生对自我有更全面的了解，如个人价值观、兴趣、需要、人格、能力倾向等，进一步补充他们的学习内容和调整自己的职业价值取向。

二、大学生必备的职业素质

（一）思想道德素质

思想道德素质是大学生职业素质中的首要素质，包括政治立场、民主意识、社会理想、爱国情怀、政治理解能力等。自古以来，国内外都把思想道德素质视为对人才的基本要求。思想道德素质决定着人才成长的方向和人才社会价值的大小，成为人才取得成就的最根本、最关键的要素。我们正处在改革开放的年代，社会的经济、政治、文化生活都发生了巨大的变化。伴随着时代的节拍，大学生应该把树立正确的人生观、世界观、价值观作为提高自身素质修养的重要目标，把学习、理解和模范地遵守社会规范作为展示自我道德水平的主要内容。

大学生的思想道德素质包含三个方面的内容。

1）培养社会公德。这是维护公共生活秩序和每个社会成员和平共处的基本的、起码的行为准则。每个社会成员都应遵守以“文明礼貌、助人为乐、爱护公物、保护环境、遵纪守法”为主要内容的社会公德，不能以考进大学作为道德素质提高的标准。大学生的思想道德素质需要慢慢去培养。社会公德涵盖了人与人、人与社会、人与自然 3 个基本关系，是每一个社会成员的必修课，当然也是大学生的必修课。如果大学生仅仅学习成绩好、有文化知识，而忽略思想道德素质的培养，是不能成为德才兼备的现代化人才的。

2）培养职业道德。每一个社会成员都应该在一定的职业活动中，恪守爱岗敬业、诚实守信、办事公道、服务群众、奉献社会的职业道德。在一定职业活动中，遵循具有自身职业特征的道德准则和规范，把为人民服务的理念贯穿于职业道德的方方面面，努力培养敬业、乐业、勤业、精业的职业态度和职业观念，才能更好地利用自己的专长服务社会。我们国家培养人才的规格是德才兼备。思想品德有瑕疵的人不但不能成为社会主义建设事业的有用人才，反而会成为对社会、对人民有危害的“废品”。例如，某大型制药厂大学毕业的工程师，利用自己掌握的技术大量制造、贩卖冰毒，大发不义之财，最后被判处死刑。在某招聘会上，美国特路普公司的摊位上，赫然写着“××××大学、××××大学毕业生一概免谈”的告示，因为该公司发现过去聘用的这两所大学的毕业生没有责任心，浮躁而不务实。此类事件层出不穷，大学生重视专业课的学习而忽视思想品德的学习修养的结果已经显现出来了，应该引起足够的重视。不管专业水平多么高，没有良好道德素质的人只能成为危害社会的危险分子，而且专业水平越高，对社会的潜在危害性越大。

3）培养家庭美德。这是一定社会或阶级根据其总的道德要求所形成的调节人们在家庭生活方面的关系和行为的准则。从伦理道德上调节社会成员家庭生活的最好方式，是培养、巩固和发展夫妻间的爱情、父母子女和兄弟姐妹间的亲情，并使之具有崇高的伦理道德内涵。每一个社会成员都应该遵循尊老爱幼、男女平等、夫妻和睦、勤俭持家、邻里团结的道德内容。家庭是社会的细胞，只要每一个家族健康发展，相信社会就一定能健康地发展。曾有这样一则报道：一个 18 岁的姑娘考上了某卫生学校，为了将来毕业好找工作，竟然让年近六旬的父亲卖掉仅有的一所房子，以便凑够整容所需的高额费用。为了自己不必要的“美丽”，让年近花甲的父亲卖掉全家仅有的住所，做女儿的怎么忍心说得出口？这样整出来的“美人”哪个单位敢要？容貌的美丑如花开花谢，心灵美才是持久的。作为接受高等教育的学生，在家庭中更要孝敬父母、友爱兄弟姐妹，不能随意利用亲情、挥霍亲情。

（二）科学文化素质

科学文化素质是大学生职业素质的核心要素。科学文化素质是一种基础性素质，它对于其他素质的形成、发展具有很大的影响力和渗透力。科学文化素质是一个人多方面学习、积累的结果。大学生通过学习人文社会科学、自然科学、文学、艺术、历史、哲学等各方面的知识，融会贯通后才能使其分析能力、表达能力、调查能力和组织管理能力得到全面的提高。

第一，掌握丰富的科学文化知识是成才的基础。高尔基说过：“人的知识越广，人的本身也日臻完善。”古今中外，无数人才的成长经验表明：一切渴望成才的人，都必须尽力用人类社会创造的科学文化知识来武装自己的头脑，并应站在时代科学文化知识的前沿。在当今时代，如果没有渊博的科学文化知识和远见卓识，就无法胜任要求高、难度大的创造性劳动，其成才只能是一句空话。

第二，建立合理的知识结构是成才的关键。一幢建筑物的内部结构和整体布局是否合理，决定着建筑物的优劣。同样，一个人只有杂乱无章的知识而无合理的知识结构，就像零件堆放在仓库里没有组装成机器一样，并不能发挥其应有的功能。只有具备丰富的知识并把知识的数量与知识结构的合理有机地统一起来，形成一个相互联系、相互协调的整体系统时，才能使知识的功能得到充分发挥，也才能在个人成长过程中获得较高的创造水平。

第三，科学的学习方法是求知和建立合理知识结构的重要保证。科学家贝尔纳说：

“良好的方法能使我们更好地发挥运用天赋的才能，而拙劣的方法则可能阻碍才能的发挥。因此，科学中难能可贵的创造性才华，由于方法拙劣可能被削弱甚至被扼杀；而良好的方法则会增长、促进这种才华。”由此可见，科学的方法在成才中具有重要作用。这就要求学生在学习科学文化知识的同时，更应注重学习和掌握科学的学习方法。虽然这些方法不是未来创造物的“任何组成部分”，但却是人才知识结构中的重要内容。

（三）专业素质

专业素质是大学生职业素质教育的核心素质。专业技能素质是指人们从事某种职业时，在专业知识和专业技能方面所表现出来的状况和水平。它主要包括扎实的专业知识和熟练的专业技能两个方面，要求从业人员必须掌握应对岗位工作中各种复杂局面所需的综合素质与能力。专业知识是一个人知识结构中的核心部分。一个人能否在本专业进行创造性的工作，集中表现在其专业知识的深度和广度上。因此，大学生必须精通本学科的专业知识，这也是胜任未来工作的基本条件。但专业知识和素质并不仅仅来自书本，还必须在模拟的或者真实的工作环境中反复锻炼自己实际操作的能力。大学生要在激烈的社会竞争中站稳脚跟，没有扎实的专业素质是不可能的。

（四）身心素质

良好的身心素质是大学生发挥才干和本领的基本前提，它包括身体素质和心理素质两个方面。

身体素质是指人体各器官的技能状态和水平。良好的身体素质是个人成才发展的物质基础。只有拥有健康的体魄，一个人才能四肢灵活、头脑清醒、精力充沛、思维敏捷，才能在创造过程中从事艰苦的脑力劳动和体力劳动。否则，体弱多病常使人力不从心，即使德才兼备也难以发挥已有的才能。

心理素质是指人的个性心理品质的状态和水平，良好的心理素质是成才的重要保证。一项复杂而艰苦的活动，始终是在一系列复杂的心理活动的参与下进行的。没有健康的心理作保证，要实现这一目标是不可能的。大学生职业素质教育不同于心理健康教育，它们虽然紧密联系却不是同一概念。职业素质教育的目标和任务是培养大学生良好的个性和自尊、自爱、自强、自律的优良品质，使其具有较强的心理调适能力。职业心理素质培养所要解决的问题是大学生在未来择业过程中所面临的各种具体心理问题，如职业角色意识、抗挫能力、健全人格塑造、交往能力培养、成功心理的培养等，这些素质在今后工作中直接或间接与个人的职业发展有关。因此，每一个立志成才的大学生都应当自觉地加强自身心理素质的培养，以成熟、健康的心理素质迎接职场挑战。

（五）综合能力素质

一个人才能的高低，不仅取决于其智力水平的高低和单项能力的强弱，更取决于其智能结构诸要素是否和谐发展，以及这些要素所发挥的整体功能和综合效应。《中共中央国务院关于深化教育改革全面推进素质教育的决定》指出："高等教育要重视培养大学生的创新能力、实践能力和创业精神，普遍提高大学生的人文素养和科学素质。"国际21世纪教育委员会曾在1996年"21世纪人才素质理论研讨会"上针对人才素质提出7点标准：①具有积极进取开拓的精神；②具有崇高的道德品质和对人类的责任感；③在急剧变化的竞争中，有较强的适应能力和创造能力；④具有宽厚扎实的基础知识，有广泛联系实际解决实际问题的能力；⑤具有终身学习的本领，能适应科学技术综合化的发展趋势；⑥具有丰富多彩的健康个性；⑦具有和他人协调以及进行国际交流的能力。由此可见，综合能力素质就是各种能力的有机结合体，主要包括审美能力、创新能力、创业能力、学习能力、沟通表达能力、组织协调能力等。

三、职业资格

1993年，我国开始推行学历文凭和职业资格证书并重的制度，要求大学生不仅要有学历，还要有某种职业资格才能进入人力资源市场。这对高校毕业生来说是一种挑战，更是一种机遇。目前，"就业靠竞争，签约凭实力"的观念已被高校毕业生广泛认可。高校毕业生除具备相关的学历和专业课学习经历之外，参加相关专业的职业资格考试而取得的证书也已经成为他们走向社会、参与竞争的重要砝码。

（一）从业资格和执业资格

职业资格包括从业资格和执业资格，从业资格指从事某一专业的知识、技术和能力的起点标准；执业资格是指政府对某些责任较大、社会通用性强，关系公共利益的专业实行准入制度，是依法独立开展业务或从事某一特定专业的学识、技术和能力的必备标准。

（二）职业资格证书制度

职业资格证书制度是指按照国家职业标准，通过政府认定的考核鉴定机构，对劳动者的技能水平和从业资格进行评价和认证的国家证书制度。职业资格证书制度是劳动者就业制度的一项主要内容，也是一种特殊形式的国家考试制度。它对劳动者取得什么证书、如何取得证书、取得证书后的用途等问题做出了详细的规定。

（三）职业资格证书

职业资格证书包括从业资格证书和执业资格证书。职业资格证书是对劳动者具有和达到某一职业所要求的知识和技能标准的认证。

从业资格证书是建立在从业资格确认的基础上的，从业资格确认工作由省、自治区、直辖市人力资源和社会保障部门会同业务主管部门组织实施，通过学历认定或考试取得。

执业资格证书是经执业资格考试合格的人员，由国家授予的证书。不同职业执业资格考试的报名条件、考核标准、考试内容各不相同，一般由人力资源和社会保障部负责。

目前，我国已有多个职业建立了执业资格制度，其中部分职业实行注册制度，如注册会计师、注册建筑师、注册律师、注册消防工程师、监理工程师等，有的职业还只是实行考试制度，如医师、药师、教师等。

（四）职业技能鉴定与就业准入

1. 职业技能鉴定

职业技能鉴定是一项基于职业技能水平的考核活动，属于标准参照型考试。它是由考试考核机构对劳动者从事某种职业，所应掌握的技术理论知识和实际操作能力，做出客观的测量和评价。职业技能鉴定是国家职业资格证书制度的重要组成部分。职业技能鉴定分为初级鉴定、中级鉴定、高级鉴定等类型。申报职业技术鉴定，获取职业技能证书，不同级别申报条件有所不同。

职业技能鉴定的主要内容包括职业知识、操作技能和职业道德三个方面。这些内容是依据国家职业技能标准、职业技能鉴定规范（即考试大纲）和相应教材确定的，并通过编制试卷来进行鉴定考核。

职业技能鉴定的方式分为知识考试和操作技能考核两部分。知识考试一般采用笔试，技能考试一般采用现场操作加工典型工件、生产作业项目、模拟操作等方式进行，计分一般采用百分制，两部分成绩都在 60 分以上为合格，80 分以上为良好，95 分以上为优秀。

2. 就业准入

就业准入是指根据《中华人民共和国劳动法》和《中华人民共和国职业教育法》的有关规定，从事技术复杂、通用性广，以及涉及国家财产、人民生命安全和消费者利益的职业（工种）的劳动者，必须取得相应的职业资格证书，方可就业上岗。实行就业准入的职业范围由人力资源和社会保障部确定并向社会发布。

第三节　大学生职业素质与职业能力的培养

> 自爱、自律、劳动习惯、诚实、公平、正义感、勇气、谦逊、公共精神以及公共道德规范等，所有这些都是人们在前往市场竞争之前就必须拥有的。
>
> ——亚当·斯密

一、大学生职业素质存在的问题

（一）职业意识不强

职业意识是对职业活动的认识、评价、情感和态度等心理成分的综合。高等职业院校的大学生实际上处于职业准备阶段，具有学生和职业者的双重身份。但从某机构设计的《大学生就业职业指导现状》的调查结果来看，调查的总人数 9778 人中，有 52%的人从没研究过要从事的行业是什么样子，对目标公司的选材要求和用人标准回答“不清楚”的占 23.9%，回答“还行吧”“大概能想象”的人占 33.9%；同时，有 51.4%的人对“你清楚考虑过自己以后的职业发展吗？”感到茫然。这些问题反映出大学生职业意识不强，在学校只重视考试的分数，与社会需求脱节。

（二）职业心理准备不足

职业心理是指从事职业活动所必需的心理状态及特征，包括正确的自我认识，做好本职工作的自信心，持之以恒的精神，积极进取、追求成功的良好心态，勇于承担风险、面对失败与工作压力的承受能力。

现在很多用人单位对高等职业院校的大学生职业心理素质评价并不高。有些大学生的心理素质与用人单位的要求相差甚远，如大学生受“先择业，后就业”思想的影响，频繁跳槽，给人一种缺乏信誉的印象；遇事以自我为中心，只考虑公司能够给自己什么，而不考虑自己能对公司有什么贡献。种种现象，折射出这些学生不成熟的心理素质。

（三）职业道德概念模糊

职业道德是指与人的职业角色行为和责任相联系的一种高度社会化的角色道德，它在社会主义道德体系中是一个有特色、有代表性的起中坚作用的道德层面。不同的职业和岗位，其职业道德的内涵和要求不同，它是大学生确立职业信念、调整职业行为、追求职业理想的根本保证。职业道德的内容广泛，主要包括职业义务、职业良心、职业荣誉、职业信誉、职业公正等，具体体现在爱岗敬业、具有奉献精神、有职业荣誉感、职业操守良好等方面。国际知名企业微软公司的用人标准尤其看重人才的职业道德，应聘者要经过严格的面试，以考核其职业道德层面的表现。

（四）职业习惯尚未养成

习惯不是一般的行为，而是一种定型性行为。习惯是人在一定情境下自动化地进行某种动作的需求或倾向，是长期养成的不易改变的行为方式。

职业化的工作习惯也是一个日积月累培养的过程。有了正确的职业意识和良好的职业道德，并不等于有了好的职业习惯，这是大学生需要在工作和学习中不断探索的一个层面。

（五）职业能力与实际需要脱节

培养学生的职业能力是职业素质教育的落脚点，但是受传统应试教育的影响，不少学生还将学习理解为掌握知识点，考出好分数，对课堂的教学活动、社会实践、课外实训等环节抱着能逃则逃、逃不掉就糊弄的心态。当然，和许多发达国家相比，国内的高等职业院校受社会大环境的影响提供给学生参加实践训练的机会比较有限，这也限制了大学生职业能力的系统培养，无法实现与企业实际需求的对接。

二、大学生职业素质培养的途径与方法

首先，在日常的学习生活中培养职业理想。人的素质能在日常的生活习性中得以展现和流露，习惯也是个人素质的真实写照。所以，培养自己的职业素质就必须从日常的生活细节及点滴做起。

其次，在实习中培养职业兴趣。实习是一个职业素质锻炼的平台，为在校生提高专业素质及其他素质提供了良好的实践机会。大学生要把握好实习的机会，不要害羞，不要胆怯，不要怕丢面子，在训练中要做到“胆大、心细、脸皮厚”。

最后，在社会实践中体验和改进职业价值观。大学生可以利用假期进行社会实践，无论将来是否从事与专业相关的工作，这都是很好的培养职业素质的机会。只要树立“职业神圣”的观念，你就会从所从事的每项工作中得到自己想要的职业素质并加以培养。同时，你也能从实践中改进自己以前不足的职业素质理念，不断地锻炼自己、提升自己，使自己的职业素质不断得到升华。

具体说来，职业素质的培养可以从以下几个方面入手。

（一）参与职业测评

职业评测，一般也称为职业素质测评，是一种了解个人与职业相关的各种心理特征的方法。其步骤一般为利用一系列的科学手段对人的基本心理特征，包括能力、兴趣、性格、气质及价值观等进行测量和评估，分析出个体的特点，再结合工作的特点，帮助大学生进行职业或职业方向的选择。测评是帮助学生了解个人能力水平及倾向、个性和行为特征等方面素质的重要手段。目前，许多高校的就业指导中心采用职业测试系统为学生进行测评，以帮助学生自我认识。学生可在教师的指导下填写《基本分析报告》和《职业发展报告》，并进一步分析，增强对自我的认识。

（二）了解职业指导资料和职业咨询方法

认识职业世界、了解职业的方法有很多，以下这些途径会帮助学生搜集更多相关的职业信息和资料。

1）文学传记、相关报刊及多媒体资料，特别是名人传记有着比较丰富的职业相关知识。通过这些途径获得的信息和资料重点集中在职业认知和适应、求职训练、心理咨询等方面。

2）依托本校的图书馆开设职业指导专架，或学校在就业指导中心开设资料室等。

3）网络咨询。在网络上搜集就业指导方面的专题网站或者专栏，利用网站寻找多媒体形式的职业指导和服务内容，下载专题职业指导视频。另外，在线咨询（包括就业指导 QQ 群、微信群）、电子邮箱等也是效率很高的职业指导途径。

（三）关注讲座和论坛

1）讲座是以普遍性的指导为主的职业素质培养形式。每所高等职业院校都会邀请行业人士讲授行业、职业发展的过程与发展趋势，目的在于加深学生对相关职业、行业或

特定公司企业文化的了解。讲座和论坛是高校传统的开展就业指导的主要途径，借助这种途径开展职业指导主要是在内容上进行拓展，其内容不仅包括就业技巧和政策，还包括行业、职业发展的动态。

2）就业论坛或工作坊（也称为就业沙龙），是以个性化的指导为主的职业素质培养形式。工作坊是目前比较流行的指导方式，是一种进行个性化辅导、互助的交流和分享经验的活动，强调个人参与，互动性比较强。在大学生中经常举办的工作坊有模拟面试工作坊、就业咨询工作坊、性格兴趣探索工作坊、简历制作工作坊和校友访谈工作坊等几大类。

（四）社会实践

1）通过亲戚朋友或校友的关系主动联系、参观个人感兴趣的单位，现场观摩感兴趣职业的真实情况，有条件的话可利用假期亲身参与到相关职业的工作实践中去。这是了解职业信息最有效的途径，而且还可以增加工作经验，结识业内人士，为以后的正式求职做好准备。

2）通过双选会和行业展览会来收集职业信息。有的大学生认为参加招聘会是毕业生的事情，这是一个误区，这种观念需要改变。通过人才双选会，大学生可以直接获得招聘信息，了解就业市场的真实情况，与单位招聘人员直接对话，感受就业竞争的激烈，调整自己的专业学习和社会实践方向；通过行业展览会可以了解相关行业的一些信息，对同种行业不同公司之间的状况，如公司的规模、产品的特点、人员的素质和企业的文化等进行比较，还可以从中比较不同企业的面貌，分析它们的发展前景。

（五）人物生涯访谈

人物生涯访谈就是通过对同一职业或行业中数位资深职业人的深入采访而获取职业信息的一种方法。通过人物生涯访谈，大学生不但可以检验和印证以前通过其他渠道获得的信息，对希望了解的职业会有更深刻的认识，而且可以了解到工作者的内心感受，建立个人关系。大学生可以通过教师、同学、家人、朋友等的推荐找到这些被访谈者，也可以自主联系他们。访谈的主要内容包括职业所要求的技能、学历、职业资格证书、工作职责、职业发展路径、薪资水平、工作环境、职业挑战等。

（六）职业技能训练

有些学校在学生实践技能培训方面较弱，教学知识结构老化，尤其是在发展迅速的高科技行业，教学内容难免会有所滞后，工作上也不能立即上手。职业技能训练就是学校邀请专业课教师和各行业中具有代表性的企业与学校联合举办相关类型的职业行为训练，如进行职业技能赛等活动，以培养学生的职业技能、职业素养和职业道德。

（七）素质拓展训练

素质拓展训练主要是着眼于培养学生的心理素质和潜能，以专业化咨询、拓展训练满足学生进行自我探讨、追求自我发展的需求，如素质拓展训练方面进行创新意识和能力训练、决策能力团体辅导、人际沟通团体辅导等活动。创新活动要引导学生着眼于社会结构、经济增长和社会需求等因素，通过活动培养大学生的创造性思维能力和创造性想象能力，开发创新潜能，使其掌握创新技巧。

三、职业能力

能力是人们顺利完成某种活动所必需的并直接影响活动效率的个性心理特征。能力有两种含义：一是指一个人的能力倾向（也称为潜在能力）；二是指一个人的技能。

在现实生活中，能力总是和人的活动联系在一起的，只有通过活动才能发展人的能力。因为人的活动是复杂的、多样化的，所以要成功完成某种活动，往往需要多种能力相互结合。能力的强弱决定了人们活动效率的高低。任何一种职业都要求从业者必须具备相应的能力，所以能力是职业适应性首要的和基本的制约因素。当能力和工作的要求相匹配时，工作者最容易发挥自己的潜能，并且获得一种满足感。相反，当一个人去做自己力所不能及的工作时，就会感到焦虑，甚至产生挫败感。而当个人能力超出工作要求太多时，工作者又容易感到工作缺乏挑战，比较乏味。因此，在选择职业时，大学生要寻求个人能力与职业技能要求的适配。大学生需要弄清楚能力有哪些分类、自己具备什么样的能力，以及欲从事的职业对能力有什么要求。

（一）能力类型

能力按照其获得的方式（先天具有与后天培养），可以分为能力倾向（aptitude）和技能（skill）两大类。

1. 能力倾向

（1）能力倾向的概念

能力倾向是指先天赋予每个人的特殊才能，如音乐、运动等能力，它是与生俱来的，不过也有可能因未被开发而荒废。因此，这是一种潜能。例如，在中国十几亿人中，虽然不是每个人都能像刘翔一样跑得那么快，但一定有一些人同样具备像刘翔那么好的节奏感和身体的协调能力，只是他们从来没有机会去发展这方面的天资。遗传、环境和文化都可以影响到天赋的发展。

（2）能力倾向的分类

1983 年，美国哈佛大学教授、发展心理学家加德纳提出了多元智力论。他认为，智力是多元的——是由同样重要的多种能力（而不是一两种核心能力）构成的，而且各种能力不是以整合的形式存在，而是以相对独立的形式表现出来的。他的研究表明，人类至少有 7 种不同的智能：言语-语言智力、逻辑-数理智力、视觉-空间智力、音乐-节奏智力、身体-动觉智力、交往-交流智力和自知-自省智力（参见表 3-2，该表所示为 8 种智力，包括这 7 种）。这 7 种智力在个人的智力结构中处于同等重要的地位，每个人都同时拥有这 7 种智力，但它们在每个人身上以不同的方式、不同的程度组合，使得每个人的智力各具特点。例如，爱因斯坦、贝多芬、达·芬奇、姚明、奥黛丽·赫本和特蕾莎修女这些在各自领域做出杰出贡献的人物之间很难比较谁更聪明。我们只能说他们各自在不同的领域，以不同的表现方式，将自己天生的聪明才智发挥到极致。从这个意义上讲，对于每一个人来说，不存在谁更聪明的问题，只存在不同个体在哪个方面聪明的问题，每个人都是独特的。正如中国古人所言，“天生我材必有用”。如果个人能将自己独特的天赋充分发挥出来，那么每个人都可以是出色的。

2. 技能

（1）技能的概念

技能是指经过后天学习和练习培养而形成的能力，如阅读能力、人际交往能力、表达能力等。

在个人成长的过程中，从什么也不会做的婴儿到一个自理生活，能够听、说、行走、阅读、写字的成年人，其实我们每个人都已经学会了无数的技能。事实上，一个人的技能主要依赖后天的练习，先天的不足可以通过后天的努力得到弥补。我们只要勤于学习，不怕失败和挫折，那么很多技能是可以通过练习获得的。

（2）技能的分类

技能可分为 3 种类型：一是知识技能；二是自我管理技能；三是可迁移技能（或称通用技能）。通常人们比较容易想到自己所具有的知识技能，但实际上后两种技能更为重要，它们使我们有可能不局限于自己所学的专业而在更广的范围内选择职业；使我们在竞争中具有胜出关键性的作用，并且使我们能够在工作中得以更长久地发展，而用人单位对它们的重视程度，也往往超过了对单纯知识技能的重视程度。

1）知识技能。知识技能是指那些需要通过教育或者培训才能获得的特别的知识或能力，也就是个人所学习的科目、所懂得的知识。例如，你是否掌握外语、中国古代历史、电脑编程或化学元素周期表等知识。知识技能不可迁移，它们是一些特殊的语汇、程序和学科内容，必须经过有意识的、专门的培训才能掌握。它们常常与我们的专业学习或工作内容直接相关。事实上，知识技能并非只有通过正式的专业教育才能获得。除了学校课程，课外培训、专业会议、讲座、研讨会、自学、资格认证考试等方式都可以帮助个人获得知识技能。此外，很多公司也为新员工提供相关的上岗培训，其专业技能也可以在就职后的培训中获得。因此，大学生如果想从事本专业之外的工作而又不愿或不能重新选修一个专业的话，仍然有许多途径可以帮助其获得相关的知识技能。

2）自我管理技能。自我管理技能经常被看作个性品质而非技能，因为它们被用来描述或说明人具有的某些特征。它涉及个体在不同的环境下如何管理自己：是勇于创新还是循规蹈矩，是认真还是敷衍了事，能否在压力下保持镇定，是否对工作有热情，是否自信，等等。良好的自我管理技能能够帮助个体更好地适应周围的环境、应对工作中出现的问题，因此它也被称为适应性技能。自我管理技能无论是一个人先天具有的还是后天习得的，都需要练习。自我管理技能可以从非工作（生活）领域迁移到工作领域。也就是说，耐心、负责、热情、敏捷这些技能并不是通过专门的课程学习到的，而是在日常生活中慢慢培养的。

3）可迁移技能。可迁移技能就是一个人会做的事，如教学、组织、说服、设计、安装、帮助、计算、考察、分析、搜索、决策、维修等。可迁移技能的特征是它们可以从生活的方方面面，特别是工作之外得到发展，却可以迁移应用于不同的工作之中。因此，可迁移技能也被称为通用能力。基于此，可迁移技能也是个人最能持续运用和最能够依靠的技能。

高等职业院校培养的是高素质的复合型人才，学校和学生往往只重视专业知识技能的培养，而对培养自我管理技能和可迁移技能不够重视。所谓高素质，实际上是在学习知识技能的同时，更要提高自我管理技能与可迁移技能。自我管理技能决定着一个人如何使用自己的专业知识，以什么样的态度从事工作，这甚至比工作内容本身更为重要。正是这样一些品质和态度，将个人与许多其他具有相同技能的员工区别开来，在工作中取得成就，获得加薪和晋升的机会。因此，有人称自我管理技能和可迁移技能为“成功所需要的品质，个人最有价值的资产”。与知识技能相比，可迁移技能无所谓更新换代，而且无论你的需求和工作环境有什么样的变化，它们都可以得到应用。随着人们工作经验和生活阅历的增加，可迁移技能还会不断得到发展。既然它们在许多工作中都会用到，它们的重要性便不容忽视。大学生在学习中要使自己成长为具有不同知识技能的人。不论你现在学习的专业是否是你所喜爱的，或是你将来要从事的，你获得的各种知识在某个时候就有可能派上用场，都有可能使你在面试的时候显得与众不同，甚至比他人略胜一筹。随着信息时代的到来，新技术日新月异地发展，知识的更新换代不断加快。这意味着个体需要不断学习新的知识技能才能跟上时代的发展。正因为如此，当今的时代越来越强调终身学习。从某种意义上说，学习能力（可迁移技能）已经比拿到某个专业的硕士学位（知识技能）更为重要。事实上，在用人单位对刚毕业大学生的意见中，经常听到的就是缺少敬业精神、没有服务意识、眼高手低、不认真、不踏实、没有主动进取精神、沟通能力差、岗位技能适应性不强，等等。这些都与缺乏自我管理技能和可迁移技能相关，而不是因为缺乏专业能力。因此，大学生在校期间，一定要在学好专业知识的基础上，加强对自我管理技能和可迁移技能的培养。

3. 自我效能感

所谓自我效能感（self-efficacy），是指个人对自己的能力，以及运用该能力将得到何种结果所持的信心或把握程度。这是一个与能力相关的重要概念。研究发现，在实际生活和工作中，对个人行为起决定作用的往往不是个人实际能力的高低，而是自我效能感。例如，成人学习人际交往技能或学习英语并不比孩子学走路或学说中国话难，唯一的区别可能只在于：我们从来不会认为有哪一个孩子学不会走路或说中国话，但我们却常常怀疑自己能否学会与人交往或娴熟地使用英语。有的人本来能力很不错，也得到他人的很多肯定，却由于自卑而束缚了自己，做事畏首畏尾，不能充分发挥自己的才能。这些都充分说明了自我效能感对个人发展的影响。

（二）能力类型与职业

1. 能力倾向与职业

职业不仅对技能有要求，对能力倾向也有要求。表 3-2 所示为 8 种能力倾向与代表性职业相对应的情况。

表 3-2 能力倾向与代表性职业对应表

智能类型	具体描述	代表性职业
言语-语言智力	指个体听、说、读、写的能力，表现为个人能够顺利而高效地利用语言描述事件、表达思想并与人交流的能力	记者、编辑、作家、演讲家等
音乐-节奏智力	指个体感受、辨别、记忆、改变和表达音乐的能力，表现为个人对节奏、音调、音色和旋律的敏感以及通过作曲、演奏和歌唱等表达自己思想和情感的能力	作曲家、指挥家、歌唱家、演奏家、乐器制造者和乐器调音师等
逻辑-数理智力	指个体运算和推理的能力，表现为个人对事物间各种关系（如类比、对比、因果和逻辑等关系）的敏感度，以及通过数理运算和逻辑推理等进行思维的能力	侦探、律师、工程师、科学家和数学家等
视觉-空间智力	指个体感受、辨别、记忆、改变物体的空间关系并借此表达自己思想和情感的能力，表现为个人对线条、形状、结构、色彩和空间关系的敏感以及通过平面图形和立体造型将它们表现出来的能力	画家、雕塑家、建筑师、航海家、博物学家等
身体-动觉智力	指个体运用四肢和躯干的能力，表现为个人能够较好地控制自己的身体，对事件能够做出恰当的身体反应以及善于利用身体语言来表达自己思想和情感的能力	运动员、舞蹈家、外科医生、赛车手和发明家等
自知-自省智力	指个体认识、洞察和反省自身的能力，表现为个人能够正确地意识和评价自身的情绪、动机、欲望、个性、意志，并在正确的自我意识和自我评价的基础上形成自尊、自律和自制的能力	哲学家、小说家、律师等
交往-交流智力	指个体与人相处和交往的能力，表现为个人觉察、体验他人情绪、情感和意图并据此做出适宜反应的能力	教师、推销员、公关人员、谈话节目主持人、管理者和政治家等
自然观察智力	这种智力主要指认识动物、植物和自然环境其他部分的（如云或者岩石）能力	猎人、植物学家或者解剖学家等

2. 技能与职业

技能的学习和获得，与人的智商有密切的关系。某些职业对从业者的智力水平要求很高，智力在很大程度上决定了所要从事的职业类型。例如，西方心理学中一般规定智商超过 140 者为天才。跟踪研究显示，这些天才往往从事科学、文化、教育等方面的职业，并取得了相当大的成就。某些职业往往需要从业者具有较高的智商，如律师、工程师、科研人员、大学教师等，而一般职业受智商影响则不太明显。

每个人只有根据自己的能力所及来确定自己的职业方向和领域，才可能胜任工作，也才可能取得职业的成功，若好高骛远、不切实际，其结果只能适得其反。

从能力差异的角度来看，在职业选择时应遵循以下原则：

1）能力类型与职业相吻合的原则。人的能力发展方向存在着差异，而职业是根据工作的性质、内容和环境而划分为不同类型的，并且不同的职业对人的能力也有不同的要求，所以在职业安排时要注意能力类型与职业类型的匹配。

2）能力水平与职业层次相一致的原则。对于某一种职业类型来说，由于所承担的责任不同，职业又可分为不同层次。不同层次对人的能力有不同的要求。因此，在根据能力类型确定职业类型后，还应根据自己所达到或可能达到的能力水平确定相匹配的职业层次。

3）充分发挥优势原则。每个人都具有一个由多种能力组成的能力系统，在这个能力系统中，各方面能力的发展并不均衡，常常有的能力占优势，有的能力则不太突出。对于职业选择而言，大学生应考虑最佳能力，选择能运用自己优势能力的职业。

（三）最受企业青睐的几种职业能力

大学生职业能力的提高并非一朝一夕之事，它的培养将贯穿整个职业生涯。因此，大学生从设计自己的职业生涯规划之日起，就应该注重自己的就业力和职业能力的培养和提高。学校和企业两个育人环境要坚持共同育人的指导理念，为学生职业能力的培养、提高创造条件，搭建舞台，提供空间；大学生要充分利用学校和企业提供的硬件和软件资源，发扬自身优势，弥补自身不足，主动提高自己的综合素质，增强自身竞争优势，促进自己职业发展能力的提高。

1. 动手实践能力

动手实践能力也就是实际操作能力，是人的智力转化为物质力量的关键。尤其是立足于管理、生产、服务第一线的大学生，其动手实践能力的强弱将直接影响其就业岗位的稳定与否。企业面试用人，越来越注重学生在校期间的动手实验、实践能力，淡化了理论成绩，其认为理论知识在工作中结合实际，能掌握得更牢固。企业在对实习期满的大学生确定是否留用时，动手实践能力是考虑的首要因素。

培养动手实践能力，学生要充分利用学校、社会和企业提供的空间做到以下几点：①积极参加校内社团活动和校外社会实践活动。这是动手实践最基本的形式和重要载体，特别是一些与专业结合紧密的社团活动和实践活动，对自己开阔视野、增加社会阅历、提高专业技能大有裨益。②认真完成校内实习。校内实习是按照人才培养目标，在实训、实习老师指导下进行的职业技术应用能力的训练过程，是理论与实践相结合的中间带。因此，大学生应高度重视并认真执行每一个实习环节的操作规程，为即将进行的“预就业”打下良好的基础。③参加合作教育模式下的“顶岗实习”。这是实习与就业的直接对接，即“预就业”。这个过程是大学生就业力和职业能力培养的关键步骤，一定要有忧患意识和责任意识，虚心向前辈学习，练就一身过硬的技术技能，以尽快适应职业岗位，顺利就业。

2. 交际能力

当今的社会是分工合作的社会，一个人要想取得事业的成功，搞好人际关系是非常重要的。因此，大学生在校学习和职业生活中应扩大自己的交往范围，学会与不同性格的人交往，努力做到以下几点：①自信、有勇气，大胆参与各种活动，特别是协作性强的活动；②待人要真诚守信，做到知行合一；③加强语言表达能力的训练，如参加座谈会、辩论会、演讲等活动；④与人交往要平等互利，既不能太过高傲又不能太过自卑，平等对待每一个人，做到物质互利、精神互利；⑤多观察身边“人缘好”“会处世”的人，看他们在人际环境中如何对他人做出反应。

3. 学习能力

当今世界科学技术突飞猛进，新知识层出不穷，在这样一个日新月异的时代，一个人要把工作做好，就必须有好学的精神，有较强的学习能力。掌握了过硬的专业基本知识和基本专业技能的人，是用人单位录用的首选目标。如果一个人有较强的学习能力、有创新性的研究成果（如论文、专利发明等），就业就是非常顺利的事情。大学生要增强学习能力，自觉把学习作为一种生活方式。学生在校期间学习到的东西毕竟是有限的，很多知识和能力需要在工作实践中去学习、锻炼、发现和提高。大学生应努力做到以下几点：一，在学校掌握文化知识、专业知识和专业技能；二，在实习单位多向经验丰富的员工学习新知识、新技术，不断丰富自己的专业知识，提高自己的专业技能；三，建立合理的知识结构，培养广泛的兴趣爱好，重视学习方法，善于进行创新性的学习。学生在学习中要勤于观察思考，善于发现问题。

只有运用自身掌握的知识努力解决问题，才能掌握大量的第一手资料，分析研究职业对象的内部规律，也才能培养自己的独立见解，更好地承担角色责任，最终达到自我完善。

4. 团队协作能力

当今市场竞争激烈，崇尚团队精神，具有较强的合作意识的团队和个人，才会取得更大成功。通过对企业用人的了解可以看到，团队意识比个人获得的荣誉还要重要。要完成一个大项目，若没有他人的帮助，个人能力再强也做不到十分完善。如果没有很好的团队意识，整合不好人才资源，对于企业来说，其实是一种损失。在一个集体里，要做好一项工作，占主导地位的往往不是一个人的能力，而是各个成员间的团结合作。

尺有所短，寸有所长，每一个人的能力都不应被忽视，每一个人都应该是团结的对象。与人团结就是提升自己。在团结的团队中，每一个成员都会心甘情愿地贡献自己的才能，做到资源共享、优势互补。大学生只有把自己置身于一支合力强大的团队之中，才能在市场竞争中取胜，才能达到自己追求的目标，事业才能更加成功。

5. 创新能力

创新能力，又称创造能力，包括开拓进取精神、敏锐的观察力、丰富的想象力、灵活的创造性思维和高度的创造力等。由此可见，创新能力是由众多能力复合而成的一种能力，是综合能力的体现和运用的结果，是在解决现有问题的基础上表现出来的。人才是以创造性劳动生产出创新性的成果而与一般人相区别的，人才的真正价值体现在他能够根据社会、企业的需要有所发现、有所发明、有所创造、有所贡献。是否具有创新能力已成为社会、企业衡量人才的一个重要标准。

案例分析 3-1

思想道德素质是单位看重的首要条件

某国内知名企业，在招聘条件中明确提出：应聘大学生最好是中共党员或入党积极分子、三好学生、优秀学生干部；热心社会工作、具有合作意识。华为公司积极倡导学生爱祖国、爱人民、爱社会、爱家庭。宜家超市有限公司在大学生招聘工作中，把大学生的诚信放到了首位。

分析：该案例说明，用人单位首先在“择人”，即审视大学生的思想政治素质和人品，有的甚至提出了“以德为先”，因为一个人才能的发挥跟他的品德有很大关系。一般而言，社会对大学生在校期间的思想进步与获得的荣誉十分看重，甚至将这种进步与荣誉作为衡量学生思想道德素质的刚性指标。因此，大学生应该注重自己思想道德素质的提高。

案例分析 3-2

良好的专业技能是职业人能够立足职场的基本前提

武汉某职业学院毕业生小周，在校期间勤奋好学，思想活跃，尤其重视实际能力培养，毕业的前半年因其专业成绩、操作技能、外语成绩均优秀，被学校推荐到新加坡一个跨国公司从事模具制造工作。小周在工作中，踏实肯干，吃苦耐劳，与公司里的上司和同事的关系十分融洽，工作得心应手，技术提高很快，两个多月后即能独立制造较复杂的模具。他还利用业余时间自学英语、管理和专业方面的知识，水平提高很快，薪金不但高于同去的其他同学，还高于新加坡籍员工。三年工作期满后，公司再三挽留他继续留职，许诺大幅度提薪并帮助办理“绿卡”，但小周还是按时回到国内发展。他到深圳一家大型模具企业应聘业务主管。在面试中，人事部门经理看中他的业务水平、能力和经历，但他的学历（当时仅是中专）远不符合公司要求，经理直接带他去见董事长，董事长与小周谈了 20 多分钟，当即任命他为项目工程师、业务主管，具体负责模具生产经营和生产安排，第二天即可到公司上班，待遇非常优厚。2019 年 6 月，进公司不到一年的小周又被提升为国外业务主管，经常来往于美国、智利、澳大利亚等国洽谈业务，年薪 20 余万元，公司免费提供住房一套。小周成为公司十分倚重和看好的高级管理人才。

某位工科大学生在大学的学习生活中，除认真学好文化课外，课余时间几乎都花在修电视机、修电路开关等实践性工作上。学校的大型活动，院系的联欢晚会都少不了请他担任音响设备的总控师。他在担任声像协会会长一职之后，把悄无声息的协会搞得红红火火。在毕业联系就业单位时，该同学拿着全国电子设计竞赛二等奖、省电子设计竞赛一等奖、全国数模竞赛二等奖及各类竞赛发明的证书，叩开深圳华为技术有限公司的大门，并且就职于他十分喜爱而通常由博士生、硕士生占据的技术开发部。该同学在回顾大学生活时总结道：“在大学四年的最大收获，就是给自己提供了充分锻炼动手能力的机会。”

分析：从该案例可以看出，决定求职择业成功的因素很多，学历并不是个人成材的唯一条件，最重要的应是求职者的知识结构与能力。随着时代和社会的进步，人们对人力资源的开发越来越重视，用人单位在挑选人才时，对应聘者的科学文化水平和知识结构的要求越来越高。一个人的科学文化水平的高低，知识结构是否合理，是否具备相应的实践能力，决定着其在求职择业时的成功率和职位层次的高低。要想有所作为，大学生应该尽早确定就业目标，自觉把大学学习同今后的就业紧密地联系起来，建立起合理的知识结构，培养科学的思维方式，提高实践能力，不断提高业务技能，以适应职业岗位的要求。

案例分析 3-3

诚实守信、艰苦奋斗是事业发展的有力保障

李嘉诚是香港首富，关于他的成功之道，核心其实只有一个字——诚。正如他所说："我绝不同意为了成功而不择手段，如果这样，即使侥幸略有所得，也必不能长久。"

李嘉诚驰骋商界，是从生产塑胶花开始的。当初，曾有一位外商希望大量订货。为确证李嘉诚有供货能力，外商提出须由资金雄厚的厂家作担保。李嘉诚白手起家，没有社会背景，他跑了几天，磨破了嘴皮子，也没人愿意为他作担保，无奈之下，李嘉诚只得对外商如实相告。

李嘉诚的诚实感动了对方，外商对他说："从你坦白之言中可以看出，你是一位诚实君子。诚信乃做人之道，亦是经营之本，不必用其他厂商作保了，现在我们就签合约吧。"没想到李嘉诚却拒绝了对方的好意，他对外商说："先生，能受到如此信任，我不胜荣幸之至！可是，因为资金有限得很，一时无法完成这么多的订货。所以，我还是很遗憾地不能与你签约。"

李嘉诚这番实话实说使外商内心大受震动，他没想到，在"无商不奸，无奸不商"的商界，竟然还有这样一位"出淤泥而不染"的诚实商人，于是，外商决定，即使冒再大的风险，他也要与这位具有罕见诚实品德的人合作一回，李嘉诚值得他破一次例。他对李嘉诚说："你是一位令人尊敬的可信赖之人。为此，我预付货款，以便为你扩大生产提供资金。"

外商的鼎力相助，使得李嘉诚既扩大了生产规模，又拓宽了销路，并由此发展成为塑胶花大王。也是在李嘉诚创业初期，他因资金不足，只雇用了一些经过短暂培训的工人进行生产，结果产品的质量极为粗劣，很多客户前来退货，要求赔偿；原料商闻讯也扬言停止供应原料，银行这时还派人来催贷款。李嘉诚的塑胶花生产遇到前所未有的困难。

"四面楚歌"的李嘉诚真诚地一一向银行、原料商、客户解释，该赔的赔，该退货的退货。正是因为李嘉诚一贯诚实、守信、口碑极好，人们才宽容地接受了他的道歉，大度地原谅了他的过错。李嘉诚有惊无险地渡过了这次难关。

可以设想，如果李嘉诚早先没有将诚实的种子播在他人心中，那他这一次的过失或许就断送了他事业的发展，也就没有今天的香港首富李嘉诚。

陈家和是新加坡的“玻璃大王”，他有着一双粗糙的手。这双手从手臂、手腕到手掌乃至手指，都是伤痕，每一道伤痕，都有一个流血的故事，都清楚地记录着他为了实现自己在事业上的理想所付出的努力。

陈家和出生在新加坡东甲郊外一个破落的农民家庭，10 余岁时为了生活，赤手空拳到城内谋生，在一家玻璃店当学徒。白天他四处送货，晚上阅读各种专业书籍。每每看到图片上欧美国家华丽的高楼上装着五彩的玻璃在阳光照射下光芒四射时，他就发誓：“如果有一天新加坡也是高楼林立，我要让我制造的玻璃在上面发光。”为此他苦练本领，积累经验，创造条件，等待时机大展宏图。

20 世纪 60 年代初期，新加坡政府实施扩大城市建设的“大新加坡计划”，陈家和毅然辞去了那份月薪仅 70 新元的学徒工作，要开创属于自己的事业。这时一个经营玻璃的朋友资金上遇到难题，希望陈家和筹集 3000 新元帮助渡过难关，并同意与他共同经营。于是陈家和千方百计地凑足了这笔钱，包括动用了自己母亲靠养猪一辈子积攒的 1200 新元的养老钱，但他仅做了 3 个月的半个老板，就被那个过河拆桥的朋友一脚踢开。吃一堑，长一智。陈家和又主动与一家做楼宇装修生意的老板合作，凡是对方经营的装修工程，都由他安装所有的玻璃。从此，陈家和在一条巷子里开始承接玻璃安装工程。在风里、雨里、许多人的嘲笑声里和鄙视的眼光下，他吃在工地，住在工地，流血流汗在工地。工作中，尽管非常小心，他的双手还是经常被划伤扎伤。有一次，他的手被玻璃划了很长的口子，在医院缝了 20 多针，回来照样工作。终于苦干两年后，陈家和有了属于自己的半个店面，四年后，成立了“和兴玻璃工程有限公司”，又过几年，成立“和兴投资控股有限公司”，他的业务扩展到建筑材料及器具、塑胶、房地产等领域。

分析：孔子说：“人而无信，不知其可也！”诚信是做人之本，我国传统道德大厦的根基，更是一个职业人应具备的基本素质。诚信包含了几个方面的含义：一是诚实无欺，主要指人的自我修养以及由此形成的个人内存的道德品质、德行和道德境界：“君子诚之为贵”“君子养心莫善于诚”“意诚而后心正，心正而后身修”“诚者，圣人之性也”。二是相互信任，主要指信任他人或被他人信任，这是社会中的一般的道德要求。三是信守承诺，通常指能够履行对他人的承诺，是对特定对象的责任。所以相互信任、信守承诺主要指人们在交往中的行为规范。诚实是职业人的口碑和品牌，是职业人的无形价值的体现。一个人的社会诚信度高，表明其职业素质也高，他得到的发展机会也会更加广阔。

李嘉诚、陈家和作为全球著名的华人实业家，人们往往羡慕他们的辉煌成就，但他们自己更看中自己吃苦耐劳、艰辛奋斗、尝尽人间酸甜苦辣的拼搏经历及这种经历所磨炼出的一种做人的基本素质，也正是依靠这种素质，成就了他们的事业。

案例分析 3-4

良好的实践能力是事业成功的必要条件

小张是一所高职院校计算机专业的学生。大学三年级，小张在父亲一个朋友的介绍下进入了一所著名科研机构实习。刚去的时候，他除了帮忙打扫办公室的卫生，没有其他事情可做。领导看他只是一个专科生，就交他一个任务，并说："三个月内完成就行，到时给你一个毕业鉴定。"

后面的三天时间里，他干脆就住在单位，出色地完成了任务。

第四天上午，当他告诉领导任务已经完成时，领导吃了一惊，立即对他刮目相看。领导又给了他其他几个任务，他都顺利提前完成了。

实习结束后，领导没多说什么，但不久便指示人事部门负责人去学校点名招聘小张。人事部门负责人感到很奇怪："来我们这里求职的名牌大学本科生、硕士生十几个，还有博士生，您都不要，却非要一个专科生，你不是开玩笑吧？""不开玩笑，他有专长、有能力并且踏实，这才是我要的人才。"

小张入职后工作很努力。后来，这个机构的主管部门临时借调他去帮忙。这个部门以前的报表都是最后一个交，并且经常返工，但这一次，小张不仅第一个送上报表而且一次性顺利通过。

于是主管部门点名要调他，而基层部门坚决不愿放人，但最终还是被调走了。现在他已经成为一个部门的负责人了，并且下属多是本科生、硕士生。

分析：在就业竞争激烈的形势下，小张何以如此轻松地找到体面而又重要的工作？他总结的经验就是：把自己所学的知识对应于社会职业，并不断强化为实践能力。小张的事例再一次证明了，只要有"好酒"就一定不怕"巷子深"，只要专业技能强就不怕找不到好工作。

案例分析 3-5

良好的身心素质是事业成功的重要条件

某高校一名优秀毕业生以优异成绩被某著名企业录取，但他体弱多病，一直无法正常工作，最后辞职养病去了。还有一名学生学习成绩不错，所学专业也是目前社会上急需的，但他在双向选择招聘会上与用人单位洽谈时，由于缺乏自信心，缺乏勇气，表现出战战兢兢的样子，连走路都变了形。该学生表现出强烈的畏惧心理，使用人单位感觉该学生缺乏竞争意识，自卑心理太重，结果该生被许多用人单位婉言谢绝。

分析：通过该案例可以看出，大学生要想在求职竞争中取胜，除了做好思想素质、知识技能等方面的准备外，还应具有良好的身心素质。

身体素质是职业素质的基础和载体，其重要性人人皆知。然而，由于大学生是一个由青年人组成的、精力充沛的、生命旺盛的群体，多数人没有经过大的病痛的折磨，健康状况通常良好。因此，身体素质问题往往被忽视，如在大学学习期间不注重身体锻炼，不注意养成良好的生活卫生习惯。在就业市场上，学生的身体状况已成为用人单位考察求职者的基本条件。

良好的心理素质是建立在人健康体魄之上的特定行为倾向特征。心理素质对大学生就业与成才有着重大的影响。对于一名大学生来说，一定要调整好择业心态，做好充分的心理准备，勇敢地迎接挑战。

学生活动

3.1 查阅资料回答问题

3.1.1 工匠精神的内涵包括几个方面？

3.1.2 新时代弘扬工匠精神有何重大意义？

3.1.3 对照工匠精神的要求，说一说自己应从哪些方面提升职业素质。

3.2 任选一题写一篇调研报告

3.2.1 欲从事的职业有哪些职业资格要求？

3.2.2 企业从业大学生职业素质现状调查。

3.3 组织实训活动

3.3.1 邀请在职场比较成功的校友或企业家举行一场从业素质报告会。

3.3.2 以“职业道德与职业技能哪个更重要”为主题举行一场班级辩论赛。

3.4 发现自己的成就和技能

很多时候，人们并不清楚自己的长处，我们应不断对自我技能进行探索，认识所掌握的技能，从而对自己的职业倾向有更好的定位。

3.4.1 可衡量的业绩。

在你的过往中，什么样的业绩是可以量化的？除了一些常见的如期末考试成绩以外，还有没有其他的可以用数字说明的成果？如“作为校学生会文艺部长，成功组织了为数300人的大型表演活动”“在兼职某化妆品牌销售期间，使当月部门的销售额增加了10%”，等等。这些数据可以非常具体、翔实地说明你取得的成绩，能给人以深刻的印象。如果你要在简历或面试中提及这些例证，最好明确在这些事例中你使用了什么样的技能来帮助你取得好的业绩。

我所取得过的可衡量的业绩：

____

____

____

____

3.4.2 来自他人的认可。

这种认可可能是以你所得到的奖励（如获得校演讲比赛二等奖）、任职（如被同学们选举为班长）的形式体现，也可能以他人对你直接的书面或口头表扬的形式出现（如你的服务对象对你的好评）。更多的时候，它也许只是一种微妙的认可，需要细心思考和回顾。

你是否曾经从数人中被选出来担当更多或更大的责任？例如，被老师选出来专门负责某一事务。而这是否意味着你在某个方面的能力比其他同学更加突出，或是更认真负责？

你的同学、朋友或上司是否总是依靠你来完成某件事情？他们认为你特别擅长做的事情是什么？

如果一个了解你的人（老师、领导、雇主、同学、服务对象、同事）要向别人推荐你，他可能会说些什么？

如果你离开了现在的位置（无论是你的宿舍床位还是你在学生社团或兼职实习的岗位），你的同学或同事会因为你的离去而感到不适吗？

对以上问题的回答，有可能反映出你个人所擅长的、为人称道的能力和品质。如果你感到回答这些问题有困难，可以直接与周围的人交谈，请他们帮助你。如果你觉得自己跟周围的人交往太少，那么，现在是时候扩大你的人际交往范围了。别总是埋首于书本之中，应该行动起来，多参加一些实践活动。

我得到过的来自他人对我能力的认可：

____

____

____

____

3.4.3　技能词汇表。

技能词汇表可以启发思路，让个人更全面地看到自己所拥有的技能。

从下面的自我管理技能词汇表中挑选出你认为符合自己情况的词，然后思考：为什么会这样描述自己？有哪些实际生活和工作的例子可以用来证明自己的结论？

诚实　正直　自信　开朗　合作　耐心　细致　慎重　认真　负责　可靠　灵活
幽默　友好　真诚　热情　投入　高效　冷静　严谨　踏实　积极　主动　豪爽
勇敢　忠诚　直爽　现实　执着　机灵　感性　善良　大度　坚强　随和　聪明
稳重　热情　乐观　朴实　渊博　机智　敏捷　活泼　灵活　敏锐　公正　宽容
成熟　谦虚　理性　周详　客观　平和　有创意　有激情　有远见　有抱负
有条理　想象力丰富　善于观察　坚忍不拔　足智多谋　精力旺盛　思维活跃
多才多艺　彬彬有礼　善解人意　吃苦耐劳

符合我的自我管理技能的词汇：

____

____

____

____

3.4.4　技能测试。

参照上述方法，对照 3.4.3 的技能分类列出自己最重要的技能，并简要写下实例，完成下列问题。

我最重要的 5 项自我管理技能：

____

____

____

____

____

我最重要的 5 项可迁移技能：

____

____

____

____

____

我最重要的 5 项专业技能：

____

____

____

____

____

通过以上的练习，你是否对自己拥有的技能有了更多的了解，清楚自己技能的长处？对自我技能进行探索的目的，就是帮助个体认识自己在以往的岁月中已经掌握的技能，从而对自己有更好的定位，做到扬长避短。同时也要考虑，在你未来的职业中，哪些技能最可能被用到？上述哪些技能需要进一步拓展？怎样去拓展这些技能？

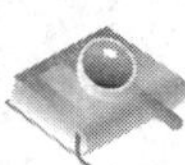

阅读资料及教学课件

主要职业资格证书考试介绍

我为什么不愿招应届大学毕业生

具备哪些素质的求职者最受知名企业的青睐

第三章教学课件

中篇

职业生涯规划

第四章　职业价值与职业选择

本章要点

职业价值观是影响大学生职业选择的心理核心因素，这一问题的深入探讨对于引导学生转变择业观念，树立正确的职业价值观尤为重要。当代大学生对职业的价值评价和选择标准直接影响他们对职业的态度和选择，准确把握当代大学生的职业价值评价和职业选择标准的新变化，尤其对其合理性和不合理性的理性分析，对大学生和教育者有着重要的意义。

理论指导

第一节　价　值　观

> 如果我能把10米车厢、三尺票台当成为人民服务的岗位，实实在在为社会做贡献，就能在服务中融入真情，为社会增添一份美好。即便有时自己有点烦心事，只要一上车，一见到乘客，就不烦了。
>
> ——李素丽

一、个人价值观

（一）个人价值观的含义

个人价值观是指一个人对周围的客观事物（包括人、事、物）的意义、重要性的总评价和总看法。对诸事物的看法和评价的主次、轻重的排列次序，就是价值观体系。价值观和价值观体系是决定人的行为的心理基础。

（二）个人价值观的分类

1）理性价值观，是指以知识和真理为中心的价值观，把追求真理看得高于一切。

2）美的价值观，是指以外形协调和匀称为中心的价值观，认为美和协调最重要。

3）政治性价值观，是指以权力地位为中心的价值观，把权力和地位看得最有价值。

4）社会性价值观，是指以群体和他人为中心的价值观，认为为群体服务、为他人服务是最有价值的。

5）经济性价值观，是指以有效和实惠为中心的价值观，认为世界上一切实惠的就是最有价值的。

6）宗教性价值观，是指以信仰为中心的价值观，认为信仰是人生最有价值的。

二、人生价值观

（一）人生价值观的含义

人生价值观是指因为人的不同世界观而产生的不同的对人生的方法论，是人们在认识、评价人生活动所具有的价值属性时所持有的根本观点和看法，具体可分为人生观和价值观。世界观支配和指导人生观、价值观；而人生观、价值观又反过来制约、影响世界观。

（二）人生价值观的分类

1）人生观，是人们对人生问题的根本看法，主要内容是对人生目的、意义的认识和对人生的态度，具体包括公私观、义利观、苦乐观、荣辱观、幸福观和生死观等。人生观是人们在生活、实践中逐步形成的。由于人们的社会实践、生活境遇、文化素养和所受教育的不同，不同的人会形成不同的人生观。正确的人生观指引人走人生的正道，用自己的劳动去创造人生业绩，成为一个有益于社会、有益于人民的高尚的人。错误的人生观将导致人背离人生的正道，走上邪路，甚至成为危害社会、危害人民的罪人。

2）价值观，是人们对价值问题的根本看法，包括对价值的实质、构成、标准的认识。不同的认识，形成了人们不同的价值观。每个人都在各自的价值观的引导下，形成不同的价值取向，追求各自认为最有价值的东西。价值的内涵非常丰富，一般可以分为物质性和精神性的价值，还有综合性、复杂的价值，如人的价值（或称人生价值）；能否树立正确的价值观和科学、合理的价值取向，对一个人的发展至关重要。一个人往往具有多种价值观，在职业发展决策中，所选职业要能体现一个人的核心价值观。注意：①不要赶时髦，随大流；②不要一味地求体面，过分强调职业的社会地位；③不要纯粹地图实惠，盲目追求高薪高酬的职业；④不要刻意寻“热土”，要看到发展趋势；⑤不要只图轻松，缺失事业心；⑥不要只求发展，一味地追求个人兴趣的满足；⑦不要狭隘地强调“专业对口”，压缩职业选择的空间。

三、职业价值观

职业价值观是人们衡量社会上某种职业优劣和重要性的内心尺度，是个人对待职业的一种信念，并为其进行职业选择、努力实现工作目标提供充分的理由。职业价值观反映的是人的需要与社会职业属性之间的关系，是人对社会职业的评价。选择职业是人生的一大课题。对大学生而言，择业是其走向社会、独立生活的关键一环，被誉为人生的一大选择。大学生的择业观念与行为是其价值观念的集中反映。职业价值观的类型与适合从事的工作如表 4-1 所示。

表 4-1 职业价值观的类型与适合从事的工作

职业价值观类型	特征	适合从事的工作
自由型	不受别人指使，凭自己的能力拥有自己的小“城堡”，不愿受人干涉，想充分施展本领	作家、编剧、演员、自主创业者等
小康型	受尊敬欲望很强，有较强的优越感，反之由于有过于强烈的自我意识，有时易产生自卑心态	各类检验、营销、行政岗位职员等
支配型	有着较高的权力欲望，享受管理的过程，从中可以得到较强的成就感和满足感，渴望能有较高的社会地位和名誉	行政主管，公务员、自主创业者、营销等
自我实现型	注重学习，在意自己的看法，尽力挖掘自己的潜力，施展本领，并视此为有意义的生活	教师、医生、各类科研人员及技术人员等
志愿型	热心公益事业，富于同情心，把他人的痛苦视为自己的痛苦，把默默地帮助不幸的人视作无比快乐	教师、医生、心理咨询师、护士、福利机构工作者等
技术型	性格沉稳，处事严谨有序，强调学以致用，具有极强的实用主义观，对未来充满平常心态	医生、各类工程技术人员等

第二节 职业价值观探索

什么是成功的秘诀？A＝X＋Y＋Z，A 代表成功，X 代表艰苦劳动，Y 代表正确方法，Z 代表少说废话。

——爱因斯坦

一、当代大学生职业价值观的误区

很多大学生缺乏社会实践经验，理论与实践没有相结合，不知道毕业以后做什么、怎么做等，导致职业价值观扭曲。当代大学生职业价值观主要具有以下误区。

（一）择业“眼高手低”

很多大学生是中学的优秀学生，上大学后都怀着一种轻松的心态，而且往往以“天之骄子”自居，对将来的工作往往有很高的预期，希望毕业后能从事收入高的工作，不愿从基层做起，这也是造成学生就业困难的重要原因。

（二）择业意向的相似性

大多数大学生都希望去好的单位、发达的地区工作，但是择业意向的相似造成了激烈的竞争，很多竞争力不强的学生惨遭淘汰，而经过多次择业失败打击的学生，往往会产生自卑、厌世等心理障碍。

（三）择业观念的落后

很多大学生的择业思想比较保守，希望自己能去国有企业、事业单位工作，或者做公务员，希望工作稳定、收入高；对一些民营企业尤其是小微企业不屑一顾，造成了就业选择的局限性，直接影响了就业。因此，大学生应树立“先就业，后择业”的观念。

二、职业价值观在职业选择中的地位和作用

职业价值观对动机有导向作用。人们行为的动机受价值观的支配和约束，价值观对动机模式有重要的影响。在同样的客观条件下，具有不同价值观的人，其动机模式不同，产生的行为结果也不同。因此，不同的职业价值观在职业选择中有着不同的作用。

（一）负面的职业价值观会阻碍职业的选择

负面的职业价值观经常会影响大学生的择业过程。有些学生在择业中会使自己产生失望、彷徨等消极的心理状态。因此，大学生应树立正确的职业价值观。

（二）正确的职业价值观会促进职业的选择

正确的职业价值观可以促进大学生找到适合自己的职业。例如，在职业价值观中看重发展因素的学生，其自我满意度较高，自我灵活性也较好。这些学生往往具备很强的竞争力，并且对所选单位比较了解，就业准备充分，具有较强的进取心，善于学习。

三、确定职业价值观应处理好的几个关系

（一）处理好职业价值观与金钱的关系

金钱是一种成就的报酬，它是在确定职业价值观时首先要面对的问题。有些大学毕业生在求职时将金钱作为首选价值观，这并没有错，但是对于一些人来说，现在拥有的知识、能力、经验和阅历还不足以使其一走上社会就获得大量金钱回报。怀有一夜暴富的心理是不正常的，更是危险的，这样的人容易被社会上的不法分子利用，甚至误入歧途。特别是面对严峻的就业形势，大学生更应理性地降低对金钱的期望值，把眼光放长远一些，尽可能地将自我成长和自我实现作为在毕业求职时的首选职业价值观。

（二）处理好职业价值观与个人兴趣和特长的关系

职业价值观、个人兴趣和特长是人们在择业时需要考虑的三个重要因素。在确定价值观时，一定要考虑它是否与自己的兴趣和特长相适应。据调查，如果一个人从事自己不喜欢的工作，有 80%的人难以在他选择的职业上获得成功；而如果选择了自己喜欢的工作则可以充分调动人的潜能，获得职业发展的强大动力。此外，选择一项自己擅长的工作，也会事半功倍。

（三）处理好职业价值观的排序与取舍关系

职业价值观的特性决定了人们不会只有唯一的职业价值观，人性的本能也会驱使人们希望什么都能得到，但在现实生活中鱼和熊掌是不可兼得的。然而在职业选择中，人们却常常不能理性对待。既然是选择，就要付出代价，有舍才能有得。所以，要对自己的职业价值观进行排序，找出你认为最重要、次重要的方面，并提醒自己不可能什么都得到；否则就会患得患失，终其一生也不清楚自己到底想要什么，更谈不上职业生涯的成功和对社会的贡献了。

（四）处理好职业价值观中个人与社会的关系

人不能离开社会而独立存在，一个人只有在工作中为社会做贡献才能实现自己的职业价值。因此，我们反对只为个人考虑、毫不考虑国家和社会需要的职业价值观。当然我们并不是说要忽略择业中的个人因素，盲目地投身于社会工作中，这样不但不利于个人成长，也是社会的损失。

（五）处理好淡泊名利与追逐名利的关系

名利心是因人的欲望而产生的，欲望可以使人成就大的事业，也可使人自我毁灭。以合理、合法、公正、公平的方式追名逐利在一定程度上对个人对社会都会有益，但要适度，该知足时则知足，该进取时应进取。

第三节 职业选择

> 你今天站在哪里并不重要，但是你下一步迈向哪里却很重要！
>
> ——职场名言

职业选择是人生对新的岗位的决策，是个人能力、意愿和社会岗位需求的统一，也是一种个人意向不断调适，从而科学、实际与合理地完成职业选择的过程。

一、获取职业信息

（一）职业分析

职业分析是人力资源管理中一项重要的常规技术，是选择职业前的一项基础工作。

1. 职业描述

为了对职业有明确的了解，必须对每一个具体的工作进行描述，即职业描述。职业描述是职业分析的第一个组成部分，包括职业的5个要素：

1）职业名称描述，又称为职务名称。为了便于了解与分类，职业名称描述需要说明某项职业的专门名称、以何种职务形式出现。

2）职业内容描述。职业内容描述需要说明所要完成的任务与责任、工作开展的顺序、所连接的前后工序的关系、所要接受的被监督内容等。

3）职业条件描述，又称为职业环境描述。职业条件描述需要包括工作地点的地理性位置、单位性质、工作地点的安全性，以及工作地点的光线、温度和噪声等。

4）职业待遇描述。人们常根据工作待遇判断和解释职业描述中的其他内容，因此了解这方面的内容特别重要。职业待遇描述需要说明工资报酬、工作时间、工作季节性、晋升机会、进修和提高的机会，该职业在组织中的地位以及与其他职业的关系。

5）社会环境。社会环境需要说明工作团体的情况、社会心理气氛、同事的特征及相互关系、各部门之间的关系等。此外，还应该了解企业发展前景和组织内部及附近的文化和生活措施等因素。

2. 职业要求

职业分析的另一个组成部分是职业要求。职业要求是根据职业描述的结果，分析出对从事该项职业的人员特定的要求。它主要包括：

1）一般要求，是指从事该项职业所需要的一般性要求，包括年龄、性别、学历、知识与技能、工作经验等。

2）生理要求，是指从事该项职业所需的生理性要求，包括健康状况、力量与体力、运动的灵活性、感官的灵敏度。

3）心理要求，是指从事该项职业所需的心理性要求，包括事业心、合作性、观察能力、领导能力、沟通能力等。

（二）职业选择

一个人不可能具有从事一切职业的能力和兴趣。职业选择就是将个人的能力、性格、学历和价值观等与职业环境进行整合或匹配，最终确定自己理想的职业的过程。

1. 职业选择的主要因素

求职者在进行职业选择时，应该综合考虑各方面的因素，仔细考虑以下几个问题，以做出合理的职业选择。

1）我喜欢做什么？主要包括职业兴趣、职业价值观等，分析出自我的价值体现。

2）我擅长做什么？主要包括职业能力倾向、气质天赋等，分析出与他人的不同之处。

3）我可以做什么？主要包括环境因素（技术、政治、经济、社会等），分析出影响职业生涯发展的因素。

4）什么是适合自己的职业？适合自己的职业应符合以下几点：性格与职业匹配、兴趣与职业匹配、特长与职业匹配、内外环境与职业匹配。

大学生通过对以上 4 个问题的分析，可以设计自己的职业生涯，之后再进行修正，最终确定自己的职业方向。

2. 职业选择的主要方法

对职业进行选择时，可以采用以下 4 种方法：测试法、知觉法、比较法和经验法（表 4-2）。

表 4-2　职业选择方法

职业选择方法	具体内容
测试法	利用一些量表来测试自己的职业倾向或职业兴趣等，然后参考测量结果来进行职业选择。但这种方法往往停留于文字，缺乏变化，因此只适用于非常基础的内容和项目
知觉法	主要借助个人内在的感情和感觉，凭借自己的知识背景，运用想象力进行选择。但这种方法比较主观，缺乏科学依据，而且比较感性，不适用于对职业所处的环境欠缺理性分析和深入思考的人
比较法	运用推理、比较和分析数据资料，综合考虑多方面的利弊得失，找出合适的方案。这种方法需要使用者有时间、技术和资源来进行全面的、科学的取证和比较
经验法	通常是找一些比较有经验的人进行咨询或者指导，用他们的经验来提供支持。这种方法是一种运用比较多的方法，比较适合那些没有太多经验的人

3. 职业选择的主要原则

职业选择是人们根据自己对职业的评价、意向及对就业所持的态度，从社会现有的职业中选择其一的过程。在选择职业时，应当遵循以下几个原则。

（1）可行性原则

在选择职业时，应考虑社会的现实需要，考虑特定的历史条件和时代要求，不能完全脱离社会需要的实际，一味从自我价值观念出发，做出不切实际的选择，从而导致挫折和失意。

（2）胜任原则

在选择职业时，应对自己的能力有一个客观的评价，包括学识水平、职业技能、身体素质及个性特点等，是否符合职业要求，不能盲目攀比。尤其是当代青年人，思想比较开放，理想和追求比较高，但首先要面对现实。在市场经济条件下，社会职业对劳动力的需求不仅是文凭，而更注重劳动者职业技能和胜任职业岗位的能力。

（3）兴趣原则

在考虑社会需求的前提下，在自己能够胜任的职业中，应当兼顾自己的兴趣爱好，只有对某一项职业产生兴趣，才能将兴趣激发为敬业精神，从而产生强烈的愿望和求知欲，有所创造，有所成就。

（4）独立原则

一个人在一生中，不论是在家庭，还是走向社会，总是要接触不同的人和事，总是要不断地进行交流、沟通，接受千变万化的事物，听取各方面的意见，有的可能对你一生的发展有很大帮助，有的可能会导致你受到挫折或失败。因此，针对不同的意见或建议，大学生要仔细分析利弊，不要盲目顺从。

（5）特长原则

人与人之间，既有共性也有个性，各人有所长也有所短。美国著名的职业指导专家霍兰德把人格类型分为实际型、调研型、艺术型、社会型、企业型、常规型 6 种类型（可参考第二章的表 2-6 来判断自己属于什么类型），虽然各人所属类型不同，但在整个社会职业中都各有优势和特长。因此，在选择职业时，应充分考虑自己的特长，扬长避短，最大限度地发挥自己的特长。

（6）发展原则

职业不仅是谋生的手段，同时也是发展自我、实现人生价值、服务社会的唯一途径。发展是一个过程，任何事物的发展总是由初级向高级发展，由单一向全面发展，绝不能一蹴而就。在选择职业时，大学生既不能期望值过高，也不能急于求成。要把个性发展与职业发展结合起来，同时把个人发展与团体发展结合起来，综合考虑各种因素，才能实现自己的美好愿望。

总之，在选择职业时，大学生可以通过运用合理的方法对自己的职业进行选择，以便顺利实现自己的职业目标。

二、职业锚

（一）职业锚的含义及特点

1. 职业锚的含义

职业锚理论是美国麻省理工学院斯隆商学院的埃德加·H. 施恩教授在其著作《职业动力论》中首次提出的。职业锚是指新员工在早期工作实践中对自我加以认识，根据自己的天资、能力、动机、需要、态度和价值观等慢慢地形成较为明晰的与职业有关的自我概念。职业锚是不断变化的，它实际上是在不断探索的过程中所产生的动态结果。个人应根据以下三个方面的自我基本判断来确定自己的职业锚。

1）自省的才干和能力。它是以各种工作环境中的实际成功为基础的。几乎每个人在其一生中都会有许多次职业选择，个人应根据自己在各种工作环境中的表现来对自己的才干和能力做出基本的评估和认识。

2）自省的动机和需要。它是以实际情景中的自我测试和自我诊断，以及他人的反馈为基础的，这一点主要是确立自己的工作动机和职业发展需要。

3）自省的态度和价值观。它是以自我与工作单位和工作环境的准则和价值观之间的实际情况为基础的，以明确自己的价值取向。

2. 职业锚的特点

1）职业锚的定义比工作价值观、工作动机的概念更具体、更明确。职业锚产生于最初的工作价值观和工作动机之上，但是它又受时间、工作经验和自我认识的不断强化。

2）由于实践工作成果的偶然性，职业锚不可能凭各种测试来预测。个体一系列职业选择的偶然性，体现出从不适应、无法满足需要的工作环境向更和谐环境移动的必然性，在实践中选择、认知和强化自己的职业定位。

3）职业锚强调能力、动机和价值观的互动作用。职业取向中能力、动机和价值观是一个相互影响的过程，单独的动机、能力和价值观的作用不明显，而三者相互整合的作用的更为突出。这正是职业锚中包含的三个基本方面的内容。

4）职业锚要在正式工作若干年后才可能被发现。职业锚的确定需要在各种环境中实际工作的反复验证才可能确认。每个人找到自己的职业定位都是经历了若干次的工作环境变动和工作单位的调整后才会最终确立。

5）职业锚概念倾向于寻求个人稳定的成长区域，但它并不意味着个人停止变化或成长。职业锚是个人职业的长期贡献区域，它在个人职业发展过程中占着绝对的比例，但是它本身也是会发生变化的，每个人会根据环境的变化寻找自己新的职业定位，即找到新的职业锚。

（二）职业锚的类型

埃德加·H. 施恩根据自己多年的研究，提出了 8 种类型的职业锚，如表 4-3 所示。

表 4-3　职业锚的类型及其主要特征

职业锚类型	主要特征
技术/职能型	始终不肯放弃的是在专业领域中展示自己的技能，并不断把自己的技术发展到更高层次的机会。你希望通过施展自己的技能以获取别人的认可，并乐于接受来自于专业领域的挑战。你愿意成为技术/职能领域的管理者，但管理本身不能给你带来乐趣。你极力避免全面管理的职位，因为这意味你可能会脱离自己擅长的专业领域
管理型	始终不肯放弃的是升迁到组织中更高的管理职位，这样你能够整合其他人的工作，并对组织中某项工作的绩效承担责任。你希望为最终的结果承担责任，并把组织的成功看作自己分内的事。如果你目前在技术/职能部门工作，你会将此看成积累经验的必经过程。你的目标是尽快得到一个全面管理的职位，因为你对技术/职能部门的管理不感兴趣
自主/独立型	始终不肯放弃的是按照自己的方式工作和生活。你希望留在能够提供足够的灵活性并由自己来决定何时及如何工作的组织中。如果你无法忍受任何程度上的公司约束，就会寻找那些有足够自由的职业，如教育、咨询等。你宁可放弃升职加薪的机会，也不愿意丧失自己的自主独立性。为了能有最大程度的自主和独立，你可能创立自己的公司，但你的创业动机与创业家的动机是不同的
安全/稳定型	始终不肯放弃的是稳定的或者终身雇用制的职位。你希望有成功的感觉，这样你才可以放松下来。你关注财务安全（如养老金和退休金方案）和就业安全。你对组织忠诚，对雇主言听计从，希望以此换取终身雇用的承诺。虽然你可以到达更高的职位，但你对工作的内容和在组织内的等级地位并不关心。任何人（包括自主/独立型）都有安全和稳定的需要，在财务负担加重或面临退休时，这种需要会更加明显。安全/稳定型职业锚取向的人，总是关注安全和稳定问题，并把自我认知建立在如何管理安全与稳定上
创造/创业型	始终不肯放弃的是凭借自己的能力和冒险愿望，扫除障碍，创立属于自己的公司或组织。你希望向人们证明你有能力创建一家企业，现在你可能在某一组织中为别人工作，但同时你在学习并评估未来的机会，一旦你认为时机成熟，就会尽快开始自己的创业历程。你希望自己的企业有非常高的现金收入，以证明你的能力
服务/奉献型	始终不肯放弃的是做一些有价值的事情，如让世界更适合人类居住、解决环境问题、增进人与人之间的和谐、帮助他人、增强人们的安全感、用新产品治疗疾病等。你宁愿离开原来的组织，也不会放弃对这些工作机会的追求。同样，你也会拒绝任何使你离开这些工作的调动和晋升

续表

职业锚类型	主要特征
挑战型	始终不肯放弃的是去解决看上去无法解决的问题、战胜强硬的对手或克服面临的困难。对你而言，职业的意义在于允许你战胜不可能的事情，有的人在需要高智商的职业中发现这种纯粹的挑战，如仅对高难度、不可能实现的设计感兴趣的工程师。有些人将处理多层次的复杂的情况看作一项挑战，如战略咨询人员仅对面临破产、资源耗尽的客户感兴趣。还有一些人将人际竞争看成挑战，如职业运动员，或将销售定义为非赢即输的销售人员。新奇、多变和困难是挑战的决定因素，如果一件事情非常容易，它马上会变得令人厌倦
生活型	始终不肯放弃的是平衡并整合个人的、家庭的和职业的需要。你希望生活中的各个部分能够协调统一向前发展，因此你希望职业有足够的弹性允许你来实现这种整合。你可能不得不放弃职业中的某些方面（如晋升带来跨地区调动，可能打乱你的生活）。你与众不同的地方在于过自己的生活，包括居住在什么地方、如何处理家庭事务及在某一组织内如何发展自己

案例分析 4-1

根据兴趣寻找目标职业的突破口

小王是某大学财经与法律专业的毕业生，在一家律师事务所实习。在实习的过程中，小王觉得自己不太喜欢律师这个工作，对此类职位没兴趣。但改换专业又要从零开始，他心中没底，便主动找到某市人才网首席职业顾问赵先生咨询。赵先生对小王的情况进行了初步分析并得出结论：这是典型的“专业与个人兴趣不符”的个案，并为小王做了职业倾向测试。测试表明，小王属典型的社会经营性特质。小王的职业适应性则可以定性描述为：适合从事直接为他人服务的、组织与影响他人共同完成组织目标的、讲究艺术性的工作。通过沟通，赵先生还了解到小王在学习财经与法律专业的同时还学习过公文写作、房地产营销策划、销售、公关等知识，他认为小王更适合做房地产营销顾问、文秘或公关类的工作。小王的性格也偏重于直觉、外向，对于营销、公关、策划、房地产法律事务方面的工作反而容易胜任。最后，赵先生建议他选择房地产营销主管岗位。

可是对于房地产营销主管一职所需的知识结构与职业素养，小王还有所欠缺，因此小王在转行就业的时候选择了比较低的起点，从销售部门的职员做起，一边工作一边学习，完善自己的知识结构与职业素养。因为小王对所从事的工作有兴趣，所以工作中的压力和辛苦都能克服，苦中有乐，一步一个脚印地走过来，三年后成为销售部门的主管。

分析：每一位转行就业者都希望找到一份既符合自己兴趣、特长又适合自己发展的工作，但在实际求职中求职者由于未准备充分的知识和职业素养显得没有竞争力，因此，转行就业者应重新调整心态，丰富自己的专业知识和能力。

学生活动

4.1 问题讨论

请结合所学知识和对《蚯蚓的目标阶梯》的理解，谈谈如何科学确定自己的职业锚。

蚯蚓的目标阶梯

蚯蚓是我从小到大的朋友。蚯蚓不是他的原名，由于他长得黑矮瘦弱而得名。

我们 18 岁分开后，我在外为生活四处漂泊奔波；蚯蚓却上了大学，什么事都挺顺利。在分开的十年里，我们几乎每隔两三年见一次面。每次我都喜欢问他一个问题：你将来的目标是什么？而我得到的答案总是不相同。下面记录的是蚯蚓每次谈及目标的原话：

18 岁，高中毕业典礼上：我发誓要当李嘉诚第二！我要当中国首富（好大的口气）。

20 岁，春节老同学聚会上：我想创立自己的公司，30 岁前拥有资产 2000 万元。

23 岁，在某市工厂当技术员，第二职业是炒股：我正在为离开这家工厂而奋斗，因为在这里工作太没有前途了。我将全力炒股，三年内用 5 万元炒到 300 万元（似乎有点现实的可能）。

25 岁，炒股失意而情场得意，开始准备结婚：我希望一年后能有 10 万元，让我风风光光地结婚。

26 岁，不太风光的结婚典礼上：我想生一个胖小子，不久的将来当个车间主任就行，别的不想了。

28 岁，所在的工厂效益下滑，偏偏正是妻子怀胎十月的时候：希望这次下岗名单里千万不要有我的名字。

4.2 测定你的职业锚类型

有两种方案确定你的职业锚类型：一项是职业定位问卷，另一项是职业锚访谈。

4.2.1 职业定位问卷

这份问卷的目的在于帮助你思考自己的能力、动机和价值观。下面给出了 40 个问题，根据你的实际情况，从 1～6 中选择一个数字。数字越大，表示这种描述越符合你的实际情况。例如，“我梦想成为公司的总裁”，你可以做出如下的选择：选“1”代表这种描述完全不符合你的想法；选“2”或“3”代表你偶尔（或者有时）这么想；选“4”或“5”代表你经常（或者频繁）这么想；选择“6”代表这种描述完全符合你的日常想法。

请尽可能真实并迅速地回答以下问题。

1. 从不　2. 偶尔　3. 有时　4. 经常　5. 频繁　6. 总是

1. 我希望做我擅长的工作，这样我的内行建议可以不断地被采纳。
2. 当整合并管理其他人的工作时，我非常有成就感。
3. 我希望我的工作能让我用自己的方式、按自己的计划去开展。
4. 对我而言，安定与稳定比自由和自主更重要。
5. 我一直在寻找可以让我创立自己事业的创意。
6. 我认为只有对社会做出真正贡献的职业才算是成功的职业。
7. 在工作中，我希望解决那些有挑战性的问题，并且能够胜出。
8. 我宁愿离开公司，也不愿从事需要个人和家庭做出一定牺牲的工作。
9. 将我的技术和专业水平发展到一个更有竞争力的层次是成功职业的必要条件。
10. 我希望管理一个大的公司（组织），我的决策将会影响许多人。
11. 当职业允许自由地决定自己的工作内容、计划、过程时，我会非常满意。
12. 如果工作的结果使我丧失了自己在组织中的安全稳定感，我宁愿离开这个工作岗位。

13. 对我而言，创办自己的公司比在其他公司中争取一个高层管理职位更有意义。

14. 我的职业满足来自于我可以用自己的才能去为他人提供服务。

15. 我认为职业的成就感来自于克服自己面临的非常有挑战性的困难。

16. 我希望我的职业能够兼顾个人、家庭和工作的需要。

17. 对我而言，在我喜欢的专业领域内做资深专家比做总经理更具有吸引力。

18. 只有在我成为公司的总经理后，我才认为我的职业人生是成功的。

19. 成功的职业应该允许我有完全的自主与自由。

20. 我愿意在能给我安全感、稳定感的公司中工作。

21. 当通过自己的努力或想法完成工作时，我的工作成就感最强。

22. 对我而言，利用自己的才能使这个世界变得更适合生活或者居住，比争取一个高层管理职位更重要。

23. 当我解决了看上去不可能解决的问题，或者在难度很大的竞赛中胜出，我会非常有成就感。

24. 我认为只有很好地平衡了个人、家庭、职业三者的关系，生活才能算是成功。

25. 我宁愿离开公司，也不愿意频繁接受那些不属于我专业领域的工作。

26. 对我而言，做一个全面管理者比在我喜欢的专业领域内做资深专家更有吸引力。

27. 对我而言，用我自己的方式不受约束地完成工作，比安全、稳定更加重要。

28. 只有当我的收入和工作有保障时，我才会对工作感到满意。

29. 在我职业生涯中，如果我能成功地创造或实现完全属于自己的产品或点子，我会感到非常成功。

30. 我希望从事对人类和社会真正有贡献的工作。

31. 我希望工作中有很多的机会，可以不断提高我解决问题的能力（或竞争力）。

32. 我认为能很好地平衡个人生活与工作，比获得一个高层管理职位更重要。

33. 如果在工作中能经常用到我特殊的技能，我会感到特别满意。

34. 我宁愿离开公司，也不愿意接受不能全面管理的工作的现状。

35. 我宁愿离开公司，也不愿意接受约束自由和自主控制权的工作。

36. 我希望有一份让我有安全感和稳定感的工作。

37. 我梦想着创建属于我自己的事业。

38. 如果工作限制了我为他人提供帮助或服务，我宁愿离开公司。

39. 去解决那些几乎无法解决的问题，比获得一个更高的管理职位更有意义。

40. 我一直在寻找一份能最小化工作和家庭之间冲突的工作。

现在重新看一下你得分较高的描述，从中挑选出与你的日常想法最为吻合的三个，在原来评分的基础上，将这三个题目的得分再各加上 4 分（例如，原来得分为 5，则调整后的得分为 9）。然后就可以开始评分了。

计分方法：

将每一题的分数填入评分表（表 4-4）中，然后按照列进行分数累加得到一个总分，将每列的总分除以 5 得到每列的平均分，填入表格。记住：在计算平均分和总分前，不要忘记将最符合你日常想法的三项，额外加上 4 分。

表 4-4　职业定位问卷评分表

得分	1		2		3		4		5		6		7		8	
	9		10		11		12		13		14		15		16	
	17		18		19		20		21		22		23		24	
	25		26		27		28		29		30		31		32	
	33		34		35		36		37		38		39		40	
总分																
平均分																

4.2.2　职业锚访谈

这个访谈的目的是通过关键的职业事件，来明确事件或事件背后的潜在原因，帮助你和你的搭档识别出指导和制约职业选择的因素。放松自己，当偏离到其他相关的主题时，也不需要紧张。你的任务只是帮助你的搭档说出他过去的职业发展过程，以方便你找出职业选择背后真正发挥作用的东西。

- 教育（重点探讨大学阶段）。我们从教育经历开始谈起，在学校时你最关注的是什么？你为什么选择这些学习领域？对已经选择的这些领域，你现在感觉如何？
- 第一份工作。在毕业后，你第一份真正意义的工作是什么？如果你没有开始工作，在你毕业后的生活中，第一件重要的事情是什么？你在第一份工作或重要的生活经历中寻找什么？你为什么做出这样的选择？
- 目标。你开始自己的职业生涯时，你的抱负或长期目标是什么？第一份工作对你实现职业目标的意义是什么？
- 下一份工作或重要生活事件。在工作中或雇用你的组织中，你第一次较大的工作变动是什么？这次变动是如何出现的？谁发起了这次变动？改变的原因是什么？你如何看待这次变动？它与你的目标有什么关系？
- 继续思考并分析工作、组织、职业或生活的重大变动，把这些变动列在下面，并分析这些变动的原因及导致的结果。一直分析到现在的工作，用前面问题的格式回答。如果纸张不够用，你可以找一张白纸代替。
- 回顾迄今为止的职业和生活，你有没有发现重要的转折点？那时的变化有什么不同寻常的地方？请描述每一个转折时期的转折点是什么？这个转折点是如何出现的？谁发起了这次变化？你如何看待这次转折？它与你的目标有什么关系？
- 用同样的格式，描述其他的重要转折点。如果需要的话可以使用更多的白纸。
- 回顾迄今为止的职业和生活，你能否描绘出一些你感到非常快乐的时期？在这些时期，什么让你感到非常快乐？
- 有没有让你感到特别不开心的时期？在这些时期，什么让你感觉不开心？
- 你曾经拒绝过一份工作或一次晋升吗？如果有，你为什么拒绝？当你展望职业发展，你有什么特别想回避的事情吗？是否有一些事情是令你担心的？有些事情是怎样让你回避或担心的？

- 开始工作后，你曾经改变过抱负或长期目标吗？何时改变的？为什么？现在你如何描述你的长期目标？
- 展望你的职业目标，有什么事情是你非常期待的吗？为什么你会期望这些事情？你认为你的下一份工作会做什么？你的再下一份工作将是什么？（继续询问接下来的工作，直到你找到搭档最终喜欢的工作是什么。）
- 在接下来的十年中，你认为在你职业发展的过程中会发生什么事情？你为什么会这样想？
- 你如何向别人介绍你的职业？你擅长什么？除了职业之外，你最想要的是什么？在工作中，你特别想获取的价值是什么？关于你自己，你还有其他的评价想描述吗？
- 当你重新考虑以上答案时，你是否在其中发现了一些相似的脉络？在你明确的这些脉络时，有哪些矛盾的地方？哪些假设的场景能解决这些矛盾？

4.2.3　确定你的职业锚

尝试以访谈为基础的职业锚顺序，等级 1 代表最符合你的职业锚，等级 8 代表最不符合的。与合作搭档讨论一下，达成一致意见，然后一起完成表 4-5 和表 4-6 中的排序。

表 4-5　职业锚的等级顺序（以职业定位问卷为基础）

等级	
等级 1	
等级 2	
等级 3	
等级 4	
等级 5	
等级 6	
等级 7	
等级 8	

表 4-6　职业锚的等级顺序（以职业锚访谈为基础）

等级	
等级 1	
等级 2	
等级 3	
等级 4	
等级 5	
等级 6	
等级 7	
等级 8	

你可能发现处于中间的职业锚很难排序，但逐一区分并排序是非常重要的。最有效的方法是：先设想你容易放弃的三个（排在后三位）和你非常难放弃的三个（排在前三

位），再思考你在任何情况下都不肯放弃的两个（排在前两位），这就是你的职业锚。

4.3　霍兰德职业兴趣测试

4.3.1　霍兰德职业兴趣理论的定义

霍兰德是美国约翰·霍普金斯大学心理学教授，美国著名的职业指导专家。他于1959年提出了具有广泛社会影响的职业兴趣理论。认为人的人格类型、兴趣与职业密切相关，兴趣是人们活动的巨大动力，凡是具有职业兴趣的职业，都可以提高人们的积极性，促使人们积极地、愉快地从事该职业，且职业兴趣与人格之间存在很高的相关性。霍兰德认为人格可分为现实型、研究型、艺术型、社会型、管理型和常规型6种类型。其主要特征和典型职业如下：

1. 社会型（S）

共同特征：喜欢与人交往、不断结交新的朋友、善言谈、愿意教导别人。关心社会问题、渴望发挥自己的社会作用。寻求广泛的人际关系，比较看重社会义务和社会道德。

典型职业：喜欢与人打交道的工作，因为能够不断结交新的朋友，擅长从事提供信息、启迪、帮助、培训、开发或治疗等事务，并具备相应能力。如教育工作者、社会工作者（咨询人员、公关人员）。

2. 企业型（E）

共同特征：追求权力、权威和物质财富，具有领导才能。喜欢竞争、敢冒风险、有野心、有抱负。为人务实，习惯以利益得失、权力、地位、金钱等来衡量做事的价值，做事有较强的目的性。

典型职业：喜欢要求具备经营、管理、劝服、监督和领导才能，以实现机构、政治、社会及经济目标的工作，并具备相应的能力。如项目经理、销售人员、营销管理人员、政府官员、企业高管、法官、律师。

3. 常规型（C）

共同特点：尊重权威和规章制度，喜欢按计划办事，细心、有条理，习惯接受他人的指挥和领导，自己不谋求领导职务。喜欢关注实际和细节情况，通常较为谨慎和保守，缺乏创造性，不喜欢冒险和竞争，富有自我牺牲精神。

典型职业：喜欢要求注意细节、精确度、有系统、有条理，喜欢记录、归档、据特定要求或程序组织数据和文字信息的职业，并具备相应能力。如秘书、办公室人员、会计、行政助理、图书馆管理员、出纳员、打字员。

4. 实际型（R）

共同特点：愿意使用工具从事操作性工作，动手能力强，做事手脚灵活，动作协调。偏好于具体任务，不善言辞，做事保守，较为谦虚。缺乏社交能力，通常喜欢独立做事。

典型职业：喜欢使用工具、机器，需要基本操作技能的工作。对要求具备机械方面才能、体力或从事与物件、机器、工具、运动器材、植物、动物相关的职业有兴趣，并具备相应能力。如技术型职业（计算机硬件人员、摄影师、制图员、机械装配工）、技能型职业（木匠、厨师、修理工）。

5. 调研型（I）

共同特点：思想家而非实干家，抽象思维能力强，求知欲强，肯动脑，善于思考，不愿动手，喜欢独立的和富有创造性的工作。知识渊博，有学识才能，不善于领导他人。能理性考虑问题，做事喜欢精确，喜欢逻辑分析和推理，喜欢不断探讨未知的领域。

典型职业：喜欢智力的、抽象的、分析的、独立的定向任务，要求具备智力或分析才能，并将其用于观察、估测、衡量、形成理论、最终解决问题的工作，并具备相应的能力。如科学研究人员、工程师、计算机编程人员、系统分析员。

6. 艺术型（A）

共同特点：有创造力，乐于创造新颖、与众不同的成果，渴望表现自己的个性，实现自身的价值。做事理想化，追求完美，不注重实际，具有一定的艺术才能和个性。善于表达、怀旧，心态较为复杂。

典型职业：喜欢的工作要求具备艺术修养、创造力、表达能力和直觉，并将其用于语言、行为、声音、颜色和形式的审美、思索和感受，具备相应的能力。不善于事务型工作。如艺术方面（演员、导演、艺术设计师、雕刻家、建筑师、广告制作人）、音乐方面（歌唱家、作曲家、乐队指挥）、文学方面（小说家、诗人、剧作家）。

各种类型之间存在着一致、相近、排斥和中性4种关系。

测评结果中，最高分数的类型即第一位是主要类型，排在后两位类型也可供求职时参考，若是常规型则说明兴趣类型方面有一定的冲突，需要再参考其他测评。

4.3.2 霍兰德职业兴趣测试题

本问卷共90道题目，每道题目是一个陈述，请你根据自己的真实情况对这些陈述进行评价，如果符合实际情况就在相应的题目前打“√”，否则打“×”，不要漏答。

1. 强壮而敏捷的身体对我很重要。
2. 我必须彻底地了解事情的真相。
3. 我的心情受音乐、色彩和美丽事物的影响极大。
4. 和他人的交往丰富了我的生命并使生命有意义。
5. 我自信会成功。
6. 我做事必须有清楚的指引。
7. 我擅长自己制作、修理东西。
8. 我可以花很长的时间想通事情的道理。
9. 我重视美丽的环境。
10. 我愿意花时间帮别人解决个人危机。
11. 我喜欢竞争。
12. 我在开始一个计划前会花很多时间制订计划。
13. 我喜欢使用双手做事。
14. 探索新构思使我满意。
15. 我喜欢寻求新方法来发挥自己的创造力。
16. 我认为把自己的焦虑和别人分担是很重要的。

17. 成为群体中关键任务的执行者，对我很重要。
18. 我对于自己能重视工作中的所有细节感到骄傲。
19. 我不在乎工作时把手弄脏。
20. 我认为教育是个发展及磨炼脑力的终身学习过程。
21. 我喜欢非正式的穿着，尝试新颜色和款式。
22. 我常能体会某人想要和他人沟通的需要。
23. 我喜欢帮助别人不断进步。
24. 我在决策时，通常不愿冒险。
25. 我喜欢购买小零件，再自己做成成品。
26. 有时我长时间阅读，玩拼图游戏，冥想生命本质。
27. 我有很强的想象力。
28. 我喜欢帮助别人发挥天赋和才能。
29. 我喜欢监督事情直至完工。
30. 如果我面对一个新情境，会在事前做充分的准备。
31. 我喜欢独立完成一项任务。
32. 我渴望阅读或思考任何可以引发我好奇心的东西。
33. 我喜欢尝试创新的概念。
34. 如果我和别人发生摩擦，我会不断尝试化干戈为玉帛。
35. 要成功就必须制定高目标。
36. 我喜欢为重大决策负责。
37. 我喜欢直言不讳，不喜欢转弯抹角。
38. 我在解决问题前，必须对问题进行彻底分析。
39. 我喜欢重新布置我的环境，使其与众不同。
40. 我经常借着和别人交谈来解决自己的问题。
41. 我常想起草一个计划，而由别人完成细节。
42. 准时对我来说非常重要。
43. 户外活动令我神清气爽。
44. 我不断地问“为什么”。
45. 我喜欢自己的工作，它能够抒发我的情绪和感觉。
46. 我喜欢帮助别人找可以和他人相互关注的办法。
47. 能够参与重大决策是件令人兴奋的事情。
48. 我经常保持清洁，喜欢有条不紊。
49. 我喜欢简单而实际的周边环境。
50. 我会不断地思索一个问题，直到找出答案为止。
51. 大自然的美深深地触动着我的灵魂。
52. 亲密的人际关系对我很重要。
53. 升迁和进步对我极其重要。
54. 当我把每日工作计划好时，我会较有安全感。

55. 我不害怕过重的工作负荷，而且知道工作的重点。
56. 我喜欢能使我思考、给我新观念的书。
57. 我希望能看到艺术表演、戏剧及好的电影。
58. 我对别人的情绪低潮相当的敏感。
59. 能影响别人使我感到兴奋。
60. 当我答应一件事时，我会竭尽全力监督所有细节。
61. 我希望粗重的肢体工作不会伤害任何人。
62. 我希望能学习所有我感兴趣的科目。
63. 我希望能做些与众不同的事。
64. 我对别人的困难乐于伸出援手。
65. 我愿意冒一点险以求进步。
66. 当我遵循成规时，我感到安全。
67. 我选车时，最先注意的是好的引擎。
68. 我喜欢能刺激我思考的话。
69. 当我从事创造性的工作时，我会忘掉一切旧经验。
70. 我对社会上有许多人需要帮助感到关注。
71. 说服别人依计划行事是件有趣的事情。
72. 我善于检查细节。
73. 我通常知道如何应付紧急事件。
74. 阅读新发现的书是件令人兴奋的事情。
75. 我喜欢美丽、不平凡的东西。
76. 我经常关心孤独、不友善的人。
77. 我喜欢讨价还价。
78. 我花钱时比较慎重。
79. 我用运动来保持强壮的身体。
80. 我经常对大自然的奥秘感到好奇。
81. 尝试不平凡的新事物是件相当有趣的事情。
82. 当别人向我诉说他的困难时，我是个好听众。
83. 做事失败了，我会再接再厉。
84. 我需要确切地知道别人对我的要求是什么。
85. 我喜欢把东西拆开，看看能否修理它们。
86. 我喜欢研读所有的事实，再有逻辑地做出决定。
87. 没有美丽事物的生活，对我而言是不可思议的。
88. 人们经常告诉我他们的问题。
89. 我常能借着资讯网络和别人取得联系。
90. 小心谨慎地完成一件事是件有成就感的事情。

评分办法：表 4-7 中的数字代表上列兴趣测验中的题号。

表 4-7 题目的分类

实际型	1	7	13	19	25	31	37	43	49	55	61	67	73	79	85
调研型	2	8	14	20	26	32	38	44	50	56	62	68	74	80	86
艺术型	3	9	15	21	27	33	39	45	51	57	63	69	75	81	87
社会型	4	10	16	22	28	34	40	46	52	58	64	70	76	82	88
企业型	5	11	17	23	29	35	41	47	53	59	65	71	77	83	89
常规型	6	12	18	24	30	36	42	48	54	60	66	72	78	84	90

请算出每种类型打“√”的数目，并填在下面：

实际型___ 调研型___ 艺术型___ 社会型___ 企业型___ 常规型___

将上述分数从高到低依次排好，并填在下面：

第一位___ 第二位___ 第三位___ 第四位___ 第五位___ 第六位___

阅读资料及教学课件

自我评价的误区

在自我认知中不断进化

如何正确认知自我

完善的自我认知对人生很重要

如何确定择业目标

第四章教学课件

第五章　职业生涯规划与管理

本章要点

成功的人生需要有正确的规划。合理地规划自己的职业生涯，就是设计自己人生清晰的目标和前进路径，就是做自己事业的工程师，它是每个大学生迈向成功的人生的第一步。本章主要通过阐述职业生涯及其规划的理论，职业生涯规划的步骤与方法，以及如何进行职业生涯规划的管理，引导和帮助大学生充分认识职业生涯规划的重要性，掌握职业生涯规划的基本方法，并能够科学地设计和有效地维护与管理自己的职业生涯，从而最大限度地实现人生的目标与价值。

理论指导

第一节　职业生涯及其规划

> 生命究竟有没有意义并非我的责任，但怎样安排此生却是我的责任。
>
> ——赫曼·赫赛

一、职业生涯及其发展

职业生涯规划对大学生的成长、成才具有重要的理论指导和实践意义。要做好职业生涯规划，首先要了解职业生涯规划的基本内容和要素，这样才能对自己人生发展方向有清晰的认识和规划。

（一）职业生涯的意义与影响因素

1. 职业生涯

简单地说，职业生涯就是个人职业的发展道路，包括就业形态、工作经历，以及与职业相关的活动，它是一个人从职业学习和培训开始到职业劳动结束所经历的过程。

一个人的职业生涯是一个漫长的过程，一个人也许一生只从事一种职业，即持续而稳定地在一个职业岗位上晋升、增值，也可能从事不同的职业，经历不同的岗位甚至行业。但绝大多数人还是希望从事一种相对稳定、适合自己的职业。

2. 职业生涯的影响因素

职业生涯是个人发展的基础，又是个人发展历程的体现。在这个重要而漫长的过程中，每个人职业生涯都会受到教育、家庭、性格、兴趣、价值观、社会环境、性别、健康状况、机遇等主客观因素的影响。

1）教育因素。包括教育的程度、所学专业与职业种类、所接受的教育思想等，它会影响一个人职业生涯的开端、适应期、发展、晋升、流动。

2）家庭因素。包括一个家庭的价值观念、行为模式等，它会影响一个人的择业和就业流动，从而对职业生涯产生影响。

3）性格因素。职业生涯设计大师霍兰德认为理想的职业选择就是人格类型与职业环境相匹配，他把人分成 6 种类型：实际型、调研型、艺术型、社会型、企业型、常规型，每个类型都有对应适合从事的职业群。一般人应从事与自己性格相适合的工作，才能充分施展自己的才华，全身心投入工作，取得好的绩效。如果性格与工作不合，再有能力也难以充分发挥。

4）兴趣因素。兴趣是注意与研究某种事物或从事某种活动的积极态度与倾向。《加拿大职业分类词典》把人们的各种职业兴趣分为 10 种类型：喜欢与事物打交道、喜欢与人接触、喜欢干有规律的工作、喜欢从事社会福利和助人的工作、喜欢做领导与组织工作、喜欢研究人的行为、喜欢从事科学技术工作、喜欢从事抽象性和创造性的工作、喜欢做操纵机器的技术工作、喜欢从事可以看得见及摸得着具体实物的工作。因为兴趣对职业生涯的选择和适应性、对工作的满意度和稳定性都有重要的影响。

5）价值观念因素。价值观念会直接影响到职业生涯的进展。同样的工作对于不同的人有着不同的价值，而同一个人对不同的职业会有不同的态度与抉择。美国教育测试服务中心研究出 11 种职业价值观：物质报酬、名望、权力、安定性、自主性、精专、亲和、多样性、创意、休闲、追寻意义。人们在就业时，会根据不同的职业评价和价值取向来选择自己的职业。

6）社会与组织因素。社会政治与经济、社会文化与习俗、职业的社会评价及其时尚等因素决定职业岗位数量、随机性与波动性，它影响着人们对不同职业的认定和步入，以及人们对职业生涯的调整决策。另外，绝大多数人的职业空间源于组织，一个组织的文化、管理者的水平及管理措施也会影响一个人的职业生涯。

7）性别因素。每个人都必须合理考虑自己的职业期望，根据自己的性别选择合适的职业。

8）健康因素。几乎所有的职业都需要从业者拥有健康的体魄。

9）机遇因素。机遇因素又称偶然性因素。在个人的职业生涯发展过程中，机遇对一个人十分重要。然而，有所准备的人总是要比那些缺乏准备的人更易于掌握主动权，更容易获得机遇的青睐。

（二）职业生涯的发展历程

每个人在各自漫长的职业生涯中，具体的职业选择过程、从事的职业以及职业的发展等情况都会因人而异。但职业发展通常是伴随着年龄的增长而变化的，每个人在不同年龄阶段都表现出大致相同的职业特征、职业需求和职业发展目标，所以根据这些共性可以将职业生涯发展过程分为几个时期或阶段。著名职业生涯规划大师唐纳德·E. 舒伯依照年龄将每个人生阶段与职业发展配合，将生涯发展阶段划分成成长、探索、建立、维持和退出 5 个阶段，之后提出一个更为广阔的新观念——生活广度、生活空间的生涯发展观即生涯彩虹图，如图 5-1 所示。

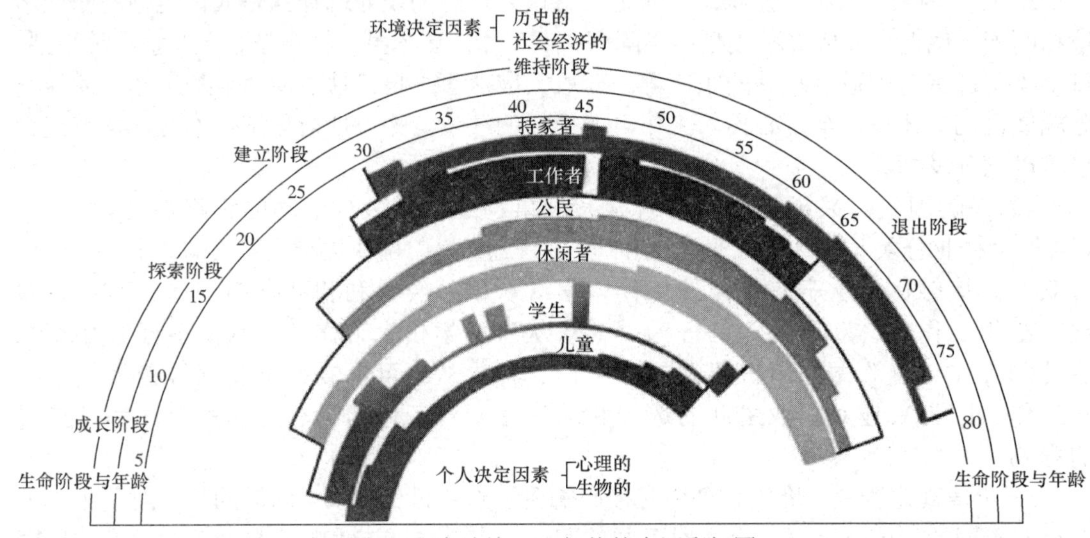

图 5-1　唐纳德·E. 舒伯的生涯彩虹图

在唐纳德·E. 舒伯的生涯彩虹图中，纵向层面代表的是纵贯上下的生活空间，是由一组职位和角色所组成的。唐纳德·E. 舒伯认为，人在一生当中必须扮演 9 种主要的角色，依序是儿童（为人子女的角色）、学生、休闲者、公民、工作者、持家者（夫妻、家长、父母和退休者）。横向层面代表的是横跨一生的生活广度。彩虹的外层显示人生主要的发展阶段和大致估算的年龄：成长阶段（约相当于儿童期），探索阶段（约相当于青春期），建立阶段（约相当于成人前期），维持阶段（约相当于中年期）及退出阶段（约相当于老年期）。在这 5 个主要的人生发展阶段内，各个阶段还有小的阶段，唐纳德·E. 舒伯特别强调各个阶段年龄划分有相当大的弹性，应依据个体不同的情况而定。其主要内容见职业生涯发展阶段表（表 5-1）。

表 5-1　职业生涯发展阶段表

生涯阶段	年龄段	发展任务	发展时期及内涵
成长阶段	0～14 岁	发展自我形象，发展对工作世界的正确态度，并了解工作的意义	包括 3 个时期：一是幻想期（4～10 岁），它以“需要”为主要考虑因素，在这个时期幻想中的角色扮演很重要；二是兴趣期（11～12 岁），它以“喜好”为主要考虑因素，喜好是个体抱负与活动的主要决定因素；三是能力期（13～14 岁），它以“能力”为主要考虑因素，能力逐渐具有重要作用

续表

生涯阶段	年龄段	发展任务	发展时期及内涵
探索阶段	15～24 岁	使职业偏好逐渐具体化、特定化并产生职业偏好	包括 3 个时期：一是试探期（15～17 岁），考虑需要、兴趣、能力及机会，做暂时的决定，并在幻想、讨论、课业及工作中加以尝试；二是过渡期（18～21 岁），进入就业市场或专业训练，更重视现实，并力图实现自我观念，将一般性的选择转为特定的选择；三是试验并稍作承诺期（22～24 岁），生涯初步确定并试验其成为长期职业生活的可能性，若不适合则可能再经历上述各时期以确定方向
建立阶段	25～44 岁	统整、稳固并求上进	包括两个时期：一是试验-承诺稳定期（25～30 岁），个体寻求安定，也可能因生活或工作上若干变动而尚未感到满意；二是建立期（31～44 岁），个体致力于工作上的稳固，是职业生涯中的最重要的组成部分，人们在这一时期找到自己合适的职业并沿着这个职业的道路发展下去，大部分人处于最具创意时期，由于资深往往业绩优良
维持阶段	45～65 岁	维持既有成就与地位	—
退出阶段	65 岁之后	由于生理及心理机能日渐衰退，个体不得不面对现实，从积极参与到隐退。这个阶段往往注重发展新的角色，寻求不同方式以替代和满足需求	—

二、职业生涯规划概述

（一）职业生涯规划的基本要素及原则

1. 职业生涯规划的基本要素

职业生涯规划，一般指个人根据对自身的主客观条件和客观环境的分析，确定自己职业生涯的发展目标，并为实现自己的职业目标确定行动方向、行动方案的过程。

职业生涯规划可概括为以下 5 个要素：知己、知彼、抉择、目标、行动。

1）知己。就是了解自己各个方面的情况，包括兴趣爱好、能力、价值观、个性、性格，以及父母的管教态度、学校和社会教育对个人产生的影响。它主要是了解自己本身的特性。

2）知彼。就是了解探索外在的与职业生涯相关的信息，包括行业职业特征、所需的技能、就业渠道、工作内容及要求、工作发展的前景、薪酬待遇等。它主要是了解工作舞台的特性。

在职场上，知己与知彼的密切联系，如图 5-2 所示。

3）抉择。就是在知己、知彼的基础上，综合多方面的信息，采取一定的方法确定自己职业生涯目标与方向的过程。它可以概括为解决职业生涯设计中的“四定”问题：一是如何定向，即如何确定自己的职业方向；二是如何定点，即如何确定自己的

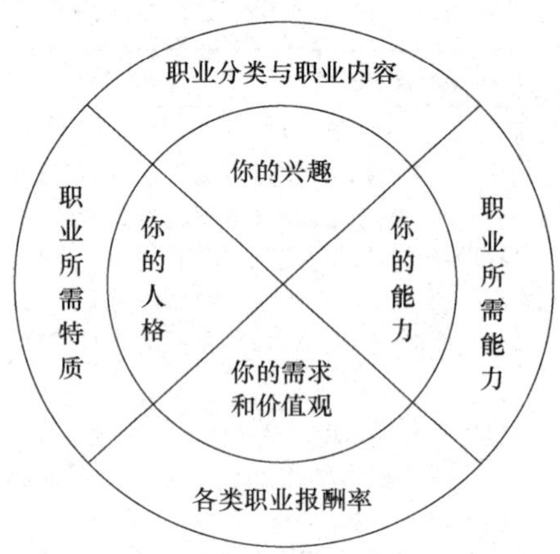

图 5-2　职业生涯规划知己与知彼的关系

职业地点；三是如何定位，即如何确定自己在职业人群中的位置；四是如何定心，就是如何稳定自己的心态。

4）目标。即进行个人职业生涯目标的设定，包括可实现的个人职业生涯的短期、中期、长期目标的设定。对于职业生涯规划而言，最重要的就是目标和方向，目标的设定是职业生涯规划的核心。哈佛大学有一个非常著名的关于目标对人生影响的跟踪调查，调查对象是一群智力、学历、环境等条件都差不多的年轻人，在 25 年以后对他们各自的职业生涯情况进行对比，结果如图 5-3 所示。该调查结果可以用四句话概括：长期目标清晰达成功，短期目标清晰步步升，目标模糊无成就，目标缺失在底层。调查者得出如下结论：目标对人生有巨大的导向作用。有了目标，人就会坚定、勤勉、不畏艰险，促使自己努力实践；有了目标，人的生命才能在有限的时空里，最大限度地释放能量。由此可见，成功者必定对自己的人生发展方向有清晰的认识和规划。

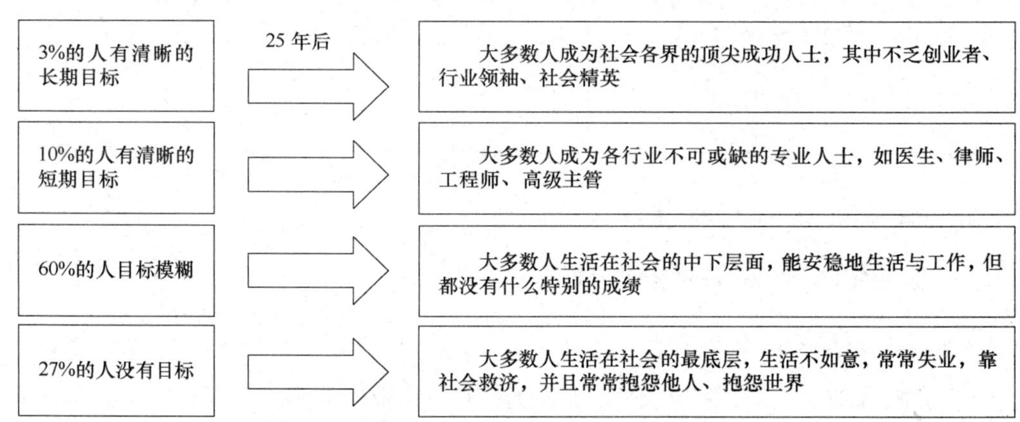

图 5-3　哈佛大学关于目标对人生影响的调查结果

5）行动。是指一旦个人的职业生涯目标设定后，就要制订实现职业生涯目标的行动计划，如在工作方面如何提高效率；在业务能力方面要学习哪些知识，掌握哪些技能；在潜能开发方面，采取什么措施开发自己的潜能。

2. 职业生涯规划的原则

职业生涯规划是一个可执行的计划，是一件关系个人发展的严肃的事情。因此，在进行职业生涯规划时，一定要将自己的实际情况与社会现实相结合。总体来说，职业生涯规划的制订必须遵循择己所爱、择己所长、择世所需、择己所利 4 个基本原则。

1）择己所爱。从事自己喜爱的工作，才能发挥自我优势。因为工作本身就能给你一种满足感，你的职业生涯从此也会变得妙趣横生。兴趣是最好的老师。调查表明，兴趣与成功率有着明显的正相关性。因此，大学生在进行职业生涯规划时，应注意考虑自身的特性，珍惜自己的兴趣，择己所爱，选择自己所喜欢的职业。

2）择己所长。一个人一生不可能将所有的技能全部掌握，在进行职业生涯规划时，应选择最有利于发挥自己优势的职业。也就是说，个人职业目标的选择，一方面要同自己的能力、个人特质及工作适应性相符合；另一方面还要考虑客观环境条件。例如，在一个注重资历的企业里，刚毕业的大学生就不宜把担当重要的管理工作确定为自己的短期职业目标。

3）择世所需。所择职业只有为社会所需，才会有发展的保障。社会的需求不断演化着，旧的需求不断消失，新的需求不断产生。昨天的抢手货或许今天会变得无人问津。所以大学生在设计职业生涯规划时，一定要分析社会需求，择世所需。

4）择己所利。在职业生涯规划时，自己的预期收益是需要重点考虑的。衡量个人预期收益满足程度的指标表现为收入、社会地位、职业稳定感与挑战性等。

在进行职业生涯规划时，除应遵循以上 4 个方面的原则外，还应考虑表 5-2 所列的具体原则。

表 5-2　职业生涯规划需考虑的具体原则

具体原则	具体要求
清晰性原则	规划要清晰、明确，每一步的措施要直接、明了，具体可行
可行性原则	规划要有事实依据，要根据个人特点与企业、社会需求来制订
一致性原则	主目标与分目标、目标与措施、个人目标与组织目标要一致
持续性原则	各个职业生涯阶段应持续连贯衔接，各个具体规划应与人生总体规划一致
适时性原则	达到目标的各项活动，何时实施与完成都应在时间顺序上妥善安排，以便检查
长期性原则	规划一定要长远考虑，着眼于大方向，以便集中力量围绕目标努力，最终成功
适应性原则	规划职业生涯目标，涉及多种可变因素，因此规划要有弹性，以增强适应性
挑战性原则	目标或措施应具有挑战性，完成时要付出一定努力，对自己有内在的激励作用

3．职业生涯规划的分类

1）职业生涯规划按照时间长短来分类，可分为人生规划、长期规划、中期规划与短期规划 4 种类型，具体如表 5-3 所示。

表 5-3　职业生涯规划分类表

类型	含义
人生规划	整个职业生涯的规划，时间长达 40 年左右，设定整个人生的发展目标。如规划成为一个有数亿资产的公司董事长
长期规划	5～10 年的规划，主要设定较长远的目标。如规划 30 岁时成为一家中型公司的部门经理，规划 40 岁时成为一家大型公司的副总经理等

续表

类型	含义
中期规划	设定2～5年内的目标与任务。如规划到不同业务部门当经理，规划从中型公司做部门经理转到小型公司做总经理
短期规划	2年以内的规划，主要是确定近期目标，规划近期完成的任务。如2年内掌握××业务知识与技能

一个人的职业生涯是一个长期的过程，所以应有一个整体的职业生涯规划，但整个人生职业生涯规划是一个笼统的概念，很难具体地实施。例如，你制订了一个人生规划，要成为一个拥有上亿资产的企业董事长。为了达到这个目标，你就要把这个规划分成几个中期规划（如何时成为一个部门的主管，何时成为一个部门的经理），然后再把这些规划进行进一步的细分，把它分解为直接可操作的具体计划。例如，为了达到总经理的要求，需要攻读工商管理硕士（MBA）学位，丰富管理理论知识；需要从事不同的职业，熟悉各个业务工作的流程等。这样我们就可以把整个人生职业生涯规划分成几个长期规划，把长期规划再分成几个中期规划，把中期规划再划分成几个短期规划，一步一步实现最终目标。

2）职业生涯规划按确定方式可划分为三类，如表5-4所示。

表5-4　按确定方式划分职业规划类型表

类型	主要特征	缺点和不足
理性型	在进行职业生涯规划时，能及时、系统地收集职业的相关信息，充分了解自我，综合考虑个人与职场等因素，分析利弊得失，制订合适的职业生涯发展计划；考虑问题比较周全	花费的时间与精力较多，有可能错失了良机
依赖型	等待和依赖自己的父母、朋友、老师，或遵从书本与社会舆论等信息进行职业决定，缺少自我主见的一种职业生涯的选取方法；最省时省力	父母、朋友、老师的意见有时的确是十分宝贵的，但不一定是最有效、最合适的
直觉型	指以自己在特定情境中的感受，凭自己的直觉、一时的喜好进行职业生涯的选择	决定是自发的，在短期内可能非常有用，但容易受主观因素的影响，甚至造成职业生涯的不连贯而影响自我的发展

（二）大学生的职业生涯规划特点

按照唐纳德·E. 舒伯的职业生涯发展理论，大学求学阶段正处于职业生涯探索阶段的后期。这个时期，大学生的个体职业能力与职业素质迅速提高，职业兴趣趋于稳定，在完成了职业学习和职业准备后，绝大多数大学生则会走上初次就业岗位，正式开始职业生涯。因此，在此阶段，绝大多数学生往往需要就自己未来的职业生涯做出关键性的决策，它是大学生职业生涯规划的黄金阶段。通过对自己职业生涯的规划，大学生可以解决好职业生涯中的职业定向、定点、定位、定心问题，尽早确定自己的职业目标，选择自己职业发展的地域范围，把握自己的职业定位，保持平稳和正常的心态，按照自己的目标和理想有条不紊、循序渐进地努力。大学生应尽早进行职业生涯规划，这对个人的未来职业方向和职业发展具有深远的影响。

1）大学生的职业生涯规划，其最现实的目标是初次就业成功，能拥有一个与自己兴趣、爱好、能力等相匹配的职业岗位。

如今，各类用人单位对于大学生的要求也发生了变化，除了要求大学生要有过硬专业知识和职业技能、熟练的英语与计算机能力之外，还需要具有用人单位职位所要求的特质，如高新技术应用能力、团队协作能力、管理协调能力、迎接挑战与适应能力、能够吃苦耐劳和诚实守信等。这就要求大学生从入学一开始就要有比较明确的方向，对自己的未来进行思考：如将来毕业后想做什么，要实现自我目标必须具备哪些条件，大学学习期间如何一步步达到自我目标。大学职业生涯规划的阶段目标可以十分具体，如一年级要达到什么要求，二年级应该完成什么计划，毕业时实现什么目标等。

2）大学生处于职业生涯的准备与选择阶段，其职业生涯规划的实施策略主要是了解和探索职业，完成与未来可能从事职业的相关学习、技能训练，提高职业生活的基本能力与素质。因此，行动计划与措施必须与大学现阶段的专业学习任务、要求和社会实践活动紧密结合起来。

3）大学生活是一个完整和固定的阶段，因此，一般大学生的职业生涯规划的重点应与其学制年限相一致。当然，大学生也可以做更长期的职业生涯规划，但那种规划一般比较笼统和模糊。

第二节　职业生涯规划的步骤与内容

> 从人的天性中可以看出，人类总是不断地寻求一个更加充实的自我，追求更加完善的自我实现。
>
> ——亚伯拉罕·哈罗德·马斯洛

大学生在了解了职业生涯规划的基本内容和要素的基础上，还要进一步学习和掌握职业生涯规划的具体方法和工具，并结合自身特点正确应用。职业生涯规划可以遵循一定的步骤和内容进行操作，一份完整有效的职业生涯规划应包括确立正确的理念、自我和环境的评估、选择职业、确定职业生涯路线、设定职业生涯目标、制定策略与措施、反馈与调整等内容，如图 5-4 所示。

一、确立正确的理念

职业生涯规划的价值在于厘清个人愿景，有效地认识自己、客观地认识环境与所需的资源，并用合理的、可掌握的方法，逐步将其整合，以达成目标、完成个人使命。因此，在进行职业生涯规划时，必须首先确立以下几个理念。

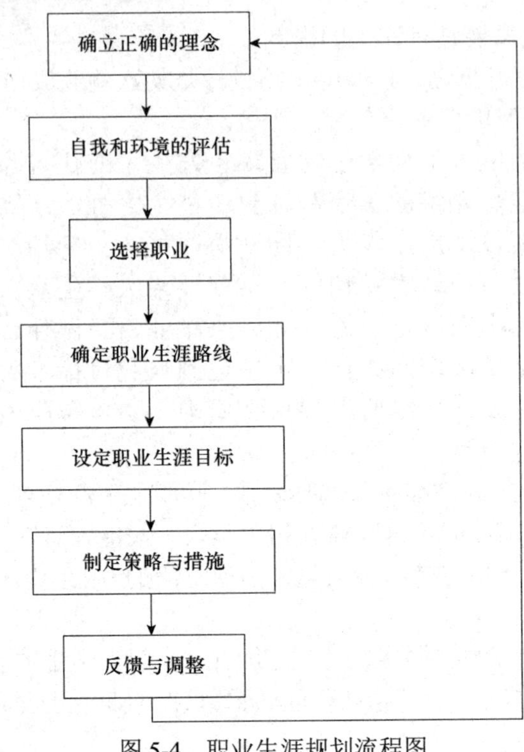

图 5-4　职业生涯规划流程图

（一）做正确的事远远大于正确地做事

在进行职业生涯规划前，你需要问自己：职业规划是什么？职业生涯的内涵是什么？它是如何进行的？我们可以通过学者斯温提出的形象而有用的生涯规划模式做一个初步的了解。

在职业生涯历程中，想要达成每一阶段的任务与目标，必须同时考虑三个职业生涯规划的重点：认识自己的能力、性格、兴趣、需求、价值观等；评估自己与环境的关系，包括助力与阻力因素、家庭与社会经济因素；了解工作世界，包括工作世界获得的各种信息、经验，以及培养的兴趣与锻炼得到的能力等。

（二）理想是由一个成绩接一个成绩累积起来的

若每一刻都站在巨人的肩上，你将成为巨人。若每一刻都站在自己曾经的成果上，你将成就自己的事业。所以，你如果认定了自己的方向并努力在这个方向上每天进步一点点，将会成就你的辉煌。

那么，如何知道你当前的努力程度呢？这就需要你制订自己的远期、中期、近期的系统规划。在执行计划时，时刻衡量自己的状态与目标的差异，从而一直把握自己正确的发展方向。

（三）生活是你采取行动或不采取行动的结果

有了明确的职业生涯规划，就应当落实在具体的行动上。如果光做规划，不一步步落实在具体行动上，也只能是纸上谈兵，最终一无所成。对于大学生群体而言，需要把握的是现在的资源：学好自己选择的专业，与自己的朋友处理好关系；与同学共享信息与资源；用行动去实现自己的理想。

二、自我评估和职业环境评估

（一）自我评估

职业生涯规划是一个由内而外的过程。因此，在职业生涯规划时，首先要进行自我评估，它是职业生涯规划的基础。自我评估是自我识别与测评定位的过程，也就是内省的过程。一个人只有通过自我识别和测评定位，正确深刻地认识和了解自己，才能对未来的职业生涯做出最佳抉择。这里的“内”一般可从个人的职业兴趣、职业价值观、职业性格、职业技能几个方面加以识别与评价，详细内容已在第四章做了说明与分析，这里仅加以概括说明，如表 5-5 所示。结合自己的现实情况，通过对 4 个方面的自我特征的对照分析，你就有了充分的“知己”的把握，接下来就是在基于自我了解基础上的“知彼”的分析，即职业环境评估。

表 5-5 自我评估的内容体系

<table>
<tr><th>评估内容</th><th>职业兴趣</th><th>职业性格</th><th>职业价值观</th><th>职业技能</th></tr>
<tr><td rowspan="10">具体评价类型</td><td rowspan="2">实际型（R）</td><td rowspan="3">外向-内向型</td><td rowspan="2">舒适</td><td>与人打交道的工作</td></tr>
<tr><td>与物打交道的工作</td></tr>
<tr><td rowspan="2">调研型（I）</td><td rowspan="2">成就</td><td>研究人的行为工作</td></tr>
<tr><td rowspan="3">感官-直观型</td><td>科学技术研究工作</td></tr>
<tr><td rowspan="2">艺术型（A）</td><td rowspan="2">地位</td><td>做具体的工作</td></tr>
<tr><td>抽象、创造性工作</td></tr>
<tr><td rowspan="2">社会型（S）</td><td rowspan="2">思维-情感型</td><td rowspan="2">利他</td><td>操作机器的工作</td></tr>
<tr><td>做有规律的工作</td></tr>
<tr><td>企业型（E）</td><td rowspan="2">判断-感知型</td><td>安全</td><td>从事社会福利与助人的工作</td></tr>
<tr><td>常规型（C）</td><td>自主</td><td>领导与组织工作</td></tr>
<tr><td>评估方法</td><td>霍兰德兴趣分析 6 类型</td><td>荣格性格分析 4 组维度</td><td>马斯洛需求 5 层次问卷</td><td>—</td></tr>
</table>

（二）职业环境评估

职业环境评估又称为职业生涯发展机会评估，它主要分析内外环境因素对个人职业生涯发展的影响。每一个人都处在一定的环境之中，离开了这个环境，便无法生存与成长。当然，在分析职业发展环境时，应该由内而外地思考：从自己的现实情况出发，匹配、对应、寻找适合自己职业发展的领域与空间。一个人只有对“自己喜欢干什么”“自己能够干什么”“环境允许我干什么”有清晰的认识，并找到三者的结合点，才可能走向成功。职业环境分析可以从以下几个方面进行，如表 5-6 所示。

表 5-6　影响职业生涯发展的主要环境因素

类型	影响因素
成长环境	父母的遗传、家庭期望、朋友的支持、学校的教育（专业选择、综合素质与技能）
社会环境	所在区域经济发展水平（工作机会、城市功能、物质生活水平、信息流通）、社会文化状况（科技水平、教育条件和设施）、政治与法律环境（政治制度与氛围、户籍制度、人事制度、保障制度）
行业环境	行业发展现状（行业所处的生命周期、是朝阳还是夕阳行业）、重大事件对该行业的影响、目前行业优势及问题所在、行业发展前景（国家政策、技术、资金、市场）
组织环境	企业文化（论资排辈、重视能力）、企业制度（培训、晋升、薪酬、绩效考核制度）、领导人的素质和价值观、企业组织结构（对不同人才的需求）、企业实力（行业地位、规模与效益、发展前景）

通过职业环境评估，弄清楚自己在这种职业环境条件下，究竟能够干什么。这样你的职业生涯规划才会切实可行，而不至于空泛。

三、选择职业

通过自我评估、职业生涯机会的分析评估，认识了自己，分析了环境，在此基础上就可以对自己的职业或目标职业做出选择。通常，可以通过回答以下 5 个问题得出比较明晰的职业目标。

第一步回答“Who am I”（我是谁）。首先应该对自己进行一次深刻的反思，对自己有一个比较清晰的认识，所有的优点和缺点都应该一一列出。

第二步回答“What I want”（我想干什么）。这是对自己职业发展的一个心理趋向的检查。每个人在不同阶段的兴趣和目标并不完全一致，但随着年龄和经历的增长而逐渐固定，并最终锁定在自己的终身理想上。

第三步回答“What can I do”（我能干什么）。这是对自己能力和潜力的全面总结。一个人的职业定位最根本的还要归结于他的能力，而职业发展的空间的大小则取决于自己的潜力。对于一个人潜力的了解可从兴趣、恒心与毅力、遇事的决断力以及知识结构是否全面、及时更新等方面获得。

第四步回答“What can support me”（环境支持或允许我干什么）。环境的支持在客观方面包括本地的状态，如经济发展、人事政策、企业制度、职业空间等；主观方面包括同事关系、领导态度、亲戚关系等。两个方面的因素结合起来，就能找到自己职业的切入点。

第五步回答“What can I be in the end”（我的职业和职业目标是什么）。明确前 4 个问题，就会从各个问题中找到对实现有关职业目标有利和不利的条件，列出不利条件最少的、自己想实现而且能够实现的职业目标。

案例分析 5-1

李灿是××高职院校应用电子专业的大学三年级学生，面临毕业，她有三种职业目标可供选择，即到家乡某知名外资企业从事技术管理工作、自己创业、去本科院校继续深造。小李性格外向、活泼，人缘好，比较敏感，专业能力强，自主性高；学习成绩优秀，曾多次获得奖学金，并在省级电子技能设计大赛和英语大赛获过奖；当过班级团支部书记和学生会干事，很有责任感，擅长写作。

她最大的生活梦想就是周游世界，最大的职业梦想是成为白领精英。

在进行自我评估时，其职业性格为务实的协调者，霍兰德职业兴趣与能力倾向表的测试结果是企业型，价值观测试显示她看中的是职业中的社会地位，认为工作的目的和价值是能够为其他人做些事并在社会中拥有一定地位。

因此，她想从事既有技术又能发挥自己组织管理能力的工作。经过考虑后，她觉得企业的技术管理工作、自己创业、去本科院校继续深造都可以作为选择的目标。而她的家庭条件比较优越，父母的意见是让她到本科院校深造，以便日后找到更理想的工作。究竟哪一种职业更适合自己的发展和生活的平衡，她难以做出抉择。

这里介绍三种职业选择的决策方法：SWOT 分析法、决策方格法和职业抉择平衡单法。

（一）SWOT 分析法

SWOT 分析法就是通过分析自己的优势（strengths）、劣势（weaknesses）、环境中面临的机会（opportunities）与威胁（threats），在此基础上，就会得到一个关于自我和环境的系统认识，从而为自己正确的选择与准确的目标定位奠定基础。这里的优势（S）是指自己出色的方面，尤其是与竞争对手相比具有优势的方面，如针对这个职业目标，你的技能、特长、潜能等；劣势（W）是指与竞争对手相比处于落后地位的方面，如针对这个职业目标，你的特定的技能与能力方面的不足信息，自身的限制及不良习惯；机会（O）是指有利于职业选择和职业发展的一些机会，如针对这个职业目标，你有哪些可能的机会和优于别人的资源有助于你从事这项工作；威胁（T）是指存在的潜在危险与阻力，如针对这个职业目标，有哪些你基本不可控的外在威胁与挑战会阻碍你达成它，如图 5-5 所示。对于案例分析 5-1，运用 SWOT 分析法分析后可知，李灿比较适合到企业从事技术管理工作。

（二）决策方格法

运用职业决策方格法的步骤如下：

1）列出你所向往的 2～3 个职业。

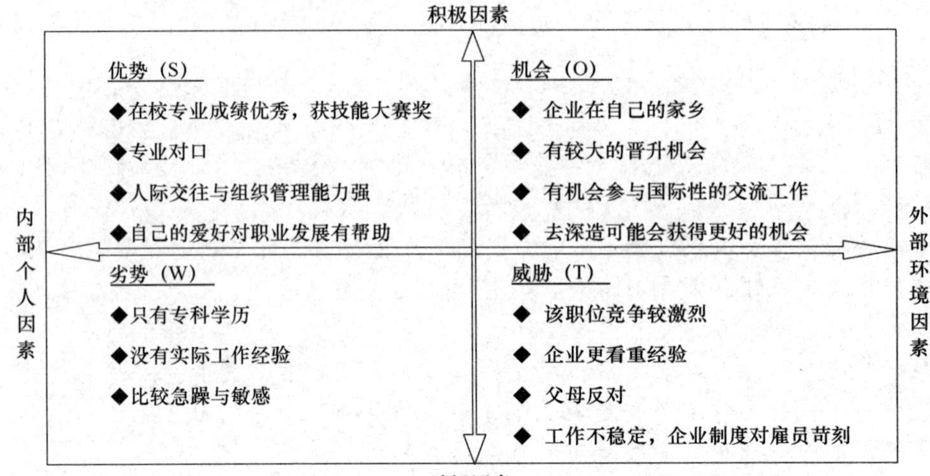

图 5-5　李灿的 SWOT 分析图

2）根据个人的情况，从价值满足程度、兴趣一致程度、专长施展空间等方面，一一评估每个职业总的回报等级：优、良、中、差。

3）根据就业机会状况，从能力与经验要求、学历限制、发展前景等方面，评估每个职业总的就业机会。

4）根据“回报”和“机会”的评估结果，在职业决策方格中找到相应的位置，并将每个职业填入对应的“决策方格”中。

5）将每个职业的回报与机会相乘，乘积最大的职业就是最适合你的职业。

案例分析 5-1 中，李灿的职业决策方格如图 5-6 所示。

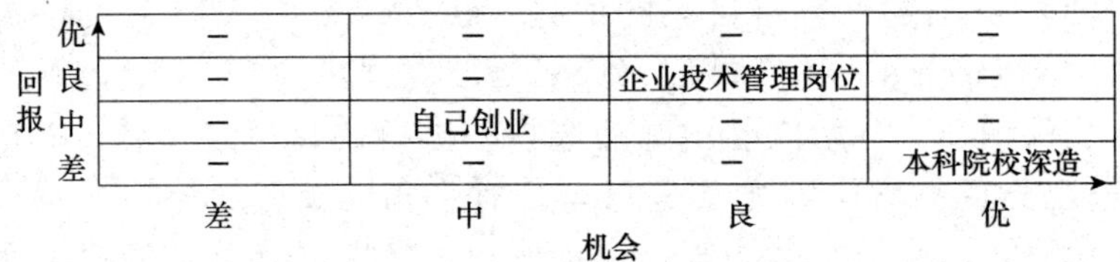

回报＼机会	差	中	良	优
优	—	—	—	—
良	—	—	企业技术管理岗位	—
中	—	自己创业	—	—
差	—	—	—	本科院校深造

图 5-6　李灿的职业决策方格

由图 5-6 可知，李灿所选 3 个职业的回报与机会的乘积如下：

企业技术管理岗位＝3×3＝9

自己创业＝2×2＝4

本科院校深造＝1×4＝4

这样，李灿最优的选择就是企业技术管理岗位。

（三）职业抉择平衡单法

案例分析 5-1 中，李灿对三个目标的优缺点做了总结，如表 5-7 所示。

表 5-7　李灿对职业目标的考虑因素

考虑方向	第一方案（企业技术管理岗位）	第二方案（自己创业）	第三方案（本科院校深造）
优点	① 专业对口，符合自己的兴趣和个性 ② 个人的专长在工作中可以较好地发挥 ③ 目前能获得较稳定的收入 ④ 离家较近，工作之余可以照顾父母 ⑤ 有出国接受培训的机会	① 能充分施展大学阶段获得的技能，激发潜能 ② 能为自己和他人创造就业机会 ③ 家庭可提供一定的财力支持 ④ 主观上也有创业的意愿	① 能得到专业上的进一步提升 ② 获得较高的文凭 ③ 能建立师生、同学、朋友等人际关系网络 ④ 以后的工作升迁比较容易
缺点	① 缺少实际工作经验 ② 专科学历，工作竞争较激烈 ③ 目前的收入水平一般	① 投资风险大 ② 缺乏创业的经验 ③ 生活不够稳定 ④ 挑战性高	① 学习上有压力 ② 无收入 ③ 费用较高
其他	父母在财力上可给予一定支持	有朋友的支持	① 自己有提高学历层次的愿望 ② 父母支持

李灿根据自己的情况对三个目标的优劣进行了充分的分析，总结了得失和相关的资源条件，在此基础上列出了自己的职业抉择平衡单，如表 5-8 所示。

表 5-8　职业抉择平衡单

考虑因素	加减分权重	第一方案（企业技术管理岗位）		第二方案（自己创业）		第三方案（本科院校深造）	
		得分	失分	得分	失分	得分	失分
适合自己的能力	5	6×5	—	—	−2×5	4×5	—
适合自己的兴趣	4	4×4	—	1×4	—	4×4	—
符合自己的价值观	4	6×4	—	2×4	—	5×4	—
满足自己的自尊心	2	—	−4×2	4×2	—	8×2	—
较高的社会地位	4	—	−1×4	1×4	—	2×4	—
带给家人声望	3	4×3	—	5×3	—	7×3	—
符合自己的理想生活状态	4	4×4	—	—	−1×4	3×4	—
优厚的经济待遇	3	4×3	—	5×3	—	—	−6×3
足够的社会资源	2	1×2	—	2×2	—	2×2	—
适合自己目前的处境	3	4×3	—	—	−1×3	2×3	—
择偶以建立家庭	3	6×3	—	2×3	—	—	−6×3

续表

考虑因素	加减分权重	第一方案（企业技术管理岗位）		第二方案（自己创业）		第三方案（本科院校深造）	
		得分	失分	得分	失分	得分	失分
有利于将来的发展	3	5×3	—	5×3	—	6×3	—
合计	—	157	−12	79	−17	141	−36
总分	—	145		62		105	
排序	—	1		3		2	

注：1）每个项目的得分或失分，可以根据该方案具有的优点（得分）、缺点（失分）来回答，计分为1～8分。

2）每一个因素的重要性因人、因事、因时、因地而不同。加权分数应根据项目的重要性与迫切性来确定，然后乘以权重数（权重为1～5）。

3）最后，合计每个方案的优点总分（正）和缺点总分（负），相加后算出客观的得分总数。

4）给出分数时，要根据自己的真实想法，方可正确评估。

5）依据总分为各个方案排序。

四、确定职业生涯路线

（一）典型的职业生涯发展路线

每一次职业抉择，都存在机会成本问题。因此，在确定职业生涯目标之前，明智的做法是先确定自己的职业生涯发展路线。所谓职业生涯发展路线，是指当一个人选定职业后，为了实现职业目标和职业理想所选择的路径，如是向专业技术方向发展还是向行政管理方向发展等。不同的发展方向对从业者的技能与素质要求也不同。因此，大学生在职业生涯规划中须做出抉择，以便使学习、工作及各种行为沿着你的职业生涯路线和预定方向前进。假如一名高校毕业生24岁参加工作，从起点向上发展，其行政管理和专业技术发展路线如图5-7所示。我们可以将路线划分成若干等份，每等份表示一个年龄段，并将行政管理和专业技术的等级分别标注在路线图上，作为自己的职业生涯规划目标。

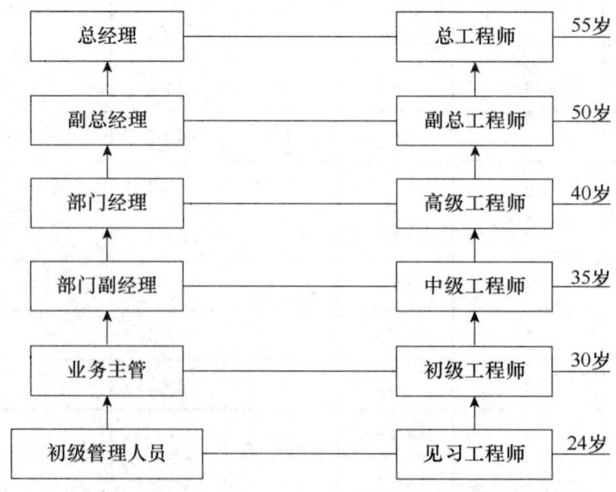

图5-7　典型的行政管理职业和专业技术职业发展路线

（二）确定职业生涯发展路线的分析方法

在职业发展路线抉择过程中，每一位大学生都应针对下面三个问题反复询问自己：

1）我想干什么（即想往哪条路线上发展）？

2）我会干什么（即可以往哪条路线上发展）？

3）我能干成什么（即适合往哪条路线上发展）？

三个取向确定后，大学生可进行综合分析，确定自己的职业生涯路线，如图 5-8 所示。

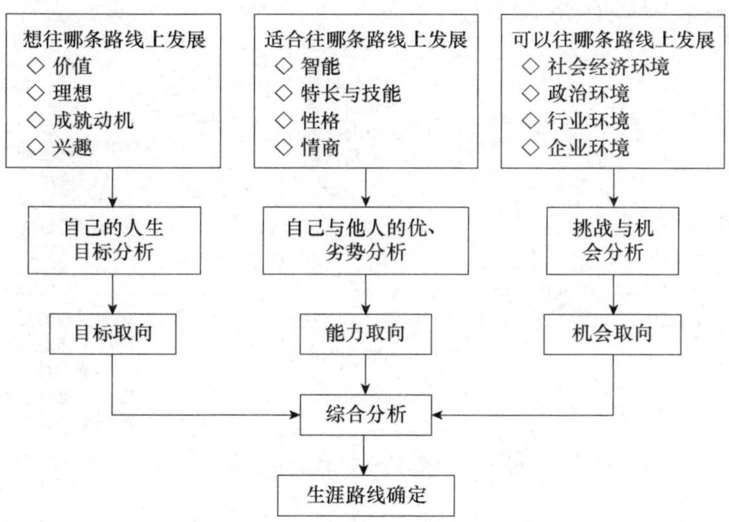

图 5-8　职业生涯路线分析过程图

（三）职业锚的应用

因为职业规划实际上是一个持续不断的探索过程，在确定职业生涯发展路线时，一个人走什么样的职业发展路线，埃德加 •H. 施恩提出的 8 种类型的职业锚的分类，有积极的指导意义，它可以帮助人们进一步疏通实现职业目标的渠道（参阅第四章第三节内容）。

五、设定职业生涯目标

一个人要获得事业的成功，应当按照人生成功的规律来制定行动目标。也就是说，一个未来的成功者，必须是一个目标意识很强的人。所谓目标意识，就是头脑始终有清楚的目的，就像精确制导导弹一样，一直“咬”着目标不放，直到击中目标。当一个目标实现以后，他又会盯住下一目标，直到事业成功。确立职业目标有两种常见的方法。

（一）目标分解法

职业生涯的实现过程可以用一系列的职业目标的实现来表示。目标分解法是根据观念、知识、能力差距，将职业生涯的远大目标分解为有时间规定的长期、中期、短期目标，直至将目标分解为某确定日期可以采取的具体步骤。因此，目标分解是将目标清晰化、具体化的过程，是将目标量化成可操作的具体化的手段。

目标分解法可以采取按时间分解和按性质分解两类。按时间分解可把职业目标分为人生目标、长期目标、中期目标、短期目标。按性质分解可把职业目标分为外职业生涯目标与内职业生涯目标。所谓外职业生涯目标是指经历一种职业的道路，包括所从事职业的工作单位、工作地点、工作内容、工作职务、工作环境、薪酬待遇等因素的结合及其变化过程。内职业生涯目标更多注重于个人取得的成功或满足感，包括从事一项职业时所具备的观念更新、掌握新知识、提高心理素质、提高工作能力、内心感受等因素的组合及其变化过程，如图 5-9 所示。

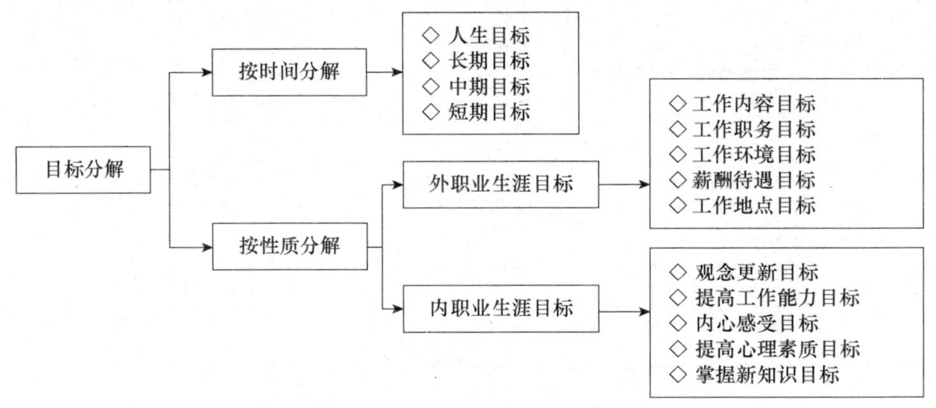

图 5-9　职业目标分解法示意图

（二）目标组合法

科学、有效的个人职业生涯目标体系中的诸目标应当是一个因果、互补的关系。目标组合是处理不同目标相互关系的有效措施。在建立职业生涯规划时，应考虑自己在个人发展、家庭生活和职业生涯发展不同目标之间的协调关系，积极进行不同目标的组合。

目标组合的常用方法有时间组合、功能组合和全方位组合，如图 5-10 所示。

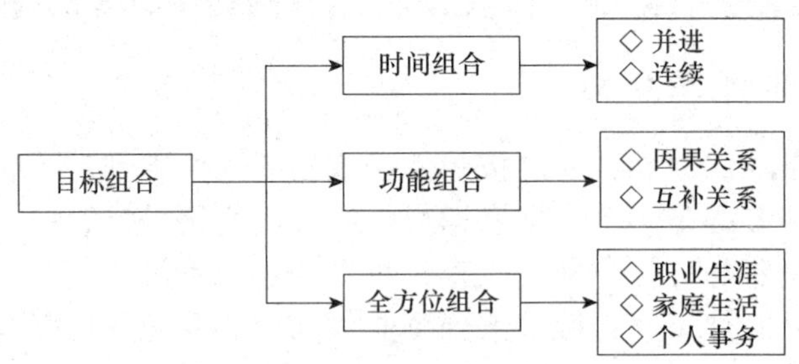

图 5-10　目标组合示意图

1）时间组合可以分为并进与连续两种情况。目标并进是同时着手实现两个平行的工作目标，或建立和实现与目前工作内容不相关的职业生涯目标。例如，在学习本专业的同时，兼学第二专业。目标并进，有利于开发个人的潜能，在相同的时间内迎接更大挑战，发挥更大的价值。目标连续是以时间坐标为节点，将多个目标前后连接起来，实现一个再进行下一个。

2）功能组合指职业生涯目标在功能上存在的因果关系与互补关系。因果关系目标是指有些职业目标之间有着非常明显的因果关系，如工作能力目标与职务目标和收入的关系，前者是因，后者是果。具体表现为：工作能力提高→职务提升→收入增加。通常情况下内职业生涯目标与外职业生涯目标是因果关系。一般因果排序为：观念更新目标→掌握新知识目标→提高工作能力目标→职务晋升目标→经济收入提高目标。职业生涯目标之间的互补关系是显而易见的，如高校教师同时肩负着德育、教学、科研等工作，它们之间是互补的。

3）全方位组合是指个人事务、家庭生活和职业生涯的均衡发展，相互促进。在建立职业生涯目标时，应将全部人生的活动联系、协调起来。

六、制定策略与措施

策略与措施是为实现职业生涯目标而制定的行动方案，如性格完善的训练计划、业务知识与技能的提高计划、社会实践经验的丰富计划、其他能力与素质的提高计划等。制订职业生涯规划的行动方案可分两个步骤进行。

（一）寻找自身与目标的差距

寻找自身与目标的差距包括思想观念上的差距、科学知识方面的差距、业务技能方面的差距、心理素质方面的差距等。通过明确自身现状与职业生涯目标之间的差距，才能有的放矢地采取措施弥补差距，保证职业目标的实现。

（二）制订具体消除差距的计划

制订具体计划来消除目前现状与职业生涯目标之间的差距，包括实现的渠道、方法、时间与空间等内容，计划甚至可具体到每天的日程安排。职业生涯规划表如表 5-9 所示。

表 5-9　职业生涯规划表

<table>
<tr><td colspan="2">姓名</td><td></td><td>性别</td><td></td><td>年龄</td><td></td></tr>
<tr><td colspan="2">最高学历</td><td></td><td>政治面貌</td><td></td><td>婚姻状况</td><td></td></tr>
<tr><td colspan="2">职业方向一</td><td></td><td>职业方向二</td><td></td><td>职业方向三</td><td></td></tr>
<tr><td rowspan="3">个人简历</td><td>教育经历</td><td colspan="5"></td></tr>
<tr><td>工作经历</td><td colspan="5"></td></tr>
<tr><td>培训经历</td><td colspan="5"></td></tr>
<tr><td colspan="2">自我分析</td><td colspan="5"></td></tr>
<tr><td rowspan="4">环境因素分析</td><td>社会因素</td><td colspan="5"></td></tr>
<tr><td>行业因素</td><td colspan="5"></td></tr>
<tr><td>企业因素</td><td colspan="5"></td></tr>
<tr><td>家庭因素</td><td colspan="5"></td></tr>
</table>

续表

职业生涯目标	人生目标	1．岗位目标；2．技术等级目标；3．收入目标；4．社会影响目标；5．重大成果目标；6．其他目标
	长期目标	1．岗位目标；2．技术等级目标；3．收入目标；4．社会影响目标；5．重大成果目标；6．其他目标
	中期目标	1．岗位目标；2．技术等级目标；3．收入目标
	短期目标	1．岗位目标；2．技术等级目标；3．收入目标
短期计划与措施		
中期计划与措施		
长期规划与措施		
人生规划与措施		

七、反馈与调整

在现实社会中存在种种不确定的因素，会使现实情况与原来制定的职业生涯目标有所偏差。在此情况下，要使职业生涯规划行之有效，就需不断对职业生涯规划进行评估、反馈与调整。调整的内容包括：职业的重新选择、职业生涯路线的选择、人生目标的修正、实施策略与措施的调整等。

第三节　职业生涯规划的管理

> 职业生涯规划，只要开始，永远不晚；职业生涯发展，只要进步，总有空间。
>
> ——职场名言

一般来说，一个人的职业生涯需要经历确立职业意向、教育培训所确定的工作预备期和寻找工作、熟悉工作的早期阶段，到获得晋升、薪酬福利待遇提高、进入高一层次管理和技术职位的中期阶段，再到职业能力、身心条件出现下降及角色转化的后期阶段。每个人都应当对职业生涯各个阶段进行有效的自我管理，才能最终实现人生目标。个人职业生涯各阶段的管理内容如表5-10所示。

表5-10　个人职业生涯各阶段的管理内容

早期阶段的管理内容	中期阶段的管理内容	后期阶段的管理内容
一、树立正确的入职理念 1．培养积极的态度 1）积极认知：加深对所选组织与工作的认知与理解，主动接受组织文化 2）培养情感：积极培养热爱、热情、快乐向上的情感与情绪	一、个人能力与职业生涯特征 1．职业能力稳步提高，并逐步成熟 1）具备较强人际交往的能力和处理各种事情的技能 2）价值观、世界观成熟与成型、事业心、责任心增强，形成沉稳、踏实	一、个人能力与职业生涯特征 1．进取心、竞争力和职业能力明显下降 2．权力、责任和中心地位下降，角色发生明显变化 3．个人优势尚存，仍可发挥余热，尽职贡献

续表

早期阶段的管理内容	中期阶段的管理内容	后期阶段的管理内容
3）树立意向：有忠于、服务于组织的信念；有高度责任心、事业心、爱岗敬业 2．树立正确的价值观 1）要真心接受工作单位与职业 2）要充分认识职业岗位的重要性 3）形成积极向上的价值系统 二、个人组织化的转变 1．熟悉工作环境，树立良好的形象 2．掌握职业技能，学会如何工作 1）弄清岗位职责，明确工作任务 2）克服依赖心理，学会独立工作 3）从小事做起，树立良好形象 3．适应组织环境，学会与人相处 1）积极接受组织现实的人际关系 2）尊重上司，学会与上司相处 3）寻找个人在组织中的位置，建立心理认同 4．正确面对困难，学会如何进步 三、与组织配合制订规划 1．向组织提供自己的真实资料 2．主动获取自我优势与不足的信息 3．争取获得晋升机会 4．与管理人员沟通发展的取向 5．与管理人员一同制定可行方案 6．按既定的行动方案努力 7．与组织内外不同工作群体的员工广泛接触	和一丝不苟的工作作风 3）职业技能娴熟，有较稳定的长期贡献区 2．职业发展轨迹呈“∩”形 二、中期阶段管理 1．根据实际情况，适当调整职业生涯目标 2．在寻找新的职业发展机会的时候，重新学习，提高求职成功的能力 3．树立终身学习的理念 4．保持身心健康 1）寻求学习、提高的机会，克服人生事业发展的高原平台，提高自信心和增强积极的心态 2）合理安排时间，做到张弛结合 三、职业生涯危机处理方法 1．保持积极进取的精神和乐观的心态 2．进行新职业与角色选择决策 1）在原职业岗位上求精，成为骨干专家 2）充当项目带头人和良师角色 3）离开原岗位，寻求新职业角色 4）进入管理领域，成为主管 3．成为一名良师，担负言传身教的责任 1）担任老师、辅导员或教练 2）担任业务带头人、榜样、伯乐、保护人 4．维护职业、家庭和自我三者均衡发展 1）自我重估 2）选择职业、家庭和自我发展的运行模式，重新定位今后的人生	二、后期阶段管理 1．要承认竞争力和进取心下降，学会接受和发展新角色 2．学会接受权力、责任的减少和中心地位的下降 1）要从思想上认可个人在工作中权力、责任的减少，以及中心地位的下降，求得心理上的平衡 2）将思想重心和生活重心逐渐从工作转移到个人生活和家庭生活方面，寻找新的满足源 3．学会如何应付“空巢”问题 1）思想重心向家庭重心倾斜，多给配偶一些时间，通过多种方法密切同配偶的关系 2）随着生活重心的转移，个人时间的增多，发展个人爱好和兴趣 3）注重人际交往，增进亲情和友谊 4）积极参加社会活动，寻找适合自己的新职业 4．回顾自己的整个职业生涯，着手退休准备 1）做好思想准备，培养个人兴趣，策划退休后的生活 2）利用好退休前的时间，注重培训年轻员工，并使自身职业工作有个圆满的结束和交代 3）为退休做好财务准备 4）在退休前可采取“阶段退休”方式逐步退出职业领域

案例分析 5-2

刘力伟职业生涯规划书示例

美好愿望：事业有成，家庭幸福。

方向：企业高级工程师（总工程师）。

总体目标：完成硕士研究生阶段的学业，进入××著名大型企业，成为高级工程师（总工程师）。

一、自我分析

1. 兴趣爱好

业余爱好有读书、听音乐、无线电维修、绘画；心中的偶像是周恩来和比尔·盖茨。

2. 优势与优点

学习成绩优秀，担任班干部，班级群众基础好。受到父母、亲人、班主任、任课老师的关爱，动手能力较强。做事仔细、认真、踏实，友善待人。做事锲而不舍，勤于思考，考虑问题全面。

3. 劣势与缺点

目前的经济状况较为窘迫；身高偏矮，体质偏弱；性格偏内向，交际能力较差；过于固执，思想较保守；缺乏自信心和冒险精神，积极主动性不够；做事爱拖拉，惰性较大。

4. 成功经验与失败教训

成功竞选成为班级委员，成功组织过学习研讨主题班会并获年级组评选第一名。个人学习成绩、综合素质测评均为班级第二。通过考核以较大优势加入系学生会，但竞选系学生会主席失利。听别人侃侃而谈可自己接不上话，心里特难受。高考不理想对个人打击较大，一位好朋友与我因误会而形同陌路。

解决自我分析中的劣势和缺点：所谓江山易改，本性难移。内向并非全是缺点，使我少一份张扬，多一点内敛，但可相应加强与他人的交流与沟通，积极参加各种有益的活动，使自己多一份自信、激扬，少一份沉默、怯场。充分利用一直关心我、支持我的庞大的亲友团的优势，真心向同学、老师、朋友请教，及时指出自身存在的各种不足并制订出相应计划加以改正。加强锻炼，增强体质，提高体育成绩，以弥补身高不足带来的负面影响。积极参加校内外的各项勤工俭学活动，以解决短期内的生活费用问题，并增强自身的社会阅历，为以后创造更多的精神财富和物质财富打下坚实的基础。

5. 职业取向分析测试

为了进一步认清自己属于何种类型的职业人，初步确定个人今后数年内更适宜从事何种职业，我通过查阅多种测试工具，最终主要选择了霍兰德职业兴趣测验量表进行测验，从而初步得出自己的未来职业取向。心目中的理想职业（专业）：公务员、科技工作者、医生。感兴趣的活动排序：R型、I型、S型、C型、A型、E型。职业能力倾向测试：R型为木匠、工程师、飞机机械师、野生动物专家、自动化技师、机械工（车工、钳工等）、电工、无线电调试工、火车司机、长途公共汽车司机、机械制图员、机器修理工。I型、S型为厨师、勤务员、潜水员、眼镜制作工、纺织机器装配工、服务员、发电厂工人、焊接工。

表格所测试本人适合的职业主要为无线电调试工、电工。

综合来说，本人所适宜的未来职业倾向类型主要为工程技术类，即无线电服务、电工类。

二、未来职业规划

1. 确定职业道路

根据已确定的自我职业发展领域，确定自己的职业道路，简述如下。

职业类型：工程技术型。

典型特征：性格内向，喜欢独立思考，做事谨慎细致。进行职业选择时，主要关注实际技术。即使职位提升，也不愿到全面管理的位置，而只愿在技术职能区提升。

成功标准：在本技术区达到最高管理位置，保持自己的技术优势。

主要职业领域：工程技术、电类专业。

个人职业发展道路：一线操作员→维修技术员→助理工程师→工程师→高级工程师→副总工程师→公司总工程师。在担任高级工程师 5 年后，争取到大型企业去发展。

培训和准备：3 年内取得助理工程师资格，8 年内取得工程师资格，担任工程师后 5 年内成为高级工程师。在业余时间进修管理学知识。提高信息处理的能力，保持积极的心态。

2. 未来人生职业总规划

围绕可能的职业发展道路，对未来做初步规划，如表 5-11 所示。

表 5-11 职业规划方案示例

<table>
<tr><th>规划时期</th><th>基本要求</th><th>完成主要内容</th></tr>
<tr><td>2017～2021年为学业有成期</td><td>学好专业知识，培养学习工作能力，全面提高综合素质，并做好专接本或就业准备</td><td rowspan="2">学历与知识结构：通过自学、函授、网络学习或脱产学习等，提升学历层次，从专科走向本科
个人发展与人际关系：通过主动沟通、虚心求教，做好职业生涯的基础工作，与同学、同事友好相处，获得领导认同，暂不考虑职位升迁
生活习惯与爱好：制定生活时间表，约束自己的行为。在适当交际的情况下，形成有规律的良好个人习惯，并参加体育活动，如跑步、打球
婚姻与家庭生活：暂不考虑，有缘分则顺其自然，不强求</td></tr>
<tr><td>2022～2025年为熟悉适应期</td><td>利用 3 年左右的时间，经过不断的尝试与努力，初步找到适合自身发展的工作环境、岗位</td></tr>
<tr><td>2026～2037年为稳步发展期</td><td>在此 10 年左右的时间里，努力奋斗，使自己在本单位、本岗位上业务精湛，小有成就</td><td>学历与知识结构：通过自学、函授、脱产进修等，进一步提升学历层次，达到硕士研究生水平；通过岗位实践、专业再培训和学术交流，较熟练地掌握本专业领域的技术技能，达到工程师及高级工程师的水平，并具有一定的生产技术管理经验
个人发展与人际关系：通过大胆工作，敢于创新，充分利用网络、图书馆等条件不断学习新技术、新方法。在与同事友好相处的基础上，使自己逐步成为单位技术骨干，并充分发挥自身的技术优势，能在技术管理岗位上有所成就</td></tr>
</table>

续表

规划时期	基本要求	完成主要内容
2026～2037年为稳步发展期	在10年左右的时间里，努力奋斗，使自己在本单位、本岗位上业务精湛，小有成就	生活习惯与爱好：制定生活时间表，由家庭成员监督执行。在此阶段养成良好的个人习惯显得尤为重要。由于生活工作压力大，必须调整自身的状态，保证更好地投入到事业发展中去，定时参加体育活动，以增强体质 婚姻与家庭生活：寻找另一半，注意品行、学历、家庭背景等因素，结婚生子购买住房，承担家庭责任，教育好下一代
2038～2057年为事业有成期	此为职业生涯发展的黄金时期，应抓好这一阶段，使本人发展到个人事业巅峰	学历与知识结构：通过学习，虚心向年轻人学习新技术。重点加强知识的更新，熟练掌握本专业领域技术技能，并成为技术权威，具有较强的生产技术管理经验 个人发展与人际关系：成为单位的中流砥柱或中高层领导，注意管理方法的学习总结，加强对青年人的指导帮助，带动新一代快速成长 生活习惯与爱好：注意保持已经养成的良好生活习惯 婚姻与家庭生活：注意处理好家庭与工作的关系，保持家庭和睦
2058～2062年发挥余热期	此时已退休，若体力、精力允许，可继续参加业余工作，充实老年生活，注意劳逸结合。若身体不适，可在家养花种草	略
2062年以后为颐养天年期	此时可以好好安排休息调养，在家尽享天伦之乐，外出游览祖国大好河山，有可能的话还可撰写个人回忆录	略

3. 短期目标规划

千里之行，始于足下。拟考虑先制订在校3年的短期规划作为自己职业生涯总规划的开始篇。通过走好开始的第一步，为今后的发展打下坚实的基础。

1）在校期间总体目标规划，如表5-12所示。

表5-12　在校期间总体目标规划

项目	主要内容
思想政治道德素质	以马列主义、毛泽东思想、邓小平理论、“三个代表重要思想”、科学发展观、习近平新时代中国特色社会主义思想为指导，树立正确的人生观、世界观、价值观。定期向组织递交思想汇报，积极参加党团活动，努力争取在大学期间成为一名中共党员
学业要求	平时无非常特殊的原因不迟到、不早退、不旷课，保证听课精力集中和学习质量。课前课后及时预习与复习，对所学内容进行联系分析、综合对比，所学各门课程成绩达到优良。除了必要的身体锻炼、娱乐活动及休闲时间外，业余时间则安心、踏实、专注学习专业和职业方向类的书籍和生活实用书籍

续表

项目	主要内容
技能培训	大学一年级通过英语应用能力 PETS 等级考试和相当于国家计算机一级技能考试，大学二年级参加中级电工、中级无线电调试工国家职业技能考试并通过，并参加 CET4 考试并通过，同时通过学校安排和暑期社会实践活动参加企业相关岗位的锻炼。大学三年级参加高级无线电调试工国家职业技能考试并通过，同时具备到企业相关岗位顶岗实习的能力
文体艺术社团工作	积极参加校内外文体艺术、社团活动，并利用中学阶段已具备的乒乓球竞技能力力争参加校乒乓球队，在校内外比赛中获取好成绩。同时积极参加歌咏比赛、辩论赛、校运动会等活动，以此充分锻炼胆量、能力，展示个人风采
创新能力创业能力	扎实学好专业技能，积极报名参加教师组织的科研项目研究，培养开展科研工作的意识和态度，同时充分利用校内图书馆、校外书城与网络资源，深入到企业的生产实践中，汲取知识、开阔视野、激发灵感、开拓思路，尝试进行科技创新、创业

2）3 年阶段规划，如表 5-13 所示。

表 5-13　3 年阶段规划

阶段	主要目标任务
第一学年（适应与探索期）	目标：职业生涯的认知与规划。首先尽快适应大学校园学习与生活，积极进行自我探索，分析与发现优势与劣势、兴趣与爱好、性格与能力，完成英语与计算机证书考试。初步了解职业，特别是自己所学专业对口的职业群及岗位。同时通过人文课程选修，参加校内外的各项活动和社会实践活动，提高能力，丰富社会阅历
第二学年（定向与准备期）	目标：确定就业方向，加强相应的职业能力与素质训练，为就业做准备。加强专业知识学习的同时，参加与目标职业相关的职业资格证书，如电工、无线电调试工技能证书的考试并通过鉴定。通过 CET4 考试。同时积极参加校内外组织的各项活动，提高组织领导能力，培养团队协作的精神。参加与目标职业有关的社会实践活动，学会写简历、求职信及应聘的技巧，广泛收集就业渠道等信息，创造机会积极实践
第三学年（冲刺与顶岗期）	目标：成功就业。首先对前两个学年的准备进行总结，检验自己已确立的职业目标是否明确，并主动进行调整。同时强化求职技巧，进行模拟面试训练，积极参加招聘活动，选择相关企业的目标职业岗位进行顶岗实践，注意收集企业资料，了解企业的运转模式、工作流程、工作方式与方法，大胆创新进行毕业论文设计，为顺利毕业和成功就业做准备

三、结束语

规划不只是纸上谈兵，更重要的是具体实施并能取得成效，因此要做到做好时间规划，努力实践每一步计划；要善于审时度势，要根据内外环境的变化，适时进行必要的调整；要争分夺秒，加紧拓展自我经验，培养自我能力，增强自己的看家本领；作息正常、持之以恒，一步步争取成功；在完成每一个小计划后，记得给予自己鼓励和酬赏。

分析：刘力伟的职业生涯规划给了我们几点启示。

1）进行职业生涯规划时，首先必须要有正确的职业理想、明确的职业目标。一个人选择什么样的职业，以及为什么选择某种职业，通常都是以其职业理想为出发点的。任何人的职业理想必然要受到社会环境、社会现实的制约。社会发展的需要是职业理想的客观依据，凡是符合社会发展需要和人民利益的职业理想都是高尚的、正确的，并具有现实的可行性。大学生的职业理想更应把个人志向与国家利益和社会需要有机地结合起来。

2）进行职业生涯规划时，必须正确进行自我分析和职业分析。首先，要通过科学认知的方法和手段，对自己的职业兴趣、职业个性、职业价值观、职业能力等进行全面认识，清楚自己的优势与特长、劣势与不足。避免设计中的盲目性，达到设计高度适宜。通常可运用国内比较成熟的朗途职业生涯规划测评系统等软件帮助分析。其次，现代职业具有自身的区域性、行业性、岗位性等特点。要对该职业所在的行业现状和发展前景有比较深入的了解，如人才供给情况、平均工资状况、行业的非正式团体规范等；还要了解职业所需要的特殊能力。

3）职业生涯规划要能够得以实现，必须主动构建自我合理的知识结构。知识的积累是成才的基础和必要条件，但单纯的知识数量并不足以表明一个人真正的知识水平。人不仅要具有相当数量的知识，还必须形成合理的知识结构。因为没有合理的知识结构，就不能发挥其创造的功能。

4）职业生涯规划要能够得以实现，还应当积极培养职业需要的实践能力。综合能力和知识面是用人单位选择人才的依据。一般来说，进入岗位的新人，应重点培养满足社会需要的决策能力、创造能力、社交能力、实际操作能力、组织管理能力和自我发展的终身学习能力、心理调适能力、随机应变能力等。

5）职业生涯规划设计后，还应当参加有益的职业训练。职业训练包括职业技能的培训、对自我职业的适应性考核、职业意向的科学测定等。大学生还可以通过“三下乡”活动、大学生“青年志愿者”活动、毕业实习、校园创业及从事社会兼职、模拟性职业实践、职业意向测评等进行职业训练。

学生活动

借助职业生涯规划系统软件设计一份自己的职业生涯规划方案。要求：

1）职业生涯规划方案应包括自我分析、职业环境分析、职业目标定位、计划实施、评估调整等方面。

2）在进行自我职业兴趣、职业个性、职业价值、职业能力分析时，要运用成熟的职业生涯规划系统软件进行测试，写出分析报告。

3）在进行自我分析和职业环境分析后，要运用 SWOT 分析法进行个人的优势、劣势分析，再进行 SWOT 策略分析，进行职业定位，并制订具体而切实可行的实施计划。

4）对方案反思和修正，使方案具有说服力。

阅读资料及教学课件

职业测评解疑

大学生应如何设计职业生涯

职业生涯规划书范文

21世纪中国急需什么样的人才

第五章教学课件

第六章 创业指南

本章要点

创业素质是当代大学生必须具备的重要素质，创业也是促进大学生就业的重要途径。大学生的创业教育应当贯穿于人才培养的全过程之中。通过本章的学习，大学生应了解和掌握创业的内涵与意义，有意识地培养创业意识和与创业精神，了解成功创业的基本因素、创业方法和途径，主动参与各种创业活动，提高自身的创业素质，为自己的就业和自主创业做好准备。

理论指导

第一节 创业概述

> 创新最好是从小规模开始。这样，它只需要少量的资金、人员以及一个狭小的市场即可，否则，创新者就没有足够的时间来进行成功创新所必需的调整和改变。
>
> 在很多情况下，创新努力在好几年里，既没有产生利润，也没有显示发展的迹象，而且它不断地消耗公司的资源。然后，创新在很长一段时间后将飞速发展，它所创造的利润将至少是原始投资额的50倍。否则，创新就意味着失败。创新在刚开始的时候，往往规模较小，可一旦成功，它所产生的效益和规模却是不同凡响。
>
> ——德鲁克

国际教育界曾预测，就世界范围而言，21世纪有50%的大学生要走自主创业之路。随着风险投资、互联网及电子商务在中国的迅猛发展，一批大学生创办的企业相继涌现出来，大学生创业已经不仅是一种个人的选择，还是一种社会认同的有价值的行为。教育部发布的《面向21世纪教育振兴行动计划》中明确指出“要加强对教师和学生的创业教育”，因此，树立创业意识和创新精神，掌握所需的创业知识和技能，对于个人进步与社会发展都有重要意义。

一、创业的内涵

对“创业”这个概念，学术界至今仍然未能给出一个清晰的概念框架。在第7版《现代汉语词典》中，“创业”的解释为“创办事业”，所谓“创”就是开始做，即创办、创建、创新；“业”即事业、职业、行业、学业。长期以来，学者常用下列术语对创业进行限定：新颖的、创新的、灵活的、有活力的、有创造性的，以及能承担风险的。

创业的主体，我们称其为创业者。大学生创业主体狭义上是指大学生（包括研究生）个人或者团体，广义上还包括离开大学不久（这个不久的概念可以定义为5～10年）的各界人士。

2006年全球创业观察中国报告显示，每100名18～64岁的中国成年人中，有16.2人参与到了创办时间不超过3年半的企业中。2011年12月16日第七份全球创业观察报告显示，中国的创业活动在全球仍然属于活跃状态。在全球创业观察的60个参与成员中排名第15位，不仅高于美国、英国、法国、德国等欧美发达国家以及日本、韩国等亚洲地区的发达经济体，也高于南非、俄罗斯等新兴国家，只有巴西与我国的创业活跃程度相当。近年来，我国新登记企业出现“井喷式”增长，从2011年的200万户增加到2014年的361万户，年均增长21.8%。2015年上半年新登记企业200万户，同比增长19.4%。截至2014年底，全国私营企业达1546万户，个体工商户近5000万户。2018年3月1日，根据国家工商行政管理总局公布的信息，由于市场准入门槛大幅降低，全国日均新登记企业达1.66万户。

25～44岁是参与创业活动最集中的年龄阶段。从性别来看，男性创业活动日益表现为机会型创业，而女性更侧重于生存型创业。此外，受高等教育者参与创业活动的比重近年来有了很大的提高。

我国创业者中，60%的人创业的起步资金较少。创业融资的来源是创业者周围的熟人，属于亲人融资或熟人融资。调查还发现，男性创业者的创业资本额明显高于女性的创业资本额。

根据清华大学经济管理学院中国创业研究中心发布的《全球创业观察2015/2016中国报告》，中国创业活动的主体是青年，占创业者总体比例的41.67%；创业动机以机会型创业为主，64.29%的创业者为机会型创业者。该报告同时显示，中国早期创业活动指数为12.84%，比大多数创新驱动国家，如美国（11.88%）、英国（6.93%）、德国（4.70%）和日本（3.83%）更活跃。该报告显示，中国创业活动主要集中在客户服务业，高附加值产业创业比例较低。中国客户服务产业（如批发、零售等）创业比例占所有行业的69.79%，而高附加值的商业服务业（如信息通信、金融、专业服务等）创业比例为8.2%。发达国家的商业服务业创业比例更高，如英国为35.49%，美国为32.79%，法国为31.42%，德国为26.89%。该报告显示，我国创业活动的创新能力和国际导向有待提高。中国的创新型企业比例为25.80%，在效率驱动型经济体中排在前列，与创新驱动型经济体相比还有一定差距，落后于加拿大（36.10%）、美国（36%）、英国（36%）和德国（34.20%）。我国创业企业的产品在全球化的背景下仍需提高竞争力。

中国创业活动与创业生态主要有以下值得关注的方面：①在中国，社会环境对创业者的整体评价保持在较高水平；②2016年，中国早期创业活跃度相比上年度下降，也是连续两年来的下降；③中国创业者不惧怕失败的比例在全球处于较高水平；④中国创业者对自身产品与服务的创新水平的认知高于效率驱动经济体的平均水平，但与创新驱动经济体相比还有较大差距；⑤中国的创业环境正在持续完善和提升，除了学校创业教育和商业/法律基础服务这两项，其他指标的创业环境评分均高于亚太地区的平均分。

二、创业意识

创业意识是指在创业实践活动中对个体起动力作用的个性意识倾向，主要包括创业的需要、动机、兴趣、理想、信念和世界观等心理成分。创业意识是个体创业的动力机制，它在相当程度上决定着一个人是否敢投身于创业实践活动，支配着人们对创业实践活动的态度和行为，规定着态度和行为的方向和强度，而这些又直接关系着创业能力的形成。

李嘉诚幼年时期随家逃离战乱，流落他乡，在香港备受贫穷的折磨，生活拮据，加上早年丧父的精神打击，他萌生了“我不要穷，我要赚钱”的强烈意识。他从 14 岁走向社会，开始了打工生涯。在强烈创业意识的支配下，他在当学徒、做店员、跑推销的过程中，努力学习和思考，不断开发经商能力，终于获得成功，成为世界瞩目的超级企业家。

成都吉明光纤通信设备股份有限公司总裁董吉明初中毕业后在邮局当接线员，他不甘于这种平常的职业生活，刻苦自学，如愿考入重庆邮电学院（现重庆邮电大学）。后来，在强烈的创业意识的支配下，他扔掉“铁饭碗”，用仅有的 1000 元办起了养鸡场，获得极大成功。他又在把事业做大的意识的支配下，转行搞起了光纤通信项目，现已成为产值超亿元公司的总裁。可见，创业意识在其创业成功中起到了巨大的作用。因此，我们培养学生的创业能力，首先要培养其创业意识。

（一）大学生创业意识的培养内容

1）市场意识。大学生必须一方面学会调查分析市场，另一方面，随时掌握商机所在，只有如此才能找准创业方向。

2）竞争意识。有竞争才有动力，只有树立竞争意识，才能让学生练就适应社会竞技场的真功夫，从而立于不败之地。市场不会帮自己，只有靠自己的实力，才能找到自己的生存和发展之道，才能真正实现自我价值。

3）个性意识。在竞争中常战常新，形成自己的特色，并根据需要不断发展变化。“人无我有，人有我优”，是立于竞争不败之地的利器。同样，只有树立个性意识，才能在创业之路上保持特色并不断发展。

4）创新精神。创新是一个民族的灵魂，是人类进步的不竭的动力。大学生必须培养创新精神，在学习和实践中创新求变、不拘一格，善于接受新事物，善于寻找新途径、新路子、新角度、勇于接受挑战。

5）创业品质。创业品质包括创业的勇气、果断决策的能力、承担风险的精神、敬业的品质、团队合作意识等。这不仅是创业者需具备的基本素质，也是每个工作者在任何岗位上获得成功的必要条件。这需要大学生自觉地进行自我反省和自我培养。

（二）大学生创业意识的培养途径

1）树立强化创业理念，锻炼创业能力。实践出真知，要在观念上变革，就必须以实践作为创业意识和创业能力孕育的载体，强化竞争意识，进而萌发创业意识。通过实践环节激发创业意识的做法多种多样，具体的形式包括创业竞赛、创业基地、学生社团等。

2）设计职业生涯，使创业步步为营。许多人在从高中生向大学生的角色转变过程中感到无所适从，既没有方向，也没有计划，很容易使大学时光虚度。因此，大学生应树立正确目标，科学规划学业，灵活决策就业，接受主动学习、目标学习、技能学习的新学习概念，进行自我觉醒、目标设定、生涯策略、生涯评估，使学习生涯有适合自己的计划，有意识地设计自己的未来。这个未来可能是成功的就业者，也可能是个成功的创业者。

3）提升心理素质，培养创业品质。通过心理测试、心理辅导，正确认识和分析自我，确定正确的人生目标，树立高度的责任感和荣誉感，培养合作意识，将为创业意识的形成产生深刻的推动作用。

三、创业者和创业者素质

（一）创业者的概念及类型

创业者是创业活动的主体，是创业活动的践行者。狭义的创业者是开创企业的人。对于大学生创业者来说，创业者就是开办企业的大学生。

全球创业观察组织在 2001 年的报告中第一次提出了生存型创业和机会型创业的概念，这是依据创业动机对创业所做的一种分类。机会型创业和生存型创业不是创业者的主观选择结果，而是由创业者面临的环境和能力决定的。创业环境总的来讲是个宏观因素，需要社会有意识和有计划地改善；而创业能力特别是开创新市场的能力可以通过教育来提高。当然，创业能力中所包含的创业意识在一定程度上也可以说是一种天赋，既有自主选择的一面，也有被迫选择的可能。

世界经理人网站研究了国内上千例创业案例，发现国内创业者基本可以分成 4 种类型，具体如表 6-1 所示。

表 6-1 国内创业者类型

类型	人群	特点
生存型创业者	多为下岗工人、失去土地或因为各种原因不愿困守乡村的农民，以及刚刚毕业找不到工作的大学生	这是中国数量最大的一拨创业人群。清华大学的调查报告显示，这一类型的创业者占中国创业者总数的 90%，其中许多人是为了谋生，被“逼上梁山”。一般创业范围均局限于商业贸易，少量从事实业，也基本是小打小闹的加工业。当然，其中也有因为机遇成长为大中型企业的，但数量极少
变现型创业者	过去在党、政、军、行政、事业单位掌握一定权力，或者在国企、民营企业当经理人期间聚拢了大量资源的人	在机会适当的时候，开公司、办企业，实际是将过去积累的无形资源变现为有形的货币
主动型创业者	一种是盲动型创业者，一种是冷静型创业者	盲动型创业者的特点是喜欢赌，而不太喜欢检讨成功概率。这样的创业者很容易失败，但一旦成功，往往就是一番大事业。冷静型创业者的特点是谋定而后动，不打无准备之仗，或是掌握资源，或是拥有技术，一旦行动，成功概率很高

续表

类型	人群	特点
赚钱型创业者	喜欢创业，喜欢做老板的感觉的人	此类创业者除了赚钱，没有什么明确的目标，不计较自己能做什么、会做什么。可能今天在做着这一件事，明天又在做着另一件事，所做事情之间可以完全不相干。这一类创业者大多过得很快乐

（二）创业者素质

创业者素质包括个人特征与社会特征。个人特征指创业者的个性、意向、激励、动机、抱负及远见与直觉等；社会特征主要指创业者的社交能力、性别与种族、创业团队、创业经验、社会与家庭背景等。

作为创业者，其应具备的基本素质包括自信、勤勉、执着、创新、勇敢等几个方面。自信是创业者走向成功的重要保障。自信心不强的人，容易产生怀疑和恐惧心理，面对创业的不确定性，常会犹豫不决。创业者一般很自信，善于思考，勇于实践，乐于接受新生事物。许多成功的企业家都很勤勉，因为勤勉是创业者必须具备的条件，特别是在创业初期，如果不勤勉，根本没有成功的希望。勤勉，不单单指身体勤勉，更多是指头脑勤勉，只有多动脑筋和善于把握机会的人才能成功。搜狐 CEO 张朝阳曾说，自己创业以来，如履薄冰，战战兢兢，不敢有丝毫松懈。对此，许多成功人士都深有同感。无论面对什么挫折和困难，创业者依然应保持坚定的意志和决心，创业是摸着石头过河，要面对很多的风险和不确定性。挫折和失败在所难免，能够冷静面对挫折，从容乐观地面对一切，是创业者走向成功的重要条件。良好的创业心理品质在意志方面就表现为对创业的执着追求。创业是一个长期努力奋斗的过程，能产生立竿见影效果的创业是极少的。在方向目标确定后，创业者就要朝着既定的目标一步步迈进，纵有千难万险，也不轻易改变、半途而废。保持创业的激情，是创业成功的关键因素。能在瞬息万变的市场环境中不断推陈出新是创业生存的一个重要环节，只有不断推出新产品、新服务、新方法，才能获得生存与发展的空间，才能创业成功。在市场经济中，机会与风险共存。只要创业，就必然会有风险，且事业的范围和规模越大，伴随的风险也就越大。能够鼓足勇气，勇敢地去面对和承担风险是创业者对事业追求的一种积极的心理状态。

拓展阅读 6-1

创新机遇的七个来源

系统化的创新意味着关注创新机遇的七个来源。前四项来源存在于单位内部，不论它是企业还是公共服务机构，或是存在于某项产业或服务业部门之内。所以，能够看到它们的人主要是身处那个产业或服务业部门的人。它们基本上是一些征兆，不过，却是那些已经发生过或者只要注入少许努力，就能发生的变化非常可靠的信号。这四个来源是：

- 出乎意料的情况——意外成功，意外失败，意外的外部事件。
- 不一致——现实状况与预期状况不一致，或者与原本应该的状况不一致。
- 以程序需要为基础的创新。

- 产业结构和市场结构的改变，出其不意地降临到每个人身上。

第二组创新机遇有如下三条（包括发生于企业或产业以外的变化）：

- 人口统计数据（人口的变化）。
- 认知、情绪和意义的改变。
- 科学的及非科学的新知识。

这七个创新机遇的来源领域的分界线相当模糊，而且彼此之间还有相当大的重叠部分。它们可以被比作同一建筑物不同方位上的七扇窗户，每一扇窗户所展现出的特征，都能够从它周围的窗口上看到，但是，每一扇窗口的中心部位所呈现的景色却是截然不同的。

因为每一项来源都有其与众不同的特征，所以这七项来源都需要个别分析。但是，没有哪一个来源本质上比其他来源更重要或更具有生产力。重大的创新可能来自于变化的征兆（例如在产品或定价上被认为是不重要的变化却引起了意想不到的成功），它也可能来自于大量运用由主要科学突破而产生的新知识。

然而，这些来源的讨论顺序不是随心所欲的。它们按照可靠性与可预测性的递减顺序依次排列。实际上，新知识，特别是科学新知识，并不是成功创新最可靠或最可预测的来源。这一点与人们普遍的想法恰恰相反。尽管以科学为基础的创新引人注目、富有魅力且非常重要，但它其实却是最不可靠、最不能预测的来源。相反，假如对基本变化的征兆（如意外的成功或意外的失败）所做的分析看似非常平凡且乏味，但其风险和不确定性反而相当低。而由这一点所引发的创新，在新企业的创立和可预见的结果（无论是成功还是失败）之间，前置时间最短（指从产品设计到实际生产及使用的时间）。

四、创业精神

创业是创业者依自己的想法及努力工作来开创一个新企业，包括新公司的成立、组织中新单位的成立，以及提供新产品或新服务，以实现创业者的理想。创业本身是一种无中生有的历程，只要创业者具备求新、求变、求发展的心态，以创造新价值的方式为新企业创造利润，这一过程中充满了创业精神。哈佛大学商学院学者对创业精神的定义是“创业精神就是一个人不以当前有限的资源为基础而追求商机的精神”。从这个角度来讲，创业精神代表着一种突破资源限制，通过创新来创造机会、创造资源的行为，而不是简单地体现在创办新企业或体现在创新上。因此，创业精神可以简单概括为“没有资源创造资源，没有条件创造条件，用有限的资源去创造更大资源”。创业精神的关键点在于“是否创造新的价值”，而不在于设立新公司，是一种追求机会的行为，这些机会还不存在于目前资源应用的范围，但未来有可能创造资源应用的新价值。因此可以说，创业精神是促成新企业形成、发展和成长的原动力。“创业精神”可以包括两方面的含义：第一方面是精神层面，“创业精神”代表一种“以创新为基础的做事与思考方式”；第二方面是实质层面，“创业精神”代表一种“发掘机会，组织资源建立新公司，进而提供市场新的价值”。

案例分析 6-1

一个美国旅行团到澳大利亚旅游，飞机降落时，其中一个乘客看到当地居民的家门口有一堆堆黑色的物品。他很好奇，下飞机后就去看个究竟。原来，这些是由于政府重建城市而被挖出的大量朽木，并且是 400 多年前欧洲移民用来圈地用的。对于这些朽木，当地人一直没有合适的处理办法。这位游客很快意识到有一个巨大商机就在面前：只要稍加处理，这些朽木就可以成为工艺品，而且一定会赢得欧洲人的青睐。于是，他开始“白手创业”行动：首先与当地居民签订朽木的统一处理协议，不花分文就将这些资源据为己有；接着公开招标，请木器加工厂进行加工制作；第三步即面向英联邦国家召开销售订货会，结果订货商蜂拥而至，所有产品以每个 14～18 美元被订购一空。这位旅行者净赚了 1000 多万美元。

分析：这位美国人有资金吗？没有！他身上有资源吗？也没有！他之所以能够“空手套白狼”“化腐朽为神奇”，不仅仅是因为他的“金点子”，更在于他身上所具有的能够迅速为自己创造、整合资源的能力，进而实现资源利用的最大化。所以，创业成功与否很大程度不是你拥有多少资源，而是能在多大范围、何种程度上创造资源或是进行资源整合，而这种能力也是衡量创业精神的核心指标。

五、创业者的知识要求

创业者的知识要求分为九大类，具体如表 6-2 所示。

表 6-2　创业者的知识要求

知识大类	具体表现
合法开业知识	有关私营及合伙企业、有限公司的法律法规
	怎样申请开业登记
	怎样办理税务登记
	纳税申报相关的规定和程序
	如何领购和使用发票
	银行开户程序和有关结算的规定
	你应该交哪些税费，如何缴纳
	怎样获得税收减征免征待遇
	怎样进行账务票证管理
	国家对偷漏税等违法行为有哪些制裁措施
	增值税税率及计征方法
	工商管理部门怎样进行经济检查
	市场预测与调查知识
	消费心理和特征知识

续表

知识大类	具体表现
市场营销知识	价格知识和策略
	产品知识
	销售渠道和方式知识
	营销管理知识
	批发、零售知识
产品知识	产品生产知识
	运输保管贮存知识
	质量和有关计量、真假货物识别知识
	金融知识
	信用及资金筹措知识
资金及财务知识	资金核算及记账知识
	证券、信托及投资知识
	财务会计基本知识
	外汇知识
	行业管理的法律法规
	各专业服务行业的行业规则、业务知识
行业知识	哪些行业不允许私营
	哪些行业的经营须办理有关行业管理手续
	行业管理部门如何进行行业管理和检查
人力资源和团队管理知识	—
经济法常识	—
劳动用工及社会保障知识	—
公关及交际基本知识	—

对于表 6-2 所示知识，创业者只需掌握与你选择的挣钱方法有关的知识，各取所需，学以致用。这些知识的取得，可以通过专业培训、就业指导咨询、媒体讲座、自学或向别人请教等多种方式获得，也可以边干边学，边学边干，带着问题学，学以致用，逐渐了解和掌握。但是创业者一定要重视公司的经营管理，因为市场如同无情的战场，它对弱者的惩罚并不会因为你不具备相关知识而有所宽容。

六、创业能力

创业能力是个体具备的创业素质的中心结构，它直接影响个体创业实践活动的效能。

创业之初，创业企业通常会面临复杂多变的社会环境，且创业者所能够控制的资源十分有限，因此，创业者应具备以下几方面的能力。

1）敏锐的洞察力和快速的应变能力。新的创业企业不仅面对来自提供相同产品的对手的竞争，也面临着来自替代品、供应商、顾客及其他新进入者的竞争，甚至还可能与行业外的公司争夺人才和资金。这些情况的发生，往往具有突发性。因此，创业者需要具有面对复杂局面且没有充足时间分析的情况下迅速做出决策的能力。具有应变能力的领导人才不例行公事、不因循守旧、不墨守成规，能够从表面的平静中及时发现新情况、新问题，从中探索新路子，总结新经验；对改革中遇到新事物、新工作，能够倾听各方面的意见，认真分析，勇于开拓，大胆提出新设想、新方案；对已取得的成绩，不自满、不陶醉，能够在取得成绩的时候不得意忘形，能透过成绩找差距、挖隐患，百尺竿头，更进一步。

2）领导与决策能力。创办一个企业，不仅需要处理大量的事务性问题，还要为企业建章立制，即便是一两个人的小店铺或家庭企业也不能例外，因为企业虽小，但面临的环境及经营发展的变化却不少。因此，创业者还需要具备相当的领导与决策能力，把企业的员工和业务安排得井井有条，并能及时处理所遇到的各种问题。

3）交流与沟通能力。在企业创建与经营的过程中，创业者不仅要同工商、税务等各环节的管理人员打交道，还要同客户、供应商、经销商等各个渠道、各行各业的人交往，没有良好的交流与沟通能力，企业的生存与发展将非常困难。

4）经营管理能力。一般来说，创业初期的企业规模较小、员工较少，企业的“内政外交”等事无巨细都要创业者亲自处理。这一时期，创业者个人能力中的业务能力、客户开发能力、综合应变能力都十分重要。很多时候，创业者其实就是一个业务经理，只要有业务做，其他什么都好办。因此，创业者的经营管理能力往往是解决企业生存问题的第一要素。

5）资源整合能力。很多创业者在创业初期对资源的占有程度远不能满足企业发展需要，使创业的成功率降低。但要具备完全充分的资源也不现实，创业者在只具备部分条件的情况下，要同市场中条件相对较好的公司去竞争并站稳脚跟，这就要求创业者能把不为自己拥有的资源变成能充分为自己所用的资源，即具有资源整合能力。

6）学习能力。现代社会已经成为一个学习型的社会，生活的节奏在不断加快，不学习就会落后。现代科学技术日新月异、信息瞬息万变，工作的多变性和动态性更加显著，形势复杂多变，机会转眼即逝。一个人如果不善于提出新问题，开拓新领域，就无法跟上形势的变化，使自己的工作处于被动。

7）团队合作能力。每个人都不是孤立的，创业者更不是，至少要和他的消费对象联系。在现代社会，很多人选择团队创业以提高成功的概率，合作开放的能力显得尤为重要，与人合作的艺术和技术都要懂得。

8）用人能力。创业者要能知人善用。创业者的胸怀贵在“用”，必须学会“容才”，这是知人善用的前提条件；善于发现人才、培养人才、使用爱惜人才，充分调动员工的聪明才智和积极主动精神，是知人善用的根本所在。知人善用，能使创业者的组织指挥能力得到充分发挥，能使各要素与环节准确无误地高效运转。知人善用还必须建立起和谐的内外部环境，创业者要善于妥善安置、处理与协调内部的人际关系，树立起自身和企业的良好形象。

第二节 成功创业的基本因素

> 成功者的特质：成功=态度+技巧。
>
> ——刘标峰

一、创业模式

创业模式是企业在创建和发展过程中逐步形成和完善的一种经营模式，包括创业开始采取的初创期模式，在发展过程中形成的成长期模式，以及成熟期或定型期模式。创业模式在一定时期内相对稳定，但随着技术的发展和社会的变迁，原来成熟、稳定的创业模式必然被淘汰或进行改造和更新，最终为新的模式所取代或主导。

（一）创业模式的分类

按照不同的角度和标准，创业模式有不同的分类，如按照创业主体区分为个人独立创业和公司附属创业；以创业的起点分为创建新企业和公司再创业；根据制度创新层次不同分为基于产品创新创业、基于市场营销模式创新创业和基于企业组织制度创新创业。按照创业中是否主要依靠技术创新获取价值增值和竞争优势的标准，创业模式可分为以技术创新为主的创业和以非技术创新为主的创业。前者的特点在于对技术的独占，如拥有某项发明的专利、占有某项新技术，其最大特点在于将新技术进行商业化开发，将技术专利转变为商业用途等，也就是靠技术赚钱。而后者则是运用现有的资源（包括现成的技术、方法等），通过新奇的创意，实现创业的成功。根据创业的时代特征，创业模式可分为传统创业模式和新兴创业模式。传统创业模式是指基于对人力、物质等资源的最大化占有，在所有权控制基础上形成规模效应而获取最大利润的创业模式；而新兴创业模式，如电子商务、网络游戏等，是指构筑在经营策略、专利、企业组织能力等智力资源基础上，以非所有权控制为特征，以满足顾客需求为至上宗旨的创业模式。以非技术创新为主的新兴创业模式正成为人们研究的重点。

在创业之初第一个重要选择就是寻找一个适合自己的创业模式。对一个创业者来说，一个真正好的创业模式，应该是有能力操作而且能把现有的资源有效整合进创业过程中。企业者只有在此基础上才能实现真正的创新。

（二）创业最常见的 8 种赢利模式

1. 鲫鱼模式

鲫鱼模式是指创业者找到与大行业或者大企业的共同利益，主动与其结盟，将强大的竞争对手转化为依存伙伴，以达到争取利润的第一目标并使企业快速壮大。温州临海，据说温州人对鱼类的生长极为熟悉。在大海之中，鲨鱼十分凶狠，非常不好相处，许多鱼类都是它的攻击目标，但有一种小鱼却能与鲨鱼共游，鲨鱼非但不吃它，反倒为它供食，这种鱼就是鲫鱼。鲫鱼的生存方式，就是依附于鲨鱼，鲨鱼到哪儿它就跟到哪儿。当鲨鱼猎食时，它就跟着吃一些残羹冷炙，同时，因为它还会为鲨鱼驱除身体上的寄生虫，所以鲨鱼不但不反感它，反而十分感激它。因为有鲨鱼的保护，所以鲫鱼的处境十分安全，没有鱼类敢攻击它。这种模式在加工企业集中的长江三角洲、珠江三角洲一带十分流行，在广东东莞、江苏昆山，类似小企业也随处可见。鲫鱼模式的本质在于，大企业有通畅的产品流通渠道，有广大的客户群体，就像一条庞大凶猛的鲨鱼，而中小企业无论在资金、技术，还是在人才等方面，都存在着诸多先天不足。如果中小企业能找到与大企业的利益结合点，与大企业结成联盟，就可以有效弥补自身的短板，自然也就可以分享大企业的利润大餐。“鲫鱼战术”对中小企业来说，可借鉴程度较高，是一种有效的赢利模式。

2. 专业化模式

专业化的意思就是专精一门，也就是俗话说的“一招鲜，吃遍天”。要静下心来，专精一门是不容易的。专业化为什么可以成为赢利模式？一个最简单的解释是，因为精，所以深。深就提高了门槛，别人不容易进来竞争，而专业化的生产，其组织形式比复合式生产要简单得多，管理也相对容易。在市场营销方式上，一旦打开市场，后期几乎不需要有更多的投入。成本降低的另一面，就是利润的大幅度提高。

3. 利润乘数模式

借助已经广为市场认同的形象或概念进行包装生产，可以产生良好的效益，这种方式类似于做乘法。利润乘数模式是一种强有力的赢利模式，关键是创业者如何对所选择的形象或概念的商业价值进行正确的判断。利润乘数模式的利润来源十分广泛，可以是一个卡通形象，可以是一个意义非凡的故事，也可以是一个有价值的信息，或者是一种技巧，甚至可以是其他任何一种资产。而利润化的方式，则是不断地重复叙述它们，同时还可以赋予它们种种不同的外部形象。

4. 独创产品模式

这里的独创产品是指具有非同一般的生产工艺、配方、原料、核心技术，又有长期市场需求的产品，如祖传秘方、进入难度很大的新产品等。鉴于该模式的独占性原则，掌握它的企业将获得相当高的利润。独创产品模式，实际上也是很多创业企业在创业之初可以大力借助的模式，独创产品模式所能带来的高额利润早已不是什么秘密。

5. 策略跟进模式

策略跟进即强者跟随，与“跟风”的盲目性不同。策略跟进需要经营者对自己做出正确评估，并分析清楚自己的优势、劣势之后，对未来走向做出判断。从策略上讲，“跟跑”实际上是压缩投入成本的最好方法：第一，不用费心去考虑市场环境，如消费者爱好什么、厌恶什么，因为对手已经做好了这一切。初创业者因为经验不足，对于市场的需求往往把握不住，采取观望态度，审慎地注视对手的一举一动，进行跟随，是一种明智的策略。第二，从利润角度讲，“跟跑”者向来比跑在前面的要省力，因此利润率也相对要高。在商业活动中，每一个商业行为都有成本的代价，拣取胜利果实等于将成本最小化了，从而也就等于获得了最大化的利润。

6. 配电盘模式

配电盘模式就是吸引供应商和消费群两方面的关注目光，而为供货商和消费者两方面提供沟通渠道或交易平台的中介企业从中获取不断升值的利润。但这种模式对于操作者来说要求很高，而且前期的投入成本很大，风险也很大。对普通创业者来说，这是对配电盘这种赢利模式更为有效的运用，可以降低初创企业的成长风险，加速成长过程。

7. 产品金字塔模式

为了满足不同客户对产品风格、颜色等方面的不同偏好，以及个人收入上的差异化因素，从而达到客户群和市场拥有量的最大化，一些企业不断推出高、中、低各个档次的产品，从而形成产品金字塔。塔的底部是低价位、大批量的产品，靠薄利多销赚取利润；塔的顶部是高价位、小批量的产品，靠精益求精获取超额利润。但是，这种模式的运用必须有一个前提条件，就是在一个成系统的产品或者领域中运用，而且必须要与客户的市场定位紧密联系，并且高中低档商品的客户群之间都必须拥有一定的联系因素。例如，购买中高档泰迪熊的用户一般同时会选择购买一些低档产品，作为朋友之间馈赠礼物；又如，给女儿购买 10 美元芭比娃娃的母亲，一般也会同时给自己购买一个价值 100～200 美元的商品，作为对自己的奖励，关键是所构建的金字塔不应只是不同价位产品的简单罗列。

8. 战略领先模式

起步领先不代表永远领先，不能确保你永远赢利，因为马上就会有后来者参与激烈的竞争。因此，适时改变你的竞争策略，由一个静态到一个动态的飞跃，可以确保你从起步时的飞跃领先到战略上的始终领跑，使你的利润源源不断。对于创业者来说，开创第一虽然是件好事，但领先永远只是暂时的。如果你在领先的时候不抓紧时间赚取利润，就有可能赚不到利润，或者即使赚到利润，也会比应该赚到的少很多。

（三）低成本创业的 5 种模式

1. 边打工边创业

这种方式一般是利用自己的专业经验和自身的厂商资源，在上班时间外进行创业。其优点是没有任何风险，但要处理好本职工作与创业的关系。

2. 依靠商品市场创业

专业的商品市场（如眼镜批发市场、服装批发市场等）都会为租户代办个体工商执照，只需一次性投入半年或一年租金，以及店内货品的进货费，投入相对较少。

3. 在大卖场租个场地创业

这种方式有点类似代理销售，不过必须眼光独到，风险较大，但是回报也是非常可观。这种方式比较适合有营销经验的人员采用。

4. 加盟连锁创业

现在很多小的饰品店、冷饮店等加盟费用不高，而且效益也不错。所以在选择加盟连锁时一定要根据自己的能力选择市场上品牌度高、有发展空间的企业，并做好详细的“开店计划”。

5. 工作室创业

工作室的好处是创立手续简便，只要到工商局登记就可以了，甚至有些工作室实际无须办理任何手续，也没有办公场地的费用支出，在家“生产”即可。例如，创业者主动到出版社、学校、印刷厂等机构联系，由于工作室除了设计用的纸张和油墨外几乎没有其他成本，因而服务价格相当具有竞争力。

（四）新型的创业模式

随着时代发展的日新月异，创业方式正在不断发生变化，特别是IT业的崛起，创业模式层出不穷，如网络创业、概念创业、团队创业、兼职创业等。这些新鲜的创业模式吸引着创业者的眼球，它给人们带来的不仅是一种启示，更是一种希望（表6-3）。

表6-3　新型的创业模式

方式	形式	优势
网络创业	网上开店，在网上注册成立网络商店；网上加盟，以某个电子商务网站门店的形式经营，利用母体网站的货源和销售渠道	门槛低、成本少、风险小、方式灵活，特别适合初涉商海的创业者。像阿里巴巴、淘宝网等知名商务网站，有较完善的交易系统、交易规则、支付方式和成熟的客户群，每年还会投入大量的宣传费用
加盟创业	直营、委托加盟、特许加盟等形式，投资金额根据商品种类、店铺要求、技术设备的不同需6000～2 500 000元不等，可满足不同需求的创业者	利益共享，风险共担。创业者只需支付一定的加盟费，就能借用加盟商的金字招牌，并利用现成的商品和市场资源，还能长期得到专业指导和配套服务，创业风险也有所降低
兼职创业	不放弃现有工作，兼职做老板	兼职创业，无须放弃本职工作，又能充分利用在工作中积累的商业资源和人脉关系创业，进退自如，大大降低了创业风险
团队创业	由研发、技术、市场、融资等各方面组成、优势互补创业团队	一群人同心协力，集合各自的优势共同创业，其产生的群体智慧和能量，将远远大于个体
概念创业	凭借创意、点子、想法创业	概念创业具有点石成金的神奇作用，特别是本身没有很多资源的创业者，可通过独特的创意来获得各种资源
内部创业	一些有创业意向的员工在企业的支持下，承担企业内部某些业务或项目，并与企业分享成果的创业模式	员工在企业内部创业，可获得企业多方面的支援。同时，企业内部所提供的创业环境较为宽松，即使创业失败，创业者所需承担的责任也较小

二、创业项目的选择

麦克思研究院联合中国社会科学院发布的《2017年中国大学生就业报告》数据显示，2013届本科生中，有46.2%的人3年后还在继续自主创业，即使在浙江等创业环境较好的省份，大学生创业成功率也只有 5%左右。如此多的创业项目归于失败，不但造成创业者个人财富的巨大损失，而且也浪费了一定的社会资源。创业失败的原因，除了创业过程客观上具有的高风险以外，创业者选择创业项目方法失当也是一个重要原因。如果创业者在选择创业项目时采取科学的思路与方法，准确识别和把握市场机会，做到有的放矢，不仅能够在很大程度上降低创业风险，而且可以有效提高创业成功率。

（一）选择创业项目的原则

1. 知己知彼原则

知己，就是创业者在选择项目之前，应该首先对自己的状况有一个清楚的认识和判断。例如，自己可以提供多少创业资金，有哪些从业经验和技能专长，自己的兴趣和爱好是什么，社会关系状况如何，自己在性格上有哪些优势和劣势，家庭成员是否支持等。从创业者本人的角度看，“知己”越深入、越详尽，就越容易找到扬长避短并适合自己的项目，越能提高创业成功率。知彼，就是要了解创业所在地的社会经济环境，要认真分析当地的发展政策，包括产业结构政策、金融政策、税收政策、就业政策等；当地的消费环境，包括居民的购买力水平、购买力投向、购买习惯等；当地的自然和人文资源，包括具有市场开发价值的工业原料和农林渔牧产品、传统的生产加工技术、独特的自然和人文景观等；当地市场的竞争强度，包括拟选择项目所在行业的竞争者数量、规模、实力水平等。深入考察创业环境能够帮助创业者开阔视野，敏锐捕捉到市场机会，增强项目选择的合理性。

2. 自有资源优先原则

自有资源，就是创业者本人拥有的或自己可以直接控制的资源，包括专有技术、行业从业经验、经营管理能力、个人社会关系、私有物质资产等。相对于其他非自有资源，自有资源的取得和使用成本往往较低；同时这些资源在利用过程中也容易使项目获得“标新立异”优势，在今后的市场竞争中占据主动地位。

3. 量入为出原则

在创业行动之前，不少创业者对创业充满激情，然而创业时必须考虑的财务问题往往被忽略掉，最终发展前景很好的项目因资金周转困难而中途夭折。所以量入为出是创业者必须切实遵循的一个原则，如项目启动资金量是否可以承受；后续资金投入能否跟上，还要考虑项目投入中固定部分和流动部分的合理比例，不能顾此失彼。

4. 短平快原则

由于先天条件不足，创业者在创业之前普遍缺乏资金、客户等资源，应尽快脱离创业“初始危险期”，使项目的动作进入良性循环。在同等条件下，创业者应优先考虑那些

"短平快"项目。这样操作一方面可以迅速收回投资，降低投资风险；另一方面，即便项目后期成长性不好，创业者也可以选择维持经营或后期主动退出，利用掘到的"第一桶金"另寻出路。

（二）选择创业项目的思路

在以上 4 个基本原则的指导下，创业者需要开动脑筋细致搜索创业项目。当然这种搜索不是盲目的，而应讲究方法和技巧。

1. 关注政策变化

有变化就有机会，环境的变化往往可以带来商机。当前在众多的环境要素中，各地发展政策的优化是比较频繁的。这就要求有创业动机的人在日常生活中积极收集这些方面的信息，很可能在某个时间就会出现适合自己的机会。随着近几年改革开放政策的不断深化，涌现出的商机将会越来越多。因此应借助国家政策的变化，找到创业机会而顺利起步。

2. 搜索市场空白

使用这种方法适合于寻找"短平快"项目。等到别人反应过来，你已经赚得盆满钵满。有一位温州商人，他创业成功的秘诀就是"生意一火就转行"。从开酒楼始，到大排档、火锅店，每一次他都开当地行业之先河，而且盈利颇丰，原因就在于他能敏锐地发现和抓住市场空白，捷足先登。

3. 发挥技能专长

创业者自身具备的技能是成功创业的有力武器，也是选择创业项目的重要依据。由于技能是创业者在以前工作过程中长期积累形成的，如果创业项目的动作与此项技能的运用密切相关，那么就比较容易形成自己的经营特色，他人难以模仿，而且也有助于实现项目的永续经营，同时经营中的技术问题也便于解决。基于这些优点，选项时，创业者应尽可能挑选与自身技能密切相关的项目。这里所说的技能涵盖项目运作过程中使用到的所有技术和能力，既包括生产技术，也包括经营管理技能，甚至包括创意能力等。

4. 利用自然和社会资源

自然资源是指创业所在地具备的在现代经济技术条件下能为人类利用的自然条件，如自然风景、气候、水土、地理位置、能源等。从创业选项的角度讲，这些自然资源应该具有独特性。社会资源的内涵更为丰富，包含了除自然之外的所有物质，如民族风俗、传统工艺、人际关系等。由于各地独特的自然和社会资源不可复制，借助这种方式选择的创业项目具有独占性，客观上提高了他人进入该领域和竞争的门槛。

5. 改变经营模式

长期以来，人们总是习惯于一种固有的企业经营模式。这种模式由于屡见不鲜，便使人们觉得这是最合理、最科学的选择。实际上，只要我们转换一个角度去观察和思考，在我们面前就会出现一个全新的世界。同样道理，如果我们把这种思想移植到企业经营领域，对某个产业的经营全过程进行全部或局部的重新整合，就可能产生商业机会。管理学将此称之为“价值链重构”。美国的戴尔公司就是将计算机产业的价值链进行了重新设计，以直销代替从前以至现在普遍运用的代理制销售模式，使戴尔公司一跃成为世界最著名的公司之一。

6. 关注外围经营项目

任何一项具体的产业都是生产某种物质产品和提供某种劳务活动的集合体，其中包括众多的相互关联、相互影响的经营项目，这些经营项目有核心和外围之分。例如，运输行业的核心经营项目是交通工具，外围经营项目是零配件供应、燃料供应、交通工具修理等。这些外围项目借助一荣俱荣的便利，取得了很大成功。安徽有一位商人，在当地大力发展养蟹的时候，他去做成品蟹的销售生意，别人卖成品蟹的时候他又去做成品蟹交易市场。总之他在成品蟹养殖这个产业核心项目外围打转转，靠着这种方法，他的项目做一个成功一个。

7. 理性“跟风”

这种项目选择的思路看上去有些矛盾，因为人们一般把“跟风”和“盲目”联系在一起。其实，“跟风”本身也不是完全不好，关键在于把什么情况下跟、怎么跟的问题处理好。创业者首先要分析一下“拟跟项目”，看项目是否具备发展潜力，项目的生命周期是否长久，是否具备特色经营的可能性；其次，创业者要评估自身的状况，是否具备长期与竞争者抗衡的资金实力，是否拥有将“拟跟项目”做成特色品牌的能力等。当这些条件搞清楚以后，决定“跟风”就不是盲目的，而是理性的了。当然，选择创业项目的思路还有很多，如市场重新细分、产品重新定位等。

（三）选择的项目类型

产品的市场支持力、市场容量及自身承受能力对创业者来讲至关重要。创业者要多考察当地市场，看看所选项目是否在当地有需求及靠自己的能力是否可以进入市场等；也可以选择投资较少比较稳妥的项目。初次创业就像学游泳一样，必须先到浅水区多练几次，再到深水区，否则会有溺水的危险。当你瞄准某个项目时最好先少量投入，以较少的投资了解市场，等到认为有把握时再大量投入，放手一搏。另外，创业者不要嫌投入太少而利润薄，要知道“船小好掉头”，即使出现失误，也有挽回的机会。

任何项目都有风险，创业者也不可能考虑得面面俱到，但是事先的周密考察是极为重要的。对市场信息一定要重考察、善分析，没有实地考察和对现有用户经营情况的了解，千万不要轻易投资。另外，在投资的过程中有三个“万万不可”：一是万万不可先交钱后办事，不要拿上自己的辛苦钱，仅凭合同或协议就轻易付钱给对方；二是万万不可轻信对方具有履行合同的能力，在签订合同时就应留一手，以防对方有意违约给自己带来损失；三是万万不可求富心切，专门挑选轻而易举就能赚大钱的项目去干，越是有诱惑力的项目，风险往往越大。

三、创业环境

创业环境主要包括一般社会、政治、经济、文化和制度环境，技术、基础设施条件，以及与创业活动相关的环境，如融资环境、专业技术环境、政府支持、文化与社会规范、商业环境和专业基础设施及其他经营环境等。对创业者的要求与创业环境是紧密联系在一起的。在国家与政府的支持下，我国已经进入了一个创业时代。党的十八大以来，政府把“双创”（大众创业、万众创新）作为促进经济发展“双引擎”的一个重要引擎，制定了一系列新举措，发展众创空间、电子商务、高等学校创新创业教育、支持农民工等人员返乡创业等；发布了一系列支持创业的政策文件。党的十九大报告指出，鼓励创业带动就业。针对创业者的痛点难点，我国又出台了多项政策，加大支持力度，为创业者清障搭台。各地区、各部门全面落实各项政策，深化改革，降低创业门槛、打造众创空间、拓宽融资渠道、加大减税降费力度，通过开展创业型城市创建、落实创业优惠政策、强化创业服务、采取针对性帮扶等措施大力促进创业带动就业，市场主体空前活跃，线上与线下相结合的“双创”活动迅猛发展。各地针对大学生创业的优惠力度也在逐年加大，具体政策各地区有所区别。

第三节　创业准备及一般创业过程

> 只要我们能够想象并且坚信的事情，我们就一定能够实现它。
>
> ——拿破仑

一、市场调查

在创业之前，创业者要对很多方面的情况进行市场调查。市场调查涉及的面极广，为了确保调查能取得良好的效果，创业者就要制定合理的调查步骤。

（一）市场调查的步骤

1. 明确调查内容

在开始调查之前，调查人员必须明确调查的主题、目的及要求，然后根据要调查的对象，拟定出需要调查的内容，最后定出调查的目标。

2. 初步情况分析

确定调查内容后，往往还会有很多繁杂的问题，这时就需要对这些问题进行删减。例如，通过已了解的一些资料（如竞争店的地理位置）进行删减，以缩小调查范围。

3. 进行正式调查

当有了初步资料后，就要通过调查访问了解被调查者的意见。

4. 资料整理和分析

当资料收集完后，要对资料进行编辑和整理，检查调查资料是否有误差。在整理资料时，要把错误的信息剔除掉，然后把剩余的资料分类统计，最后得出结论。

以上 4 步是市场调查的简要步骤，也是大体的步骤。如果在调查中有什么特殊情况，可以重复或增加一些步骤。

（二）市场调查的方法

在调查时，还要选择正确的调查方法。市场调查的方法很多，主要包括询问法、观察法、实验法、访问调查技术。

1. 询问法

询问法也称为调查法，即调查人员通过询问被调查者了解市场情况，是最常用、最基本的一种调查方法。

1）个人访问：调查者通过与被调查者面对面交谈获得信息。

2）电话访问：通过电话从被调查者口中获得信息。

3）邮寄询问：将设计好的问卷邮寄给被调查者，请他们答好再寄回，从而收集信息。

4）留置询问：将问卷交给被调查者，说明填写问卷的方法后留下问卷，由其自行填写，再按期收回，以获取信息。

2. 观察法

观察法是根据一定的研究目的、研究提纲或观察表，去直接观察被研究对象，从而获得资料的一种方法。观察法的优点是直观、可靠，结果更真实，不受被观察者的意愿和回答能力影响，而且简便易行、灵活性强，可随时随地进行。观察法的缺点是无法了解被观察者的动机、态度、想法和情感，而只能观察到公开的行为。由于人的感觉器官具有一定的局限性，观察者往往要借助各种现代化的仪器和手段，如照相机、录音笔、摄像机等来辅助观察。通常采用的观察方法有如下 4 种。

1）自然观察法。自然观察法是指调查员在一个自然环境中（包括超市、展示地点、服务中心等）观察被调查对象的行为和举止。

2）设计观察法。事先设计模拟一种场景，调查员在一个已经设计好的并接近自然的环境中观察被调查对象的行为和举止。所设置的场景越接近自然，被观察者的行为就越真实。

3）掩饰观察法。众所周知，如果被观察人知道自己被观察，其行为可能会与平时有所不同，观察的结果也就不同，调查所获得的数据也会出现偏差。掩饰观察法就是在不为被观察人、物或者事件所知的情况下监视其行为过程。

4）机器观察法。在某些情况下，用机器观察取代人员观察是更好的选择。在特定的环境中，机器可能比人员更经济、更精确，也更容易完成工作。

3. 实验法

实验法是指市场实验者有目的、有意识地通过改变或控制一个或几个市场影响因素的实践活动，来观察市场现象在这些因素影响下的变动情况。实验调查法是一种具有实践性、动态性、综合性的直接调查方法，它具有其他调查方法所没有的优点，同时也有自身的局限性。实验法的局限性主要表现在所选的实验对象和实验环境难以具有广泛的代表性。实验调查的结论总带有一定的特殊性，其应用范围是很有限的。实验调查中，人们很难对实验过程进行充分、有效的控制。这是因为很多影响因素是无法排除的，而这些因素又很难一一测定或综合测定出来，在实验效果中往往混杂着非实验因素的影响结果，因此准确区分和检测实验效果与非实验效果就很困难。市场实验调查法对调查者的要求比较高，花费的时间也比较长。

4. 访问调查技术

访问调查技术是按所拟调查事项，有计划地通过访谈、询问等方式向被调查者提出问题，通过他们的回答来获得有关信息和资料的一种专项调查技术。访问调查的特点在于整个访谈过程是调查者与被调查者相互影响、相互作用的过程，也是人际沟通的过程。访问调查的方式包括入户访问、电话访问、信函调查、会议调查和网上调查等。

（三）竞争对手调查

1. 竞争店与本店的距离

通过调查了解竞争店与本店距离远近所带来的竞争结果。如果竞争店实力雄厚，自己想“另立门户”，则应选择离竞争店较远的地点；如果认为自己有足够的实力与竞争店竞争，则可把店开在竞争店旁，让顾客能快速通过对比来了解你的产品优点。有时，竞争店在旁边还可以有效地吸引顾客，让顾客在光顾竞争店后也来到你的店。

2. 竞争店的店铺地点

调查了解竞争店的地理位置，分析为何那里能有较多的顾客光顾。自己的店应开在什么地方，可以通过竞争店的地点调查来决定。有时，通过对其调查可以得知该地区人员的一些生活习性，从而确定自己的店铺地点。

3. 竞争对手的产品

调查了解竞争对手的产品类别及市场占有率，有助于最终决定自己的店卖哪种商品。如果竞争店的市场占有率高，就应避免与竞争店的产品太类似，因为不容易打开销路。自己可以选择与其不同档次、不同类型或者与其商品有连带作用的产品。

二、创业融资

资金是企业的血脉，是企业经济活动的第一推动力和持续推动力。企业的创立、生存和发展，必须以一次次融资、投资、再融资为前提。由于创业企业多数是处于发育成长早期的新生企业，与一般的规模较大和发育较成熟的企业相比，融资更加困难。如何选择融资方式，适时制定出合理的融资决策，确立最佳的融资方案，是创业融资前需要认真分析和研究的问题。

（一）创业融资的渠道

1. 银行贷款

银行贷款被誉为创业融资的“蓄水池”，在创业者中很有“群众基础”。从目前的情况看，银行贷款有4种，具体如表6-4所示。

表6-4 创业贷款种类表

贷款形式	基本特点
抵押贷款	指借款人向银行提供一定的财产作为信贷抵押的贷款方式。为了保证到时归还，这些贷款均以企业的资产或现金流为基础，又分为应收账款抵押贷款、存货抵押贷款、设备抵押贷款、不动产抵押贷款。不动产也常被用作基于资产的融资，这种抵押贷款往往容易获批，筹资公司常常将此贷款当作购买地产、工厂或其他建筑的资金
信用贷款	指银行仅凭对借款人资信的信任而发放的贷款，借款人无须向银行提供抵押物
担保贷款	指以担保人的信用为担保（信用担保、联合担保、互助担保、商业担保）而发放的贷款
贴现贷款	指借款人在急需资金时，以未到期的票据向银行申请贴现而融通资金的贷款方式

2. 风险投资

风险投资是一种高风险、高回报的投资，风险投资家以参股的形式进入创业企业。风险投资比较青睐高科技创业企业。风险投资家更关注创业企业的赢利模式和创业者本人。

1）创业基金。创业基金是指由专业人士管理的资金，投资人以股本投资形式向尚未上市的公司提供融资。它投资于某一家公司的目的是促成其上市。创业基金在投资有关行业时，收取一定数量的公司股权作为交易，或要求控股。创业基金在以后要退出某项目投资时，可以将其持有的公司股份卖给原股东或第三者，也可以等到该公司上市以后通过市场交易套回现金。

2）天使基金。天使基金投资主要是指富有个人或机构投资于初创期及成长前期的高风险、高成长性企业，待企业成长到一定阶段后，通过股权转让获得投资收益的一种特殊投资行为。这种投资在为项目企业带来资金的同时，还为企业提供包括治理结构、规范管理、人才吸引、后期融资等在内的众多增值服务。

3. 民间资本

民间资本的投资操作程序较为简单，融资速度快，门槛也较低。通过民间担保公司担保向银行贷款，通常采取协议评估的形式，与国有担保公司相比较，其手续较为简便，服务较为灵活，贷款时效也提高了。中小企业采用多种融资方式补充资金需求，主要有股份制、民间拆借等方式，部分企业实行了以项目、股权融资，也有企业正积极探索上市融资，具体形式如表6-5所示。

表 6-5　民间资本融资方式表

融资渠道	融资方式
融资市场	主要有 3 种市场：国内证券市场、香港创业板市场、海外创业板。除了美国纳斯达克市场之外，新加坡、加拿大、澳大利亚和新西兰等国均设立了针对中小科技企业上市融资的创业板
产权交易市场	各地都设立了股权、资产交易的中介市场。产权交易比较规范，对出售的资产、股权均有相应的价格评估体系，交易方式基本市场化
发行信托产品	信托产品是近两年市场的热门品种，一般委托信托投资公司向民间私募，用于一些大型的基建项目；给投资者的利率高于银行同期利率
支付信托佣金	信托产品属于金融创新品种，如果有成熟的发展项目及良好的赢利模式，可尝试用此方式委托投资公司协助融资
资产证券化	小企业将资产抵押给投资银行（证券公司或商人银行），由投资银行发行相应等价的资产证券化品种，发券募集的资金由中小企业使用，资产证券化品种可通过专门的市场进行交易

4. 典当融资

典当融资是一种特殊的融资方式，它具有筹资方式灵活、质押范围广、贷款速度快、提供的配套服务周全等特点。但典当融资的贷款期限较短，而且利息要高于银行贷款。因此，创业者融资前要先考虑好能否立即从银行得到需要的资金。如果能，自然应首选银行；如果无法得到银行贷款，想“借道”典当融资，也应细算一下典当融资的成本是否划算。总之，“急用”“即还”是典当融资的两大要点，比较适合急需融资但资金需求不大的创业者。

5. 融资租赁

融资租赁是一种以融资为直接目的的信用方式，表面上看是借物，而实质上是借资，以租金的方式分期偿还。目前，我国很多中小企业规模小、信用等级低、市场风险大、倒闭率高，开辟新的融资渠道是当务之急，而融资租赁就是一种非常好的方式。但融资租赁这种筹资方式，比较适合需要购买大件设备的初创企业，但在选择时要挑那些实力强、资信度高的租赁公司，且租赁形式越灵活越好。

6. 利用中介机构为创业融资

在利用中介融资中，投资银行是主要的一种，其作用主要是帮助那些虽不成熟但已具有一定实力和条件并需要融资的风险企业进行以私募形式为主的融资，使公司迅速达到上市水准。其他中介还有企业财务顾问、投资顾问、政策顾问等。

（二）创业融资过程的注意事项

1. 资金数量上追求合理性

由于融资不易，经营者在遇到比较宽松的筹资环境时，往往容易犯“多多益善”的错误。但如果筹来的资金用得不合理或者并非真正需要，那么好事就变成了坏事，经营者可能背负沉重的债务负担，进而影响融资能力和获利能力。

2. 资金使用上追求效益性

综合考虑经营需要与资金成本、融资风险及投资收益等诸多方面的因素，把资金的来源和投向结合起来，分析资金成本率与投资收益之间的关系，避免决策失误。

3. 资金结构上追求配比性

按结构上的配比原则，中小企业用于固定资产和永久性流动资产上的资金，以中长期融资方式筹措为宜；由于季节性、周期性和随机因素造成企业经营活动变化，此时所需的资金以短期融资方式筹措为宜。

三、创业计划书

创业前人们都需要完成自己的项目创业计划书，以确定自己投资的可行性。创业计划书是用科学的方法、客观的数据来估算可能的利润，从而决定是否投资某个项目的分析报告。

（一）创业计划书的内容

创业计划书就有如一部功能超强的电脑，它可以帮助创业者记录许多创业的信息、创业的构想，能帮创业者规划成功的蓝图。而整个营运计划如果翔实清楚，对创业者或参与创业的伙伴而言，也许能够使双方达成共识，集中力量向成功迈进。

一般创业计划书包含以下内容。

1. 计划摘要

计划摘要列在创业计划书的最前面，它是浓缩了的商业计划书的精华。计划摘要涵盖计划的要点，以便读者能在最短的时间内评审计划并做出判断。计划摘要一般应包括以下内容：公司介绍；主要产品和业务范围；市场概况；营销策略；销售计划；生产管理计划；管理者及其组织；财务计划；资金需求状况等。

摘要应尽量简明、生动，特别要详细说明自身企业的不同之处及企业获取成功的市场因素。

2. 产品（服务）介绍

在进行投资项目评估时，投资人最关心的问题就是，风险企业的产品、技术或服务能否解决以及能在多大程度上解决现实生活中的问题，或者风险企业的产品（服务）能否帮助顾客节约开支，增加收入。因此，产品介绍是创业计划书中必不可少的一项内容。通常，产品介绍应包括以下内容：产品的概念、性能及特性；主要产品介绍；产品的市场竞争力；产品的研究和开发过程；发展新产品的计划和成本分析；产品的市场前景预测；产品的品牌和专利。在产品（服务）介绍部分，创业者要对产品（服务）做出详细的说明，说明要准确、通俗易懂，使非专业人员的投资者也能明白。一般来说，产品介绍都要附上产品原型、照片或其他介绍。

3. 人员及组织结构

有了产品之后，创业者第二步要做的就是组织一支有战斗力的管理队伍。企业管理得好坏，直接决定了企业经营风险的大小，而高素质的管理人员和良好的组织结构则是管理好企业的重要保证。因此，风险投资家会特别注重对管理队伍的评估。企业的管理人员之间应该是互补型，而且要具有团队精神。一家企业必须具有负责产品设计与开发、市场营销、生产作业管理、企业理财等方面的专门人才。

4. 市场预测

当企业要开发一种新产品或向新的市场扩展时，首先就要进行市场预测。如果预测的结果并不乐观，或者预测的可信度让人怀疑，那么投资者就要承担更大的风险，这对多数风险投资家来说都是不可接受的。在创业计划书中，市场预测应包括以下内容：市场现状综述；竞争厂商概览；目标顾客和目标市场；本企业产品的市场地位；市场区分和市场特征等。

5. 营销策略

营销是企业经营中最富挑战性的环节，在创业计划书中，营销策略应包括以下内容：①市场机构和营销渠道的选择；②营销队伍和管理；③促销计划和广告策略；④价格决策。

6. 生产制造计划

创业计划书中的生产制造计划应包括以下内容：产品制造和技术设备现状；新产品投产计划；技术提升和设备更新的要求；质量控制和质量改进计划。

7. 财务规划

财务规划需要花费较多的精力来做具体分析，其中就包括现金流量表、资产负债表及损益表的制作。财务规划一般包括以下内容：创业计划书的条件假设；预计的资产负债表；预计的损益表；现金收支分析；资金的来源和使用。

可以这样说，一份创业计划书概括地提出了在筹资过程中风险企业家需做的事情，而财务规划则是对创业计划书的支持和说明。因此，一份好的财务规划对评估风险企业所需的资金数量、提高风险企业取得资金的可能性是非常有帮助的。

（二）创业计划书的结构

创业计划书一般包括：执行总结（即计划摘要）、产业背景和公司概述、市场调查和分析、公司战略、总体进度安排、关键的风险、管理团队、企业经济状况、财务预测、假定公司能够提供的利益等 10 个方面，如表 6-6 所示。

表 6-6 创业计划书内容一览表

内容	具体描述
执行总结	对创业计划做 1～2 页的概括。包括以下内容：该创业计划的创意背景和项目的简述，创业的机会概述，目标市场的描述和预测，竞争优势和劣势分析，经济状况和盈利能力预测，团队概述，预计能提供的利益
产业背景和公司概述	详细的市场分析和描述，竞争对手分析，市场需求；公司概述应包括详细的产品、服务描述，以及它如何满足目标市场顾客的需求，进入策略和市场开发策略

续表

内容	具体描述
市场调查和分析	目标市场顾客的描述与分析，市场容量和趋势的分析、预测，竞争分析和各自的竞争优势，估计的市场份额和销售额，市场发展的走势
公司战略	阐释公司在发展的各阶段如何制定公司的发展战略，通过公司战略来实现预期的计划和目标，制定公司的营销策略
总体进度安排	包括以下领域的重要事件：收入来源、收支平衡点和正现金流、市场份额、产品开发介绍、主要合作伙伴、融资方案等
关键的风险	关键的风险分析（财务、技术、市场、管理、竞争、资金撤出、政策等风险），说明将如何应付或规避风险和问题（应急计划）
管理团队	介绍公司的管理团队，其中要注意介绍各成员与管理公司有关的教育和工作背景（注意管理分工和互补）；介绍领导层成员，创业顾问及主要的投资人和持股情况
企业经济状况	股本结构与规模，资金运营计划，投资收益与风险分析
财务预测	财务假设的立足点，会计报表（包括收入报告、平衡报表、前两年为季度报表、前5年的年度报表），财务分析（现金流、本量利、比率分析等）
假定公司能够提供的利益	这是创业计划的“卖点”，包括总体的资金需求，在这一轮融资中需要的是哪一级，如何使用这些资金，投资人可以得到的回报等，还可以讨论可能的投资人退出策略等内容

拓展阅读 6-2

创业计划大赛简介

1. 什么是创业计划竞赛

创业计划竞赛是近几年风靡全球高校的重要赛事。起源于美国，又称商业计划竞赛，自1983年得克萨斯大学奥斯汀分校举办首届创业计划竞赛以来，美国已有包括麻省理工学院（MIT）、斯坦福大学等世界一流大学在内的十多所大学每年举办这一竞赛。著名的MIT“5万美元创业计划竞赛”已有十多年历史，每年都有五六家新的企业从大赛中诞生，影响深远。Netscape、Excite等公司就是在美国大学的创业氛围中诞生的。每年有相当数量的创业计划和创业团队被附近的高新技术企业以上百万美元的价格买走。这些由创业计划竞赛直接孵化出来的企业中，有的在短短几年内就成长为年营业额数十亿美元的大公司。

在中国，创业计划竞赛最早于1998年在清华大学举行。1999年，由共青团中央、中国科学技术协会、中华全国学生联合会主办，清华大学承办的首届“挑战杯”中国大学生创业计划竞赛成功举行。竞赛汇集了全国120余所高校的近400件作品，在全国高校掀起了一轮创新、创业的热潮，产生了良好的社会影响。在社会各界的关心和支持下，一批创业计划进入了实际运行操作阶段，技术、资本与市场的结合向更深的层次推进。经过多年的洗礼，创业计划竞赛使大学校园创新意识、创业能力的教育与培训工作得到了进一步发展，成为广大学生参与素质教育的新载体和科技活动的新形式，同时也成为高校之间竞显办学水平、教育质量和学生综合素质的一个重要窗口，活动引起了各高校的关注和重视。

目前，创业计划竞赛已与课外学术科技作品竞赛一道，成为“挑战杯”旗帜下的重要赛事，并形成两赛隔年举办的格局。且从2002年起，教育部也成为主办单位之一。作为学生科技活动的新载体，创业计划竞赛必将在培养复合性、创造性人才，促进高校产学研结合，推动国内风险投资体系建立方面发挥越来越积极的作用。

2. 参赛作品的基本要求

1）参赛者：创业计划竞赛要求参赛者组成优势互补的竞赛小组或团队，原则上主要人员不超过5人。

2）参赛作品：提出一个具有市场前景的产品/服务，并围绕这一产品/服务，完成一份完整、具体、具有可行性和操作性的创业计划书。

3）创业计划书：基于具体的产品/服务，着眼于特定的市场、竞争、营销、运作、管理、财务等策略，描述团队的创业机会，阐述可能得到和利用的资源。计划书主要包括以下8个部分：概述、产品/服务、市场、竞争、营销、经营、组织、财务。

四、大学生创业常见的问题与对策

（一）常见的主要问题

1. 个人方面的问题

很多大学生创业者缺乏走创业之路的意识和能力，心理准备不足。有调查数据表明，当前大学生素质上的缺陷主要体现在三个方面：其一，在人际交往上，不能摆正自己与他人、眼前利益与长远利益之间的关系；其二，缺乏创新进取精神，集中体现在“大事做不来，小事不愿做”的盲目清高上；其三，知识面过于狭窄，理论与实际脱节，表现在懂理论的人不懂操作，懂操作的人不懂管理，懂管理的人不懂经济，等等。知名企业家潘福祥认为，大学生办公司的劣势在于不懂商业运作，没有实践经验。首先，从一份抽象的创业计划书到成功的市场运作，整个操作过程还需要借助长时间积累的管理经验加以磨合，这不是“啃一啃”纲常条目的书本理论就能达到的。其次，在成立了公司之后，对于如何建立财务制度、人事制度、行政制度等，大学生创业者并不很清楚。设想一下，要自主创业办一家公司，方方面面的事情都需要自己打理，工商、税务等部门都要进行沟通、打交道，涉及面特别广，对于一位刚刚跨出校门的大学生来说很难。

2. 环境方面的问题

1）部分家庭对大学生创业的不理解和不宽容。家长供孩子读书已属不易，自主创业是笔额外的风险投资，与工薪家庭的投资回报期望相去甚远，从而导致家庭矛盾，出现意想不到的麻烦。

2）创业之初，人手少，无严格分工，创业者不得不同时担任多种角色，既疲劳不堪，又常常不能适应，这容易使人烦恼。

3）创业要与社会各方面打交道，这又常是初涉社会的大学生创业者所不擅长的，办不成事的情形是常有的，容易产生挫败情绪。

4）由于缺乏挫折承受准备，一些创业者稍遇失败就心灰意冷，怀疑自己的能力，害怕承担风险，容易半途而废。

以上问题的存在都要求创业者事前就应预见创业的艰辛、风险和可能的失败，并做好应对的心理准备，以顽强的意志承受这一切。

3. 资金方面

创业需要资金，某些领域的创业甚至需要大量资金。对创业者来说资金有三个渠道：一是自筹，二是借贷，三是风险投资。自筹资金数量有限；借贷一则资信不足、贷款不易，二则有期限要求，不能满足创业的长期投资需要；风险投资是最好的形式，特别适合大学生创业者。但我国目前的风险投资市场还很不成熟：一是投资者少，资金有限；二是管理不规范，投资风险大；三是上市条件高，所投资金不能及时抽出，继续其他项目的投资。总之，能为大学生创业提供投资者较少，数量也有限。

（二）解决问题的对策

1. 大学生要转换观念

尽管大学生有独立创业的愿望与热情，但真正面对激烈的市场竞争局面，还会因自身底气不足而却步。大学生所学都是书本知识，有的甚至还是无法直接用于市场实践的纯理论，要通过独自考察来选择一个有投资创业前途的项目，实在很难。经验不足会造成投资高风险，也使他们自主创业的意愿冷却，最终选择放弃。社会各界应鼓励大学生开展自主创业来解决就业出路，转变观念，培养自己的创业精神，锻炼自己的创业技能，不仅成为求职者，还应成为工作岗位的创造者。

2. 大学生要加强创业知识的学习

大学生应注意创业在各专业课程中的渗透，即结合实际，注重创业能力及素质的培养。

3. 学校、政府和社会要扶持学生创业

学校、政府和社会的指导、扶持和保护应该贯穿大学生创业的前、中、后三个时期，建立一条有效引导青年创业、有利于培养创业人才的“绿色通道”。

第四节 创业管理

成功的人和不成功的人就差一点点：成功的人无数次修改方法，但绝不轻易放弃目标；不成功的人总是变换目标，却从不改变方法。

——职场名言

创业是一个系统的、复杂的体系，从创业之前、创业之初到企业规模不断发展，都是需要创业者凭借智慧和勇气，不断寻找出每个阶段的关键点并迅速突破的过程。创业之初，公司在资金、人才和实力等方面往往都不会具备优势，被大量不确定性事务驱动和疲于应付的状态在所难免，但任何公司的管理工作又的确是件大事，是公司能否持续发展的重要保证。要妥善处理并解决这对矛盾，关键在于如何取得事务驱动和规范运作之间的合理平衡。所谓创业管理，就是基本上依靠自有资金，使新事业开始盈利并进入良性循环的管理方式。

一、目标管理

要对公司运作和管理有正确的理解和思考方向。规范管理并不意味着公司必须有一大套规章制度，创业期更是如此。任何管理的目标一定是使公司运作更加有效，而非纸面文章或者形式架构做得如何漂亮，它的衡量标准是成果而非过程。所以，重点的思考方向应该是，公司如何能够盈利，如何能够生存下去，如何能够取得自身独特的竞争优势，等等。创业管理是“以生存为首要目标”的管理方式。新事业的首要任务是从无到有，把自己的产品或服务卖出去，掘到第一桶金，从而在市场上找到立足点，使自己生存下来。在创业阶段，生存是第一位的，一切围绕生存运作，一切危及生存的做法都应避免；最忌讳的是在创业阶段提出不切实际的扩张目标，盲目铺摊子、上规模，结果只能是“企者不立，跨者不行”。那么如何生存呢？只有赚钱。在创业阶段，亏损—赚钱—又亏损—又赚钱，可能要经历多次反复，直到最终持续稳定地赚钱，才算是度过了创业的生存阶段。创业企业要超越已有的竞争对手，一定要探索到新的成功的生存模式，这是创业管理的本质所在。

二、资金管理

创业管理是“主要依靠自有资金创造自由现金流”。现金对企业来说就像是人的血液，企业可以承受暂时的亏损，但不能承受现金流的中断。所谓企业的自由现金流就是不包括融资，不包括资本支出及纳税和利息支出的经营活动净现金流。自由现金流一旦出现赤字，企业将发生偿债危机，可能导致破产。自由现金流的大小直接反映企业的赚钱能力，它不仅是创业阶段，也是成长阶段管理的重点。区别在于：对创业管理来说，由于融资条件苛刻，只能主要依靠自有资金运作来创造自由现金流，管理难度更大。创业管理要求经理人必须千方百计增收节支、加速周转、控制发展节奏。

三、团队管理

创业管理是充分调动“所有的人做所有的事”的团队管理方式。新企业在初创时，尽管建立了正式的部门结构，但很少有按正式组织方式运作的。典型的情况是，虽然有名义上的分工，但运作起来是哪急、哪紧、哪需要，就都往哪里去。这种看似“混乱”的状态，实际是一种高度“有序”的状态。每个人都清楚组织的目标和自己应当如何为组织目标做贡献，没有人计较得失，没有人计较越权或越级，相互之间只有角色的划分，没有职位的区别，这就是团队精神。在创业阶段，经理人必须尽力使新企业成为真正的团队，否则是很难成功的。这种在创业时期锻炼出来的团队领导能力，是经理人将来领导大企业高层管理班子的基础。

四、人员管理

初创企业一般都是中小企业，人员配置少，有的人身兼数职，所以不能忽视每一个人对企业的影响力。创业者不能把做企业想象得过于简单，更不能忽视人员管理。每个企业都离不开员工在其中发挥的作用，企业管理人员与基层人员决定了企业的方方面面。人安定，则企业安定；人复杂，则企业复杂。管理好人是企业第一要素。人的情绪不受自己控制，更不受管理人员的控制，如果不加以管理，往往容易失控或失态，甚至会波及身边人或更多人。在小企业中，一个员工的情绪常常会不同程度地影响集体情绪，甚至影响整个公司的情绪，不良情绪的出现往往会妨碍工作，扰乱管理，从一定程度上加速了不成熟公司的瓦解。企业管理人员应该关心员工，不要只管自己抓生产、抓质量、抓业务而忽视了内部人员的情感变化。“任有大小，惟其所能，若器皿焉”。创业型企业要充分调动所有员工的积极性，让智者尽其谋，勇者尽其力。

五、制度管理

企业从创办的第一天起，就要建立一套务实的、简单的公司运作管理的基本制度和原则。任何公司的运作和发展都需要一个系统的流程和体制，可以比较简单，也可以很复杂，关键是要视公司的具体情况而定。但任何公司在创业期，它的管理体制一定要讲究简单和务实。一般来说，公司运作都离不开资金、人才、技术和市场等要素。有的创业者热衷于技术，但必须认识到，单靠技术是无法取胜的，还必须有一套基本的管理制度，主要是抓好人和财两个方面。例如，企业制定一本员工手册，规定工作流程、考勤制度、奖惩条例、薪资方案等方面的条文，这方面有许多样本可以参考，可以根据公司自身特点选择重要的方面去制定。在财务方面，报销制度、现金流量、制定预算、核算和控制成本等方面是必须首先要考虑的。不严谨、漏洞百出的混乱状态会给公司经营带来麻烦。没有任何规章制度的公司，只会落到举步维艰的境地。规章制度最大的好处是使每个人都处在相同的行为准则下朝着共同的目标前进。

案例分析 6-2

互联网经济为创业者提供广阔的空间

2015 年“创青春”中国青年互联网创业大赛物流 APP“快货运”夺得冠军。

“我有一个理想，让运力像商品一样方便地交易。到那个时候，我们从网上买一套沙发不再需要等半个月，物流老板做生意不再有打不完的电话，司机有货可拉且不再苦苦等待……”“快货运”项目负责人、30 岁的绍兴小伙赵干，手捧冠军奖奖杯时，吐露了创业初衷。2015 年“创青春”中国青年互联网创业大赛在杭州梦想小镇收官后，“快货运”项目获得了 50 万元冠军奖金。

1. 物流末端配送痛点成就冠军

单票配送成本高，凑单配送时效无保障，这是专线末端配送的难与痛。有痛点就有需求，有需求就有市场。武汉七雄路的一个小阁楼，一度“猫”着杨邦照、赵干等有创业理想的浙江年轻人。他们将线下同城配送搬到了线上，着手解决专线末端配送的难与痛。2014 年 8 月，杨邦照、赵干等人合伙创立了杭州快驰科技有限公司，并很快推出了第一款产品——“快货运”。“快货运”是个什么项目？杭州快驰科技有限公司相关负责人告诉记者，它针对的是传统物流行业太落后、效率较低的市场痛点，依托大数据智能匹配系统，整合运能、降低成本的货运服务应用。“快货运”App 分为货主端和司机端。货主可以快速提交需求信息，信息被即时推送给附近的货车司机。车主可以轻松获取平台上的需求信息，并根据自身车载和位置情况抢单。货物送达目的地后，货主确认货物运送到位，即可在 App 上支付运费，完成交易。“‘快货运’项目相当于货运的‘快的打车’或‘滴滴打车’模式。”相比同类竞争者，他们希望实现价格标准化、透明化、运力最大化。据悉，“快货运”项目已吸引了 A 轮千万美元的风投资金。至于 50 万元冠军奖金，赵干等人已经有了计划，“将会用来在公司内部设置‘持续改进’的专项奖励”。

2. “众包”成创业主流模式

除“快货运”外，其他获得大赛金奖的项目也很接地气。例如，“实时公交手机应用项目计划书”，该项目能协助市民规划出行、改善用户乘坐体验的公交实时信息查询软件。

分析：2015 年“创青春”中国青年互联网创业大赛，让人嗅到了互联网经济未来发展的方向。

创业平台“乐创会”创始人卢艳峰分析：“从创业大赛获奖情况来看，软件系统、智能硬件、生活服务平台、电商平台、在线旅游、在线教育是目前互联网创业的热点。共享经济，众包模式成为大多数获奖创业项目的核心商业模式，像获得冠军奖的‘快货运’以众包模式，重新定义了时间与成本的意义，成为了解决物流配送的最佳方式，标志着众包物流迎来了‘互联网+物流’的最好时代，这表明了一个重要趋势——共享经济时代已到来。”

案例分析 6-3

创业要选好入手领域

北京三士龙腾电子技术有限责任公司的董事总经理刘艳武是毕业于清华大学的硕士研究生。1992 年年底，刘艳武和几个同学一起打算自己创业。注册公司的几万元资金是几个同学凑的，资金、人员、市场等困难像山一样地摆在面前，他们拥有的只是年轻人干事业的热情和身上的专业技能背景。当时他们结合自身专长，对市场进行了理性的分析，认定当时在国内刚刚起步的逆变技术将来会有很好的市场前景，就马上开始了埋头苦干。

那个时候，他们在租来的小院子里进行技术研发。寒冬腊月，大家经常站在院子里调试设备，冻得瑟瑟发抖；在工作中，刘艳武的左手险些被电锯削掉三根手指头，至今伤疤还明显可见；农历除夕的上午大家还在辛苦地工作，中午去饭馆买了几个炒菜，却累得谁也吃不下一口。他们雇的工人从来没少拿一分钱的工资，可是他们几个人却一分钱工资都没拿过，甚至家里人的工资还要被拿来作为研发资金。他们就是在这样艰苦的条件下研发出逆变焊接技术，创造出将近300万元的效益。

刘艳武告诫想创业的大学生，选择好入手的领域之后，就要专一地将这个领域做下去。他坦言，自己的企业规模不大，这样的企业能够在激烈的市场竞争中生存，靠的是“诚信”和“创新”两条准则。他们重点开发的等离子清洗设备从前依靠进口，推向市场之后必将产生很好的社会和经济效益。他最看好的企业发展模式是欧洲的高技术企业的模式，那就是不追求规模大，而追求专业性。塑造精品企业也是他本人一直以来的追求。刘艳武说，自己当年的同学中，只要是专一地在一个领域中踏踏实实地做下去的，现在都有一定的成绩了；而一些在各个地方、各个领域中跳来跳去的，虽然到现在收入不少，但从事业的角度来看，却是一事无成的。

分析：创业的关键在于选准切入点，克服困难做下去，诚信加创新，专一于一个领域是刘艳武成功的重要因素。机会只会青睐有准备的人，准备的基础是来自于日复一日地对自己领域的钻研。

学生活动

6.1 实践活动

6.1.1 了解在校大学生创业与就业社团组织的活动情况，发起和参与学生创业社团活动。

6.1.2 在教师指导下，了解和参加学校（或系）组织的大学生创业计划大赛。

6.1.3 在教师指导下，设计创业计划书。

6.2 测试一下你的创业智商

企业家的气质也许就隐藏在你的内心深处，下面的测试题可以测验一下你的创业智商，看看你是否具有企业家所应具备的气质。这些问题并不是你未来成功与否的标准，不过它也许可以告诉你应该从何处入手，以及你需要在哪些方面进一步提升自己。

测试题（回答“是”或“否”）:

1. 你父母有过创业的经历吗？
2. 在学校时你学习好吗？
3. 在学校时，你是否喜欢参加群体活动，如俱乐部的活动或集体运动项目？
4. 少年时代，你是否更愿意一个人待着？
5. 你是否参加过学校工作人员的竞选或是自己做小生意（如卖柠檬水、贺卡）？

6. 你小时候是否很倔强？

7. 少年时代，你是否很谨慎？

8. 小时候你是否很勇敢而且富于冒险精神？

9. 你很在乎别人的意见吗？

10. 改变固定的日常生活模式是否是你开创自己的生意的一个动机？

11. 也许你很喜欢工作，但是你是否愿意晚上也工作？

12. 你是否愿意随工作要求而延长工作时间，可以为完成一项工作而一天只睡一会儿，甚至根本不睡？

13. 在你成功完成一项工作之后，你是否会马上开始另一项工作？

14. 你是否愿意用你的积蓄创业？

15. 你是否愿意向别人借东西？

16. 如果你的生意失败了，你是否会立即开始另一个？

17. （接上题）或者你是否会立即开始找一个有固定工资的工作？

18. 你是否认为作一个企业家很有风险？

19. 你是否写下了自己长期和短期的目标？

20. 你是否认为自己能够以非常职业的态度对待经手的现金？

21. 你是否很容易心烦？

22. 你是否很乐观？

分数计算方法如表6-7所示。

表6-7　分数计算方法

1	2	3	4	5
是：加1分 否：减1分	是：减4分 否：加4分	是：减1分 否：加1分	是：加1分 否：减1分	是：加2分 否：减2分
6	7	8	9	10
是：加1分 否：减1分	是：减4分 否：加4分	是：加4分	是：减1分 否：加1分	是：加2分 否：减2分
11	12	13	14	15
是：加2分 否：减6分	是：加4分	是：加2分 否：减2分	是：加2分 否：减2分	是：加2分 否：减2分
16	17	18	19	20
是：加4分 否：减4分	是：减1分	是：减2分 否：加2分	是：加1分 否：减1分	是：加2分 否：减2分
21	22	—	—	—
是：加2分 否：减2分	是：加2分 否：减2分	—	—	—

说明：35～44分——绝对合适；15～34分——非常合适；0～14分——很有可能；−1～−15分——也许有可能；−16～−43分——不合适。

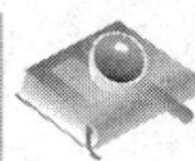

阅读资料及教学课件

江苏高校毕业生可贷款创业

创业政策主要集中在7个板块

如何用好创业政策

南通市关于鼓励和扶持高校毕业生自主创业的实施意见

哪些行业最有创业潜力

大学生创业失败的十大原因

国务院办公厅关于深化高等学校创新创业教育改革的实施意见

国务院关于做好当前和今后一段时期就业创业工作的意见

第六章教学课件

下篇

求 职 指 导

第七章　求职准备

本章要点

求职择业是大学生人生中的又一次重要选择。每个大学生都渴望获得一份适合自己的工作，来成就一番事业。在目前就业层次大众化、就业机制市场化、就业渠道多元化的就业环境中，每一位大学生应在思想上更新就业观念，确立合适的就业期望值，必须根据自身实际情况和用人单位的具体要求，从职场信息的搜集、求职简历的制作、求职信的写作等方面充分做好求职准备。

理论指导

第一节　搜集求职信息

> 不会做小事的人，也做不出大事来。
>
> ——职场名言

“好的开始是成功的一半”，成功的求职必须从有计划地搜集求职信息开始。

一、搜集求职信息的意义

（一）就业信息是择业成功的重要前提

就业信息是指通过各种媒介传递的有关就业方面的消息和情况，如就业政策、就业机构、供需双方的情况及用人信息等。就业顺利与否不仅取决于一个人的内在素质，还取决于个体掌握就业信息的广度与深度、数量与质量、准确性与可靠性。因此，就业信息的掌握情况决定求职选择决策的科学性与准备性，是最终就业成功的重要前提。

（二）就业信息是顺利就业的可靠保障

当前各企事业单位在考查应聘者的整体素质时，通常以面试作为主要考核方式。因此，面试在求职过程中显得尤为重要。要想顺利通过面试，必须对用人单位的经营方式、产品结构、市场行情及以往的发展历程和今后的发展方向有一定深度的了解，这样才可确保在面试过程中取得事半功倍的效果。

二、搜索求职信息的方法

（一）了解就业信息的内容

1. 就业信息的概念

信息是现代科学的一个重要概念，它和能源、材料并驾齐驱，已成为人类文明的三大要素。所谓就业信息，就是指与就业有关的消息和情况，包括宏观的就业政策、社会对人才的需求、未来行业的发展趋势、社会就业形势、人口资源状况等。

2. 求职信息的分类

从我国的实际情况来看，就业信息一般可以分为以下几类。

1）政策信息，即有关就业的方针、政策、规划等方面的信息。政策信息既包括国家关于就业方面的大政方针、法律法规，也包括各地区有关就业方面的具体政策规定。

2）职业发展信息，是指有关职业发展战略、动向和趋势的信息。随着社会的发展，社会分工越来越细，于是就会有越来越多的新兴行业、新兴职业出现，也会出现冷门职业、热门职业的交替更迭变化。

3）咨询信息，即职业指导专家或机构就当时职业选择方面的普遍性问题发表的评价、咨询及提出的相应建议等信息。

4）职业参考信息，是指具有普遍意义的职业选择指导理论、方法和技巧等方面的信息。

5）需求信息，即用人单位年度招聘录用毕业生的计划及需求等。

3. 求职信息的特征

就业信息作为整个社会信息系统的一部分，有自己的鲜明的特征。

1）鲜明的实用性。实用性是就业信息最重要的特征。人们搜集、处理、储存就业信息的基本目的就是指导就业，提高就业效率。

2）快速的传递性。由于传播渠道的多样化，就业信息一旦发布，就会很快四处传递。而由于其实用性，信息在被求职者掌握后，会在更大的范围内传递。

3）广泛的共享性。就业信息能够同时为众多的求职者所掌握，不会因为使用者增多而使每个使用者获得的信息减少。因此，一个就业岗位会有很多求职者参与竞争。

4）一定的时效性。就业信息的效用有较强的时效性，一旦超过了一定期限，其效用就会大大降低以至消失。

4. 求职信息的内容

一般来说，求职信息的内容归纳起来包括以下 12 个方面。

1）用人单位的准确全称。

2）用人单位的所有制性质：国有、民营、外资、合资等。

3）用人单位的隶属关系，如要清楚其上级主管部门（指人事管理权限）等。

4）用人单位的详细地址、地理位置及交通情况。

5）用人单位的联系方式：人事部门联系人的姓名、职务、电话、传真、通信地址、电子信箱等。

6）用人单位需求人才的职位、人数、工作岗位、职责范围。

7）用人单位对需求人才的要求：学历、思想素质、专业技能、外语水平、计算机操作能力及身体健康状况等。

8）用人单位的发展历史、成长过程及发展前景：规模效益、注册资本、员工人数、占地面积、主要产品品牌、产品用户、市场占有率、行业排行榜。

9）用人单位的薪酬福利体系：工资、奖金、职务津贴、福利保险、医疗、住房及相应的劳动纪律。

10）用人单位的领导管理体系：人才战略、用人理念、组织机构、升迁机会。

11）用人单位的工作环境、文化生活氛围。

12）用人单位所在地区对接收外地生源毕业生的条件、要求及程序。

（二）求职信息搜索的循环模式

成功的求职必须从有计划的求职信息搜索开始。这里介绍一种求职信息搜索的循环模式（图 7-1）。

搜索求职信息，对用人单位的信息进行研究和分析，是大学生在开始自己职业生涯的过程中较重要的部分之一。循环模式是指大学生在求职过程中，要根据人才市场的需求变化和职业发展趋势，合理、适当地调整自己的择业期望值，重新审视和确立职业目标，搜索相关的求职信息，为找到一个适合自己的工作岗位不断努力。

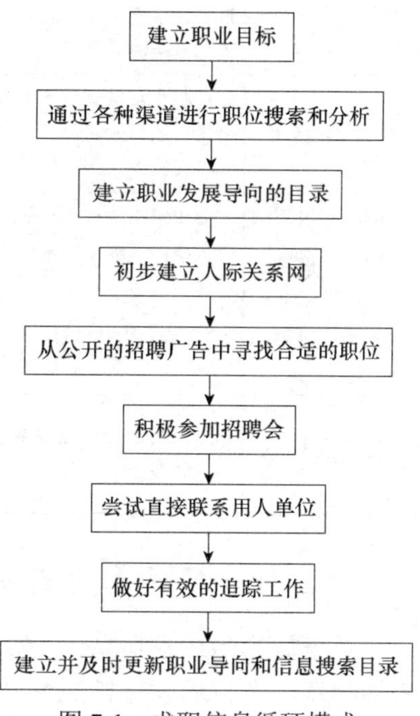

图 7-1 求职信息循环模式

（三）获取求职信息的渠道

获取求职信息的渠道主要有 8 种，如表 7-1 所示。

表 7-1 获取求职信息的渠道

渠道	功能	特点
学校的就业指导机构	为大学生提供与就业有关的政策咨询、前景分析、就业形势分析，组织校园招聘会，对用人单位进行资质审核，并在大学生就业信息网上发布大量的就业信息	所提供的需求信息可信度高，其针对性、准确性、可靠性、可操作性都较强，是现阶段大学生就业信息来源的主要渠道
人才招聘市场	各省、直辖市、自治区大多建立了人才交流中心、各类劳务市场就业咨询机构，这是横向搜集信息的主渠道，是地方政府职能部门负责管理，其服务比较规范	获得的信息比较准确，就业的成功率较高。用人单位数量较多，可以提供大批工作岗位；这些单位都比较欢迎应届高校毕业生；这些单位大多具备一定的资质，提供的岗位信息比较真实、有效

续表

渠道	功能	特点
传媒机构	主管大学生就业部门创办的毕业生就业指导报、《中国大学生就业》杂志及各高校的就业指导报等，不但为大学生提供了就业信息，同时还可以从中学习到与就业相关的技巧	传媒速度快，涉及面广，信息及时。有些传媒还开设了专题节目，为求职择业提供指导帮助
顶岗实习单位	一般是专业对口的校外教学实训企事业单位。通过实习了解的企业信息，比通过其他渠道了解到的更具真实性	如果实习单位有招聘意向，实习者往往会作为优先考虑对象留任。通过这个渠道解决就业问题的大学生每年都不少
社会实践活动	能提供机会让大学生了解单位的需求信息和对大学生的具体要求，并在此过程中弥补自身的不足和改正缺点	由此获得的信息准确、可靠，加上大学生与单位间有了一定的沟通基础，成功率较高
打电话、写求职信或登门拜访	要求求职者有“毛遂自荐”的意识，并对单位要有大概的了解和预测	主动性强，同时盲目性较大。在缺乏就业信息的情况下，是一种获取就业信息的方式
“三缘”机会	“三缘”指“血缘”“地缘”“学缘”	每个人都有父母等亲人，而他们又都有自己的朋友和熟人，以此延展下去，就会变成一个“问路”网络
网上信息	是今后大学生获取就业信息不可忽视的一个渠道，收费低、速度快、针对性强	查询方便、信息量大、选择面广，不受时间、地点的限制，在使用网络资源的时候，小心不要掉进虚假信息的陷阱

三、科学筛选与运用就业信息

对收集到的需求信息，大学生应结合自身的实际情况，加以筛选处理，去粗存精、去伪存真，有目的、有针对性地进行排列、整理和分析，使需求信息具有准确性、科学性和有效性，以更好地为自己的求职服务。

（一）信息筛选原则

1. 早

所谓“早”，就是收集信息要及时，要早做准备，不能事到临头再去抱佛脚。

2. 广

所谓“广”，就是信息面不能太窄，要广泛收集各个方面、不同层次的就业信息。

3. 实

所谓“实”，就是收集的信息要具体，用人单位的地点、环境、人员构成、工资待遇、发展前途、对新进人员的基本要求、联系电话等各方面信息掌握得越具体越好。

4. 准

所谓“准”，就是要做到收集的信息准确无误。如用人单位需要的是什么层次、什么专业的人才，在生源、性别、相貌、外语水平等方面有什么特殊的要求；同时还要注意用人单位信息的时效性，保证所了解的信息不是过期信息。

（二）信息筛选步骤

大学生掌握的信息越广泛，信息质量越高，就业成功的概率就会越大。由于信息的来源和获取方式不尽相同，信息化内容必然是杂乱的，甚至虚假不实。求职者就不得不结合自身的实际情况，对获得的信息筛选、整理、鉴别，取其精华，使信息具有准确性、全面性和有效性，以便更好地为自己的择业服务。一般信息筛选分为图 7-2 所示的几个步骤。

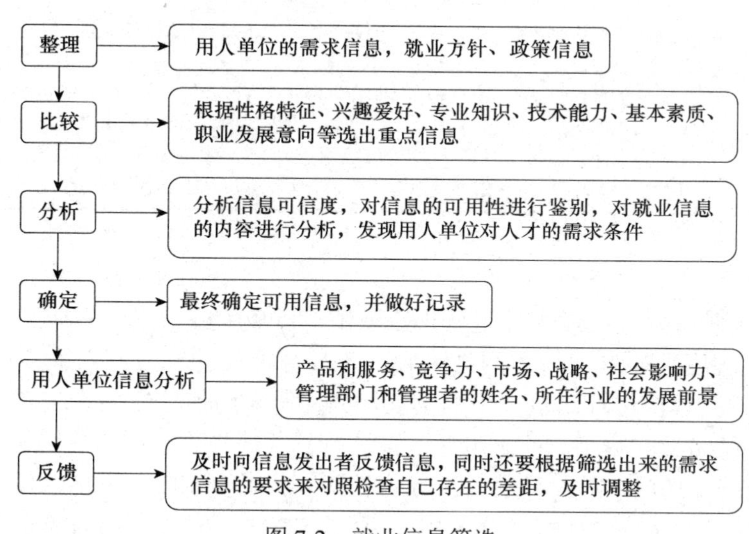

图 7-2 就业信息筛选

（三）就业陷阱分析

大学生就业陷阱是指招聘单位、其他机构或个人，利用大学生的弱势地位，如社会经验不足、自我保护意识差、就业竞争激烈等，以提供就业机会为诱饵，采用违法悖德等手段，与大学生达成权利与义务不对等的各类就业意向或协议，侵害大学生合法权益的现象。

1. 常见的就业陷阱形式

常见的就业陷阱形式主要有 6 种，具体如表 7-2 所示。

表 7-2 就业陷阱表现形式

就业陷阱	具体表现
以招聘为名盗取信息	这种情况往往是先在报纸或网络上公布一些待遇诱人的招聘信息，要求求职者提供自己的身份证号码或复印件，然后，不法分子还会进一步骗取求职者信用卡号、银行账号、照片等，从而盗用账户、冒名高额透支甚至专门做起倒卖个人隐私的生意
以招聘为名骗取钱财	这种情况是招聘方收取报名费、抵押金、培训费、服装费等，等钱到手后就“人去楼空”

续表

就业陷阱	具体表现
以招聘为名获得劳动力及成果	这种情况一般是通过“高职”“高薪”等条件来诱骗劳动力，当应聘者开始工作后才发现行政经理等于打杂的，市场总监就是拉业务的，财务分析师居然是保险推销员。所谓“高薪”不但是税前的，还不包括“五险一金”，甚至还需要完成相应的业绩才能获得。还有一些人借招聘之名骗取他人劳动成果
以试用期为名榨取劳动力	这种情况往往是打试用期与签约时间的时间差，以榨取廉价劳动力。首先要求应聘人员进行3～6月的试用，试用期内不但薪酬很少，劳保用品、物质奖励、各种保险和其他福利等也都不能与正式职工享受同等待遇。而在试用期即将结束时，单位便以各种理由炒求职者的“鱿鱼”。通过这样的方式来获得最廉价却最认真的永久性的临时工
以“霸王条款”克扣大学生	这种情况往往是用人单位通过苛刻的条件来剥夺大学生的既得利益
以“培训”为名骗取培训费	在就业过程中，常常会看到一些培训机构混迹其中，不断给大学生介绍“高薪就业”“保证就业”之类的机遇，殊不知其中的陷阱重重，最常见的就是收了培训费仍然无法工作。有些培训机构以“高薪就业”“保证就业”的名义引诱大学生缴纳培训费，但培训结束后，却以种种理由不给安排工作，或者安排的工作根本不适合大学生，逼迫学生自己违约

2. 预防措施

面对各种招聘骗术，大学生一定要小心谨慎，以免受骗上当。

1）选择信誉度高的专业人才网站应聘。各教育部门的官方网站大多开办了招聘专栏，由于其对招聘单位进行比较严格的审核，因此发布的信息较为真实。

2）拒交各种名义的费用。凡是附加了报名费、考试费等条件的招聘信息，一定要提高警惕。《劳动法》规定，用人单位在与劳动者订立劳动合同时，不得以任何形式向劳动者收取订金、保证金（物）或抵押金（物）。所以，在求职过程中用人单位任何形式的收费都是不合法的。

3）不要随意公开个人的重要信息。求职者在填写网络求职登记表时，不要到处填写自己的求职信息，更不要轻易公开个人的重要信息，尽可能做一些必要的保留。例如，自己的家庭住址最好不要填写，一般留下电子信箱联系即可。

4）谨慎到外地工作。只有在掌握了应聘单位的真实情况，证明其可信之后，才可以去工作。了解该单位情况的方法有：通过自己应聘单位所在城市的熟人，打听其相应情况，或者通过工商部门、学校就业指导中心核实该单位的真实性。

5）不以重要证件作抵押，尤其是身份证、学位证、毕业证等。

6）多种途径了解企业背景。注意招聘单位的营业执照等相关证件。正规单位招聘一般会将招聘地点设在单位的办公室、会议室；若是以出租房作为应聘地点，对于这样的单位则要多加警惕。

7）签订协议或合同时谈妥并认真填写各项待遇，避免日后争议。大学生与用人企业签合同要“三看”：一看企业是否经过工商部门登记以及企业注册的有效期限，否则所签合同无效；二看合同字句是否准确、清楚、完整，不能用缩写、替代或含糊的文字表达；三看劳动合同是否有一些必备内容。

8）接到陌生电话时，应弄清对方情况，并确定是否是招聘单位。对对方名称、经营范围等，进行核实后再作决断，千万不要贸然相信。

9）发觉被骗，立即报案。要学会鉴别招聘广告的真伪，特别留心广告标题、公司简介、核准机构、招聘职位、联系方式等。

只要大学生在求职择业时认清自己的实力，不要相信“天上掉馅饼”的美事，就可以有效规避就业陷阱。

第二节　个人简历的制作

> 正确的道路是这样：吸取你前辈所做的一切，然后再往前走。
>
> ——职场名言

一份成功的简历不仅能抓住读者的注意力，还是争取面试机会的良好基础，更是成功就业的基石，是求职准备关键的第一步。

一、个人简历的基本格式

（一）从文字类型分类

从文字类型上分，通常分为中文简历和英文简历两种。

1. 中文简历

中文简历包括三个部分：

1）标题：“个人简历”。

2）个人基本信息：包括姓名、性别、出生日期、出生地、通信地址、联系方式等。

3）正文：包括学习经历、工作经历等。

2. 英文简历

1）信头：申请人姓名、通信地址、邮政编码、电话号码、E-mail 等。

2）正文：工作经历、学习经历等。

（二）从简历格式分类

从格式上，简历通常分为表格式简历、时间顺序式简历、学习工作经历式简历三种。

1）表格式简历：用表格的形式列出自己的基本情况和学习、工作的经历，使人一目了然。

2）时间顺序式简历：按先后顺序，列出自己的学习工作经历，条理清楚。

3）学习工作经历式简历：根据需要有选择地列出自己的学习、工作经历，充分表现自己的技能、品德。

对于刚毕业的大学生而言，采用表格式简历比较好。

二、中文简历的主要内容

（一）开头

1）标题。一般为“简历”“个人简历”或者“求职简历”。

2）个人基本信息。包括姓名、性别、籍贯、学历、学位、政治面貌、学校、专业、身体状况、兴趣、爱好、性格及自己的联系方式等。

3）求职意向。用于表达自己的愿望，简明扼要地写明想要申请的职位。

（二）主体

1）教育背景。主要写大学期间的教育经历，包括在大学期间各种层次的经历，如所就读的学校、院（系）、专业、学习年限等。一般由高到低，突出自己的最高学历。

2）实践经历。这是简历的核心部分，所以一定要认真对待。写这部分内容要注意强调经验、资历及成就，突出重点，但不宜过细。同时，可以简要描述在过去履行责任时能够运用的技能，如计算机、语言交流能力等。

3）获奖及成绩情况。这些可以显示专业优势或特长，主要有三好学生、优秀团员、优秀学生干部及奖学金的获得情况。

4）职业技能。主要包括外语、计算机水平。如果具备其他技能，也应当一并写上。

5）兴趣爱好及其他特长。这与所求职务有很大的联系，如果篇幅允许，可简单描述，方便用人单位了解。

（三）结尾

结尾切忌“表忠心”，如“公司给我一个机会，我将回报公司一份业绩”“今天公司给我一份职业，明天我为公司开创一片事业”……很多大学生在结尾“表忠心”的做法，让人看了觉得非常可笑，也给用人单位留下了天真幼稚、华而不实的印象。

正规的结尾应表达以下几点意思：一是期望用人单位能给予回音和回复；二是留下联系方法，给用人单位回音和回复的途径；三是要表示谢意，以体现大学生的文明与素质。结尾一般提供证明自己资格和能力的证明人和证明材料等。证明人可以是在校期间的老师、工作单位领导、社会各团体负责人等，最好不要让亲朋好友作证明人。

结尾附加证明材料，诸如学历证明、学术论文获奖证书、专业技术职称证书、专家教授的推荐信等。这些材料可列在另一张纸上，附在简历后，并可以在简历结尾处注明“一经需要，即提供证明件”或“有些证明，来函即寄”。

三、英文简历的主要内容

1）姓名：姓在前，名在后，首字母大写。例如，张建国英文书写为 Zhang Jianguo。

2）地址：英文中地址按由小到大顺序书写。例如，中国江苏南京湖南路 32 弄 12

号 8 室，邮编 210000，英文为：Room 8，No.12，Lane 32，Hunan Road，Nanjing，Jiangsu Province, 210000 China. 其中 Room 可写作 Rm.，No.可用 Apartment 或 Apt.代替。

3）电话号码：电话号码要包括区号，跨国应聘要包括国家代号。

4）E-mail 地址：求职时通常留下 E-mail 地址，而不留家庭地址。

5）求职目标：Job Objective，或 J.O.，或 Position Desired，或 Objective。

6）工作日期：月份在前年份在后，例如，July.2015-Feb.2019。

7）公司名称：可与上述的工作日期结合起来写。

8）学校名称及在校期间的经历。应届毕业生应将在校学习的专业和学科、得到的奖学金或奖励、在学校或社会上举办的各类比赛中的获奖名次、担任学生会职务或参加其他社会活动等一切与众不同的特长均列出。

9）岗位职责、技能和业绩：这是简历的主体部分，特别要突出特殊的业绩和贡献。

10）外语和计算机水平：说明所获得的外语和计算机等级或具体水平。

11）专业培训：包括专门课程、短期培训和研究班，可列出课程名称。

12）暑期打工和第二职业：可包括时间、地点、次数、单位等，但尽量不提“业余”或“第二”等文字。

13）个人兴趣：和申请工作无关的兴趣不用列出。

14）总结：用一句短句抓住读者注意力，突出技能。

四、简历的注意事项

1）证明材料可以后附，不用写在简历上；不方便附带的，或需要他人证明的可在结尾处注明“一经需要，即提供证明人”或者“有关证明，来函即寄”。

2）关于简历上是否贴照片，应根据所面临的具体情况，如应聘工作的需要以及自身的条件做适当的取舍。简历中的照片一般用免冠半身正面一寸照。

3）个人简历中，应该回避工资的数目（包括以往和今后的），以及与工作无关的信息。

五、设计个人简历应遵循的原则

（一）简历要“简”，突出重点

简历中要重点突出与求职目标有关的情况介绍。只有把自己的优点巧妙地推销给用人单位，才能引发其兴趣，争取到面试的机会。

研究表明，一般人平均每次集中注意力的时间不超过 15 分钟，而招聘人员认真阅读一份普通简历，平均时间仅为 2 分钟。简历不需要花哨的修饰，不用长篇累牍，不用面面俱到，只需要 1～2 张纸就行，字数一般控制在 1200 字以内，语言要简洁明快，突出自己的优势和特长。

（二）版块顺序符合阅读习惯

一般来说，简历中正常的版块顺序应该是个人信息、教育经历、求职意向、社会实践经历、所获奖项、英语和计算机水平、个人兴趣和特长等，切忌顺序混乱、文字表达颠三倒四或丢三落四。

（三）结合岗位特点，体现个性

不同的岗位对于员工有着不同的要求，大学生在精心策划自己的简历时，一定要注意岗位的特点，并根据岗位的特点恰当地展示自己的个性。如从事技术岗位的要严谨科学，从事管理岗位的要细致认真，从事机关岗位的则要稳重踏实。很多简历中，求职者对于个人兴趣和特长的描述是“本人个性外向活泼，沟通能力强，能与人和睦相处，好学谦逊，诚实正直，勤奋努力，认真负责，细心耐心，能在压力下工作，喜爱音乐、运动……”，千篇一律，这很难引起用人单位的兴趣。相反有个性的自我描述就会夺人眼球，引起用人单位的重视，这是因为用人单位一是可以从中解读出求职者的性格以及价值观是否和用人单位的企业文化相符合，二是可以从中了解求职者的个性是否符合岗位要求。

（四）条理清楚，用词准确

简历不需要过分强调文采，但一定要表述清楚、逻辑严密、层次清晰，便于阅读和理解，避免把所有信息杂糅在一起，让人理不出头绪。

简历的用词、术语及撰写应准确无误，既不要夸张、言过其实，也不要消极地评判自己、妄自菲薄。对简历应反复修改、斟酌，千万不要出现错别字，尽量少用虚夸的形容词、副词；应正确使用标点符号；文体格式符合要求；不要使用生僻、怪异、花哨、不合常规的词、句子结构；恰当地使用管理词汇，既可以充分展示你的专业水平，又能有效地提高你的简历档次。

（五）布局得当，文面美观

要重视扉页（即封面）的制作。简历的扉页一要醒目，二要简洁，三要具体，四要独特，这样才能引人注目。封面要表达的内容：姓名、毕业学校、所学专业、联系电话、电子信箱等。简历是你留给招聘人员美好印象的第一个机会，它应该清楚、整洁、美观，使招聘人员一看到它，就能感知你良好的形象和魅力，使你在众多简历中脱颖而出。为此，简历要干干净净的，如果你书法特别好，也可以手写，但务必要写得整洁，不要留下污渍，不要涂改。

（六）真诚坦率，可信度高

简历最首要、最基本的要求是真实，它贵在精简、贵在客观。简历从头到尾要贯彻一个原则，即如实地描绘自己、展示自己。个人的简历最好自己起草，然后再请专业人员或有经验的人过目，提提意见，或修改一下；千万不要请人代写简历，以免千篇一律，毫无特色。

拓展阅读

企业挑选简历的6个标准

1. 过长的简历毫无作用

简历的长度和厚度：招聘者平均在每份简历上花费 2 分钟，一般会阅读 1 页半材料。过长的简历毫无作用，而且不容易突出重点。在简历后附上一大堆证明材料的做法并不会增加录取机会，但也没有负面的影响。招聘人员首先看的是工作经验这一项，其次看个人评价和所受培训等。

2. 硬性指标要过硬

选择方法：约有 20%的雇主承认他们会让助理人员来处理简历，这些人员会有一些硬性的选择标准。另有 45%的雇主认为他们进行初选时，也基本只看这些硬性指标。常见的标准以雇主使用的频繁程度为序：①外语证书；②专业背景；③学校名声；④在校成绩。值得注意的是，这些标准不一定会在招聘要求中注明，但自己心里一定要有数，相关的信息一定要全。

3. 外资企业重视外语水平和学校背景

关注要点：中国的公司和外资企业的关注点有一定区别。总的来讲，外资企业更重视外语水平和学校背景，中国公司看重专业。越是热门的公司，其往往对大学生在校成绩更关注。建议大学生制作不同的简历以突出不同的要点。

4. 总体印象重要所学课程次要

简历内容：只有 23%的人能在半小时后大体描述自己所看过的简历上学生具体活动和职位，他们只有一个对学生性格的总体印象。所以在校期间做过学生会副主席还是部长并不重要，关键是你不要给人留下一个“书呆子”的印象。但如果说谎，也容易出局。很多简历上会列出自己的学习课程，只有 4%的公司会仔细阅读。专家建议：你可以列出，但必须是重要的，而且不要超过一行。

5. 好的简历增加录取机会

调查发现，符合要求的表达非常重要。同一个人的简历，经过专家修改，可以增加 43%的录取机会。简历的常见问题是表达不简洁，措辞带有过多的感情色彩，英语表达不规范，过长无重心，格式不规范等。

网上投递简历的技巧

1）采用行业招聘网站求职。因为行业招聘网站是按行业发布职位信息的，所以专业和工作经历比较对口。例如，你要找物业管理类的工作，你到招聘网站的物业管理招聘频道上去注册简历就比较好，因为那里全部都是物业管理类的企业在招聘；如果你要找对外贸易工作，你就可以到招聘网站的对外贸易招聘频道去找，肯定有大量的对外贸易工作机会。在目前的情况下，几乎每个行业的人才在招聘网站上都能找到自己的频道。

2）经常刷新简历。当人事经理搜索简历库的简历时，符合条件的简历是按刷新的时间顺序排列，而一般只会看前面一两页。很多求职者其实并不知道刷新简历可以获得更多的求职机会。因此每次登录求职网站，最好都刷新简历，刷新以后，就能排在前面，更容易被人事经理找到。

3）不要只应聘最近三天的职位。一般求职者认为刚刚发布的最新的招聘信息肯定是成功率最大的，其实不然。因为很多企业人事经理没有及时登录求职网站刷新刊登的职位，所以求职者在搜索职位时刚刷新的职位会排在前面，这些职位应聘的人多，竞争大。相反，一些职位已经是半个月甚至两个月的，应聘的人少，成功率反而高。

4）新颖的邮件标题。人事经理每天收到大量的求职电子邮件。应聘××职位，怎样才能吸引人事经理的眼球，让他先打开自己的邮件呢？可以在邮件题目上做文章。人事经理每天收到几百封邮件，只有标题新颖的邮件才有机会被打开。

5）简历上最好放形象较好的照片。对于人事经理来说，每天需要浏览大量简历，如果同等的条件，一般会先通知有照片的求职者来面试，因为通过照片，人事经理对应聘者又多了几分了解。

6）自己要学会让简历与职位匹配。你的简历表面匹配度高，可以增加面试的机会。你可将简历改成为其职位描述完全量身定做的简历。

第三节　求职信的格式和撰写

战略越精练，就越容易被彻底地执行。

——职场名言

求职信的重点在于“荐”，在构思上一定要围绕“为何荐”“凭何荐”“怎样荐”的思路安排。一般来说，求职信属于书信范畴，所以在书写的基本格式上应与书信的一般要求类似。

一、求职信的格式与内容

（一）称呼

称呼，即对接收并阅读信件的人的称呼。求职信的称呼往往比一般书信的称呼正规，在实际书写时要区别对待。称呼的关键要点是视对方的身份而定。当然，有些求职信，也可以不写姓名，而是写“尊敬的董事长先生”等。

称呼后的问候语一般应为“您好”而非“你好”，更不能用“您们好”。

（二）开头

开头主要写清楚写信的缘由和目的。通常的自荐信，无论是针对报刊上的招聘广告、朋友推荐还是人才交流中心的信息，都要写明招聘信息的来源以及本人的应聘理由。开头表达力求简洁，并吸引阅读者能够继续读下去；切忌虚与委蛇，客套问候，离题万里，让阅读者产生厌恶情绪。开头的形式有以下几种。

1）概括性开头。用一句话概括你具备的最重要的求职资格和工作能力，并简要说明这些资格和能力为何能很好地满足目标职位的需要。

2）提名式开头。提及一个建议你去申请目标职位且为目标单位所熟知和尊崇的人（或单位）的名字，但千万不要给人以自我炫耀的印象。

3）提问式开头。针对目标单位的困难、需要和目标提出一个问题，然后表明你真诚地希望能够帮助他们克服困难、满足需要、实现目标。

4）赞扬式开头。赞扬目标单位近期取得的显著成就或发生的重要变化，然后表明你渴望为其效力。

5）应征信式的开头。说出你是在什么地方看到了目标单位的招聘广告，并肯定自己能够满足招聘广告中提出的各项要求。

6）个性化开头。从你与求职目标有关的兴趣、看法和与目标单位已有的接触，以及你目前实习工作的状况说起，谈自己为什么想要到该用人单位工作。

7）独创性开头。如果你申请的工作职位需要应聘人员具备创造性的想象力，可以用一个新奇的、能表现你这些方面才华的句子开头。

（三）主体

主体是求职信的核心部分，应阐明你对单位或职位感兴趣的原因，以及你有价值的背景情况和满足招聘要求的能力，通常用一段或两段来写。这些内容要有说服力，说明你怎样适合这个职位，更重要的是表明“你能给公司什么”。这部分的写作与个人简历是相辅相成的，要说明你的个人能力，但又不能把简历内容全写进去，只选最能代表自己长处、技能和业绩的项目写进去，同时注意不要单纯写自己的长处和技能，而是要着重说明这些长处和技能能给公司带来什么益处。

主体部分尽管表达形式多种多样，但主要内容一般包括：

1）个人的基本情况，如姓名、出生年月、性别、政治面貌等。要求介绍清楚即可，没必要画蛇添足。

2）本人的学历、经历与成绩，尤其是与求职有关的教育科目，实习工作经验，应主要列出中学、大学学历，主修、辅修与选修课程和成绩，社会实践经验，个人生活经历。总之，要突出重点，使你的学历、经历让用人单位感到与其招聘条件相吻合。

3）本人的专长、技能、兴趣和性格。这种介绍要恰如其分，尽可能使你的专长、兴趣、性格与你所应聘的职业特点和要求相吻合。

4）应聘的理由，主要指本人对应聘单位的兴趣和要求。

总之，主体部分要突出重点，言简意赅，具有吸引力和新鲜感，语气自然。

（四）结尾

结尾部分应进一步强调求职的愿望，希望用人单位能给予考虑，或希望能前往面谈（最好向招聘者说明“何时”“何地”“怎样”与你联系，当然联系办法越简单越好），接受单位的进一步考察，等等。因此，内容写得简明扼要，语气诚恳、有礼貌。下面介绍几种结束语方式。

1）以恰当的方式请求对方安排面谈。

2）如果距离目标单位较远，可建议在较近的目标单位的代理处面谈。

3）提供电话号码（包括城市区号），说明何时可以给自己打电话，并对面谈提出方便的时间和地点，或是说出一个时间，自己打电话给对方请求安排面谈。例如，“关于我的个人简历一并附上，如您能在百忙中抽时间回复我，给我机会，我将不胜荣幸，若需联系请拨打电话×××××××××××，感谢您阅读我的自荐材料”。

4）对对方可能给予面谈机会的做法表示感谢。

5）再次强调一下你最重要的求职资格和能力，以加强用人单位对你的良好印象。

无论如何表述，都要注意用语得当、得体，掌握分寸，以免造成不良印象，或授人以柄，带来麻烦。

（五）致敬语、署名、日期

为了讲究必要的礼节，一般在正文结束后，可写上一句祝福语，如“此致敬礼”“深表感谢”等。同时在敬语右下方，签署求职者的姓名及具体日期。

对于署名要注意两点：一是不要过分谦恭并且应注意与信首的“称呼”相一致。一般都在署名前加上一些“您诚恳的××”“您信赖的××”“您忠实的××”之类的词语，也可以写成“您的学生××”，还可以什么都不写，直接签上自己的姓名；二是若是手写署名，字迹应工整，切不可用署名炫耀自己的书法，引起对方不快。

（六）附件

附加材料主要包括以下几类。

1）学校审核签发的大学生就业推荐表。大学生就业推荐表是学校发给大学生的并附有学校书面意见的推荐表，其中姓名、籍贯、年龄等个人基本情况填写要准确，学历、教育背景、社会实践经历、专长等填写要真实。担任职务、所受的奖励等，如果没有，就不必填写。由院系填写的大学生综合评定及推荐意见一定要客观、公正，并加盖公章。大学生就业推荐表是以组织负责向用人单位推荐的形式，具有相当的可靠性和权威性，用人单位历来都将该表作为其他求职材料的佐证和接受大学生的主要依据。

2）学习成绩单、计算机水平和外语水平证书，如计算机等级证书，四、六级英语考试合格证或反映外语水平的译文、译著等。

3）荣誉证书，如大学期间被评为优秀党员、优秀学生干部及在校期间所获得的各种奖励，社会实践活动积极分子、积极参加文体活动所获得的奖励和证书等。

4）成果证明材料，如获得的发明专利证书或正在申请的专利资料，在报纸、杂志上发表的文章，出版的专著或读物，有一定价值的调查报告，以及参与并完成教师科研工作的证明材料等。

5）足以证明自己具备某方面素质和能力的资格证书或其他材料。

6）学生证、身份证的复印件等辅助材料。

以上各种材料应装订成册，有封面和目录，既美观又整齐，让人感到条理分明，内容充实。

二、求职信的写作技巧

（一）求职信常见的毛病

1. 缺乏准备，无的放矢

临近毕业，匆忙写求职信；缺少信息，无的放矢。

2. 逻辑混乱，条理不清

重点不突出，主体不鲜明；流水账或随感录。

3. 言过其实，炫耀浮夸

求职是一个自我推销的过程，但应当适度推销。当然，推销也要根据具体情况而定。一般来说，对外企而言，可以比较充分地表现自己的能力，强调自己的特长；对国内企业而言，可如实介绍自己的理论基础、特长和爱好。

4. 过分谦虚，缺乏自信

适度的谦虚是一种美德，也会使对方产生好感。但是，过分谦虚也是不行的，容易错失就业机会。过分谦虚和弄虚作假都是推荐自我的大忌。有的人表现出的过分谦虚是因为自身的不自信。一般来说，缺乏自信的人，多是性格内向又敏感多疑的人。他们自尊心强，但不懂得如何积极地获取自尊。然而要获得别人的认同和赞赏，首先必须树立自信心。

5. 滥用词句，哗众取宠

有些大学生想尽办法堆砌甚至滥用各种华丽时髦的词句，似乎只有这样才能使文章感人，才能充分显示出自己才华出众或聪明过人。殊不知，滥用词语会使人反感，让人对其品格产生怀疑。

6. 语言粗俗，礼节欠缺

写求职信不能使用粗俗的语言，如求职信中将对方招聘单位的招聘人员称为“大哥”“大姐”等，不仅不礼貌，还让人哭笑不得。

7. 东拉西扯，长篇大论

求职信不宜超过两页，如果确实有内容要讲，可以作为附件或到面试时再说。

8. 平庸乏味，缺乏新意

写求职信切忌模仿别人，出现雷同。同样的内容，采用不同的构思、不同的笔调，写出不同的文章，会产生不同的效果。求职信的新意可以强调你的能力，突出你的特长，展示你的风采，表现你的兴趣爱好等。

（二）求职信的写作技巧

1. 突出能力

在突出能力包括专业知识、工作经验、特长、个性、能力等。在介绍专业知识和学历时，可以强调自己的专业特色，但重点应在工作经验和能力上，工作经验是信中最重要的部分。

2. 强调与众不同

当今是以能力取人而非以分数看人的时代，要让用人单位视自己为人才，就必须展示自己与众不同的能力与特长，只有这样，才能使自己在众多的应聘者中脱颖而出。

3. 展示良好的个性优势

大学生应充满热情与活力、富于开拓与创新；女性要展示其优雅、文静、端庄、韧性与耐力；男性则要突出其果断、无私、创新、豁达与坦荡。

4. 以“情”动人

写求职信要讲究感情色彩，充分尊重对方，语言文明高雅，注意谈吐礼仪，以有助于交流思想、传递信息，进而感化对方。人际关系是人与人之间情感的凝结。人们常用“远、近、亲、疏”来形容人与人之间的感情。人情是人生的精神财富，在人际交往活动中，有了人情，人们就会互相宽容、互相谅解，自愿从对方的利益需要出发考虑问题，并能为对方做出一定牺牲，保持和谐的关系。因此，情感是求职成功不可或缺的重要因素。

5. 以“诚”感人

“精诚所至，金石为开”，写求职信也是这样。求职信的“诚”，其含义主要表现在“诚意”和“诚实”两个层面。所谓“诚意”就是态度诚恳，不夸夸其谈，更不能心口不一或招摇撞骗。所谓“诚实”就是要如实地写出你想从事某项工作所具备的条件，以及选择某项工作的原因。诚实永远是高尚、正直的人们所追求的最美好的品质，更是用人单位用来衡量求职者的重要标准。真诚是赢得他人好感的法宝，是建立良好人际关系的秘诀，也是成功推销自己的关键。

6. 简洁美观，言简意赅

求职信书写得整洁很容易赢得用人单位的好感，相反，则会留下不好的印象。一般而言，求职信以 A4 的纸张一页为宜。在写之前，应打草稿，反复推敲，语言表达要清楚，用词要得当，言简意赅。

7. 富于个性，有的放矢

求职信的最重要的目的就是力求吸引对方的兴趣。求职者在开头应尽量避免许多客套话、空话，要以一句简朴的“您好”直接切入主题。求职信的核心部分是自己胜任工作的条件，写的时候要有针对性，有的放矢。在动笔前，要着眼于现实，对应聘单位情况要有所了解，以事实、成绩恰如其分、有针对性地介绍和突出自己的特长。求职信与应聘单位要能够一一对应。

三、求职信与简历的区别

求职信和简历是最常见的两种求职材料。求职信是求职者向用人单位介绍自己、推销自己，并申请某具体职业岗位（或职业范围）的书面材料。简历是求职者说明个人基本情况、教育背景、工作经历以及成就的书面材料。两种求职材料都是求职者亮出个人特色以吸引招聘者注目的自我推荐材料，但两者在格式、内容、技巧及功用等方面均有差别，一般不能互相取代，更不能互相混淆。

从格式与风貌来看，求职信与简历截然不同：求职信是商业信函，与商家向“客户”发出的合作邀请一样，要求规范和专业，足以吸引招聘者这个“客户”的目光，说服他去阅读自己的简历以获得就业机会；而简历类似推销个人的广告文稿，就像产品介绍一样，要能激起用人单位这个“客户”的购买欲望，说服招聘者给自己面试的机会。

求职信与简历也有所关联。从某种程度上来讲，求职信来源于简历，却又高于简历，具有对简历内容进行综合介绍、补充说明和深入扩展的作用（表 7-3）。

表 7-3 求职信与简历对比列表

对比项目	求职信	简历
格式	带有称谓及落款的信函	标题式的叙述文稿
版本	量身定做，一稿独投 注明收信单位及收件人 对招聘单位近期重大事件的认识	通用版本，一稿多投
侧重点	强调自己能为招聘单位做出的贡献	侧重对过去业绩和已有能力的描述
具体性	综合介绍自身能力，必要时才点出体现能力的具体事件作为论据	通过描述在学校中所做的一些事件来体现自身工作能力
评价角度	可有主观的自我评价内容，但内容不能太多、评价不能太主观	要显示出是在客观地描述自身的能力
必要性	以下情况可以不必有求职信： ① 招聘单位没有要求一定要附求职信； ② 没有下功夫为每个招聘职位量身定做； ③ 求职信内容与简历内容区别不大	必须提交

案例分析 7-1

不规范求职样本分析

（一）不规范样本一

个人简历：
姓名：杨××
性别：女
年龄：25 岁
籍贯：江苏省××市
学历：本科

英语等级：国家六级
其他证书：江苏省计算机一级
联系方式：000-00000000×××@sina.com

教育经历
2012/9～2016/6　××大学文秘专业
Education
2012/9～2016/6　××University

工作经历
2016/9～2017/12　××集团技术翻译
主要从事技术文件的翻译工作
2018/3～2019/4　××有限公司商务助理
主要从事客户服务和日常事务处理工作，并负责国外公函和文件翻译

个人特长
英语水平较高，熟悉 Office2016 办公自动化软件，并有良好的沟通写作能力
Personal Speciality
Excellent written and spoken English，know well about Office 2000，good team spirit

求职意向
商务助理、行政文秘、翻译

分析：这个中文模板存在以下缺陷。

1）中文、英文简历应当分开，不可盲目求简，并且中文、英文格式均存在严重错误。

2）中文简历内容过于平淡。

3）英文书面表达错误较多，和“英语水平较高”出入太大。

（二）不规范样本二

NAME：Susan　GENDER：Female DATE OF BIRTH：1995/03/02　HUKOU：××Province WORK EXPERIENCE：>1 year　CURRENT SALARY：10 000～15 000RMB E-MAIL：susan@×××.com HOME TEL：000-00000000
SELF ASSESSMENT Good professional presentation skills Team work spirit High liability and attribution Be able to work under great pressure Nice character
CAREER OBJECTIVE Type of Employment：　Both Full-time and Part-time Desired Industry：　Consulting，Travel & Tourism，Hotel/ Catering，Wholesale & Retail，Education/Training Desired Position：Professor / Teacher，Education / School Administrator，Teaching Assistant，Consultant，Consulting Manager，Translator，English Translation
WORK EXPERIENCE 2017/09-Present：Business Administration Master
EDUCATION 2013/09-2017/06××××University
LANGUAGE SKILLS Good English

分析：这个英文模板存在以下缺陷。

1）此简历为通用简历模块。

2）英语专业成分较少，内容空泛。

3）此简历为多投式简历，容易给应聘公司留下不好的印象。

案例分析 7-2

中文求职信范例分析

尊敬的领导：

您好！

我是××大学××系的一名学生，即将面临毕业。

××大学是我国××人才的重点培养基地，具有悠久的历史和优良的传统，并且素以治学严谨、育人有方而著称；××大学××系则是全国某学科基地之一。在这样的学习环境下，无论是在知识能力，还是在个人素质修养方面，我都受益匪浅。

××××年来，在师友的严格教益及个人的努力下，我具备了扎实的专业基础知识，系统地掌握了××、××等有关理论；熟悉涉外工作常用礼仪；具备较好的英语听、说、读、写、译等能力；能熟练操作计算机办公软件。同时，我利用课外时间广泛地涉猎了大量书籍，不但充实了自己，也培养了自己多方面的技能。更重要的是，严谨的学风和端正的学习态度塑造了我朴实、稳重、创新的性格特点。

此外，我还积极地参加各种社会活动，抓住每一个机会，锻炼自己。大学四年，我深深地感受到，与优秀学生共事，使我在竞争中受益匪浅；向实际困难挑战，让我在挫折中成长。祖辈教我勤奋、尽责、善良、正直；××大学培养了我实事求是、开拓进取的作风。我热爱贵单位所从事的事业，殷切地期望能够在您的领导下，为这一光荣的事业添砖加瓦，并且在实践中不断学习、进步。

给我一个机会，还你一个惊喜。无论您是否选择我，尊敬的领导，希望您能够接受我诚恳地谢意！

祝愿贵单位事业蒸蒸日上！

我的联系地址和电话：××××××××××××

邮编：××××××

您真诚的朋友：×××

××××年××月××日

分析：这封求职信总体上文句通顺，但要注意以下问题。

1）中文求职信对应聘者的求职态度有较高的要求，不要在信件中使用“给我一个机会，还你一个惊喜”之类不切实际的套话。

2）若对自身的能力和素质表述不清，则无法让用人单位相信你能胜任工作岗位。

3）求职信忌过于简短空泛，这样不能表达你对工作的热忱。

案例分析 7-3

英文自荐信样本分析

Jason Denial
648 Pharmacy Av
Toronto, ON M2T 4G3
TEL: (000) 000-0000
jasondenial@sina.com

Nov××, 200×

Ms. Cook
Marketing Director
Minicircle Software Inc.
1234 Eglinton, E
Toronto, ON M2P 2P1

Dear Ms. Cook:

Re: Part-time Marketing Assistant

I would like to be considered for your part-time Marketing Assistant position that was advertised at the Enrisun Website Career Center. As a junior commerce student majoring in marketing and experienced in market research and customer service, I am confident that I could make a contribution to Minicircle Software.

My qualifications include experience in market research and promotions. In my marketing classes at university I have developed marketing plans for a fast-food outlet and a small high tech business launching products into China. As Corporate Marketing Representative for the Enrisun Marketing Association, I was involved in promoting corporate sponsorships. This involved researching and approaching potential sponsors. This sponsorship drive resulted in a 10% increase in donations. Additionally, I have a strong awareness of customer service developed from my retail sales experience with Bootlegger.

I believe my marketing skills and genuine desire to develop a marketing career in the high tech industry will make me a valuable employee to Minicircle Software. I hope to meet with you to discuss your needs and my qualifications. I can be reached at (000) 000-0000.

Thank you for your time and consideration of my application. I look forward to the opportunity to meet with you.

Yours truly,
Jason Denial

Enclosure

分析：写英文自荐信要注意以下问题。

1）使用全名，不可用昵称。

2）写清楚邮寄地址。

3）标准商业书信格式为段落间距：2 倍行距。

4）信函长度不要超过4个段落。

5）明确指出求职岗位名称。

6）说明相关个人爱好（最好与求职岗位有联系）。

7）表达想与雇主见面的愿望，但一定避免带有强硬的语气。

8）例证与申请职位相关的特殊技能。

9）避免用消极词语（例如：缺乏、不能等）。

10）不要主动提起期望薪金。

11）使用正式的结束语。

12）不要在信中使用缩写形式或俚语。

案例分析 7-4

应聘败在简历上

小王学的是阿拉伯语，大学前三年都在一家贸易公司做兼职翻译，负责国际贸易的经理曾对小王许诺：毕业后可以直接来上班。大学四年级求职高峰时，公司经理却委婉地告诉小王，因为和埃及的合作取消了，公司已经不需要阿拉伯语专业的人了。

慌乱的小王立即花1000元做了10套精美的简历，每一套简历都是厚厚的一叠。招聘会热火朝天，虽然小王极力对每一个招聘单位的人员阐明自己有3年贸易公司兼职翻译的经历，却因招聘会上太过吵闹使声音淹没在嘈杂的人声里。小王终于看中一家大集团的海外贸易部。负责招聘的人快速翻着简历，皱着眉头说："你什么专业的，到底要应聘什么部门，有什么特长啊，写这么多干吗！等电话吧！"说完把简历扔进一大摞简历里，高声叫道："下一个！"正当小王沮丧得准备离开时，却意外看到会场尽头角落里的××旅行公司。这家从事境外旅游的公司招聘栏上清楚地写着"阿拉伯语"。小王兴奋地走过去，负责招聘的中年男子笑着问："小姐，你的简历呢？"小王这才意识到手里一份简历都没了，匆忙把姓名、学校、专业、特长填在一张空白纸上递给负责人，负责人皱着眉头收下，挤出笑容说："好的，你等通知吧。"一周过去了，小王没接到任何面试的电话。打电话到××旅行公司，自报了学校、专业和姓名，可接电话的人却说："我们从来没有收到过你的简历！"

而此时和小王一个专业的某男生却成功应聘到小王心仪的那家大集团海外贸易部。他告诉小王，他的简历只做了两页，一页介绍自己的基本情况（包括各科成绩），一页是大学4年的社会活动简介。他一说完，小王顿时傻眼。

分析：从这个案例中要吸取以下教训。

1）简历制作应简单明了，突出重点和优势。

2）投简历时应注意专业对口。

3）投简历后若对方明确表示出专业不对口不提供面试机会或自己对对方公司不感兴趣时，可以把简历要回。

案例分析 7-5

简历造假，缺少诚信

吴某是某大学管理学院毕业生，其简历社会实践一栏中称：大学 3 年中从未间断地在校外做兼职工作，先后在快餐店、广告公司做业务员，此外长期从事家教工作。大学 3 年自食其力，是人格和经济走向独立的 3 年。但他的同学却说，他仅大学一年级做过家教。

分析：一些大学生在简历上大做文章，把自己包装成“顶级高材生”。从调查结果看，简历注水的直接后果是用人单位对毕业生诚信度大打折扣，这是给所有大学生拆台。简历应突出特长，用人单位要找的是最适用的人才，并非最好的人才。

学生活动

7.1 探究与分析

组织学生共同讨论下列 4 份简历样本，试分析样本中存在的问题和改进方法。

简历一

<table>
<tr><td>姓名</td><td>×××</td><td>性别</td><td>女</td><td>出生日期</td><td>××××年××月××日</td></tr>
<tr><td>手机</td><td colspan="2">158-××××-××××</td><td colspan="2">电子邮件</td><td>××××@126.com</td></tr>
<tr><td>户口所在地</td><td colspan="2">上海</td><td colspan="2">政治面貌</td><td>团员</td></tr>
<tr><td>家庭地址及电话</td><td colspan="5">上海市××路××弄××号，021-××××××××</td></tr>
<tr><td>身份证号</td><td colspan="5">××××××××××××××××××</td></tr>
<tr><td>求职意向</td><td colspan="5">行政、财务、销售、供应链管理、文案策划、市场</td></tr>
<tr><td>教育背景</td><td colspan="5">2007.9～2011.7　××大学 国际工商与管理学院金融专业
2004.9～2007.7　××中学</td></tr>
<tr><td>实习经历</td><td colspan="5">2010.5～2010.9　快速消费品公司品类主管助理，协调市场部与销售部工作，客户系统管理，计划支持××地区销售工作
2010.1～2010.2　××会计事务所审计师助理
2009.7～2009.8　××银行业务部经理助理</td></tr>
<tr><td>校园活动</td><td colspan="5">20××.×～20××.×　学生会副主席
获奖情况……</td></tr>
<tr><td>个人技能</td><td colspan="5">英语六级，熟练使用 Excel、PowerPoint 等软件</td></tr>
</table>

点评：一份信息不完整、格式不规范的简历给人留下的一定是“不专业”的印象。在应届毕业生简历中普遍存在的问题是，缺乏具体的求职意向。还有一些人抱

着所谓“增加成功率”，在求职意向一栏中填写若干项职位，都会给招聘单位留下不专业的印象。

应届毕业生在求职时的弱势在于没有实际工作经历，所以一旦各种实习、校园活动、社会实践经历能够表明自己具有承担相似工作的经验，可能就成为“亮点”。如果想强调自己的专业知识和技能，没必要罗列参加过的课程、培训，阐明自己熟悉哪些工具（仪器/软件等），并用具体的例子证明掌握的程度可能更能体现优势。

批注：①实习经历列举时应针对自己所希望应聘的岗位，描述应有所侧重；②个人技能除了应聘者普遍具备的技能外，应着重强调是否有其他应聘者所不具备的技能。

简历二

姓名	郭××	性别	男
出生日期	19××年××月××日	居住地	上海市杨浦区
手机	×××××××××××	工作年限	五年以下
求职目标	采购经理		
工作经历	2009.12 至今：体育用品公司（外企）业务开发采购部业务主管，负责××地区的成衣采购，负责新供应商的开发和已有供应商的审核，构建战略伙伴关系。与××总部合作，负责在××地区新技术的开发和定价。与设计开发部密切合作，成为沟通工厂的桥梁 2008.7～2009.11：贸易公司，领导××品牌欧洲市场××服装采购小组，参与××品牌××服装采购小组，主要进行样品开发与生产控制 证明人：×××		
教育经历	2004/9～2008/7 ××大学 国际经济与贸易 本科		
证书	××职业资格鉴定（20××年）大学英语六级 语言能力 英语（良好）普通话（熟练）		
荣誉	××优秀员工奖		
计算机能力	熟练使用 MS OFFICE 的 Word、Excel、Access、PowerPoint 办公软件		
“我能做好这份工作”要大声说！			

点评：该简历比较有针对性。这份简历的作用就是要清晰地告诉新公司你的意愿以及胜任力。你刚脱离职场新人阶段，强调自己为什么能够比其他人做得更好可能才具有说服力。求职者应认真研究目标职位的工作说明，有针对性地强调自己所具备的胜任力基础，以及从事这份新工作的潜力，还可以传递出强烈的求职意愿。以样本中“负责××地区的成衣采购”为例，如果能详细说明“带领××人负责××产品开发和采买，完成××万元的年采购额，在××阶段为公司新增××个合作伙伴”等，更能让招聘经理相信该求职者有胜任该职位的能力。所谓“有说服力”的简历，是为某职位“量身定做”的。

批注：①必要的基本信息，有助招聘人员判断是否是该职位的合适人选；②缺乏事实和数字说明职责范围和能力水平。

简历三

姓名	陈××	性别	女
工作经历	2003年 ××证券公司××研究和销售部门暑期轮岗实习生，研究××报告项目。整理××地区每天的技术投资销售数据 2003～2005年 ××投资公司任××项目投资助理，调查并挑选私人投资交易，并对所有环节做尽职调查。协助高级经理准备投资建议 2005～2008年 ××银行任××部门经理，负责风险投资事后管理。曾举办过××、××电话会议，负责向机构投资者提供日常新闻报告。对××行业做广泛的行业研究 2009年至今 ××互联网公司任投资总监，从事互联网分析工作。××研究中的重要成员。擅长财务分析、建立预测模型和评估		
教育背景	1996～2000年 ××大学 ××专业理学学士 2000～2003年 ××学生会副主席至毕业，××大学××管理学院，硕士		
语言能力	中文及英文流畅		
志愿者经历	××组织者，××论坛翻译		

点评：如果你在有换工作想法时对自己的职业发展做了一定规划，那么也会发现自己或是对所从事行业有了相当的了解，可以算是个业内人士；或是具备了一定范围内的管理能力。你在向意向公司递交一份简历时，可能会注意到把自己“年少时”那些现在看上去的确显露出幼稚气质的“社会实践”条目删去。但除了删，你知道还需要加些什么吗？有侧重地分类可以帮助你在考虑如何修剪简历上的“细枝末节”时有更明确的想法。按擅长领域或者适应工作类型来对过往工作经历分类，可能要比单纯按照时间顺序排列更能体现你的职业成熟度。更新简历的核心原则是围绕新公司的用人要求，加入自己对目标职位的想法和理解。如果你的个人风格与公司文化契合，专业能力与组织目标一致，则更有理由让该公司录用你。

批注：①工作、教育经历要按从近到远时间顺序排列；②缺乏侧重点，需要对关注领域进行进一步分类；③没有求职意向。

简历四

姓名	孟×	性别	男	电话	×××××××××××
邮箱	meng@×××.com				
工作经历	2008至今 大型机械公司任××总监，建立××与××职能，领导××人的团队。制定××发展计划，达到××效果。建立与持续改进公司××政策以满足××需要。建设××架构，推动××。培养××，建立××公司文化 2006.8～2007.10 ××电子公司任××副总监，全面负责公司××工作，协助公司管理层推进××变革。建立与完善××制度。制定××方案并组织实施。负责员工××工作 2004.2～2006.8 ××汽车公司任××部门经理，搭建××体系，建立并完善××制度，提供××支持与指导 2003.1～2004.2 ××能源公司任××部门助理经理 1999.7～2002.9 ××汽车公司任××业务员				
教育背景	20××～20×× ××商学院 MBA 199×～199× ××大学 ××专业本科				
个人特点	流利的英语听、说、读、写能力，具备较强的亲和力、沟通与协调能力、高度的责任感，能够承受较大的工作压力				

点评：工作 10 年以上的差不多接近或者已经加入职业经理人队列的公司人，都觉得我的资历就是我的资本。“你没有听说过我吗？”“你不知道我做了些什么吗？”这些问题当然可以无情地打击那些试图接近他们但自己又没好好做足功课的“后辈”。不过面对猎头或者意向跳槽公司的中高层对话者，对方会有更多更强大的问题让你在“思维的交锋”中渐渐感受到自己也并不是总占上风。

对于这群公司人而言，自我评价其实是简历中一个容易被忽视的重点。到达职业经理人层面的公司人，基本都已不再需要通过对过往工作经历的详细描述，来体现个人综合素质与专业能力。这时需着重说明自己目前所从事的工作为原公司带来哪些绩效，以及在这个过程中自己起到了哪些关键作用，另外要能够用概括性的语言来突出自己的强项，这些都还是很必要的。

批注：①对目前从事的这份工作表述不够具体，无法体现能力水平；②工作经历中细枝末节太多，之前几份工作不必如此详细，突出重点即可；③个人特点没有亮点。

7.2　十大求职陷阱案例分析

组织学生共同分析求职陷阱案例，试分析遇到陷阱如何化解。

7.2.1　陷阱一：广告噱头骗人

极少数培训机构或培训公司以发布招聘信息为名，通过在招聘信息中撰写诱人广告用语，实则为其所谓招聘的岗位所对应的培训课程进行宣传，甚至向求职者推销培训教材及相应的产品。这类单位往往抓住求职者渴望高薪，并希望短期即能速成的心理，推出一些销售、创业类的培训课程，将从事这些工作所得报酬进行夸大描述，并配以一些诱惑性的话语，吸引求职者前去培训，以达到收取培训费和推销商品的目的。

案例：某商贸有限公司，近日发布了一条岗位名称为“网络销售员”的招聘信息，并在岗位描述中写道：“网络销售的成本相当低，开展的费用又相当的小，几乎可以说是没有费用。只要在家有一台电脑即可进行自己的创业之路，很多通过网络致富的人，起初都是白手起家，慢慢地自己就做起了大老板。网络销售不仅仅成本低，而且利润非常丰厚。只要您能坚持正确的发展道路走下去，必然成功!”通过分析网络销售的好处，吸引求职者对网络销售员的工作的兴趣，随后的话语便显现出其真实目的——“如果您觉得对自己有信心，网络绝对是让您施展才华的用武之地!我们将为您提供最专业最完善的培训，让您在网络销售过程中更快人一步，解决您在网络销售中的不必要的麻烦。公司还将提供您大量产品，无须您自己进货”。

建议：许多人会为案例中的这样一条极具诱惑力的招聘信息所吸引，对“网络销售”蠢蠢欲动，然而细细想来，便很容易识破这样一个骗局。

1）作为一家商贸公司，对外培训已经超出了其经营范围。如果是一个专业的培训机构，其培训完全是合理合法的，大可通过广告媒体发布培训信息，而不用借助招聘渠道用招聘作为幌子。

2）一眼就能看出招聘和培训都是这家公司诱以赚钱的美丽外壳，“网络销售”本来就十分虚拟，这样的培训又无凭无据，一旦发生任何问题，求职者或培训学员将无从求助。

3）“公司还将提供您大量产品，无须您自己进货”，甚至有向求职人员推销商品之嫌。

4）目前，还有部分不法的培训机构，为了拉揽培训生源，通常会和企业人事串通，由企业发布虚假的招聘信息，对应聘的求职者以参加其指定的培训机构的培训作为录用条件，当求职者支付培训费用并参加完培训后，企业再以种种理由拒绝录用。

从以上 4 点即可看出此类企业并不是以招聘为目的，同样也不会真心实意为求职者传授技能，只是通过招聘渠道进行广告宣传，吸引求职者前去参加所谓的培训，以达到收费和推销物品的目的。求职者在应聘的过程中，要注意辨别分析，切勿盲目相信，以免上当受骗。

7.2.2 陷阱二：以招聘为名，无偿占用劳动力

有些单位以招聘为名，在收集求职者资料和组织面试的过程中，要求求职者提供成果展示，并以此窃取求职者劳动成果。由于应聘者维权意识不强，维权依据往往不足，此类无偿占有求职者劳动成果的情况时有发生。提醒广大求职者，应聘时要有知识产权的保护意识，注意保护个人研究成果，将自己的工作成果向面试单位展示固然重要，但要学会有所保留，以免被别有用心的用人单位利用而造成损失。

案例：某软件公司招聘一些程序员、美工等岗位，公司经营状况良好，工作环境整洁，招聘流程正常，岗位提供的薪酬符合市场价位，一切看似都在常理。应届毕业生小张，初试合格后进入笔试阶段。笔试内容：上机编写一段程序，使用规定的编程语言，时间不限，可以上网查询相关资料，但不能相互交流，只要能完成目标。一个教室里，8 个求职者，每个人的试题不同，几个年轻人无意中发现，看似八段程序，其实恰巧能整合成一个项目……结果可想而知，8 人无一被该公司录用。

建议：类似遭遇“智力陷阱”，也就是劳动成果被招聘方以招聘为由而窃取的情况屡见不鲜。所谓“智力陷阱”是指以招聘为名无偿占有应聘者程序设计、广告设计、策划方案、文章翻译等创意，甚至知识产权。这种堂而皇之地占有他人的劳动成果，性质极为恶劣。在不能判断招聘单位真实意图，又想取得工作的情况下，需要对自己的劳动成果进行保护，主要方式包括：

1）提交策划案等劳动成果时要准备两份，一份提交，一份自己留存，在留存份上要求招聘单位签字确认，以便将来能够证明劳动成果内容。

2）提交策划案时附上版权声明，并要求招聘单位签收。最好声明：任何收存和保管本策划案各种版本的单位和个人，未经作者同意，不得使用本策划案或者将本策划案转借他人，亦不得随意复制、抄录、拍照或以任何方式传播。否则，引起有碍作者著作权之问题，将可能承担法律责任。

7.2.3 陷阱三：切莫被“境外就业”的美丽谎言蒙蔽双眼

部分人力资源有限公司、商务咨询公司等社会中介机构发布的工作地点为“境外”的招聘信息后，向人力资源和社会保障部门求证这些招聘信息的真实性。应聘这类招聘信息时应当格外留心，要确定信息发布机构是否具有“境外就业中介经营”的相关资质，加强自我

保护意识。

案例：××××年，轰动上海的南汇女工被困南非事件就是黑心中介惹的祸。受害者之一方小姐说，她出国前向中介交了3.7万元人民币的“劳务费”，可回来时，厂主只还给她1.17万兰特（约合1.5万元人民币），加上警民中心资助的1000兰特，总共也只有1.65万元人民币，损失了一大半。其他女工的情况也是一样。而在她打工的8个月里，只出去过两次，其他时间都在厂里工作。每天早上7点起来，一直工作到晚上10点，几乎天天如此。方小姐说：“那里简直就是一个监狱。虽然警民中心一直督促厂主，可这个老板太黑心，总有借口不还我们钱。”

建议：目前非法境外就业中介主要有以下类型：一是以出境旅游和商务签证代替务工签证，出境就业者没有工作许可证，相当于“打黑工”；二是无照经营的境外就业中介；三是无视任何限制收取高额中介费；四是非法中介机构无视广告法和有关劳动保障法规，乱发假广告，吹嘘境外就业能挣到高额报酬；五是非法境外就业中介机构为牟取经济利益什么单子都接。

求职者在应聘工作地点为境外的招聘信息时，要避免上当受骗。主要方法有：一是要看中介机构是否持有人力资源和社会保障部颁发的《境外就业中介经营许可证》，这些中介机构的名称、住所和联系方式可在劳动和社会保障部网站上查询，并且应出示出境就业国劳工部门批准的招用外籍工人的证书文件；二是中介费一般不高于月工资；三是出境就业人员从事劳动合同之外的任何工作都是非法的，因此与国外雇主签订劳动合同时要对劳动合同的内容进行确认，劳动合同内容应当包括合同期限、工作地点、工作内容、劳动条件、劳动报酬、社会保险、食宿条件、变更或者解除合同的条件，以及劳动争议处理、违约责任等条款。

7.2.4 陷阱四：利用“见习”使用廉价劳动力

用人单位发布工作性质为“合同制”的招聘信息，却与求职者签订的不是劳动合同，而是见习协议，并将招聘信息中承诺的薪资改为见习补贴，由于这些单位非人力资源和社会保障部门核批的见习基地，原则上不允许招收见习学员，一旦录用求职者，就必须与劳动者建立正式劳动关系。如果不慎应聘了这些所谓的“见习”岗位，要先核实该单位是否为见习基地，若不是，应及时设法脱身，以免被不法企业侵害个人利益。

案例：姜××毕业于某高校计算机系，近日应聘了××广告有限公司的网络管理员岗位。该岗位的招聘信息中明确表示工作性质为合同制，姜××便欣然前往应聘。姜××被录用后与单位签订了一份见习协议，在之后的两个月时间内，该单位每个月均仅支付给他很少的见习补贴，姜××察觉到其中可能有问题，立即到相关部门进行核实，原来该广告公司并非见习基地，原则上不允许招收见习学员，它仅是想利用见习名义使用廉价劳动力。

建议：求职者在应聘“见习”岗位前必须要理解“见习”的真正含义。所谓职业见习是指组织学员进入企业在实际工作岗位上进行一段时间的实践性见习，以提高其动手能力，丰富其工作经验，增强上岗适应性，尽快实现就业。见习期内，见习学员与见习单位不建立劳动关系。

发布“见习”岗位的用人单位必须具有见习基地资质，其他任何单位发布所谓“见习”岗位都不合法。同样，这类单位以“合同制”为诱饵，骗取求职者廉价劳动力后，以“见习”推脱则更为恶劣。

求职者与用人单位签订工作合同时要搞清楚“合同”与“见习协议”的区别，不要被用人单位的一面之词所误导。求职者在签订“见习协议”时要留心这家用人单位是不是具有见习基地资质。如果出现案例中的情况，可及时向人力资源和社会保障部门咨询或反映。

7.2.5 陷阱五：招聘信息做广告，莫入中介陷阱

极少数中介公司，利用网络免费发布招聘信息的平台，集中发布招聘信息，并且跨过网站审查和监督，要求求职者直接将个人简历发送至该中介公司邮箱，以达到大量收集人力资源信息的目的。有些中介公司甚至在招聘信息中做起了广告。

案例：某人才信息公司，一周时间内在网上发布招聘信息近千条，均为中介信息，并在每条信息的岗位描述中留下了邮箱和公司自己的网址，要求求职者将个人简历直接发送公司邮箱或登录公司网站应聘。

求职者方小姐，前不久在网上查询到了该公司的此类招聘信息，记下了该公司的邮箱和网站地址，没有在网上进行应聘，而是将个人简历通过 E-mail 发送到了该公司，公司约见了方小姐，为其推荐了不少岗位，但要求方小姐每个岗位支付一定的介绍费用，并且如果面试成功，要支付给该公司首月工资的 50% 作为中介费用。

建议：求职者切莫被这些中介公司描述的高薪或者高福利待遇所诱惑，这些有问题的招聘信息往往学历要求低，但报酬高，与市场规律不符，但很具有诱惑力。求职者自身也要具有防范意识，对于此类收费行为要坚决予以抵制。

7.2.6 陷阱六：“试用期陷阱”又添新花样

极少数公司通过不断延长招聘信息有效期，招用新员工替代即将转正的员工以达到降低用人成本的目的，此种行为侵犯了劳动者的有关权益。用人单位通过延长招聘信息招“新人”换“旧人”，本质上还是玩着“试用期”陷阱的把戏。

案例：吴××半年前应聘了某汽车销售服务公司的汽车驾驶员岗位。单位承诺 3 个月试用，期满转正。经过面试后吴××被单位录用，录用后发现该单位仍在外进行汽车驾驶员岗位的招聘工作。当吴××按约定即将做满 3 个月，欣喜地以为可以转正时，却接到了单位的辞退通知，理由是招到了更合适的人。失业后的吴××在查找新的招聘信息时，发现该单位仍然还在招聘汽车驾驶员。

建议：一些用人单位变着法子延长招聘信息有效期，归根结底还是为了打求职者“试用期”的小算盘。“试用期”一满，这些用人单位便辞退先前招的求职者，用新招的代替，

如此循环往复。

试用期原本是用人单位与求职者建立劳动关系后，双方为了相互了解而协商约定的考察期限。“试用”是双向的，用人单位“试”求职者，求职者也“试”用人单位，谁不满意都可以说“再见”。只因劳动力市场供大于求，整体就业形势趋紧，致使试用期成了用人单位的专利。少数恶意企业主甚至把试用期设置成敲诈求职者的陷阱，非法牟利的“黑心工具”。“试用期陷阱”一般多发生在一些小型企业。非法的恶意的“试用陷阱”为什么能够屡屡得逞？首先是求职者对国家现行的劳动法律法规不甚了解，一切都以企业经营者的说法为准，这是很危险的。根据《中华人民共和国劳动法》及其相关法规规定，试用期应包括在劳动合同期限之内，最长不得超过6个月。员工在试用期内享有报酬权，月薪不得低于当地最低工资标准。即使有的老板不愿意与试用工签订劳动合同，事实劳动关系也同样受法律保护。求职者明确了这些规定，也就不容易受骗了。

虽然法律同时规定求职者在试用期间被证明不符合录用条件的，用人单位可以解除劳动合同。但是，这并不意味着用人单位可以在试用期内随意辞退求职者。求职者如果碰到类似的问题，可以向人力资源和社会保障部门求助或举报，请求帮助维权。

7.2.7 陷阱七：招聘岗位名称模糊名不副实

非保险类公司，通过招聘名为“储备人员”的岗位，吸引求职者前去应聘，在面试过程中方告知对方该岗位的实质是保险业务员。此类岗位已经严重超出了该公司本身的经营范围，更有虚假嫌疑。求职者要在面试前和面试中了解用人单位和应聘岗位的详细信息，以免陷入这些单位设置的“骗局”。

案例：小方近日应聘了某广告公司的“储备人员”岗位，由于小方大学里学的是广告设计专业，觉得应该对口，且招聘信息上标注的薪资价位也颇令他感到满意，小方立即向该公司投递了简历。但在面试的过程中，该公司却不断地对其营销方面的能力进行提问，并向其介绍保险方面的业务。最终，在小方的追问下，该公司才承认其实质是代某保险公司招聘保险业务员，招聘信息上标注的薪资也是需要通过业绩提成才能达到的。小方顿感自己白跑了一趟，受到了欺骗。

建议：之所以保险推销员这一岗位在求职者中不太受欢迎，可能信用危机是主要原因。一些用人单位为了“掩人耳目”，就用一些比较动听、模糊的岗位名称来吸引求职者。求职者只要在面试时多了解应聘岗位的实际工作内容，就会避免落入一些单位的圈套。防范方式有以下几种：一看单位的经营范围。如果一些类似商贸公司、广告公司招聘明显超出公司经营范围的岗位，则大多有假。二看岗位的薪资待遇。如果薪资的弹性幅度大，而且对学历要求又低，明显与市场规律不符，则大多也会“暗藏杀机”。三看招聘人数。如果该岗位一次性招聘数量众多，如“储备干部”岗位动辄招聘几十人，则也有可能有“水分”。

7.2.8 陷阱八：招聘劳务工，“合同制”作门面

有些企业在发布招聘信息时注明工作性质为合同制，不少求职者由此感到合同制较为正规，单位能为其缴纳社会保险费用，欣然前往应聘。但在面试时却被单位告知该岗位只

招劳务工（即协保人员等不需单位缴纳社会保险费用的人员），由此造成了求职者徒劳往返应聘。

案例：王××，51岁，失业人员，近日应聘了××管理服务公司的大楼保洁人员岗位，单位在招聘信息中写明工作性质为合同制。由于该岗位要求不高，王××自觉能够胜任，最重要的是，由于王××是一位大龄失业人员，看到工作性质为合同制，认为单位能为其解决缴金问题，于是欣然前往应聘。谁知在面试的过程中，单位在得知王××位失业人员后，明确表示该岗位只招聘劳务工，无须单位缴纳社会保险金，对于王××这样的大龄失业人员，单位没有兴趣，由此回绝了王××的应聘。王××在徒劳往返之余，心中十分气愤。

建议：求职者在应聘的过程中要和单位就某些关键事宜（诸如工作性质、薪资、相关福利待遇等）一一核实，并且在签订合同时要求单位一一列明。对于单位在招聘信息中出现如此不诚信行为的，可以通过拨打全国人力资源和社会保障服务热线12333进行举报。

7.2.9 陷阱九：学生求职心切，擦亮双眼防受骗

少数用人单位利用高校毕业生担心没有工作经验的弱势，岗位描述中打着无需工作经验的幌子吸引这些大学生前来应聘，由于大学生求职心态迫切，应聘时一般不对单位的背景等情况进行了解，并对单位提出的要求（包括收费要求）不经考虑便全部应允。提醒广大大学生求职者，求职心切也需擦亮双眼，不能对企业的要求照单全收，以免被不法企业利用从而上当受骗。

案例：小赵，22岁，7月刚从某网络信息学院毕业，看着周遭的同学都已找到了满意的工作，自己几个月来却一直还是处于失业的状态，心中十分着急。小赵应聘了多家单位，单位均以没有工作经验为由而婉拒他。他总觉得刚毕业的大学生在劳动力市场，常有"矮人一截"的感觉。

当他看到了某网络公司招聘网络管理员岗位，并在介绍中说明"无经验也可"，小赵不假思索就到这家公司填写了登记表，并对招聘公司的背景一概不问，面试人员跟他说什么他都答应，面试人员在面试过程中便提出要收取报名费、培训费等一系列费用，小赵由于急于想得到这份工作，便交了钱，也没留下任何票据，听从面试人员的话语，回家等消息。

但等了一个月该公司仍然没有给他任何回音，他来到公司要求退钱，但由于拿不出任何凭据，只能无奈走人，工作没找到，连钱也被骗去了不少。

建议：广大正面临求职的大学生，找工作是需要耐心、细心的，应聘每一个岗位都要多方面、多渠道详细了解相应企业的情况及背景，看看企业是否正规，业务是否合法，企业是否拥有合法的营业执照和经营许可证，是否有投诉、不良记录等。了解企业情况的方法有很多，在网上搜索查询也是其中的方法之一，如在工商局等网站或网络搜索引

擎中输入应聘企业名称搜索查看企业有关信息。

另外，《劳动力市场管理规定》中明确规定：禁止用人单位招用人员时有提供虚假招聘信息；向求职者收取招聘费用；向被录用人员收取保证金或抵押金；扣押被录用人员的身份证等证件；以招用人员为名牟取不正当利益或进行其他违法活动等行为。

7.2.10　陷阱十：离谱公司招聘员工当客户

曾有部分投资咨询公司在录用求职者从事“期货交易员”岗位后，要求每位录用者参加为期数天的培训，并在培训后自付一定费用开户进行实盘操作。鉴于此类自费实盘操作行为对求职者具有较大的风险，甚至存在可能的招聘欺诈嫌疑。

案例：施××，35岁，不久前应聘了上海××投资咨询有限公司的期货交易员岗位，在面试后，公司即表示录用。随即，公司对他进行了为期10天的简单培训，并要求所有参加培训的学员自付2万元来开户进行实盘操作。在培训期间，公司未和施××签订劳动合同。然而，在施××培训结束并交付费用开户后，公司便开始对他不闻不问，当施××再次前往公司咨询时，公司便以其他借口推卸责任，并说施××可以通过自己所开账户的操作，但是自负盈亏。施××方知自己受骗，但苦于没有签订劳动合同，无法立即保障自身权益。

建议：根据《劳动力市场管理规定》，禁止用人单位招用人员以任何形式收取费用。求职者在应聘、面试过程中要具有自我保护意识，对收费行为坚决予以抵制。更重要的是，在单位确定录用后，求职者务必在上岗前与单位签订正式的劳动合同，以保证在日后的劳动纠纷中能够保障自身的合法权益。

7.3　实践与活动

7.3.1　学生简历制作大赛

1. 活动目的

通过简历制作大赛，为在校大学生就业指导课程的学习提供一个锻炼和展示自我的平台，旨在充分发挥学生的表现能力，让学生熟练掌握个人简历的制作要点，以便在求职中凸显，更好地推销自己。同时增强学生的择业意识，展示个人风采，有效促进就业，加强学生面对就业的主动性，从而进一步推动学校就业工作的深入开展。

2. 大赛主题

创意求职，“简”入佳境。

3. 参赛对象

所有学习本课程的学生。

4. 活动流程

1）初步选拔阶段。将报名者分为4组，每组初步选拔6名，共24名选手入围复赛。

2）各组将参赛人员名单和简历作品报送评审组。

3）复赛。复赛将从入围选手中遴选出12名选手进入决赛。复赛总得分是由简历评分（30%）+专业评委评分（50%）+大众评委学生（10%）+笔试（10%）组成。通过学生评委的参与，提高简历制作大赛的影响力，激发在校学生参与大赛的热情。

4）决赛，最后决出9名选手。决赛要求选手首先通过PPT对个人电子简历进行限时3分钟的现场展示，选手要对作品的制作思路、整体结构、风格特色等方面进行解说。展示中需体现自我应聘此岗位的理由和优势，评委对选手进行提问。根据作品的内容、效果、技术、创意及现场的综合表现进行评分。然后按照得分选出获奖的6名选手。

5）活动总结，展示大赛优秀简历作品。

5. 作品要求

1）提交纸质参赛作品以A4纸大小标准制作、打印，要求注明组别以及指导教师姓名，同时提交电子版简历PPT。

2）个人简历内容一般应包括个人基本情况（姓名、出生年月）、个人履历、能力和专长、求职意向、联系方式、岗位来源截图、求职单位简介、对指导教师的评价等基本要素。

3）选手应结合自身情况与社会需求：从专业、就业、职业等方面进行个人简历设计制作。

4）参赛作品要求内容真实。语言简练、重点突出、版面美观、创意新颖、突出个性、强调潜力。

5）杜绝各种抄袭行为。必须为本人独立制作，否则取消比赛资格。

6. 评选方式及报名

比赛分初赛、复赛、决赛三个环节。评委组分为三部分：专家评委、往届大赛获奖选手、大众评委。本着公开、公平、公正的原则进行。大赛报名班级或团体自行组织报名。

7. 奖项设置

大赛设一等奖1名，二等奖2名，三等奖3名，优秀简历奖3名。向获奖单位及个人颁发荣誉证书及奖品。

8. 注意事项

1）参赛简历作品一律不予退还。

2）参赛简历作品事先已经过本人同意允许主办方予以公开，不涉及个人隐私权争议。

3）参赛简历作品请注明真实姓名、所属年级、班级、详细通信地址和联系方式，以便回复。

4）本次活动最终解释权归主办方所有。

7.3.2　大学生求职自荐书设计大赛

1. 活动目的

活动主要在于展示大学生独特的自荐书设计风采，帮助大学生更好地面对就业，展现自我能力，增强大学生自信心。

2. 参赛要求

1）自荐书必须自行设计制作，不得抄袭。

2）自荐书要突出个性、要求简洁实用（含封面、自荐信、个人基本情况、兴趣爱好、奖励情况、学习成绩、联系方式、学生干部经历和社会实践情况等）。

3. 活动流程

1）自荐书制作（从报名者中选出 15 份优秀作品进入复赛）。

2）现场答辩：

① 选手上台 2 分钟亮相并完成作品讲解。讲解时，选手除介绍个人自荐书的设计过程外，还要重点讲解自荐书的突出特点。

② 评委针对选手的自荐书设计特点提出相关问题，考察选手的现场应变能力。

③ 评委打分，做相关评定。

④ 公布结果，颁发奖品和荣誉证书。

4. 奖项设置

大赛设一等奖 1 名、二等奖 2 名、三等奖 3 名，优秀奖若干。

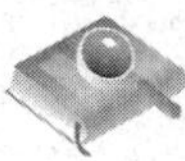

阅读资料及教学课件

比较规范的中文个人简历模板

比较规范的英文个人简历样本

什么样的求职简历最受欢迎

转行简历攻略

两大公司人力资源部的简历观

英文简历必备的十大元素

如何让你的英文简历更具竞争力

9 个细节让你的英文简历更出色

第七章教学课件

第八章 求职活动

本章要点

求职活动是否准备充分、求职技巧是否运用得当等是高校毕业生求职中不可忽视的一个重要方面。俗语讲“工欲善其事，必先利其器”，这就是说在求职活动中，大学生要根据自身的素质、特点和客观条件以及就业期望，选择适合自己的求职方法，并在求职活动中精心准备，巧妙地运用各种技巧，才能为提高求职的成功率提供坚强有力的保障。

理论指导

第一节 参加招聘会与自荐

> 一个不注意小事情的人，永远不会成就大事业。
>
> ——卡耐基

一、招聘会的种类及选择

（一）招聘会的种类

目前我国实施“双向选择，自主择业”的高校毕业生就业制度，招聘会也就成为学生和用人单位双向选择求职活动的首选渠道。招聘会的种类如表 8-1 所示。

表 8-1 招聘会的种类

类型		特点
校园人才招聘会	大型人才招聘会	为方便大学生求职与就业，各高校会为应届毕业生举办至少一次的校园大型人才招聘会。高校在 11 月 20 日之后，面向所有的毕业生，根据毕业生的数量，联系和邀请省内外数百家用人单位带着需求岗位进入校园，与大学生进行面对面的双选活动
	小型人才招聘会	是高校和各县市的人才服务中心联手合作的一种方式。共同推进大学生就业工作，各县市的人才服务中心组织该地区数十家用人单位进入校园，招聘地方经社会济发展所需要的人才。这种招聘会规模虽然不大，所需专业也较为单一，但具有明显的就业区域指向

续表

类型		特点
校园人才招聘会	专场人才招聘会	校园专场人才招聘会是指某一家用人单位进入校园开展招聘，高校组织相关专业的大学生参加。这种招聘会规模虽然小，但针对性强，成功率高。有些用人单位在错过校园大型人才招聘会后，多采用这种形式的招聘会。也有些用人单位认为这种形式的招聘会更适合自己单位
社会人才招聘会		和高校同样负有大学生就业责任的政府有关主管部门也定期或不定期地举办人才招聘会，省、市、县人才服务中心人才招聘会和高校联手校园小型人才招聘会是一种形式，单独开设人才招聘会也是一种主要的形式。通过各高校组织毕业生到各地人才服务中心，同时在当地组织用人单位，和校园大型人才招聘会具有同样的效果，更具有明显的就业区域指向
网上人才招聘会		利用网络技术开设人才招聘会，也成为政府、高校和用人单位解决大学生就业问题的一种常用手段。尤其对于高校而言，在高校就业信息网上公布的大学生基本信息发布的时效性长，不受时间和空间的限制，供用人单位根据自身需求选择大学生。政府部门及有关用人单位开设的网上人才招聘会，让大学生能够投递电子简历，开展求职活动

（二）招聘会的选择

招聘会比较多，对于大学生来说是件好事，但是不是每场招聘会都要参加，应根据自己的实际情况和求职目标加以决定。就业困难的学生应该尽可能参加每场招聘会，以期广种薄收，争取尽早就业。

1. 基于毕其功于一役的选择

多数大学生的就业观念是“先就业，后择业”，那么参加校园大型人才招聘会千万不要错过。这种招聘会规模大，需求岗位多，就业信息丰富，选择范围广。对于大学生而言，校园大型招聘会能解决奔波劳顿之苦，能减少求职费用，已成为大学生求职活动一个非常重要的途径。

2. 基于特定用人单位的选择

大学生对于某一家用人单位或某几家用人单位情有独钟，若他们能在校园大型人才招聘会上出现，就应该抓住这个机会，否则就应该参加其他形式的招聘会。这种就业选择可能会出现“僧多粥少”的局面，应尽可能少采用。

3. 基于就业区域的选择

进入校园大型人才招聘会的用人单位来自全国各地，大学生应该视就业区域有选择地参加，另外也不要错过有关地区人才服务中心组织的人才招聘会。当然，参加网上人才招聘会也是一种选择。

二、参加招聘会前的相关准备

在确定参加某场招聘会后，大学生应抓紧进行前期准备。俗话说“机会总是垂青有准备的人”，第一次参加招聘会，也是大学生从学校迈进社会的真正的第一次，要在求职活动中做到从容不迫、应对自如，必须进行心理、材料、信息等几个方面的精心和充分准备。

（一）心理准备

不容乐观的就业形势造成了部分大学生心理上存在着各种各样的问题，主要表现为焦躁不安、妄自菲薄、自负自大、急功近利、盲目从众、患得患失。

1. 择业要树立符合现实的合理的期望值的意识

大学生要正视高校大众化教育阶段大学生就业难的形势，能接纳这样的现实，切实改变就业观念，明确高职高专人才培养的目标，找准就业定位，要相信政府和高校解决高校毕业生结构性就业矛盾的信心和措施，这样才能克服焦躁不安的心理。

2. 择业要树立对自己客观评价的意识

大学生要恰如其分地评价自己，正确地认识自己，这样就会有自信和勇气，不怕就业竞争，克服自卑、妄自菲薄的心理。同样，恰如其分地评价自己，正确地认识自己，也就会有合理的就业期望和定位，这样才能克服自负尊大的心理。

3. 择业要树立立足基层长远发展的意识

在择业时要有长远眼光，要重视岗位的发展空间，要寻找最适合自己的舞台，不为利益所动，不嫌地区偏远，积累经验，增强能力，脚踏实地，逐步发展，这样才能克服急功近利的心理。

4. 择业要树立自主的思考的意识

对自己要充满自信，不为他人左右，这样才能克服盲目从众的心理。要在求职活动中不断地调整自己的就业期望和定位，培养自己乐观的人生态度和抗挫折的能力，这样才能克服患得患失的心理。

（二）材料准备

1. 就业推荐表

就业推荐表中包括个人基本情况、学历、教育背景、社会实践经历、专长等信息，其原件每个大学生只有一份，要认真保管好，在招聘会上投递的往往是复印件。

2. 个人简历和自荐信

在简历中要有效表达个人信息，求职目标要具体明确；突出强项，真实可信；正确评价自己，精心编排打印。

3. 每学期的成绩清册

成绩清册应由学校教务部门打印，并加盖公章。成绩清册上要包括所有学习的课程及得分和等级。

4. 有关证明自身能力的证书

有关证明自身能力的证书，包括英语水平证书、计算机水平证书、技能证书或职业资格证书、获奖证书等的原件与复印件。

（三）信息准备

如果说已经确定参加某场招聘会，接下来很重要的一步就是进行信息准备。全面、准确地查询招聘会的有关信息、主动寻找求职机会是求职活动的基础。你所期望的就业区域来了多少家用人单位，有没有你中意的用人单位，这些用人单位对你所学专业对口的需求量有多少，你对这些用人单位的情况有多少了解等，这些都应该是你要准备的信息。获得的信息广泛，就意味着求职活动的主动，求职视野的宽阔；获得的信息质量高，就意味成功的概率高。

（四）其他准备

大学生要重视参加招聘会的仪表准备，总的要求是大方、整洁，能体现出大学生的身份。男生不能不修边幅，女生不能浓妆艳抹；既不能太随便，也不能太刻板，既不能太怪异，也不能太正规，还要有适当的台词准备。在招聘会上，用人单位总会问求职者一些共性的问题，如“能否简要介绍一下你的基本情况”“你有哪些特长”等，在去招聘会前要针对这些常见问题准备相应的资料。

三、自荐的技巧

灵活掌握自我介绍的一些技巧，准确、有效地投送自荐材料，显然有助于打开求职的大门。

（一）自荐的技巧

1. 自荐活动文明礼貌

一个大学生在自荐活动的文明程度往往是给用人单位留下的第一印象，在人山人海的招聘会上，在用人单位的招聘摊位前，你手中很多单位的介绍材料，切忌随便乱扔，也不能大声喧哗，在与用人单位的接触中更不应该对此评头论足，应让你文礼貌明的言谈举止成为进入用人单位的敲门砖。

2. 自荐过程认真细致

无论哪个用人单位都是十分看重认真细致的品格的，你的自荐材料内容是否全面、重点是否突出、书写是否工整、用词是否恰当、掌握的信息是否准确、回答问题时是否自信、说话是否谦虚等，都能够给用人单位留下深刻的印象。

3. 自荐态度积极主动

自荐是求职者的主动行为，要主动和用人单位接洽，主动介绍自己的情况，主动呈递推荐表、个人简历等求职材料。任何消极等待都是不可取的，这种消极等待可能是你的谦逊，也有可能是你在寻找恰当的机会，但这极有可能使用人单位觉得你还在犹豫，没有拿定主意，或者认为你自信心不足，求职心情不迫切，因而会给你的求职活动带来不利的影响。

4. 基本信息重点突出

在介绍自己时，应重点突出自己的能力和知识，本人基本情况和家庭情况简单介绍即可。对于自己的专长经验、能力可以详细介绍。切不可不分主次，不知轻重，在浪费用人单位宝贵时间的同时，给单位留下你素质低下的印象。

5. 介绍自己如实全面

介绍自己各方面情况时闪光点要突出，但一定要客观全面，尤其是在介绍自己以往学习工作上所取得的成绩时，不能吹嘘或夸大，说缺点，一定要实事求是。这种对待自己一分为二的诚恳态度会给用人单位以良好的印象。

6. 回答问题有的放矢

要抓住要领针对用人单位的具体要求强调自己的社会经验和专业所长，这样才能使招聘者相信你就是最理想的应聘者。

（二）材料投递

投寄自荐材料一般有两种方式，一种是直接递交，另一种是间接递交。无论使用哪种方式，都要求准确、便利、快捷，要在用人单位规定的投寄时间内寄到。投递材料时要注意以下事项：

1）首先要明确投递对象，有的放矢。

2）要逐一检查自荐材料，不要有遗漏与错误，特别是检查材料内容是否与投递对象一致，确保万无一失。

3）要注明双方联系方式。如果以信函方式，则要把投递地址写清楚。接收方若是具体人，则要把姓名写清楚，同时，职位称谓、单位地址、名称等不要写简称。此外，在自荐材料的明显位置必须有联系方式，以方便用人单位与自荐人联系。信封要用标准信封，在信封上也可写上联系方式。

4）有信息不确定时，要积极向用人单位询问，不管是否被录用，都要正确、积极地面对结果。

四、参加招聘会后的注意事项

参加招聘会后不少大学生觉得无事可做了，可以静候佳音了。或许就是你的这种虎头蛇尾，使自己的求职活动未能画上一个圆满的句号。实际上你参加过招聘会后，首先要做的就是向用人单位表示感谢，其次要与用人单位经常保持联系，最后要有一定的心理准备，正确地面对用人单位的拒绝。

（一）表示感谢

对于用人单位的招聘工作表示感谢，能体现出你作为一个求职者的素养，也能加深用人单位对你的印象。在应聘者的条件难分伯仲之时，你的一句问候，肯定会加重你求职的砝码。

（二）保持联系

在参加招聘会后，用人单位接受了你的求职材料，一定要选好机会询问结果。用人单位往往会在两三天内确定出面试者的名单，你就应该在两三天后主动与用人单位联系。如果你已列入面试者的名单，还要再次表示感谢，并在询问面试的时间、地点和要求后，进行面试的准备。如果你未能列入面试者的名单，也要表示感谢，同时还可以再次向用人单位以简短的方式介绍自己在招聘会上未能说明的情况和自己强烈的求职意向，做最后一次努力。或许你的诚意会打动用人单位，给你一次面试的机会。

（三）要正确面对用人单位的拒绝

求职失败的情况会经常出现，如果你已经尽力了，可还是被用人单位拒绝时，不能怨天尤人。另外，要重新认识和评价自己，重新审视自己的求职意向，重新回顾自己在求职活动中有什么不妥与不足，这对于你下一次的求职活动一定会有启迪和帮助。

第二节 接受面试

> 在所有组织中，90%的问题是共同的，不同的只有10%。只有10%需要适应这个组织特定的使命、特定的文化和特定的语言。
>
> ——职场名言

能参加用人单位的面试，说明你的求职活动已经迈出了坚实的一步，你的一只脚已经跨入了用人单位的大门。接受面试，就如同你第一次参加招聘会，既充满了惊奇和渴望，也心怀不安和忧虑，但无论如何，你要保持足够的冷静，潜心为此准备，争取你的另一只脚也能顺利地跨入用人单位的大门。

一、面试及其种类

（一）面试

按人力资源管理学理论，面试是测试求职者心理素质和潜在能力的最常见和普遍采用的方法。面试是经过招聘单位精心组织和设计的，在特写的场景中招聘者与求职者双方面对面地观察、交谈、了解、沟通的过程。招聘者通过这个过程，一是可以核查求职者求职材料的可信度；二是可以测试求职者心理素质和潜在能力；三是可以考核求职者是否能成为其单位理想的员工。求职者通过这个过程，一是可以对招聘者进行观察与分析判断，对其个性、爱好、价值观等进行推测，力图使自己的回答和其他表现符合面试官的要求；二是可以进一步了解用人单位的实际情况；三是可以向招聘者展示自己的知识、能力、态度、求职动机、兴趣爱好等。因此，面试对于求职者来说是至关重要的，要充分利用面试的机会展现自己、了解他人，去争取面试的成功。

（二）面试的种类

按照参加面试过程招聘者与求职者人数，分为多对一面试、一对一面试、多对多面试、一对多面试。在对重要岗位的求职者或求职者的材料难分彼此时，常用多对一面试的形式。

对于求职者比较少或相对次要的岗位，常用一对一面试的形式。如果把还有第二轮面试，常用多对多或一对多面试的形式。面试从其他角度还可以分为主试型、答辩型、集体型、问题型、综合型等多种方式。

按照面试的内容和方式，面试可分为结构化面试、非结构化面试、情景面试和综合面试等几种类型。这几种面试形式在对求职者的面试中可能只采用其中一种，也可以同时采用多种，具体视招聘的岗位要求而定（表 8-2）。

表 8-2 面试按照内容划分的种类与应试技巧

类型	形式	特点	应试技巧
结构化面试	根据设计好的提纲和问题，由招聘者按部就班地对求职者进行发问	严谨，能抓住中心，不易跑题，招聘者能较快地了解到求职者的知识、素质、能力、态度、愿望和要求	根据这种面试的特点，回答问题力求前后逻辑有关联
非结构化面试	没有提前设计好的提纲和问题，由招聘者现场与求职者进行交流，求职者可以不受限制地发表言论	宽松，没有约束，招聘者能随时观察求职者的知识、素质、能力、态度、愿望和要求	根据这种面试的特点，在交谈中力求活跃气氛，切忌不懂装懂、不着边际地胡吹乱侃
情景面试	根据准备好的情景试题，招聘者作为观众给求职者打分，求职者则像一个小品演员	即兴，却有限制，最适合招聘者考察求职者的观察能力、应变能力和个性特征	快速地激发自己的兴奋点，并融入情景中，组织有效的语言和行为，切忌反应迟钝、手足无措
综合面试	综合面试是面试中难度最大的一种，由招聘者运用多种方式全方位地考察求职者各方面的才能	可以用一篇文章来考察求职者的文字录入速度和排版水平；或考察求职者的演讲水平；或是招聘者与求职者之间的英语对话；或招聘者与求职者之间对某个专业问题的探讨	要摆正心态，正常发挥，要增强自己的自信心。切记千万不能自乱阵脚、未战先败

二、面试技巧

（一）语言技巧

在求职面试中，良好的语言表达能力和使用技巧，不仅能传递大量的信息，还能拉近主考人与求职者之间的距离，对于面试的成功起着重要的作用。

面试中的有声语言交流是比较正式的，不同于平时的闲聊，因此求职者首先不能太木讷，要敢于发表观点，体现自信，但一定不要夸大、自负。例如，有些人会说“如果我来做某某职位，一定会……”这是很犯忌的。其次，声音不能太轻，也不能太重，要能让主考人清楚地理解求职者所需表达的内容。再次，语速不能太快，也不能太慢，做到抑扬顿挫，这样才容易吸引主考人。最后，要注意言辞的文雅，表达要符合逻辑，要争取用词准确，概念清楚，语意连贯，层次分明。

（二）行为技巧

面试中的有声语言的表达能力和使用技巧是重要的，但无声语言的作用也不可小觑。无声语言主要指肢体语言，如身姿、表情、眼神、手势等。肢体语言比起有声语言来有一定的隐蔽性，但却能更加真实地反映人的内心世界的活动。

身姿面试中分立和坐两种，在主考人没有请求职者入座之前，求职者应保持的姿势是挺直站立，目光平视，面带微笑，两手自然置于两侧。主考人请求职者入座之后，求职者应保持的坐势是臀部保持与座椅 2/3 的接触面，上身微微前倾，表情自然，面带微笑两手自然置于双腿之上，男生双膝正对主考人，双脚分开；女生双膝向一侧微斜，双脚并拢。

求职者应表情自然，无论表达还是倾听，都要始终面带微笑。

目光能在一定程度上表现出主考人的所思所想，也能表现出求职者的内心世界。面对主考人，求职者要有一定的目光交流，回答问题时，低头与抬头都是错误的选择，正确的做法应是保持平视，与主考人目光交流。面对多个主考人时，要逐个进行短暂交流与坐在中间的主考人目光应停留多一些时间，保持一定的顺序性，目光无序地游离、无序地对视只能反映出内心的慌乱或对礼仪的无知。长时间盯着对方也是一种不尊重的表现，而目光来回游离会给人轻浮之感。

握手用时过长或用力过大都是不可行的，会让对方感到不舒服，也会说明自己比较紧张。轻触式握手会令人觉得不受尊重，或者说明你胆怯。握手时态度要坚决，双目要直视对方，握住对方的手，要保证你的手臂呈 L 形，有力地摇两下，然后将手自然放下。

（三）问题的回答技巧

在面试过程中，最大的困难就是如何回答面试人员的问题了。其实如果你能够好好地准备，分清问题的种类，加上临场镇定的表现和充分发挥，就能轻松过关，争取求职成功。面试问题的分类与回答技巧如表 8-3 所示。

表 8-3　面试问题的分类与回答技巧

问题类型	形势与特点	回答技巧
背景性问题	询问求职者的个人特点、家庭成员、技能高低、社团经历、兴趣爱好、人际交往等方面的情况，如“你与同学的关系怎样”	相对比较简单，回答应直截了当，实话实说，不要隐瞒，更不能弄虚作假

续表

问题类型	形势与特点	回答技巧
意愿性问题	询问求职者的求职动机、工作愿望、薪资标准、目标打算等方面的情况，如“你期望的薪资标准是多高”	有时比较棘手，应讲究一定的策略，必须模糊的不作清晰回答，必须清晰的不作模糊回答，以强调求职动机、工作愿望为主
知识性问题	询问求职者相关岗位的技术性问题或具体的知识，如“你认为本专业的新技术有哪些”	要有开头语言、中间主体语言和结束语言，回答时要力求科学、准确
智能性问题	询问求职者对社会热门问题和热门话题的看法，如“你认为学历和能力哪个更重要”	力求反应快捷、逻辑性强
情景性问题	询问求职者针对假定或模拟情景的想法，如“你是否愿意先到车间锻炼一年”	回答时要力求态度端正，考虑全面

总的说来，在回答问题时，要认真倾听招聘者的提问。在招聘者的问题提出后，应有片刻思考，在明白题意并整理好思路和组织好语言后再作清晰回答，不要在招聘者的问题没说完就抢答，也不要在招聘者的问题说完时立即作答，更不能在招聘者的问题提出后久久不作回答。作为回答的开头语，可以用“对于这个问题，我是这样理解的”或“对于这个问题，我是这样认为的”，中间可以用“首先、其次”或“第一、第二、第三”进行语言的组织，最后用“总之、总的来说、综上所述”进行概括，用“不知道这样回答是否正确，谢谢”作为整个作答的结束语，力争做到语速正常，用词准确，表情自然、举止得当。

（四）女性面试

女性在面试中不能自卑，应调整好心态。

面试前，要精心准备，充满信心，参加面试，无须家人和亲友陪护，不能让用人单位认为你还是个长不大的孩子。在面试中首先不能太过拘谨，手拿应聘材料应大胆及时地送出去；其次，说话声音不能细如蚊声，也不能未作答脸先红，声音要响亮，要自信；最后，要落落大方地保持与招聘者的目光交流。

女性求职，形象装扮当然是一个不可忽视的环节，穿裙装套装、着高跟鞋是最合宜的装扮，服装颜色以淡雅或同色系的搭配为宜，颜色素净，形式端庄，头发梳理整齐，略施脂粉，可擦香气淡的香水。

女性在求职面试时，常会碰到一些特殊与敏感的问题，未雨绸缪显得非常重要。常见的问题有：你认为家庭与事业之间存在着难以调和的矛盾吗？你如何看待晚婚、晚育？面对上司的非分之想，你会怎么办？你喜欢出差吗？等等。对于这些问题回答时，应做到委婉、坚决、精妙、得体，能恰到好处地体现自己特有的刚柔相济的特征。

三、面试后的注意事项

许多求职者只留意面试时的礼仪，忽略了面试后的善后工作，事实上，面试结束并不意味着求职过程的完结，求职者不应该袖手以待聘用通知的到来，有些事情你还必须加以注意。

（一）写信感谢

为了加深招聘人员对你的印象，增加求职成功的可能性，面试后的两三天内，求职者最好给招聘人员打个电话或写信表示感谢。感谢电话要简短，最好不要超过 3 分钟；感谢信要简洁，最好不超过一页纸。感谢信的开头应提及你的姓名及简单情况，以及面试的时间，并对招聘人员表示感谢。感谢信的中间部分要重申你对该公司、该职位的兴趣，增加一些对求职成功有用的新内容。感谢信的结尾可以表示你对自己的信心，以及为公司的发展壮大做贡献的决心。

（二）适时询问

在一般情况下，每次面试结束后，招聘主管人员都要进行讨论和投票，然后送人事部门汇总，最后确定录用人选，这个阶段可能需要三五天的时间。求职者在这段时间内一定要耐心等候消息，不要过早打听面试结果。

（三）调整心情

如果你同时向几家公司求职，在一次面试结束后，则要注意调整自己的心态，准备全身心投入第二家的面试。因为在接到聘用通知之前，面试结果还是个未知数，你不应该放弃任何一次机会。

（四）查询结果

通常，如果你在面试的两周后，或招聘者许诺的时间到来时还没有收到对方的答复，就应该写信或打电话给招聘单位，询问面试结果。

（五）再做准备

应聘中不可能每个人都是成功者，万一你在竞争中失败了，也不要气馁。这一次失败了，还有下一次，就业机会不止一个，关键是要总结经验教训，找出失败的原因，并针对这些不足重新做准备，争取抓住下个机会。

第三节　参 加 笔 试

> 最有希望的成功者，并不是才干出众的人，而是那些善于利用每一时机去发掘开拓的人。
>
> ——职场名言

一、笔试及其种类

（一）笔试

笔试是用人单位考察求职者的一种方法，是面试的补充或是深化，主要是进一步考察求职者知识、素质和能力，如文字表达能力、语言组织能力和书写水平。笔试考察方法的使用，视具体情况，可以用，也可以不用。笔试常用于专业技术要求高或素质要求高的岗位招聘。

笔试由用人单位组织，包括考场的安排，试卷的准备，求职者的通知，求职者应在规定的时间内完成笔试试题。因此笔试具有如下特点。

1. 公正性

面试中不能排除招聘者的个人喜好与感情色彩，笔试最主要的特点就是公正，采用相同的考试方式，在相同的时间内完成相同的题目，并有相同的试卷标准答案和评分标准，这是面试所做不到的。笔试克服了主观性和随意性，能够真实反映出求职者知识水平、基本素质和能力，可以不受任人唯亲等不正之风的影响，对于求职者来说也是一次公平的竞争。

2. 全面性

笔试的内容可以涉及方方面面，智力内容能考察求职者的智商和反应能力；专业内容能考察求职者的专业基础理论和专业知识掌握得是否全面、扎实；案例分析内容能考察求职者的逻辑思维能力、分析判断能力。这样就可以对求职者知识范围和层次、专业技术领域的熟悉程度、能力的大小、素质的高低进行全面的考察。

3. 真实性

面试有时靠的是谈吐自如、随机应变，但有些具有真才实学的求职者却不善言辞，不能表现出应有的水平，容易在面试中吃亏。笔试能够考查出每个求职者真实的水平，有利于用人单位根据本单位的实际情况合理判断是否接受该求职者。

（二）笔试的种类

笔试包括专业测试、素质测试、能力测试等方面。根据笔试的目的，笔试大致有以下几个方面的内容：一是智力内容，常采用单项选择的形式，用来考察求职者的智力水平和反应能力；二是专业内容，难度有限，用来考查求职者的专业基础理论和专业知识掌握得是否全面、扎实；三是案例分析内容，其本身没有现成和标准答案，用来考察求职者的逻辑思维能力、分析判断能力；四是用人单位认为要进行单独测试的内容。

二、笔试的准备

（一）准备好笔试物件

求职者应根据笔试通知的要求备好所需的文具，如钢笔、铅笔、制图工具、计算器等，以及必备的证件。如果到了考场上文具不全，在影响自己考试心情的同时，也会给用人单位留下马虎的印象。

（二）复习专业知识

求职者应根据岗位的工作性质和需要复习专业知识，因为在笔试之前由你支配的时间不会多，不可能面面俱到，也没有必要面面俱到。复习时以掌握岗位工作所需的基础知识为主，包括基本概念、基本原理、基本规律、基本的分析计算方法，兼顾岗位类别，技术类的加强专业知识掌握的程度，管理类重在问题的理解、分析和运用。

（三）熟悉考试题型

求职者应根据岗位工作的特点，事先熟悉考试题型，这对于成功笔试很有帮助。笔试常用的题型应该和我们在学业考试中的题型相差无几，如填空题、选择题、问答题、应用题、作文题等，可以用自己平时积累的考试经验正常应对，特别要说明的是，作文题和应用题在笔试中分量较重，绝对不可掉以轻心。

（四）保持良好的心态

求职者应适时减压，保持乐观，保证休息，适当运动，以饱满的精神状态和充沛的精力参加笔试。特别是在笔试的前一天，一定要休息好，否则会萎靡不振，影响考试的正常发挥。另外，若有可能，要提前熟悉考场环境，认真阅读考试注意事项，调整自己的心态。

三、笔试的技巧

笔试的基本要求：一是求职者不能迟到；二是作答时能够做到字迹清楚，卷面整洁；三是严格遵守考试纪律；四是在考试结束后按要求交卷，安静退场。在此基础上，还应掌握以下的作答技巧。

（一）精审题卷

一是精审全卷，在得到试卷后，首先阅览一遍，了解题量和难题程度，以便合理分配考试时间和答题进度。二是在答题中精审试题，逐字逐句理解分析题意，切实弄清答题要求。另外在答题前，还要听清楚监考人员对试卷的说明。总之，不应仓促作答。

（二）循序渐进

一是先易后难。笔试是限时完成的，内容难易有别，因此在答题时，排出难易顺序，依次作答。二是先简单后复杂。笔试内容多，题型广，在考题分数相当的情况下，应先作答简单的问题，后作答复杂的问题。总之，不应不顾实际情况按试卷顺序答题。

（三）回忆、联想

1）回忆。对于具有一定难度的常规知识，求职者要认真回忆学过的知识，力争找到相互之间的联系，达到融会贯通的效果。

2）联想。联想是一种根据已知的知识推出新结论的思维活动，对于具有开放性的试题，求职者应展开联想思维，创造性地推出新的结论，给用人单位展示自己的专长。总之，应积极思考、冷静作答。

（四）比较、综合

1）比较。对于一些难以判断的选择题，要把各种选项进行对比，找出它们的相同点、不同点相互联系，这是一种重要的思维方法。

2）综合。对于一些应用题，要找出各个问题之间的关系与联系，使之成为一个整体，从全局的角度加以作答。总之，应找出关联，提高速度。

第四节　其他求职途径

只有一条路不能选择，那就是放弃的路；只有一条路不能拒绝，那就是成长的路。

——职场名言

一、网上应聘

由于网上招聘成本低、传播快、受众多，简单易行，供需双方可以在网上进行交流沟通，受到许多大学生青睐。对于求职者而言，电子简历最好放在邮件的文本框中，打开后用人单位人员直接可见，而不要用附件形式发送。另外，电子简历内容要翔实，应聘者要将各种能力证明、学习经历、社会实践经历等写清楚。注意：在电子简历上切忌留下自己的身份证号码和家庭联系电话，以防信息泄露被不法分子利用。

二、上门自荐

上门自荐分为两种形式，①求职者亲自到用人单位进行求职活动，与参加招聘会相同的是能直接面对用人单位，近距离接触。比起参加招聘会，这种方式更能显出你的诚意，更能让用人单位印象深刻，主要适用于路途相对较近的用人单位求职；②是利用实习的机会，与用人单位进行沟通求职。只要求职者在实习中有良好有表现，这种求职方式的成功率就比较高。

三、推荐

推荐作为一种间接的自荐方式，在大学生求职活动中也经常被采用。推荐分为学校推荐和他人推荐两种形式。学校推荐主要得益于学校在向社会输送大学生的过程中，与用人单位建立了密切合作的关系，再加上学校对学生本人情况较为了解，而且以组织的形式向用人单位推荐，有较强的可靠性和权威性，所以较容易得到用人单位的认可。他人推荐是通过一些社会关系和老师与亲朋好友的力量向用人单位推荐，也容易引起用人单位的重视和信任。

四、电话求职

电话求职是指通过电话向用人单位求职的一种方式，其主要目的是介绍自己，并推销自己，为寻求一次面试的机会。目前，不少用人单位都会在招聘信息中注明联系电话和联系人，求职者应通过联系电话及时与联系人联系。另外，对于少数在招聘会易怯场的大学生，通过电话求职不失为一种好的选择。

案例分析 8-1

广泛撒网，缺少针对性

武汉某高职学院工商管理专业大学生程某招聘时投了数十份求职简历。他的原则是，只要招聘企业有招相关专业大学生的名额，他就投简历。程某不算个案，在招聘会上，一部分大学生投简历都放眼于“大专业”，招聘岗位只要与自己的专业或辅修课程沾边，都要试试。

分析：一些大学生不了解自己的个性、兴趣和能力，不清楚职业发展面临的优势与劣势，不知道自己喜欢和不喜欢的职业，盲目地投递简历，最后石沉大海。大学生在大学一年级时就应树立职业发展意识。

案例分析 8-2

适合你的才是最好的

小王和小林在大学时是睡上下铺的好友，毕业后参加了工作。小王的工作单位是一家大公司，小林工作单位则是一家只有几十人的小公司。小王认为，个人要想发展，就应当进大公司去寻求广阔的发展空间，因为大公司名气大，管理规范，发展的机会多，所以，他立志要到大公司去实现自己的梦想，并且通过努力如愿以偿进了一家大公司。小林则认为，人在哪里工作不是很重要，重要的是要能施展自己的才能，实现自己的价值。他还认为，在小公司里，人少，个人发展的机会反而可能更多，所以毕业时他找了一家小公司。

后来，在工作实践中，由于小王所在的公司人才济济，他只能做一些与自己的专业没有什么关系的杂活。在相当长的一段时间里，他所在部门的重要工作都由领导安排其他人去做，根本轮不到他去展示自己的才能。小林的公司由于人手少，有了活大家一起干，工作成果见效快，他的才能在这里也很快地显露出来。不久，小林的公司由于业务发展了，小林也被提拔为策划部经理。

小王和小林经过一段工作后，一个是郁郁寡欢，很不得志；一个是如鱼得水，快马加鞭。

分析：择业时，有些大学生专门选一些规模大的公司或企业，认为它们经营失利或倒闭的可能性小，发展的机会大。其实，企业规模大小与企业经营得好坏有一定的关系，但并不起绝对的决定作用。应当看到企业的管理水平、经营观念与综合实力，以及与自己专业的关系。求职择业的大学生应该对自己做出正确、客观的自我评价，从不同的招聘单位中选择最适合自己发展的一个，不能一味地追求单位的地域、性质、规模、效益。记住：最好的未必适合你自己，只有适合自己的才是最好的。

案例分析 8-3

面对挫折，迷失自我

小丽是某高校会计专业的大学生。平时学习刻苦用功，成绩优异，其他方面的表现也还不错。有一次她去应聘某外资公司，在面试后的第五天遗憾地收到了一份拒聘信。信中说："尽管您的知识和学历给我们留下了很深的印象，但我们已经选中了一个目前离我们的需求更接近的应聘者。"信没看完，小丽的泪水已是夺眶而出，因为这是两周内她第三次被拒了。"没有人再会聘用我了。"她自言自语道，心中已是一片茫然。

然而小丽怎么也没有想到，她竞争的这个职位虽只招聘 2 人，但却总共收到了 200 多份求职信，她的简历被招聘单位评为十佳之一。她更没有料到她击败了 95% 的人，从而入围 10 个参加面试的人选。最后有两个人得到了这份工作，她却没有。可是，如果她了解到那两个被选中的人一个是硕士研究生，另一个比她多了 5 年的工作经验，他们比她更有明显的优势时，也许她就不会那么自卑和伤心了。

由于连遭挫折，小丽对求职失去了信心，整天把自己关在家里，不敢再出去找工作，当年她没能顺利就业，一直待业在家。第二年的大学生招聘会陆续开始时，她仍没有走出自卑的阴影，总是觉得没有单位能看得上自己，甚至害怕去与应届毕业生同场竞争。后来在父母的一再催促下，她好不容易鼓起勇气参加了一场招聘会，可是当用人单位问她："为什么过了一年，仍没有一点工作经验呢？"她无言以对，落荒而逃。

从此，小丽就一直不敢去找工作了，她特别害怕招聘者那挑剔的眼光，一提起要与用人单位见面就恐惧不已。

分析：据一项调查显示，大学生在求职过程中，影响求职成功率的三个主要问题是"畏惧失败""与他人竞争时感到自卑""缺乏面试经验"。三大问题中心理问题就占了两个，大学生的求职过程往往演变为一场心理考验战，坚强者胜，脆弱者败。

很多大学生在校期间埋头读书，很少与社会接触，对谋职就业的复杂过程没有心理准备。本案例中的小丽在最初的几次求职被拒后就失去了信心和勇气，并产生了"就业恐惧症"，妄自菲薄、自怨自艾、萎靡不振，最后选择逃避的行为是典型的心理障碍的表现。

要防止产生这种不良心理症状，首先要求大学生对求职择业的难度有清醒的认识和足够的心理准备。耐心和毅力是找工作必须付出的"成本"，不能抱着打 20 个电话、发10份简历和参加5次招聘会、进行3次面试之后就一定能找到一份好工作的心态。其次，在求职遇到挫折时要及时与他人沟通。例如，不妨给招聘单位去一个电话，诚恳地向对方请教自己失败的原因；与就业指导教师和同学、朋友交流，分析原因。最后，也是最重要的是要进行自我心理调适，尽快调整自己的情绪。

案例分析 8-4

眼高手低，定位不准

朱林是某高职院校营销专业应届毕业生，别人跑招聘会、网上投简历，忙得不亦乐乎时，他却迟迟不肯出手。因为他的座右铭是："非外企不进，非沿海不去，非高薪不拿。"结果全班同学都找到了工作，他仍在徘徊观望之中，没有就业。

分析：入对行，跟对人，找对岗，做对事，这才是大学生主要考虑的问题。选择得当，个人才能有更大的发展。

案例分析 8-5

细节决定成败

王经理在网上发布了一条招聘信息，欲招行政助理一名。网上自荐者很多，王经理从中选出了十人进行面试，并最终选择了一个空手而来的毕业生张睿。

王经理选择张睿的理由有以下几点：

1）张睿进门前先擦净皮鞋，进门后将门轻轻关上，这表明他很细心。

2）张睿一进门便向进行面试的王经理致敬，并很熟练地回答问题，这表明了他讲文明、懂礼貌，还对面试做了精心的准备。

3）王经理故意扔在应试桌前的一本书，只有张睿捡了起来，这表明了他的沉着与冷静。

分析：这个案例对于求职者的启示是细节决定成败。还有一个著名的例子就是金利来品牌的创始人曾宪梓在面试求职者时，出了一道有趣的测试题：将一把用来打扫卫生的扫帚倒在办公室的门口，但并不是所有的求职者都能将扫帚扶起来，曾宪梓最后录取的是那些能将扫帚扶起来的求职者。他的道理非常简单，不愿意以举手之劳将扫帚扶起来，说明了这个人要么是观察问题不仔细，要么是不敏捷，要么是太懒散。如果求职者因为这个细节问题而失去了就业的机会，实在是应该。

有不少人求职时不注意这些细节问题，而是一味地标榜自己的素质，殊不知其言谈举止倒是一种现身说法，这些至少证明了一个人的修养程度。个人的修养是伴随人一生的财富，是成就大业的基础，因此，求职者在求职时不可不注意这些细节。

大学生在求职面试时需要注意的细节问题很多，但这些细节问题并不是不可避免的，只要大学生注意提高自己的修养，并形成良好的习惯，在细节中表现出当代大学生的风采，相信有知识、有能力的大学生能在激烈的就业竞争中找到自己理想的职业。

学生活动

8.1 求职礼仪规范设计

陈述自己对求职礼仪的设计方案。

8.2 求职时个人形象设计

设计自己求职时的个人形象，同学之间相互点评。

8.3 模拟面试训练

学生扮演招聘单位人事主管和求职者的角色，每人每次上台展示和答问10分钟，参加训练的教师和学生进行观察评价、交流研讨。

阅读资料及教学课件

面试攻略之一：
最初和最后5分钟是关键

面试攻略之二：
面试时不能说的话

面试攻略之三：
女性求职面试经典回答

面试攻略之四：
面试自我介绍需要学习的技巧

面试攻略之五：
面试礼仪

女性求职常犯的8种错误

注意招聘者的外交语言

某世界500强企业高管
给女儿的就业忠告

某人力资源总监对
应届生的忠告

5种新兴的实习招聘方式
和面试成功通关的四大诀窍

应届毕业生如何成功网申

求职面试时常被问到的
64个问题与技巧性回答

各种棘手的面试问题
分析与回答对策

外企面试官最爱提的
十大面试问题

如何正确参加校园宣讲会

第八章教学课件

第九章　就业手续、政策与规定

本章要点

大学生就业过程中，应按照国家规定办理相关手续，同时可享受有关优惠政策。本章主要介绍国家和地方政府关于大学生就业创业手续办理的政策与规定，以及近几年出台的大学生就业创业的相关优惠政策，以指导大学生掌握并遵循国家政策，顺利实现就业、创业。

理论指导

第一节　大学生就业手续

> *许多事情没有做成，不是由于我们没有能力，而是将能力用错了地方。*
>
> ——职场名言

一、了解就业创业材料

高校毕业生在办理就业、创业手续的过程中，需要使用双向选择就业推荐表、就业协议书、就业报到证、审核备案表和自主创业证等凭证材料。理解、掌握这些材料的用途与意义，是正确使用的前提。

（一）高校毕业生双向选择就业推荐表

高校毕业生双向选择就业推荐表（简称推荐表）是学校向招聘单位介绍毕业生在校期间各方面综合情况的一种凭证，也是高校毕业生参加与招聘单位双向选择、洽谈的介绍信。推荐表一般由各省、自治区、直辖市就业主管部门统一印发，每位高校毕业生只有一张，在毕业院校领取。推荐表主要内容为高校毕业生本人的自然资料、爱好、特长、毕业的院校、专业、届别、学校评语、推荐意见等，填写完成后必须由毕业院校毕业生就业工作部门盖章。就业报到时，高校毕业生必须将推荐表交给招聘单位所在地人才交流服务中心，以归入本人人事档案。为方便高校毕业生的求职择业活动，推荐表一般在毕业前一年的下半年制作好并发放到高校毕业生本人。在此期间，高校毕业生应注意妥善保管好自己的推荐表原件，不要损毁、遗失。

（二）全国普通高等学校毕业生就业协议书

全国普通高等学校毕业生就业协议书（以下简称就业协议书）是明确高校毕业生、招聘单位和学校在大学生就业工作中权利和义务的一种书面表现形式。就业协议书由国家教育部高校学生司或各省、直辖市、自治区就业主管部门统一印发，每位高校毕业生只有一套就业协议书，不得转借、涂改、复印。

（三）全国普通高等学校本专科毕业生就业报到证

全国普通高等学校本专科毕业生就业报到证（以下简称报到证）是毕业生办理户口迁移，到工作单位报到的凭证，由蓝色上联白色下联组成，上联（淡蓝色）由毕业生本人交报到单位，下联（白色）由学校存入学生本人档案统一寄发。报到证由国家教育部统一印制，省级高校毕业生就业主管部门签发，列入国家统一招生计划、省级招生部门认可并取得毕业资格的学生才能持有。报到证是毕业生的身份证明，也是毕业生到接收单位报到、办理人事档案转递和户口迁移手续的凭证；招聘单位以报到证为依据，接收毕业生，办理接转毕业生的人事档案、户口迁移等手续。报到证一人一份，由其他部门印制或签发的报到证无效。毕业生对报到证要妥善保管，凡自行涂改、损毁的报到证一律作废。

（四）单位录（聘）用高校毕业生审核备案表

高校毕业生派遣过程中有时还需要使用单位录（聘）用高校毕业生审核备案表（以下简称审核备案表）。审核备案表主要用于省部属用人单位录用高校毕业生时的审核备案，由省级高校毕业生就业主管部门统一印发，加盖招聘单位及单位主管部门公章后，作为办理报到证的依据。

（五）高校毕业生自主创业证

高校毕业生自主创业证是符合条件的创业高校毕业生享受税费减免优惠的凭证。由国家教育行政部门统一样式并印制（带防伪标志），发放给毕业年度内在校期间创业的高校毕业生，采用实名制，限本人使用。

此外，有的高校毕业生会涉及一些特殊的凭证或材料，如需要转移户口的高校毕业生要使用户口迁移证，有党籍的高校毕业生要使用组织关系介绍信等。

就业过程中涉及的这些材料非常重要，不可或缺，且一人一份（套），一旦因损毁或遗失，必须经过严格的手续才能重新办理。因此，高校毕业生在紧张繁忙的就业过程中，一定要妥善保管好自己的就业材料，避免给自己带来不必要的麻烦。

二、订立就业协议

高校毕业生和招聘单位经过双向选择、洽谈后，如能达成一致，便可进入订立就业协议阶段。高校毕业生订立就业协议，应在正确把握就业协议的含义和订立原则的基础上，经过要约和承诺两个步骤，最终签订就业协议书。

（一）就业协议书的含义及与劳动合同的关系

就业协议的书面表现形式是就业协议书，但在理解就业协议时，如果仅仅满足于就业协议书中的文字，那是远远不够的。大学生必须注意全面把握就业协议所包含的意义和要求，同时要准确理解就业协议和劳动（聘用）合同之间的关系。

1. 就业协议书的含义

就业协议书是毕业生和招聘单位关于将来就业意向的初步约定，双方对于对方的基本条件，以及即将签订劳动合同的部分基本内容大体认可，并经招聘单位的上级主管部门和高校毕业生就业工作部门同意和见证，一经高校毕业生、招聘单位和招聘单位主管部门签字盖章，即具有一定的法律效应，是学校编制高校毕业生就业计划和将来可能发生违约情况时的判断依据。

就业协议书明确了高校毕业生、招聘单位、学校三方在高校毕业生就业工作中的权利和义务，具体包括以下几个方面的要求。

1）高校毕业生应按国家法规就业，向招聘单位如实介绍自己的情况，了解招聘单位的使用意图，表明自己的就业意见，在规定的时间内到招聘单位报到，若遇到特殊情况不能按时报到，需征得招聘单位同意。

2）招聘单位要如实介绍本单位的情况，明确对高校毕业生的要求及使用意图，做好各项接收工作。

3）学校要如实向招聘单位介绍高校毕业生的情况，做好推荐工作，招聘单位同意录用后，经学校审核列入建议就业计划，报主管部门批准，学校负责办理派遣手续。

4）各方如有就业协议书条款以外的其他约定，可在协议备注中注明或另外签订补充协议。

5）各方应严格履行协议，任何一方若违反协议，应承担违约责任。

2. 就业协议书与劳动合同的关系

就业协议书与劳动合同都是招聘单位录用毕业生过程中所订立的书面协议，但两者分处两个相互联系的不同阶段，主要表现在以下几个方面。

1）高校毕业生就业协议书是高校毕业生在校时，由学校参与见证的，与招聘单位协商签订的，是编制高校毕业生就业计划方案和毕业生派遣的依据。劳动合同是高校毕业生与招聘单位明确劳动关系中权利义务关系的协议，学校不是劳动合同的主体，也不是劳动合同的见证方，劳动合同是上岗高校毕业生从事何种岗位、享受何种待遇等权利和义务的依据。

2）高校毕业生就业协议书的内容主要是高校毕业生如实介绍自身情况，并表示愿意到招聘单位就业，招聘单位表示愿意接收高校毕业生，学校同意推荐高校毕业生并列入就业计划进行派遣。劳动合同的内容涉及劳动报酬、劳动保护、工作内容、劳动纪律等方方面面，更为具体，劳动权利义务更为明确。

3）一般来说，就业协议书签订在前，劳动合同订立在后，如果高校毕业生与招聘单位就工资待遇等有事先约定，也可在就业协议书备注条款中予以注明或签订补充协议，日后订立劳动合同时对此内容应予认可。

就业协议书与劳动合同都是高校毕业生就业过程中明确高校毕业生和招聘单位的权利和义务并以书面形式表现的约定，但二者并不能等同。就业协议书只限定于招聘单位与高校毕业生的录用协定，而不能像劳动合同那样可以进一步调整双方的劳动关系。因此就业协议书与劳动合同不能互相代替，毕业生在正式上岗后应立即与招聘单位签订劳动（聘用）合同，以便在必要的时候作为维护自身权益的依据。

（二）就业协议书的签订

签订就业协议书，应遵循主体合法原则和平等协商原则，通过高校毕业生、招聘单位和学校之间的充分沟通、协商后达成意向上的一致，并最终以书面形式有效地确定下来。

1. 就业协议书订立的原则

就业协议书订立的原则是指各方在订立就业协议时必须遵循的基本准则，一般包括主体合法原则和平等协商原则。

（1）主体合法原则

主体合法原则就是指签订就业协议书的当事人必须具备合法的主体资格。

对高校毕业生而言，就是必须要取得毕业资格，如果学生在派遣时未取得毕业资格，招聘单位可以不予接收而无须承担法律责任。对招聘单位而言，招聘单位必须具有从事各项经营或管理活动的能力，该单位应有录用高校毕业生计划和录用自主权，否则高校毕业生可解除协议而无需承担违约责任。对高校而言，高校应根据招聘单位的要求如实介绍高校毕业生的在校表现，也应如实地将所掌握的招聘单位的信息发布给高校毕业生。高校也是高校毕业生就业协议的一个重要组成部分。

（2）平等协商原则

平等协商原则是指就业协议的各方在签订就业协议时的法律地位是平等的，一方不得将自己的意志强加给另一方。学校也不得采用行政手段要求高校毕业生到指定单位就业（不包括有特殊情况的毕业生），招聘单位亦不应在签订就业协议书时要求高校毕业生交纳过高数额的风险金、保证金。各方当事人的权利和义务应是一致的。除协议书规定内容外，各方如有其他约定事项可在协议备注内容中加以补充确定。

2. 就业协议书订立的步骤

就业协议书的订立一般要经过两个步骤，即要约和承诺。

（1）要约

高校毕业生持求职信、个人简历、就业推荐表复印件或原件等求职材料参加校园招聘会及各地供需洽谈会（人才市场），进行双向选择，或向各招聘单位寄发求职材料，应视为要约邀请。招聘单位收到高校毕业生材料并对高校毕业生进行考察后，以书面或口头形式向高校毕业生就业工作部门或高校毕业生本人表示同意接收，即为要约。

（2）承诺

高校毕业生收到招聘单位书面回复或通过其他方式得到招聘单位答复后，在有关单位中进行选择并于约定时限内与自己选定的招聘单位签订就业协议，即为承诺。

由于高校毕业生就业工作比较烦琐、具体，有时很难明确分为要约和承诺两个步骤。例如，有的高校毕业生参加公务员考试，达到面试线后，到招聘单位参加面试、体检，招聘单位也对高校毕业生进行了政审、阅档，表示同意接收。在这种情况下，高校毕业生应与该招聘单位签订就业协议书，而不应再选择其他单位。又如，招聘单位到学校挑选高校毕业生，高校毕业生自己主动报名，经学校积极推荐，招聘单位也表示同意接收，但要回到单位后再正式发函签协议。在这种情况下，高校毕业生也应安心等待与招聘单位签约，而不能出尔反尔，以未正式签协议为由，置学校信誉于不顾，而在此过程中与其他单位签约，这样也浪费了其他高校毕业生的就业机会。

3. 就业协议书签订的程序

就业协议书的签订，一般要经过如下流程：

1）高校毕业生和招聘单位按协商结果填写就业协议书条款并签名盖章。除条款内容外，高校毕业生应确保个人信息完整、准确，招聘单位应确保法人信息完整、准确。

2）然后将就业协议书送交招聘单位所属地方人才交流中心及招聘单位上级主管部门盖章。

3）在就业协议书签订后的10个工作日内将其送至学校高校毕业生就业工作部门和用人单位。

4）学校审核同意后列入建议就业计划，并及时向招聘单位反馈有关信息。

（三）无效协议

无效协议是指欠缺协议的有效要件或违反就业协议的订立原则，从而不发生法律效力的就业协议。无效协议自订立之日起无效，所产生的法律责任应由责任方承担。高校毕业生和招聘单位都应注意避免无效协议的出现。

无效协议的产生，主要有两种情况。

1）就业协议未经学校同意视为无效。如有的协议经学校审查发现对高校毕业生明显有失公平，或违反公平竞争、公平录用的原则，学校可不予认可。

2）采取欺骗等违法手段签订的就业协议无效。如招聘单位未如实介绍本单位情况，或根本无录用计划而与高校毕业生签订的就业协议。

三、办理就业创业手续

办理高校毕业生就业派遣报到及申领高校毕业生自主创业证，必须严格按照有关规定，逐一认真履行相关程序。对于正常与非正常的派遣报到、申领、改派及补办材料等手续，国家都做了相应的规定。

（一）派遣与报到

1. 派遣

高校毕业生就业派遣手续以学校为单位办理，不受理高校毕业生个人办理有关手续。派遣采取集中办理和分期分批办理相结合的方式进行，集中办理的时间一般为当年6～7月，分期分批办理则为一般每个学校每月办理一次。办理的主要程序如下：

（1）制订派遣计划

学校依据高校毕业生与招聘单位签订的就业协议书、劳动（聘用）合同或国家公务员录用证明，审核、编制“建议就业计划”，明确毕业生户档关系派遣地；“建议就业计划”经高校毕业生本人签字确认后，即成为“就业方案”。

（2）签发报到证

省级高校毕业生就业主管部门审核学校上报的就业方案并签发报到证。

（3）迁移户口

学校依据高校毕业生派遣实际情况到辖区公安机关办理户口迁移证。按照有关规定，高校毕业生户口的转入地应为报到证上标明的就业单位地址或高校毕业生入学前家庭所在地。入学时未随迁户口的高校毕业生无须办理户口迁移证。

（4）派发材料

学校将报到证（上联）和户口迁移证交给高校毕业生本人，将高校毕业生人事档案交给相应人事管理部门。

经过上述以学校为主牵动的过程，派遣即告一段落，接下来则进入以高校毕业生为主牵动的报到阶段。

2. 报到

高校毕业生领到报到证、户口迁移证等就业衔接材料后，应仔细核对并妥善保管，不要折皱污损，更不能丢失，有错漏不能自行涂改，否则作废。在规定的时间内，高校毕业生应凭相关材料尽快办理下列手续。

1）向工作单位报到。高校毕业生应持报到证、毕业证等在规定的时间内到工作单位报到，以便工作单位办理有关接收手续。

2）向人才服务中心报到。到工作单位报到后，高校毕业生应持报到证、毕业证等到指定的人才服务中心报到，以完成人事关系的转移。

3）办理落户手续。向工作单位和人才服务中心报到后，高校毕业生应持户口迁移证、身份证、报到证及人才服务中心和工作单位的证明到辖区公安部门办理户口迁移手续，以完成户籍关系的转移。

目前，不少招聘单位在接受高校毕业生的过程中由单位出面统一办理人事和户籍关系的转移，不需高校毕业生本人再去一一办理，大大方便了广大高校毕业生。

有些高校毕业生认为只要毕业了、找到工作单位就行了，报到不报到无所谓，迟迟不办理有关手续，结果给自己带来很大的麻烦。不办理人事和户口关系的转移，档案就会处于“死档”状态，也就成了一个没有户籍的人。档案要记录一个人的经历、学历、职称等，表明一个人的行政隶属关系，户籍则是自然人的身份记录，就业后要转正定级、职称申报、办理养老保险，以及开具出国、考研、结婚等有关证明，都要用到档案或户籍。不少高校毕业生都是在需要的时候才意识到及时办理报到手续的重要性。例如，有的高校毕业生在操办婚礼的过程中发现自己根本无法领取结婚证，或者身份证丢了却无法补办，其原因都在于自己没有办理过落户手续，是一个没有户籍的“黑户”。

高校毕业生就业报到，也就是实现由学生到正式社会人的转变，一方面要完成身份上的转变，另一方面也要完成思想上的转变。在这个重大转折点上，高校毕业生应以认真负责的态度，既对自己负责，也对社会负责，主动及时地完成相关报到手续，向社会交出第一份满意的答卷。

（二）高校毕业生自主创业证的申领

毕业年度内高校毕业生在校期间创业的，应注册登录全国大学生创业服务网（网址：http://cy.ncss.org.cn），按照要求在网上提交高校毕业生自主创业证申请，经所在地省级教育行政部门及所在高校审核无误后打印发放，一般在高校毕业生提交申请后10个工作日之内办结。

毕业年度内高校毕业生离校后创业的，可凭毕业证书直接向创业地县以上人力资源和社会保障部门提出认定申请，不再发放高校毕业生自主创业证。县以上人力资源和社会保障部门在对有关情况审核认定后，对符合条件毕业生核发就业失业登记证，并注明“自主创业税收政策”（图9-1）。

（三）改派

改派是在学校上报就业方案和主管部门核发报到证后，高校毕业生正式到工作单位报到前进行单位及地区调整的一种做法。

为维护就业方案的严肃性，保证签订协议后各方的权益，高校毕业生派遣后原则上不得改派，有些地区还明确规定不接受改派的高校毕业生。如遇特殊情况需要改派，高校毕业生需提交书面申请和相关材料，按照不同情况，经相应的主管部门审核同意后方可办理。

高校毕业生办理改派手续，需提供下列书面材料：①本人要求改派的申请报告；②原办理报到证和户口迁移证；③原接收单位及其上级主管部门和所在地人才服务中心同意改派的证明；④现接收单位及其上级主管部门和所在地人才服务中心同意接收的证明。

调整改派的区域在省辖市范围以内的，高校毕业生可持上述材料直接到市级人才服务中心办理；调整改派的区域超出省辖市范围以外的，高校毕业生应将上述材料提交给学校，再由学校统一到省级高校毕业生就业主管部门集中办理。

按有关规定，调整改派应在高校毕业生自第一次派遣离校之日起的2年内进行，因此申请改派的高校毕业生应注意向学校提出申请的时间限制。超过时限不被受理的高校毕业生，应按在职人员工作调动的有关规定办理手续。

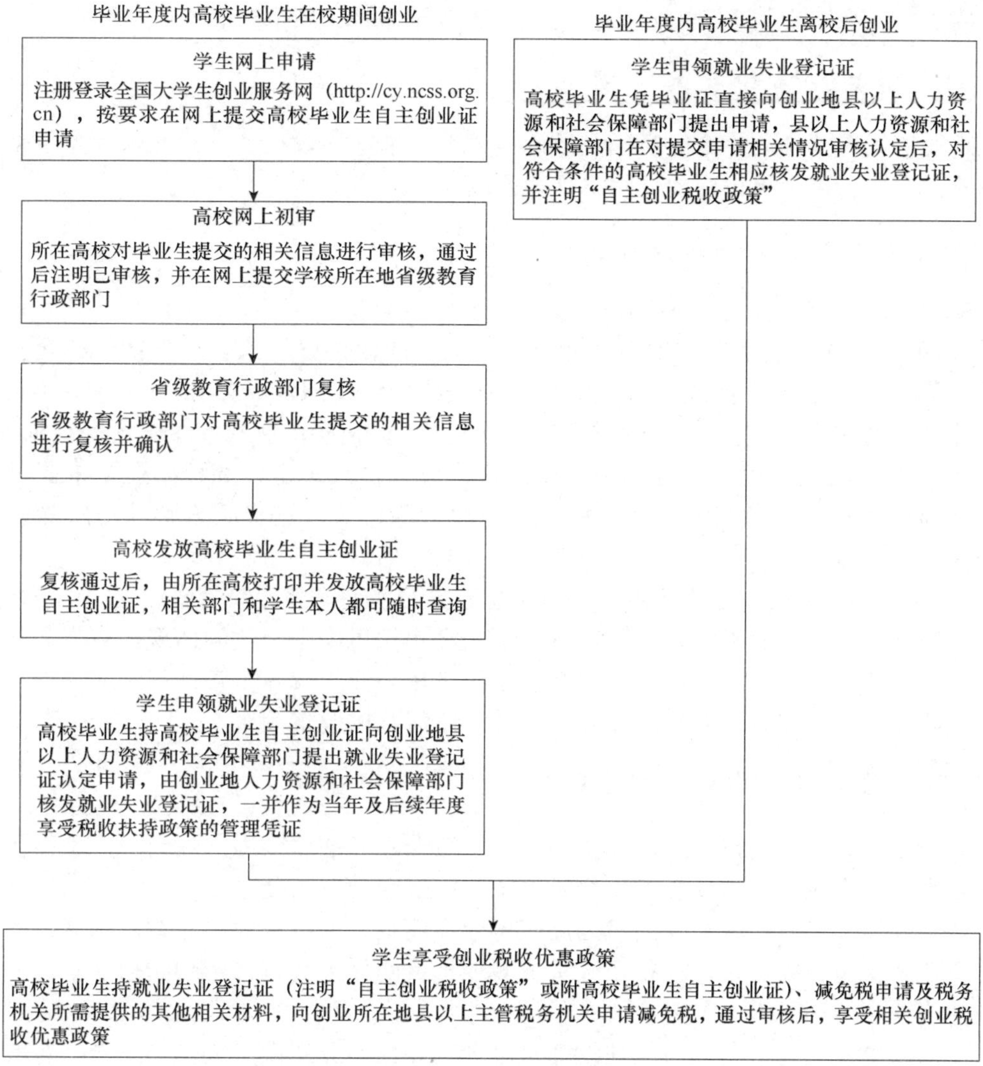

毕业年度内高校毕业生在校期间创业

学生网上申请
注册登录全国大学生创业服务网（http://cy.ncss.org.cn），按要求在网上提交高校毕业生自主创业证申请

↓

高校网上初审
所在高校对毕业生提交的相关信息进行审核，通过后注明已审核，并在网上提交学校所在地省级教育行政部门

↓

省级教育行政部门复核
省级教育行政部门对高校毕业生提交的相关信息进行复核并确认

↓

高校发放高校毕业生自主创业证
复核通过后，由所在高校打印并发放高校毕业生自主创业证，相关部门和学生本人都可随时查询

↓

学生申领就业失业登记证
高校毕业生持高校毕业生自主创业证向创业地县以上人力资源和社会保障部门提出就业失业登记证认定申请，由创业地人力资源和社会保障部门核发就业失业登记证，一并作为当年及后续年度享受税收扶持政策的管理凭证

毕业年度内高校毕业生离校后创业

学生申领就业失业登记证
高校毕业生凭毕业证直接向创业地县以上人力资源和社会保障部门提出申请，县以上人力资源和社会保障部门在对提交申请相关情况审核认定后，对符合条件的高校毕业生相应核发就业失业登记证，并注明“自主创业税收政策”

↓

学生享受创业税收优惠政策
高校毕业生持就业失业登记证（注明“自主创业税收政策”或附高校毕业生自主创业证）、减免税申请及税务机关所需提供的其他相关材料，向创业所在地县以上主管税务机关申请减免税，通过审核后，享受相关创业税收优惠政策

图 9-1　高校毕业生自主创业证的申领流程

（四）补办就业创业材料

高校毕业生因保管不善而意外损毁、遗失就业创业材料，由此引起的后果由高校毕业生本人承担。同时，高校毕业生应及时申请补办相关材料，以避免自身利益进一步受损，并保证自身就业过程的顺畅。

就业创业材料遗失后，高校毕业生应立即在市级以上公开发行的报刊上刊声明登原凭证作废的遗失启事，并注明姓名、毕业院校及原凭证号码，然后持本人申请和遗失启事办理补办手续。因就业材料受损而需要换领的，高校毕业生可直接持本人申请和原件办理。一般就业协议书、双向选择就业推荐表等可在学校办理完毕，手续比较简单，而就业报到证、户籍迁移证等则需要学校集中到相关主管部门办理，需要较长的时间才能办好。特别要注意的是就业报到证的补办时限，自毕业起超过 2 年的不得再补办，只能由毕业学校出具证明，注

明高校毕业生姓名、性别、毕业年限、专业、原派遣单位、原报到证号等内容。

四、解约、违约及其责任

就业协议书签订后，有时会出现解除的情况。解除协议往往会给签约各方带来不利的影响，有时还需承担相应的经济、法律责任。

（一）就业协议的解除及其责任

就业协议的解除分为单方解除和双方解除两种类型。

1）单方解除，包括单方擅自解除和单方依法或依协议解除。单方擅自解除协议属违约行为，解约方应承担违约责任。单方依法或依协议解除，是指一方解除就业协议有法律上或协议上的依据（如学生未取得毕业资格），招聘单位有权单方解除就业协议，高校毕业生录取研究生后，可解除就业协议，或依协议规定，高校毕业生未通过招聘单位所在地组织的公务员考试，招聘单位有权解除协议，这类单方解除，解除方无须承担法律责任。

2）双方解除是指高校毕业生和招聘单位双方经协商一致，取消原订立的协议，使协议不发生法律效力。此类解除因是双方当事人真实意思表示一致的体现，双方均不需承担法律责任，双方解除应在就业方案上报省级高校毕业生就业主管部门之前进行，如就业派遣手续完成后发生双方解除，高校毕业生还需办理调整改派。

（二）违约责任及毕业生违约的后果

就业协议书一经高校毕业生和招聘单位签署即具有法律效力，任何一方不得擅自解除，否则违约方应向权利受损方支付协议条款所规定的违约金。

从实际情况来看，就业违约多为高校毕业生违约。高校毕业生违约，除本人应承担违约责任、支付违约金外，往往还会造成其他不良的后果，直接影响到招聘单位、学校和其他毕业生的利益。

就用人单位而言，用人单位往往为录用一名高校毕业生做了大量的工作，有的甚至对高校毕业生将要从事的具体工作也已经有所安排。同时高校毕业生就业工作时间相对比较集中，一旦高校毕业生因某种原因违约，势必使招聘单位的录用工作付诸东流，招聘单位此时再选择其他高校毕业生，在时间上也不允许，从而给招聘单位各方面的工作造成被动。

就学校而言，招聘单位往往将高校毕业生的违约行为与学校联系起来。由于高校毕业生存在违约现象，招聘单位对学校的推荐工作产生怀疑，从而影响学校和招聘单位的长期合作关系。从实际情况来看，一旦高校毕业生违约，招聘单位会在几年之内都不愿到该学校来挑选毕业生。面对激烈的就业竞争，招聘单位的需求就是高校毕业生择业成功的前提，长此以往，必定影响今后学校的毕业生就业工作。同时，过多的高校毕业生违约也会影响学校就业计划、方案的制定和上报，并影响学校正常的派遣工作。

就其他高校毕业生而言，招聘单位到校挑选高校毕业生，一旦与某高校毕业生签订就业协议，就不可能再录用其他高校毕业生。若日后该高校毕业生违约，有些当初希望到该招聘单位工作的其他高校毕业生由于招聘程序、时间等原因而无法补缺，直接减少了其他高校毕业生的就业机会，并造成就业资源的浪费。因此，高校毕业生在就业过程中应慎重选择，认真履约。

第二节　大学生就业创业优惠政策与人事代理制度

> 前进路上的困难是绊脚石还是踏脚石，取决于脚放的位置，而脚的位置取决于心态和能力。
>
> ——职场名言

为应对高校毕业生就业形势的变化，国家在继续深化人事制度改革的同时，就大学生到西部、到基层和艰苦地区就业、自主创业，以及到非公有制单位就业和灵活就业等方面出台了一系列优惠鼓励政策，并为有困难的大学生提供了各种帮扶措施。大学生应充分了解、掌握这些新政策、新措施。

一、国家出台的高校毕业生就业创业优惠政策

近些年国家出台的高校毕业生就业优惠政策与改革措施，主要可归纳为以下几个方面。

（一）有关高校毕业生到西部、到基层和艰苦地区工作的优惠政策

为了吸引应届高校毕业生到西部地区、到基层和艰苦地区建功立业，国家出台了以下优惠政策。

1）对原籍在中、东部地区而去西部工作的高校毕业生，实行来去自由的政策，根据本人意愿，户口可迁到工作地区，也可迁回原籍，由政府主管部门所属的人才交流机构提供免费人事代理服务；到西部贫困边远地区工作的高校毕业生，可以提前定级，并根据实际情况适当高定工资标准。人力资源和社会保障部还要求各地积极引导高校毕业生进入西部地区国有大中型骨干企业及承担国家重点工程、项目的单位。

2）各级政府为高校毕业生创造工作条件，主要充实城市社区和农村乡镇基层单位，从事教育、卫生、公安、农技、扶贫和其他社会公益事业。在艰苦地区工作两年或两年以上者，报考研究生的，应优先予以推荐、录取；报考党政机关和应聘国有企事业单位的，在同等条件下，应优先录用。

3）实施大学生志愿服务西部计划和“三支一扶”计划。从高校毕业生中招募志愿者，到西部贫困县和全国农村的乡镇一级教育、卫生、农技、扶贫等单位服务1～2年，服务期满后鼓励其扎根基层或自主择业。志愿者服务期间享受相应的物质、经济补贴，连续计算工龄。服务期满后，考核合格者在报考研究生、党政机关公务员和应聘新增国有企事业单位专业技术人员、管理人员时享受加分及优先录取优惠，并可享受到一系列的就业服务与帮助。

（二）有关应届高校毕业生自主创业的鼓励政策

为了吸引应届高校毕业生走自主创业之路，国家出台了以下鼓励政策。

1）凡应届高校毕业生从事个体经营的，除国家限制的行业（包括建筑业、娱乐业，以及广告业、桑拿、按摩、网吧、氧吧等）外，自工商部门批准其经营之日起，1 年内免交登记类和管理类的各项行政事业性收费。

从事个体经营的高校毕业生免交的具体收费项目主要包括：

① 法律、行政法规规定的收费项目，国务院及财政部、国家发展改革委（含原国家计委、原国家物价局，下同）批准的收费项目。

a. 工商部门收取的个体工商户注册登记费（包括开业登记、变更登记、补换营业执照及营业执照副本）、个体工商户管理费、集贸市场管理费、经济合同鉴证费、经济合同示范文本工本费。

b. 税务部门收取的税务登记证工本费。

c. 卫生部门收取的民办医疗机构管理费、卫生监测费、卫生质量检验费、预防性体检费、预防接种劳务费、卫生许可证工本费。

d. 民政部门收取的民办非企业单位登记费（含证书费）。

e. 人力资源和社会保障部门收取的劳动合同鉴证费、职业资格证书费。

f. 公安部门收取的特种行业许可证工本费。

g. 烟草部门收取的烟草专卖零售许可证费（含临时的零售许可证费）。

h. 国务院及财政部、国家发展改革委批准的涉及个体经营的其他登记类和管理类收费项目。

② 各省、自治区、直辖市人民政府及其财政、价格主管部门批准的涉及个体经营的登记类和管理类收费项目。

从事个体经营的高校毕业生，向工商、税务、卫生、民政、劳动保障、公安、烟草等部门的相关收费单位出具本人身份证、高校毕业证及工商部门批准从事个体经营的有效证件，经收费单位核实无误后即可按规定免交有关费用。

2）持就业失业登记证（注明“自主创业税收政策”或附着高校毕业生自主创业证）的高校毕业生从事个体经营（除建筑业、娱乐业以及销售不动产、转让土地使用权、广告业、房屋中介、桑拿、按摩、网吧、氧吧外）的，在 3 年内按每户每年 8000 元为限额依次扣减其当年实际应缴纳的增值税、城市维护建设税、教育费附加和个人所得税。

3）工商和税收部门应简化审批手续，积极鼓励和支持高校毕业生自主创业。

4）有条件的地区由地方政府确定，在现有渠道中为高校毕业生提供创业小额贷款和担保。

5）自主创业的高校毕业生可将人事档案存放在政府人力资源和社会保障部门所属的人才服务机构，这些服务机构将为其办理人事关系接转、人事档案管理、转正定级、党团关系、专业技术职务任职资格申报评审、社会保险金缴纳等服务，实行全方位的人事代理服务，以解除自主创业高校毕业生的后顾之忧。

（三）有关高校毕业生到非公有制单位就业和灵活就业的优惠政策

为了吸引应届高校毕业生到个体、私营等非公有制单位就业，或以非全日制、临时性和弹性工作等灵活形式就业，或从事自由职业，国家出台了以下优惠政策。

1）到非公有制单位就业的高校毕业生，公安机关将积极放宽建立集体户口的审批条件，及时、便捷地办理落户手续；用人单位将按照国家有关规定与所聘高校毕业生签订劳动合同，为其办理社会保险手续；缴纳社会保险费，保障其合法权益。灵活就业的高校毕业生可按当地政府的规定，到社会保险经办机构办理社会保险登记，缴纳社会保险费。

2）人力资源和社会保障部门所属人才服务机构将为到非公有制单位就业和灵活就业的高校毕业生提供集体户口、人事代理、存放人事关系等服务，同时还将为高校毕业生办理人事关系接转、人事档案管理、转正定级、党团关系、专业技术职务任职资格申报评审、社会保险金缴纳等服务，实行全方位的人事代理服务，解除到非公有制单位就业和灵活就业高校毕业生的后顾之忧。

3）对于已经到非公有制单位就业和灵活就业的高校毕业生，国家将按照有关规定，在工资支付、社会保险、劳动争议处理等方面加强对其合法权益的维护。

（四）企业招收就业困难高校毕业生的优惠政策

按照《财政部、人力资源和社会保障部关于进一步加强就业专项资金管理有关问题的通知》规定，对各类企业（单位）招用符合条件的就业困难高校毕业生，与之签订劳动合同并缴纳社会保险费的，按其为就业困难高校毕业生实际缴纳的基本养老保险费、基本医疗保险费和失业保险费给予补贴，但不包括企业（单位）和个人应缴纳的其他社会保险费。

根据《中华人民共和国就业促进法》（以下简称《就业促进法》）有关规定，就业困难人员是指因身体状况、技能水平、家庭因素、失去土地等原因难以实现就业，以及连续失业一定时间仍未能实现就业的人员。就业困难人员的具体范围，由各省、自治区、直辖市人民政府根据本行政区域的实际情况规定。

企业（单位）按季将符合享受社会保险补贴条件人员的缴费情况单独列出，向当地人力资源和社会保障部门申请补贴。社会保险补贴申请材料应附符合享受社会保险补贴条件的人员名单及身份证复印件、就业失业登记证复印件、劳动合同等就业证明材料复印件、社会保险征缴机构出具的社会保险费明细账（单）、企业（单位）在银行开立的基本账户等凭证材料，经人力资源和社会保障部门审核后，财政部门将补贴资金支付到企业（单位）在银行开立的基本账户。

（五）企业为高校毕业生开展岗前培训享受惠政策

按照《财政部、人力资源和社会保障部关于进一步加强就业专项资金管理有关问题的通知》等文件规定，企业新录用毕业年度高校毕业生与其签订 6 个月以上期限劳动合同，在劳动合同签订之日起 6 个月内由企业依托所属培训机构或政府认定的培训机构开展岗前就业技能培训的，根据培训后继续履行劳动合同情况，按照当地确定的职业培训补贴标准的一定比例，对企业给予定额职业培训补贴。

企业开展岗前培训前，需将培训计划大纲、培训人员花名册及身份证复印件、劳动合同复印件等材料报当地人力资源和社会保障部门备案，培训后根据劳动者继续履行劳动合同情况，向人力资源和社会保障部门申请职业培训补贴。申请材料经人力资源和社会保障部门审核后，财政部门按规定将补贴资金直接拨入企业在银行开立的基本账户。企业申请职业培训补贴应附培训人员花名册、培训人员身份证复印件、就业失业登记证复印件、劳动合同复印件、职业培训合格证书等凭证材料。

（六）有关就业困难高校毕业生的帮扶措施

对于求职困难，超过一定时间还不能落实就业岗位的高校毕业生，国家出台了专门规定予以帮助。毕业半年以上未能就业并要求就业的高校毕业生，可持学校证明到入学前户籍所在城市或县级人力资源和社会保障部门办理失业登记，人力资源和社会保障部门所属的公共职业介绍机构和街道人力资源和社会保障机构将免费为其提供就业服务。对已进行失业登记的高校毕业生，有条件的城市、社区可组织其参加临时性的社会工作、社会公益活动，或纳入就业见习体系到用人单位参加见习，并给予一定报酬。对就业困难的高职（大专）毕业生，教育部与人力资源和社会保障部将继续实施“高职院校毕业生职业资格培训工程”，对需要培训的应届高职（大专）毕业生进行职业技能培训和职业技能鉴定。在颁发职业资格证书的专业领域中，力争使80%以上的毕业生能够拿到“双证”。培训的有关费用主要由教育系统承担，职业技能鉴定费由人力资源和社会保障部门适当减免。

（七）有关生活困难高校毕业生的救助办法

为切实保障高校生活困难毕业生的基本生活，维护社会稳定，国家出台了专门的救助办法，对生活困难的高校毕业生实施临时救助。该办法的主要规定如下：

1）凡高校毕业生（含大学专科、大学本科、研究生）因患病等原因短期无法就业且生活困难的，由高校毕业生户籍迁入地所在地民政部门参照当地低保标准，给予临时救助，享受临时救助的时间最长不得超过 1 年。1 年后家庭生活仍有困难的，按有关规定申请享受最低生活保障或其他社会救济。对于滞留高校尚未办理户籍迁移的高校困难毕业生，民政部门不予受理。

2）高校生活困难毕业生申请临时救助，按最低生活保障的申请审批程序办理。高校生活困难毕业生应当向户籍迁入地所在的申请审批机关出具高等学校颁发的毕业证、个人身份证以及省级高校毕业生就业工作主管部门签发的报到证。

3）享受临时救助的高校毕业生已经就业或家庭经济条件好转，应及时取消对其的临时救助。

（八）鼓励人才合理流动的有关改革措施

为了促进高校毕业生就业，消除人为限制毕业生跨省就业的障碍，近年来国家有关部门出台了多项鼓励人才合理流动的政策。

1）落实企业用人自主权的规定，鼓励用人单位根据实际需要多招聘高校毕业生。

2）取消对接收高校毕业生收取的城市增容费、出省（自治区、直辖市）费、出系统费和其他不合法、不合理的收费政策。

3）省会及省会以下城市放开对吸收高校毕业生落户的限制。省会以上城市也要根据需要，积极放宽高校毕业生就业落户规定，简化有关手续。公安部门对应届毕业生凭用人单位与毕业生签订的就业协议书和高校毕业生所持的普通高等学校毕业证书、全国普通高等学校毕业生就业报到证办理其落户手续；对非应届毕业生凭用人单位录（聘）用手续、劳动合同和普通高等学校毕业证书办理其落户手续。

二、江苏省出台的高校毕业生就业创业优惠政策

为认真贯彻落实国家有关高校毕业生就业的优惠政策，江苏省根据本省高校毕业生就业的实际情况，制定出台了一系列政策、措施，进一步补充、细化了有关国家政策，使其更加完善、更具操作性。

（一）有关高校毕业生到西部、到基层和艰苦地区工作的优惠政策

为积极引导和鼓励高校毕业生面向基层就业，江苏省出台了专门的实施方案，规定：对面向基层就业的志愿者由省财政安排专项资金，用于发放生活补贴等开支；对自愿到苏北地区县级人民政府驻地以下地区（不含县级人民政府驻地）基层单位工作，服务期达到3年以上（含3年）的全日制普通高校应届本科毕业生，其在校学习期间所借国家助学贷款本金及利息由省级财政代为偿还80%，其余20%由接收地县级财政代为偿还。对具有2年以上基层工作经历的高校毕业生，考研时落实加10分的政策。县级及以上党政机关招录公务员时，每次拿出20%左右的职位，招录具有2年以上基层工作经历的高校毕业生。乡镇（街道）机关招录公务员时，每年拿出2/3左右的职位，专门面向参加实施“西部计划”“苏北计划”“三支一扶计划”，以及经组织、人事部门选派到农村基层服务的高校毕业生招录。

（二）有关高校毕业生自主创业的鼓励政策

对于自主创业的高校毕业生，江苏省也已制定了系列帮扶措施。每年从高校遴选一定数量具有创业项目的毕业生进入省级高校毕业生创业孵化基地。高校毕业生自主创业、兴办企业的，按国家有关规定减免费用；需申请小额贷款的，纳入“省中小企业信用担保体系建设扶持资金”和再就业人员“小额贷款省级担保基金”担保范围。同时，江苏省还进一步细化了国家出台的有关措施，主要体现在以下几个方面。

1）大学生自主创业政策多，非禁即入环境宽松。江苏省大学生自主创业的优惠政策包括宽松便捷的准入环境、减免行政事业性收费、按规定落实税收优惠、创业补贴、创业培训补贴、创业吸纳就业奖励、创业担保贷款贴息，以及入驻大学生创业园区（孵化基地）创业给予场租等优惠和创业指导服务。宽松便捷的准入环境，具体是指实行非禁即入，凡国家法律法规未禁止的行业和领域，一律向各类创业主体开放，严禁在法律、

法规规定之外设置限制条件。深化商事制度改革，全面落实注册资本认缴登记制度，推行营业执照、组织机构代码、税务登记证、统计登记证、社会保险登记证“五证合一”。推进登记注册制度便利化，开展企业名称、经营范围、企业集团登记改革，依法放宽住所（经营场所）登记条件，允许“一址多照”和“一照多址”，探索电子营业执照和全程电子化登记管理，降低创新创业门槛。深化行政审批制度改革，减少审批事项，规范行政审批行为，采取一站式服务、网上申报、多证联办等措施，提高办事效率。

2）高校毕业生从事个体经营可享多项税费优惠。据悉，对毕业 2 年内从事个体经营的高校毕业生，自其在工商部门首次之日起 3 年内，免收管理类、登记类和证照类等有关行政事业性收费。而持有就业失业登记证（注明“自主创业税收政策”）和高校毕业生自主创业证的高校毕业生在毕业年度（指毕业所在自然年，即 1 月 1 日至 12 月 31 日）内从事个体经营的，3 年内按每户每年 9600 元为限额依次扣减其当年实际应缴纳的营业税、城市维护建设税、教育费附加和个人所得税。

3）创业大学生可享创业补贴，最高享 1 万元。对于创业的大学生，江苏省将给予 1 万元创业补贴、创业培训补贴和在校大学生创业担保贷款贴息等福利。创业补贴的对象，主要针对省内普通高等学校全日制在校大学生（以下简称在校大学生）或毕业 5 年内处于失业状态的普通高等学校全日制毕业生（含国家承认学历的留学回国人员，以下简称高校毕业生），在省内高校各类创新创业平台或地方建立的大学生创新创业孵化基地内领办且正在孵化的创业项目。在校大学生或高校毕业生在江苏省通过工商注册、民政登记，以及其他依法设立、免于注册或登记等方式创办的实体（含网店）。农业职业经理人，应经县级及以上人民政府指定部门认定并正常持续经营。大学生开办网店符合一定条件的也能享受创业补贴，最高可获 1 万元。具体条件包括：所开网店应依托国家商务部和江苏省商务厅公布的电子商务示范企业设立的电子商务平台；所开网店应进行商品实物交易或开展文化创意、咨询设计等服务，正常持续经营半年以上（在校大学生应持续经营至毕业年度）；申请补贴前半年内商品实物成功交易在 1000 笔以上，开展文化创意、咨询设计等服务的，销售额度在 2 万元以上，无违法违规交易行为。申请领取创业培训补贴，需提供身份证、学生证（毕业生提供毕业证、就业失业登记证）、创业培训合格证复印件、职业培训机构开具的行政事业性收费票据（或税务发票）等材料，向当地公共就业服务管理机构申请创业培训补贴。

4）大学生创办创业实体可申请奖励，大学生创业经担保可申请最高 10 万元贷款。毕业 5 年内的高校毕业生创办的实体，新增吸纳 2 名以上劳动者就业（须签订 1 年以上劳动合同，并为其按规定缴纳社会保险费）的，可向创业项目所在地公共就业服务管理机构申请一次性奖励。注意：需提供身份证、毕业证、就业失业登记证复印件，以及吸纳就业劳动者的身份证复印件、劳动合同、社会保险缴费凭证等材料。创办或领办创业实体申请贷款有两种情况。一种是在校大学生，可向在读高校提出额度不超过 10 万元、期限不超过 2 年的创业担保贷款申请。经高校集中审查并提供反担保后，交所在县（市、区）公共就业服务管理机构按现行规定办理。申请时，需提供本人或领办人学生证和身份证复印件、创业担保贷款申报表、创业实体注册或登记证书复印件等。另一种是高校毕业生，可向创业地乡镇（街道）、社区基层公共就业服务平台提出额度不超过 10 万元、期限不超过 2 年的创业担保贷款申请。基层平台进行项目初审，并出具推荐意见，交县级公共就业服务管理机构复核，报同级人力资源和社会保障部门、财政部门审核，贷款担保机构承诺担保，经办商业银行核发贷款。申请时需提供毕业证、身份证、就业失业登记证复印件、创业项目计划书或营业执照、反担保人身份证复印件等材料。入选江苏青年创业促进计划项目，可为通过项目评审的创业青年发放3万～10万元免息、免担保创业启动资金贷款，并一对一匹配专家导师开展创业帮扶活动。

5）加强大学生创新创业指导与服务，营造有利于大学生创新创业的社会环境。江苏省各级公共就业服务机构不断强化创业服务功能，建立创业指导专家志愿团和创业项目库，为创业大学生提供政策咨询、创业培训、项目推介、创业贷款、推荐入园、开业指导、跟踪扶持等创业服务，并积极开展创业大赛、创业指导进校园、创业明星评选等创业活动。江苏省大学生创新创业活动中心，组织创新创业论坛、创业讲座培训、创业规划大赛、创业经验交流、创业项目推介等专题活动；搭建大学生之间及大学生与企业家、创业成功人士、专家学者、创业导师、金融投资经理人、政府部门负责人之间随时沟通、深入交流、学习研讨平台；提供法规政策咨询、创业项目评估预测和投资融资服务；推荐大学生创业项目入驻创业园区（孵化基地）。

（三）有关就业困难高校毕业生的帮扶措施

对离校后暂未就业的毕业生，江苏省也有相关保障措施。未就业的高校毕业生离校后可到政府部门所属的高校毕业生就业指导服务机构、人才流动服务机构、公共就业服务机构登记求职，并享受免费职业介绍服务。有就业愿望的应届毕业生当年9月1日前仍未就业的，可到其户籍所在地人力资源和社会保障部门办理登记，相关部门应免费提供专门的就业服务。毕业半年后仍未找到工作岗位并有就业要求的高校毕业生可由其户籍所在地人力资源和社会保障部门发给就业登记证，对符合就业困难条件的发给再就业优惠证，凭证享受规定的税费减免、社保补贴、岗位补贴、小额担保贷款、免费职业介绍和职业培训等优惠扶持政策。

（四）有关困难家庭高校毕业生的救助办法

针对困难家庭高校毕业生，江苏省推出了“五项制度”进行帮扶：一是待业求职登记制度。准许待业毕业生进行求职登记，并享受失业人员就业优惠扶持政策。二是临时救助制度。对因短期无法就业或就业后生活仍有困难的，户籍迁入地民政部门要及时按照有关规定为符合条件的高校毕业生提供最低生活保障或临时救助。三是优先安排就业制度。对城镇特困职工家庭、低保家庭毕业生实行重点推荐、优先安置；对零就业家庭毕业生，采取政府安排岗位等多种方式实行保底就业。四是免费服务制度。对未就业的高校毕业生实行免费培训、免费推荐、免收服务费用。五是就业见习制度。通过建立高校毕业生就业见习基地，为尚未就业的毕业生免费提供3～6个月的见习培训。省高校毕业生就业指导服务机构每年还实施“困难毕业生就业援助”计划，从全省高校遴选一定数量品学兼优、家庭困难且就业意愿强烈的应届毕业生，专门对其实施就业援助。

三、人事代理制度

人事代理是指在人才合理流动中，个人的人事关系由人才中心代理，个人与企业只有劳动用工合同关系。它赋予了个人与企业更多的灵活选择权，促进了人才的合理流动，有利人才资源的合理配置，是与社会主义市场经济体制相配套的新型人事管理方式，也是当前毕业生就业中常用的一个工具。

（一）人事代理的概念

人事代理是指由政府人力资源和社会保障部门所属的人才服务机构，按照国家有关人事政策法规要求，接受招聘单位或个人委托，在其服务项目范围内，为多种所有制经济尤其是非公有制经济单位及各类人才提供系列的、全方位的人事管理服务，是实现人员使用与人事关系管理分离的一项人事改革新举措。

人事代理可由单位委托，也可由个人委托；可单项委托（如只委托人才服务机构管理人事档案或代为招聘），也可多项委托（如可将人事关系、工资关系、人事档案、养老保险社会统筹等多项事务一起委托人才服务机构管理）。

按照国家规定，各级政府人力资源和社会保障部门所属的人才服务机构负责本行政区域内的人事代理工作。非政府人力资源和社会保障行政部门所属的人才（劳务）中介服务机构，一律不得从事人事代理工作。

（二）人事代理的对象和内容

人事代理的对象为招聘单位和劳动者个人。不管招聘单位是何种性质，只要有需求并和人才服务机构签订了代理协议就成为人事代理的对象。人事代理可提供服务的个人对象主要包括以下人员：

1）三资、乡镇、街道、民营、私营企业聘用的专业技术和管理人员。

2）到非公有制单位工作、自谋职业、到外地应聘的大中专毕业生、研究生、成人高考、自考、职高（高中）、技校毕业生。

3）整体改制为非国有单位的原国有企事业单位的员工。

4）党政机关、企事业单位辞职、辞退、解聘人员。

5）事业单位改革实行聘用制人员。

6）外国驻当地机构的中方雇员和外地驻当地办事机构工作人员。

7）出国留学及学成回国工作的人员。

8）自谋职业的转业、退伍军人。

9）其他各类流动人员。

人事代理为单位和个人提供的服务，其内容可按实际操作角度划分为三类：一是以人事档案管理为依托的基础性代理，主要包括保管档案、保留身份、调整工资、评定职称、申报退休、考学政审、接转组织关系、户口管理、员工录用、婚育证明、代缴医疗保险、代缴住房公积金、代缴养老、失业、工伤保险等；二是以人才中介为基础的服务性代理，主要包括委托招聘、人才推荐、人才派遣、人才测评等；三是以企事业单位为基础的公共人事事务代理或社会化代理，主要包括人才规划、职业设计、人事诊断、人事管理咨询、人才资源开发等。

上述人事代理的各种服务，高校毕业生在求职择业过程中都有可能碰到，尤其是基础性代理。而目前尚有部分用人单位未与人才服务机构签订人事代理协议，遇到这种情况，毕业生应以个人身份与人才服务机构签订代理协议，办理人事关系和档案托管、落户、转正定级、技术职称考评、档案工资调整、工龄核定及各种社会保险。

（三）人事代理的程序

高校毕业生参加人事代理的手续简便，而且随到随办，具体办理流程如图 9-2 所示。

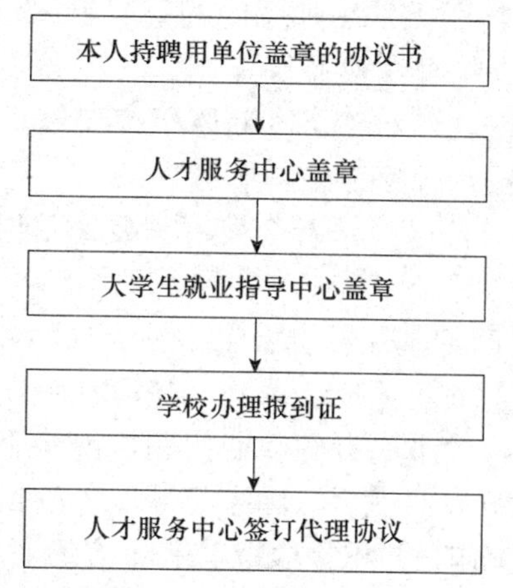

图 9-2　高校毕业生办理人事代理的流程

第三节　大学生基层就业项目

> 基层岗位是高校毕业生健康成长、锻炼成才的沃土，更是青年人施展才华和抱负的广阔天地。
>
> ——周济

鼓励青年知识分子到实践中去，到基层和艰苦地区去，经受磨炼，健康成长，是党和政府的一贯方针。实施大学生志愿服务西部计划、“三支一扶”计划和苏北计划不仅有利于促进西部、苏北贫困地区教育、农技、扶贫、工业、经济等社会事业的发展，还有利于培养造就一大批既有现代科学文化知识，又有基层工作经验和强烈社会责任感的优秀青年人才，更弘扬了“奉献、友爱、互助、进步”的志愿精神，推动了社会的和谐发展。

一、大学生志愿服务西部计划

按照国务院常务会议的精神，从 2003 年 6 月开始，团中央、教育部、财政部、原人事部共同组织实施了大学生志愿服务西部计划（以下简称西部计划）。按照按需招募的原则，选拔思想品质好、综合素质高、奉献精神强、身体健康的高校应届毕业生参加西部地区的建设，重点招募具有本科及本科以上学历的高校毕业生。

（一）西部计划专项设置

1）基础教育：在县乡中小学从事教学及教学管理工作。该专项包括研究生支教团。

2）农业科技：在县乡农业（林业、牧业、水利）技术单位从事农业科技工作。

3）医疗卫生：在乡镇卫生院以及部分县级医院、防疫站从事医疗卫生工作。

4）基层青年工作：在县级团委从事加强团的基层组织建设、促进青年就业创业、预防青少年违法犯罪、维护青少年合法权益等工作。

5）新疆专项：围绕新疆维吾尔自治区和新疆生产建设兵团经济社会发展需要在基层单位从事基础教育、农业科技、医疗卫生等服务。

6）西藏专项：围绕西藏自治区经济社会发展需要在基层单位从事基础教育、农业科技、医疗卫生等服务。

7）基层社会管理：围绕西部基层社会公益、社会保障、社会福利、法律援助、扶贫开发、金融开发等公共服务需求及党政、司法、综治等工作需要开展服务。

西部计划虽然没有承诺解决志愿者的就业问题，但将服务大学生志愿者就业列为项目的重要工作内容。志愿者服务期满后，国家将采取各种措施为他们的就业提供服务：首先，狠抓各项政策的落实工作，并积极争取有利于志愿者就业创业的新政策、新措施。其次，进一步加大就业创业信息服务和职业技能培训力度，多渠道为志愿者的就业创业提供帮助。再次，畅通志愿者扎根西部基层的渠道，促进志愿者转变就业观念，形成到西部基层就业创业的良好导向。最后，健全就业服务工作机制，逐步将就业率指标纳入西部计划考核评估制度，加大各省对志愿者就业服务的力度。国家还对志愿者服务期满后就业创业的情况及时进行跟踪调查，并力所能及地提供有效的服务。

（二）报名参加西部计划的流程

西部计划的报名时间一般为每年 4～6 月。要参加西部计划的应届高校毕业生可登录西部计划相关网站了解有关情况，填写报名信息，并选择三个意向服务岗位。然后，从西部计划相关网站上下载打印报名登记表，交所在院（系）党组织盖章后交至本校项目办。经校和省项目办审核、选拔、确认、体检后，签订招募协议成为新一批西部计划志愿者。7 月下旬，志愿者应按照全国统一要求，携带报到通知书、毕业证和本人身份证件，到服务地所在省参加由省项目办统一组织的培训。培训合格后，志愿者就可前往服务县开展工作了。

入选西部计划的大学生志愿者在去西部服务之前，应着重做好几方面的准备。在志愿者上岗服务之前，各服务省项目办将组织志愿者进行为期一周左右的集中培训。与此同时，志愿者也要在主观上做好参与志愿服务的准备。首先是做好思想上的准备。大学生应该本着受锻炼、长才干、做贡献的目的，本着在实践中学习，向人民群众学习的态度，正确地调整心态，摆正位置，争取在不算长的志愿服务工作中得到更多锻炼和提高，为西部地区经济社会发展做出实实在在的贡献。其次是心理上的准备。如果没有吃苦耐劳的精神，没有坚强的意志品质，没有充分的心理准备，是很难成为一名合格的西部计划志愿者的。最后就是知识上的准备。要预先了解西部计划的一些基本情况，做到心中有数，合理安排自己的学习、工作和发展。同时，志愿者应与学校保持联系，处理好户籍档案、党团关系有关手续。此外，由于志愿者的生活补贴是通过青年志愿者卡发放的，而青年志愿者卡只有到达服务地后才能办理，所以志愿者在开始服务的初始阶段需自备一些必要的费用。

（四）西部计划的阶段性成果

西部计划是服务西部大开发战略、人才强国战略和科教兴国战略中的一项重要战略举措，实施以来已取得了阶段性成果。具体来讲，主要有以下几个方面。

1）通过在西部基层的磨炼，大学生志愿者的理想信念更加坚定，综合素质普遍提高。志愿者在服务中接受了教育，了解了国情，坚定了信念。他们中有的成为学校教学骨干，有的成为科技致富的带头人，有的医术得到明显提高，有的被所在县党委政府委以重任，通过考核成为基层领导干部。

2）大学生志愿者以满腔热情和丰富知识，为西部基层的群众办了大量实事、好事。在教育岗位上，志愿者主动申请到乡村，到条件最艰苦的地方服务，使所任教班级学生的学习成绩普遍提高。在农技岗位上，志愿者深入乡村，深入田间地头，指导农户开展科学种田，为农民带来了实惠。在医疗岗位上，一方面志愿者以精湛的医术和优质的服务，为患者解除病痛；另一方面他们走出医院，走村串户，广泛开展义诊和送医送药活动。在洪水等灾难面前，志愿者们也不畏艰险，挺身而出。

3）符合了科学发展观的要求，有效服务了社会主义和谐社会建设。西部计划将当代大学生经受磨炼、锻炼成才的愿望与西部基层对人才的渴求有机结合起来，已经动员了数万名高校毕业生到西部基层服务，促进了人力资源的东西互动、城乡互动；带动了社会各界对西部的关注和支持，推动了西部地区的经济社会发展；传播了现代文明观念和法制观念，促进了西部基层良好风气的形成；在全社会传播了志愿服务理念，带动了全社会平等友爱、融洽和谐人际环境的形成，促进了奉献、友爱、互助、进步的社会新风的形成。

西部计划的实施，通过志愿服务的方式合理配置了人才资源，促进了西部基层的经济社会发展，也促进了大学生转变就业创业观念，在基层实践中锻炼成长，在广大青年学生中进一步树立起到西部、到基层、到祖国最需要的地方建功立业的积极导向。

二、“三支一扶”计划

为了响应中央建设社会主义新农村的要求，中央组织部、原人事部等八部委共同出台措施，自 2006 年开始实施“三支一扶”计划。“三支一扶”计划是引导和鼓励高校毕业生面向基层就业的一个具体行动，是指大学生在毕业后到农村基层从事支农、支教、支医和扶贫工作，其目的在于为高校毕业生向基层单位落实就业问题提供具体的指导和保障。

该计划以公开招募、自愿报名、组织选拔、统一派遣的方式，从 2006 年起连续 5 年，每年招募 2 万名左右高校毕业生，主要安排到乡镇从事支教、支农、支医和扶贫工作。计划实施主要包括组织招募和对大学毕业生工作期间的管理服务两方面内容。该计划的组织招募有一套详细的工作流程，即每年 4 月底前，各地收集、汇总、上报乡镇一级教育、农业、卫生等基层岗位需求信息；每年 5 月底前，各地根据下达的招募计划，采取考核或考试的方式进行公开招募；每年 7 月底前，派遣“三支一扶”大学生到服务单位报到。计划对“三支一扶”大学生工作期间的户档管理、日常管理、考核管理和经费保障等方面都做出了详尽的规定。对服务期满考核合格的高校毕业生，颁发由原人事部统一印制的高校毕业生到农村基层服务证书，作为服务期满后享受相关就业优惠政策的依据。

“三支一扶”高校毕业生的工作时间一般为 2～3 年，工作期间给予一定的生活补贴。工作期满后，自主择业，择业期间享受一定的政策优惠，主要就业服务及优惠政策包括：

1）工作期满后，如原基层服务单位有工作空缺，要优先考虑“三支一扶”人员，所在县、乡的企事业单位如有职务空缺，也要拿出部分职务吸纳该部分高校毕业生。

2）对于准备自主创业人员，可享受行政事业性收费减免、小额贷款担保和贴息等有关政策。

3）服务期满且考核合格的“三支一扶”高校毕业生可以享受一定的政策加分或同等条件优先录用。

4）到西部地区和艰苦边远地区服务 2 年以上，服务期满后 3 年内报考硕士研究生初试总分加 10 分，同等条件下优先录取。

5）服务期满考核合格的“三支一扶”高校毕业生，根据本人意愿可以回到原籍或到其他地区工作，凡落实了接收单位的，接收单位所在地区应准予落户。

6）进入国有企事业单位时，由接收单位按照所任职务比照同等条件人员确定其职务工资标准，其服务期限计算为工龄，在今后晋升中高级职称时，同等条件下优先评定等。

该计划的实施，为大学生到基层工作提供了更多的指向和具体的优惠政策。进一步丰富了大学生的就业层次，为有志于服务基层的大学生提供了珍贵的机会，也使一些在城市中难以一步到位、找到合适工作的高校毕业生提供了就业的缓冲平台。

服务于基层，把自己的能力和知识奉献给广大农民群众是一个崇高的目标，也是“三支一扶”计划的根本目的之所在。任何选择该种就业方式的大学生都应该认真对待自己的选择，不能荒废光阴，应该充分利用这种珍贵的锻炼机会，健全、发展自身能力，无论是选择长期从事基层工作还是准备二次就业，相信机遇总是出现在有准备的人面前。

三、大学生志愿服务苏北计划

为动员青年学生为苏北的快速崛起提供人才和智力支撑，江苏省委组织部、共青团江苏省委、江苏省教育厅、财政厅、原人事厅等联合实施了大学生志愿服务苏北计划（以下简称“苏北计划”），即从 2005 年起，每年从应届毕业生中招募 500 名志愿者，到苏北地区参加建设。2006 年起，苏北计划成为江苏省“三支一扶”计划的主要内容。

苏北计划志愿者将到乡镇一级从事 1～2 年的教育、卫生、农技、扶贫及青年中心建设和管理、农村党员干部现代远程教育等工作，同时根据苏北工业化进程快速发展的需求，从事工业、经济、法律、外贸等方面的服务。鼓励志愿者在服务期满后扎根苏北，继续为苏北地区的社会、经济、文化等事业的长远发展做贡献。

参加苏北计划的志愿者除了享受国家规定的高校毕业生就业相关政策和全国西部计划志愿者的就业相关政策外，还给予以下8项政策支持：

1）服务期间省财政给予志愿者必要的生活补贴和交通补贴，并办理人身意外伤害和住院医疗等保险。

2）服务期间户口和档案可保留在学校，免收服务费。服务期满后学校再发放派遣证，享受应届毕业生待遇。如果志愿者要求将户口转回入学前户籍所在地的，公安机关按照规定办理落户手续，人力资源和社会保障、教育部门所属人才交流机构负责办理相关手续，人力资源和社会保障部门所属人才交流服务机构免费提供人事代理服务。

3）服务期间可以兼职担任乡镇团委副书记、青年中心主任或村民委员会主任助理等职务。

4）服务期间服务单位向志愿者免费提供住宿等必要的生活条件。

5）服务期满且考核合格的志愿者连续计算工龄。

6）服务期满对志愿者的服务情况做出鉴定，存入本人档案；考核合格的，颁发证书，作为志愿者服务经历和就业、创业的证明，同时将授予江苏青年志愿服务银奖奖章，表现优秀的可授予金奖奖章，并推荐参加全国和省级相关奖项的评选。获得江苏省青年志愿服务金奖奖章的志愿者可参加江苏省“选调生”的选拔。

7）服务期满一年且考核合格的志愿者可以以应届高校毕业生的身份报考国家公务员；从2007年起，每年在苏北地区县乡党政机关划出一定比例公务员指标，面向志愿者单独招考。志愿服务苏北的大学生，除了国家规定的高校毕业生就业相关政策外，还将享受江苏提供的一定政策优惠。如服务期间，志愿者可免费享受住宿等必要生活条件，以及每月800元的生活补贴和每年400元的交通补贴。人身意外伤害保险和住院医疗保险等则由江苏省项目办统一办理。

苏北计划志愿者的选拔工作按以下标准进行：①参加过西部计划、苏北计划，希望继续参加志愿服务的志愿者优先；②应届高校毕业生需获得毕业证书（本科以上需学位证书），学分总绩点或学习成绩排名在院系同年级学生总数前70%之内；③通过本校毕业生体检和苏北计划专项体检；④政治素质过硬，心理素质良好；⑤申报相同岗位的学生按照研究生、本科生、专科生逐级优先；⑥学生党员、学生干部和有志愿服务经历者优先；⑦苏北地区急需的师、医、农、林、水力和工业类专业者优先；⑧入学前户籍所在地在苏北地区者优先。

苏北计划报名的时间一般为每年4月中下旬，要参加苏北计划的应届高校毕业生可登录江苏省学生联合会网站（http://www.jsxuelian.com）了解有关情况，登录江苏共青团网（https://jiangsugqt.org）和江苏志愿服务网（http://jiangsuzyz.org）的“苏北计划报名管理系统”填写报名信息，并可选择三个意向服务岗位。然后，从江苏省学生联合会网站上下载打印报名登记表，交所在院（系）党组织盖章后交至学校团委。经学校和省项目办审核、选拔、确认、体检后，签订招募协议成为新一批苏北计划大学生志愿者。

从以往参加西部计划的大学生志愿者的就业情况来看，绝大多数企业单位在录用员工、选拔干部时，对展现着强烈社会责任感和“奉献、友爱、互助、进步”的志愿精神的大学生志愿者都很感兴趣，也非常看重大学生志愿者的基层工作经验。因此，大学生参加西部计划、苏北计划，到基层和艰苦地区从事志愿服务，既能为西部、为苏北的经济社会发展做出实实在在的贡献，又能增加基层工作经验，深入了解国情、省情、民情，丰富人生阅历，增强自己在求职择业过程中的竞争优势。

案例分析 9-1

丢弃档案会导致利益受损

自称为“弃档族”的小黄，3 年前毕业于扬州一所高职院校，不久前从扬州一家企业跳槽去了广州一家房地产咨询公司。然而，让她郁闷的是，到广州上班后，公司要帮她落户口，而她一直不知道没有档案就落不了户口这个道理。她就不得不飞回扬州去调档案。她大学毕业后，把档案放到人才市场，第一年交了几百元的档案管理费，后来逐渐觉得档案对自己没什么用，就再也没有理会过，再到后来根本就忘了有档案这么一回事，直到去广州工作后迁移户口要用到档案，才知道它的重要性。

分析：改革开放以来，随着人才流动的加速和人事制度改革的推进，记录个人资料的人事档案不再需要和人们“如影随形”了，大学生中“弃档族”日益增多。目前的“弃档族”主要由三部分人构成：一是下海经商者，从单位调出档案后就再也不管了；二是在私营企业打工人员，由于单位不接收档案，而自己一时也用不着，于是放弃档案；三是由于没有找到工作或选择到非户口所在地工作的大学毕业生，他们往往不到有关部门办理档案移交手续。专家指出，尽管档案不再像过去那样对人才有控制作用了，档案的性质和管理方式也发生了变化，但并不意味着档案成为可有可无的“鸡肋”。一份翔实的人事档案更能反映个人的成长经历、个人学识和能力水平。档案在有些领域仍然发挥着至关重要、不可替代的作用，很多手续还是绕不开档案这一关的。例如，职称评定、婚育证明、转正定级、各种政审、干部任免、办理养老等社会保险以及开具出国、考研有关证明等，都需要人事档案。大学生找工作无论是考公务员，还是到企业就业，或是自主创业的大学生，都应该重视并妥善安置自己的档案，否则，将来会产生许多不必要的麻烦，个人的一些权益也会得不到保障。

案例分析 9-2

大学生到基层更好成才

如今已是福建省晋江市紫帽三益农业有限公司总经理的吴艺明，被当地人们称为“大学生农民”。

回首艰辛创业之路，吴艺明说：“农村是我们大学生创业的广阔天地，到基层更好成才。虽然创业的路不会一帆风顺，只要我们坚持，一分付出就会有一分回报。”

2001 年，吴艺明毕业于西南农业大学（今西南大学）植保系，因找工作屡试屡败，无奈回到老家晋江市紫帽镇紫星村。吴艺明说："我是村里的第一个大学生。听说我失业了，走在街上，村里人搭话时总是冷嘲热讽。"

"一天，我看到村里水田被荒废，很多山地杂草丛生。自己是学农的，便萌发了承包土地创业的想法。"吴艺明说干就干，尽管乡亲们的冷言冷语还响在耳畔："大学生来当农民，那还不如不念大学，省几万元实在。"

2002 年初，吴艺明承包了村里一个荒废的水库和 15 亩农田，开始种植无公害蔬菜。"三番五次去农村信用社找主任给他讲我们创业的规划和前景，最终他破例批给我个人信用贷款 3 万元。"

建大棚、买种子、育苗、整地、买地膜……一切都是自己动手。然而，五月一场突如其来的狂风暴雨，把毫无防风措施的大棚彻底掀倒，菜地也成了一片汪洋。父亲说："艺明，你还是去找一份稳定的工作吧。""我和同伴们没有放弃，总结经验后，我们决定改变方向养土鸡。"吴艺明说，"这次一边养，一边查资料，不断积累养殖经验。看到市场销路很好，我们才逐渐扩大养殖规模。"2004 年，吴艺明的紫帽三益农业有限公司终于挂牌成立，公司率先注册了土鸡品牌——红霞牧鸡。

如今，吴艺明仍没有停止创业的脚步，他说："我们还要建立'生态家园'，发展生态农业、循环农业。同时，带动更多的农民发家致富。"

分析：吴艺明成功创业的案例给我们的启示，大学生到基层创业大有可为。作为高校毕业生应当响应国家"大众创业，万众创新"的号召，努力提高自身创新创业素质，做好多种形式自主择业和艰苦创业的思想准备和心理准备，充分利用政府大学生创业政策和资金支持主动到城乡基层、中西部地区、艰苦边远地区就业创业。

案例分析 9-3

高校毕业生就业协议书不能替代劳动合同

肖某与一所高校和一家公司签订了一份《全国普通高等学校毕业生就业协议书》，约定肖某大学毕业后，在公司就业。如果一方违约，必须支付 10 000 元违约金。而今，肖某已大学毕业，可公司一直没有安排肖某就业。在肖某的一再坚持下，公司终于亮出了底线：只愿意支付违约金，不可能安排肖某就业。肖某要求公司给予经济补偿，也遭到断然拒绝。肖某遂提起诉讼，要求公司按照《中华人民共和国劳动合同法》（以下简称《劳动合同法》）给予经济补偿。

法院审理认为，肖某不能要求公司按照《劳动合同法》给予经济补偿。因为大学毕业生就业协议书不同于劳动合同，也不能替代劳动合同。

分析：此类就业协议书一般由教育部门或各省、自治区、直辖市就业主管部门统一制定，其依据是 1989 年原教育部颁布的《高等学校毕业生分配制度改革方案》和 1997 年原国家教委制定的《普通高等学校毕业生就业工作暂行规定》。它是明确高校毕业生、招聘单位和学校在大学生就业择业过程中权利和义务的书面协议。其作用在于：就业协议是教育部门制订就业计划、进行高校毕业生派遣、高校毕业生将来与招聘单位签订劳动合同的依据，尤其是在就业协议中就服务期、违约金等涉及劳动关系存续期间权利和义务内容的约定，应在日后订立的劳动合同中予以认可。如高校毕业生届时到招聘单位报到，招聘单位未根据预约与高校毕业生签订劳动合同，则应视为对预约的违反，必须承担预约合同的违约责任。就业协议的效力仅限于对学生就业过程的约定，一旦报到，其使命就已完成。其关键在于，高校毕业生必须凭就业协议书，与招聘单位另行签订劳动合同。

因此肖某的情形，仅仅限于就业协议书，而并未与公司签订劳动合同，自然不为《劳动法》和《劳动合同法》所保护，不能获取经济补偿。

学生活动

9.1 举办知识竞赛

举办一场就业报到知识竞赛，考查学生对就业材料的使用、就业报到程序等知识的掌握程度。

9.2 问题研讨

9.2.1 高校毕业生档案中包括哪些材料？

9.2.2 高校毕业生办理毕业手续有哪些主要环节？

9.2.3 如何办理人事代理手续？

阅读资料及教学课件

到基层就业不再是口号

高校毕业生就业协议书不能替代劳动合同

普通高等学校毕业生就业工作暂行规定

关于组织开展高校毕业生到农村基层从事支教、支农、支医和扶贫工作的通知

高校毕业生就业待遇相关政策选登

高校毕业生应重视自己的档案

高校毕业生就业操作流程

第九章教学课件

第十章　大学生就业权益的维护

本章要点

在复杂的社会关系中最大限度地维护好自己的权益是大学生告别校园生活，顺利开始社会实践的重要保证。每一个大学生都应当树立正确的就业权益观，了解自己依法享有的权利和义务，懂得维护权益的合法途径，正确运用国家的有关法律、法规和政策，有效地维护自己的合法权益。

理论指导

第一节　大学生就业的权益

> 富于理智的人致力于他们计划的成功。当事情不能实现的时候，他们随机应变。他们学会了在挫折中容忍，学会了在成长学习和适应环境中抓住机会。他们支配环境，而不是环境支配他们。
>
> ——职场名言

一、大学生就业的权益

所谓大学生就业的权益是指法律确认的并受法律保护的其在就业过程中所享有的社会权利。大学生就业的权益主要包含两方面的内容。

从主体上看，由于大学生具有普通公民和高校毕业生双重身份，其就业的权益包括作为普通公民参与劳动的一般权益和作为大学生在就业过程中所享有的特殊权益两个方面。为了有效地促进和保障大学生的就业，我国在法律、法规和政策中制定了一系列特殊规定，这些优惠措施是针对大学生这个特殊主体的，其他普通劳动者不能享有这方面的权益。

从内容上看，大学生就业的权益主要包括：①人身权益，如人身自由权、生命健康权、姓名权、肖像权、名誉权等；②经济权益，如平等就业权、参加劳动并且获取报酬权等；③政治权益，如参与选举、监督和民主管理权等；④精神权益，如获得表彰奖励、荣誉权等；⑤文化权益，如受教育、获得培训权等；⑥社会权益，如大学生获得社会保障、医疗保障等权利。

二、大学生就业的基本权益

大学生只要年龄满16周岁就可以作为普通劳动者在就业过程中享有法律所规定的各项权益。我国的《劳动法》对劳动者的基本权利做了明确规定，《劳动合同法》进一步加强了对劳动者在平等就业、劳动利益、劳动安全等方面基本权利的保护。

（一）劳动者的基本权利

1）劳动者平等就业和选择职业的权利。在我国，劳动者不分民族、种族、性别、宗教信仰，都平等地享有就业的权利，这是《中华人民共和国宪法》（简称《宪法》）所规定的公民劳动权的具体体现。在就业过程中，劳动者可以依照合同的约定，平等自由地选择职业，不受外力的强迫和歧视。

2）劳动者有及时获得足额劳动报酬的权利。劳动报酬是对劳动的承认和评价，同时也是劳动者生活保障的重要条件。现阶段，我国推行以按劳分配为主、多种分配形式并存的个人收入分配制度和最低工资保障制度，实行同工同酬的分配原则。所谓同工同酬，是指在相同或者相近的工作岗位上，付出相同的劳动，应当得到相同的劳动报酬。《劳动合同法》规定：用人单位与劳动者约定的劳动报酬不明确或者对劳动报酬约定有争议的，按照集体合同规定的标准执行；没有集体合同或者集体合同未规定的，实行同工同酬。被派遣劳动者享有与用工单位的劳动者同工同酬的权利；用工单位无同类岗位劳动者的，参照用工单位所在地相同或者相近岗位劳动者的劳动报酬确定。最低工资，是指劳动者在法定的工作时间内提供了正常劳动的前提下，其用人单位应支付的最低劳动报酬。劳动者的工资必须以法定货币的形式按月支付，不得克扣和拖欠。法定休假日、婚丧假期和劳动者依法参加的社会活动必须支付工资。

3）劳动者有休息休假的权利。休息休假是劳动者体力、智力得到恢复的重要保障。加班必须与工会和劳动者协商，每工作日的加班时间不得超过3小时，每月不得超过36小时。劳动者依法享有探亲和年休假权利。

4）劳动者有在劳动中获得劳动安全保障和劳动卫生的权利。用人单位必须实行劳动保护制度，开展定期的检查，保护劳动者在劳动过程中生命健康与安全。劳动者有权拒绝、检举、抗告不安全的指令。劳动者拒绝强迫劳动、违章指挥、冒险作业的，不视为违反劳动合同。女工和未成年工依法享有特殊保护。

5）劳动者有接受职业技能培训的权利。按照法律和法规的规定，用人单位必须提取一定费用，有计划地对劳动者进行职业技能的培训。

6）劳动者享有社会保险和福利的权利。这是指劳动者在退休、患病、负伤、工伤、职业病、失业、生育等情况下获得社会保险的权利。劳动者还享有社会福利和集体福利的权利。

7）要求依法支付经济补偿的权利。经济补偿是用人单位承担的一种社会责任。在我国失业保险制度建立健全过程中，经济补偿可以有效缓减失业者的实际生活困难，维护社会稳定，形成社会互助的良好社会氛围。同时，经济补偿也是国家调节劳动关系的一种经济手段，可以引导用人单位进行利益权衡，谨慎行使解除劳动合同的权利。《劳动合同法》延续了《劳动法》的有关规定，赋予了劳动者要求用人单位依法支付经济补偿的权利，并对应当给予经济补偿的情形和补偿标准进一步做了具体规定。

8）劳动者有提请劳动争议处理的权利。在发生劳动争议后，劳动者可以依法向有关部门提请争议处理。

9）法律、法规规定的其他劳动权利。具体包括参加工会、参与企业民主管理、进行科研及技术开发、对劳动过程中的违章行为进行监督和批评等方面的权利。

（二）劳动者的义务

权利与义务是统一的，劳动者在享有权利的同时，也必须履行以下相应的义务。

1）完成劳动任务。劳动合同依法订立即具有法律约束力，用人单位与劳动者应当履行劳动合同规定的义务。劳动者只有依照劳动合同完成劳动任务，才能受到法律对其劳动的保护。劳动合同的全面履行要求劳动合同的当事人双方必须按照合同约定的时间、期限、地点，用约定的方式，按质、按量全部履行自己承担的义务，既不能只履行部分义务而将其他义务置之不顾，也不得擅自变更合同，更不得不履行合同或者任意解除合同。劳动合同的全面履行要求劳动合同主体在劳动关系确立后必须亲自履行劳动合同，劳动者不能将应由自己完成的工作交由第三方代办，用人单位也不能将应由自己对劳动者承担的义务转嫁给其他第三方承担，未经劳动者同意不能随意变更劳动者的工作性质、岗位，更不能擅自将劳动者调到其他用人单位工作。

2）提高劳动技能。提高职业技能是完成劳动任务的重要保障。劳动者应该服从用人单位对岗位技能的合理要求，在劳动中不断学习，取得相应的职业技能等级证书。

3）执行劳动安全卫生规程。劳动者在劳动过程中必须严格执行安全卫生规程，切实履行安全生产的责任。

4）遵守劳动法律和职业道德。劳动者应当在劳动中模范地遵守各项劳动纪律，安全生产，文明服务，树立良好的职业道德。

（三）高校毕业生的合法权益

为了维护高校毕业生就业的合法权益，我国在《中华人民共和国高等教育法》（以下简称《高等教育法》）、《就业促进法》等法律法规中，明确规定了高校毕业生应当享有的权利。这些权利主要包括以下内容：

1）获取信息权。高校毕业生有权要求及时、有效、准确、全面、公正、公开地了解和获取就业信息，任何单位或个人不得隐瞒或是欺骗。其中包括就业工作的程序，时间安排，政府、学校的政策，用人单位的需求信息、工作环境、劳动报酬和发展前景，就业管理机构的工作原则、纪律、工作程序，高校毕业生自己的各种资料、档案等。国家有关职能部门、各高校应当建立完善信息登记、发布制度，积极开展信息咨询和服务工作。而用人单位则有义务向毕业生和培养单位如实介绍本单位的情况，并提供有关资料。

2）自主选择权。在现阶段，我国高校毕业生就业实行“自主择业”的就业制度。高校毕业生只要符合国家的就业方针、政策，就可以自主地选择用人单位，学校、其他单位和个人均不得干涉。

3）公平待遇权。公平待遇权包括：一是高校毕业生享有被学校公正、平等推荐的权利。高校向用人单位推荐毕业生时，应根据毕业生的实际情况如实向用人单位推荐，公平、公正地给每一位毕业生推荐的机会平等，不能故意贬低或随意拔高毕业生在校的实际表现。二是高校毕业生享有被用人公平录用的权利。用人单位在录用高校毕业生时，根据择优原则，应做到公开、公正、公平，不得歧视女性，不得歧视少数民族，男女同学之间、不同民族之间应一视同仁。除国家规定的不适合女同学的工种或者岗位外，不得以性别为由拒绝录用女同学或提高对女同学的录用标准。三是高校毕业生享有公平竞争的权利。高校毕业生参与竞争的机会是平等的，只要具备合法的主体资格，都有公平参与竞争的权利。

4）接受就业指导权。根据《高等教育法》《就业促进法》的规定，高等学校、政府职能部门应当建立就业指导、培训和服务机制，为毕业生提供无偿的就业指导和服务。高校毕业生有权获得政府和学校专门机构的就业指导，提高自己的就业素质和就业能力。

5）协商签约权。一是与用人单位平等协商并签订就业协议。《劳动合同法》第三条规定："订立劳动合同，应当遵循合法、公平、平等自愿、协商一致、诚实信用的原则。"合同当事人的法律地位平等，一方不得将自己的意志强加给另一方，因此，一旦用人单位同意接受该毕业生，高校毕业生就有权利与用人单位平等协商签订就业协议。用人单位必须按照协议接受高校毕业生，并妥善安排毕业生的工作，提供相应的工作和生活条件。二是与用人单位平等协商签订劳动合同。高校毕业生到用人单位报到双方产生劳动法律关系之后，高校毕业生有权在就业协议的基础上与用人单位平等协商签订劳动合同，用人单位应当按照《劳动法》和《劳动合同法》等法律的规定，履行签订劳动合同的义务。

6）追究违约权。高校毕业生与用人单位签订就业协议或者劳动合同，是双方遵循平等自愿、协商一致的原则而达成的，双方均有遵守义务。如果用人单位不能按照就业协议或者劳动合同的约定而履行义务，高校毕业生有要求追究用人单位违约责任的权利。

（四）高校毕业生应当履行的义务

高校毕业生在享有法律、法规和有关政策规定的权利的同时，在就业过程中，应当以高度负责的精神，对国家、社会、单位、家庭尽到应尽的责任，履行自己的义务。这些义务主要包括以下内容：

1）责任义务。国家、社会学校乃至家庭为高校毕业生的成才和发展提供了优越条件，花费了大量的财力、人力和物力，毕业生理应积极地、有责任地依托自己的职业行为，主动把自己所学的知识报效于国家和社会，承担起自己应承担的责任。在择业过程中，当个人意愿与就业政策发生矛盾，个人的兴趣、爱好、特长与国家的需要发生矛盾时，应当从国家的需要出发，服从和服务于国家的需要，把个人的愿望和祖国的需要有机地统一起来。

2）诚实义务。高校毕业生应当向用人单位提供真实的自荐材料，全面和实事求是地向用人单位介绍自己的情况，对优点不要夸大，对缺点不要回避，有过失不可隐瞒，不能弄虚作假。

3）守信义务。高校毕业生要认真履行就业协议和劳动合同。高校毕业生与用人单位签订的就业协议或者劳动合同具有法律效应，双方的权利义务受合同的约束和法律的保护。高校毕业生应当增强信用意识，自觉履行法定和约定的义务。如果违约，应当承担违约所带来的相应责任。

三、高校毕业生树立正确的权益观

在当今社会生活中，高校毕业生积极维护自己的权益是十分正当的，应该受到支持和保护。但是，高校毕业生不应当随心所欲的追求自己的利益，而是要树立正确的权益观，全面、客观地维护自己的正当权益。

（一）依法维护权益的观念

高校毕业生应当懂得，在就业过程中所追求的权益应当是合法的，违反法律规定的“权益”不仅得不到法律的保护，还要受到法律的惩处。即使是合法的权益，也只有通过法律允许的正当途径实现才能受法律保护。如果采取违法的手段维权，那么就不能有效地保护自己的利益，反而使自己由受害者成为加害者，从而受到法律的惩处。

（二）诚实守信维护权益的观念

高校毕业生应当通过诚实劳动，合法经营，获得正当的利益，不能不劳而获。毕业生自己在求职过程中必须如实向用人单位介绍自己的情况，如果高校毕业生为实现就业的需要故意隐瞒自身真实情况，可能导致就业协议无效，要承担缔约过失责任。根据《劳动合同法》的有关规定，如果用人单位发现员工在求职简历中含有虚假、夸大的内容，即可不支付任何赔偿随时将其辞退。高校毕业生在劳动过程中必须尊重用人单位的利益，严格遵守纪律和合同规定，如果高校毕业生不关心用人单位的利益，甚至出于私利，损害用人单位的利益，这不仅违反社会职业道德和法律，而且也会损害自身的利益。

（三）全面维护权益的观念

高校毕业生应当树立全面发展的观念，把政治、经济、文化权益有机结合起来，把个人利益与集体利益有机结合起来，把当前利益与长远利益有机结合起来，从根本上、整体上全面维护自己的利益，不能只讲经济利益，忽视或牺牲政治、文化等方面的利益，也不能只顾及个人利益、当前利益而忽视集体利益和长远利益。

（四）自我保护权益的观念

高校毕业生权益维护是一个系统工程，其中高校毕业生是根本因素。每一位高校毕业生都要学会依靠自身的力量维护权益，不应当过度依赖学校和社会组织。高校毕业生要加强对法律、政策的学习，努力提高就业的法律素质和政策水平；要增强防范意识，通过正规渠道了解就业信息，不能轻信传言；要敏锐地保护事关自己切身利益的信息、资料、证件等资信，防止被不法分子欺骗和利用；要保持自尊、自信、自强，不能无原则地迁就对方，满足不合理的要求，损害自己的正当利益；要严格把好合同签约关，了解协议或合同的标的、履行方式、违约责任等主要条款，弄清双方的权利义务，构筑维权的重要防线。

第二节　大学生就业基本权益的法律保障

从过去的成功中总结经验，从过去的失败中吸取教训，从最得意之处找到不足，从最痛苦之处找到金矿。

——职场名言

我国法律、行政法规、地方性法规、部门规章等构筑了保障大学生就业基本权益的法律屏障。《宪法》是维护大学生就业基本权益的根本保障，它对公民的平等权利、基本人权、劳动权利和社会保障权利都做了明确的规定，奠定了劳动者权益保护的法律基础。《中华人民共和国刑法》《中华人民共和国民法通则》《劳动法》《劳动合同法》《中华人民共和国合同法》《中华人民共和国就业促进法》（简称《就业促进法》）等实体法及知识产权相关法律法规，民事诉讼、刑事诉讼、行政复议、劳动争议处理条例等程序方面的法律法规是劳动者权益保护的具体法律依据。以下就《劳动法》《劳动合同法》《就业促进法》等几部重要法律中与高校毕业生就业直接关联的内容进行概括介绍。

一、《劳动合同法》对《劳动法》的新发展方向

我国《劳动法》的实施正式确立了劳动合同制度，《劳动合同法》又对劳动合同制度进行了进一步的完善，从而更加有效地调节劳动关系，维护各方当事人的权益。

《劳动法》是我国劳动权益保障的基础性法律，有着无可替代的作用。《劳动合同法》与《劳动法》的关系：《劳动合同法》是《劳动法》的重要组成部分，《劳动合同法》不能替代《劳动法》。在法律的适用上面，特别法优于普通法，即对于《劳动法》和《劳动合同法》都有规定的，适用《劳动合同法》的规定，《劳动合同法》没有规定而《劳动法》有规定的，则适用《劳动法》的相关规定。

《劳动合同法》是对劳动合同制度的进一步完善，《劳动合同法》补充和修改有关规定，扩大了《劳动法》的适用范围；修正了《劳动法》对劳动关系的界定，规定“用人单位自用工之日起即与劳动者建立劳动关系”；调整了《劳动法》所规定的劳动合同的必备条款；补充了《劳动法》中关于劳动合同的期限的新规定；在劳动合同约定的试用期上做出了一些与《劳动法》不同的新规定；对劳动合同约定的违约金做了新规定；对《劳动法》关于劳动合同履行和变更的规定做出了补充规定；调整了《劳动法》关于劳动合同终止的规定内容；对用人单位在解除和终止劳动合同时支付经济补偿做出了一些新规定；对集体合同的补充规定；对劳务派遣用工形式做出了规范；从法律层面上对非全日制用工做出了与全日制用工不同的特别规范。

以上《劳动合同法》对《劳动法》的有关补充和修改规定的详细内容，可用手机扫描本章最后“阅读资料及教学课件”中“《劳动合同法》对《劳动法》的补充完善内容”二维码详细了解。

二、《劳动合同法》规定的劳动者与用人单位订立劳动合同的条款

《劳动合同法》规定了劳动者与用人单位订立劳动合同的条款，高校毕业生应当熟悉相关法律条款，和用人单位签订劳动合同 。

《劳动合同法》第七条规定：“用人单位自用工之日起即与劳动者建立劳动关系。用人单位应当建立职工名册备查。”第十条规定：“建立劳动关系，应当订立书面劳动合同。已建立劳动关系，未同时订立书面劳动合同的，应当自用工之日起一个月内订立书面劳动合同。用人单位与劳动者在用工前订立劳动合同的，劳动关系自用工之日起建立。”

《劳动合同法》第八条规定：“用人单位招用劳动者时，应当如实告知劳动者工作内容、工作条件、工作地点、职业危害、安全生产状况、劳动报酬，以及劳动者要求了解的其他情况；用人单位有权了解劳动者与劳动合同直接相关的基本情况，劳动者应当如实说明。”

《劳动合同法》第九条规定：“用人单位招用劳动者，不得扣押劳动者的居民身份证和其他证件，不得要求劳动者提供担保或者以其他名义向劳动者收取财物。”

三、《就业促进法》中促进大学生就业的内容

《就业促进法》在失业预警、就业援助、就业公共服务等方面的规定为公众和高校毕业生的就业创设了良好的环境，主要表现在以下几个方面：

1）政府设立就业专项资金，用于改善和扩大就业。就业专项资金主要用于以下几个方面：职业介绍、职业培训、公益性岗位、职业技能鉴定、特定就业政策和社会保险等的补贴，小额贷款担保基金和微利项目的小额担保贷款贴息，以及扶持公共就业服务。

2）劳动者的平等就业权。《就业促进法》对于平等就业问题规定了基本的原则，劳动者依法享有平等就业和自主择业的权利。劳动者就业，不因民族、种族、性别、宗教信仰等不同而受歧视。该法以多个条款就平等就业权做出规定，进行了具体解释。

3）公共就业服务机构的设立。《就业促进法》规定，县级以上人民政府建立健全公共就业服务体系，设立公共就业服务机构，而且明确规定该公共就业服务机构是公益性的，不得从事经营性活动，为劳动者免费提供服务。公共就业服务机构主要为劳动者提供如下免费服务：就业政策法规咨询；职业供求信息、市场工资指导价位信息和职业培训信息发布；职业指导和职业介绍；对就业困难人员实施就业援助；办理就业登记、失业登记等事务；其他公共就业服务。

4）就业援助制度。《就业促进法》规定，各级人民政府建立健全就业援助制度，采取税费减免、贷款贴息、社会保险补贴、岗位补贴等办法，通过公益性岗位安置等途径，对就业困难人员实行优先扶持和重点帮助。所谓就业困难人员，按照《就业促进法》的规定是指因身体状况、技能水平、家庭因素、失去土地等原因难以实现就业，以及连续失业一定时间仍未能实现就业的人员。就业困难人员可以向住所地街道、社区公共就业服务机构提出援助申请，经公共就业服务机构审核确认属实的，可获得就业援助。

四、高校毕业生维护权利的基本途径

在我国，高校毕业生维权存在多种途径，可以主动向毕业生就业主管部门投诉，寻

求新闻媒体的舆论监督，请求学校主管机关的帮助，向劳动监察部门举报，等等。这些机构有责任履行职责，维护毕业生的权益。根据《劳动法》《劳动合同法》《中华人民共和国劳动争议调解仲裁法》等法律的规定，解决劳动争议有三条途径。

1. 调解程序

调解是在劳动争议调解委员会主持下，形成劳动争议的双方当事人互相谅解，自愿达成协议的处理程序。这里说的调解是指企业劳动争议调解委员会对劳动争议进行的调解，而不是劳动争议仲裁或诉讼程序中的调解，调解不是处理劳动争议的必经程序。调解达成协议后当事人反悔的，仍然可以向劳动争议仲裁委员会申请仲裁，或者向人民法院起诉。

2. 仲裁程序

仲裁是指劳动争议仲裁委员会依法对形成劳动争议的双方当事人的具体争议做出处理的一种程序。根据《劳动合同法》的规定，仲裁不是处理劳动争议的必经程序，当事人可以不经仲裁直接向人民法院提起诉讼。但是，经过劳动争议仲裁的裁决具有强制执行力，一方当事人不履行裁决的，另一方当事人可以申请人民法院强制执行。

3. 诉讼程序

劳动争议的诉讼是指人民法院依法对劳动争议案件进行审判的程序。人民法院审理劳动争议案件遵循民事诉讼程序，采取两审终审制。民事诉讼流程如图 10-1 所示。

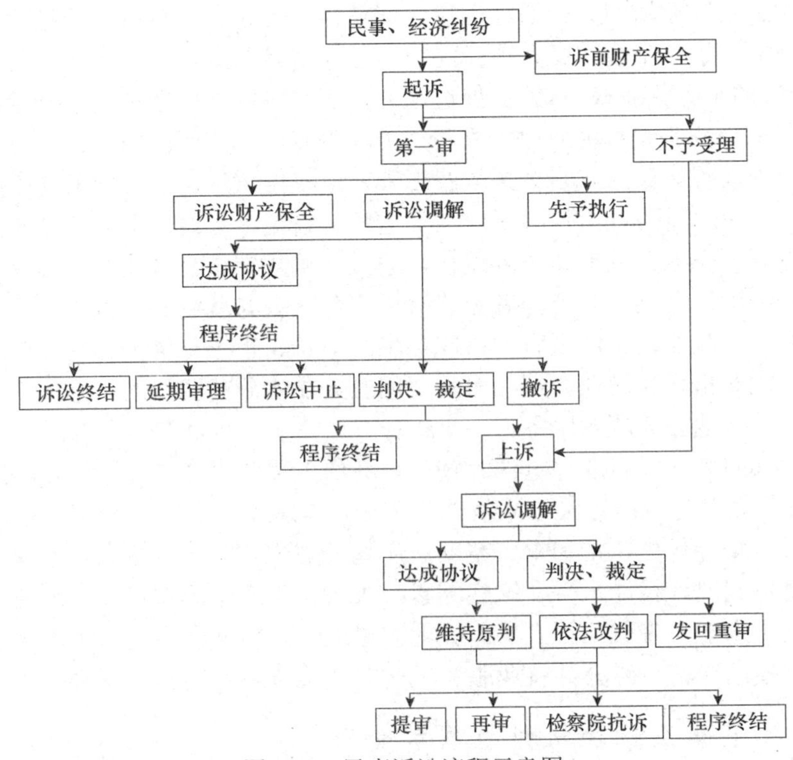

图 10-1　民事诉讼流程示意图

第三节　大学生就业过程中常见的几种侵权现象

> 伟人之所以伟大，是因为他与别人共处逆境时，别人失去了信心，他却下决心实现自己的目标。
>
> ——职场名言

一、择业阶段常见的几种侵权现象

择业阶段是指大学生和用人单位还未形成合同关系、劳动关系的阶段，也就是通常所说的求职阶段。这个阶段的侵权主要表现为以下几个方面。

（一）对大学生平等权的侵犯

有的用人单位在招聘时通过擅自设置限制性规定，或者提高条件，对女学生或者病毒携带者制造就业障碍，实行就业歧视。遇到就业歧视的情况，大学生应当主动与用人单位做好协商沟通工作，极力推荐自己，必要时可以通过有关行政主管部门的监管、新闻媒体的监督，或者是劳动仲裁、法律诉讼等途径依理、依法力争。

（二）对大学生知情权的侵犯

有的用人单位为了能招到优秀的高校毕业生，在所提供的招聘信息中夸大其词、隐瞒自己单位的真实情况，致使一些大学生轻信上当，在找工作时浪费了自己宝贵的求职时机，有的甚至误入不法企业精心设置的陷阱。毕业生在应聘时一定要保持清醒的头脑，不要轻信用人单位的一面之词，可以通过咨询有关行政主管部门、实地调查、走访客户、询问员工、网络查询等多种途径全面客观地了解用人单位的真实情况。

（三）对大学生隐私权的侵犯

有的用人单位为了详细了解应聘者的情况，在面试时会问应聘者非常隐私的个人问题，如“有没有异性朋友”等无礼的问题。有的用人单位草率处理大学生的推荐资料，致使大学生的私人信息流失。用人单位的这些行为既是对大学生的不尊重，也侵犯了大学生的隐私权。大学生在应聘时一定要有保护隐私权的意识，要策略地回避用人单位侵犯隐私权的询问，推荐表的内容应当简洁明了，以客观介绍自己的基本素质和能力为主要，不应当事无巨细，暴露自己的隐私。

（四）对大学生财产权的侵犯

有的用人单位巧立名目，向大学生收取报名费、培训费、考试费等不合理费用，借录取为名行乱收费之实。大学生应当依照法律法规和政策的规定，拒绝用人单位不合规的收费要求，并且向有关行政主管部门举报。

二、签约阶段常见的几种侵权现象

签约阶段即大学生与用人单位签订就业协议书的阶段，该阶段的侵权现象主要表现为以下几个方面。

（一）无主体资格的虚假签约

无主体资格的就业协议是无效的，这就意味着大学生的就业权益失去了保障。主体资格的无效问题有些是由于大学生自己的因素造成的，如在报到时未取得毕业资格，或者没有满足用人单位附带的生效条件，用人单位可以不予接收而无须承担法律责任。还有些是由于用人单位的过错造成的，如用人单位不具有从事各项经营或管理活动的能力，没有录用指标和录用自主权，而进行虚假签约。因此，大学生应当在审视自己的主体资格的同时，严格审查用人单位的主体资格。

（二）就业协议的内容不合法

内容不合法或损害公共利益的就业协议是无效的，大学生必须严格审查双方签订的劳动合同内容是否符合法律、法规和政策，不能无原则地迁就用人单位从事非法工作。

（三）违约金过高

用人单位刻意设置高额违约金，造成毕业生改派成本过高。因此，大学生在签订就业协议书时，要与用人单位慎重协商违约金额，根据自己的职业生涯规划选择合适的用人单位，确定适宜的签约期限，对于那些违约金约定数额较高的企业，大学生应该考量自己承受的风险能力，量力而行。

三、就业报到阶段常见的几种侵权现象

大学生毕业离校后应当立即到用人单位报到，并且马上与用人单位签订劳动合同，使就业协议书和劳动合同有一个比较好的衔接。这一阶段就业权益的侵犯主要表现为以下几个方面。

（一）不签订劳动合同或者延迟签订劳动合同

有些用人单位在大学生报到后借口就业协议的法律的适用性，要么不签订劳动合同，要么声明就业协议就是劳动合同。大学生在签订就业协议书时应当防范这种手段，在就业协议中明确大学生报到后与用人单位签订劳动合同，并通过补充条款尽可能地对劳动合同的内容进行约定。或者是在签订就业协议书的同时就签订劳动合同，只是劳动合同暂时不生效，待所附期限到来即大学生到单位报到时方始生效。如果遇到拒签劳动合同的情况，大学生应当以就业协议的内容为参考，要求已经存在事实劳动关系的用人单位为自己的解约行为承担责任。

（二）劳动合同不符合规范

我国的《劳动法》《劳动合同法》等法律是调整劳动关系的重要依据，劳动关系的当事人应当依照上述法律规范地签订劳动合同。由于劳动关系所涉及的权利、义务复杂多样，关乎劳动者的切身利益，大学生在签订劳动合同时，一定要弄清相关法律的规定，要求用人单位对法定的必要条款必须明确，对于其他条款，也要进行适当的约定。在合同签订之前，大学生要对劳动合同的合法性和适当性依法进行审查。

四、试用期内纠纷常见的几种侵权现象

在实践中，试用期内的劳动纠纷主要表现为试用期过长、试用期辞职与辞退、以试用期合同代替劳动合同、劳动时间过长、强制加班、缺乏有效的劳动保护、限制婚姻生育等问题。大学生在接受用人单位的考察、尽快融入劳动集体的同时，要学会用法律的武器保护自己在试用期内的合法权益。对于明显侵犯自己权益的用人单位，可以选择解约辞职，并且要求用人单位依法承担经济赔偿责任。

第四节　防止误入传销陷阱

> 人性最可怜的就是，我们总是梦想着天边的一座奇妙的玫瑰园，而不去欣赏今天就开在我们窗口的玫瑰。
>
> ——职场名言

一、传销的含义和特征

根据《禁止传销条例》，传销是指组织者或者经营者发展人员，通过对被发展人员以其直接或者间接发展的人员数量或者销售业绩为依据计算和给付报酬，或者要求被发展人员以交纳一定费用为条件取得加入资格等方式牟取非法利益，扰乱经济秩序，影响社会稳定的行为。传销行为的特征主要有以下几点：

1）经营者通过发展人员、组织网络从事无店铺经营活动。参加者之间，上线从下线的营销业绩中提取报酬。

2）参加者通过交纳入门费或以认购商品（含服务，下同）等变相交纳入门费的方式，取得加入、介绍或发展他人加入的资格，并以此获取回报。

3）先参加者从发展的下线成员所交纳费用中获取收益，且收益数额由其加入人的先后顺序决定。

4）组织者的收益主要来自参加者交纳的入门费或者以认购商品等方式变相交纳的费用。

5）组织者利用后参加者所交付的部分费用支付先参加者的报酬维持运作。

6）通过发展人员、组织网络或以高额回报为诱饵招揽人员从事变相传销活动。

二、传销常见的五大骗术

（一）制造“感情”假象

传销“业务员”负责把自己的同学和朋友骗过来，之后他们按照两大原则在开展工作。一是车站接人原则。接站的人要事先洗澡、理发、穿体面的衣服，表现得精神一点，以便给对方留下好的印象。见面之后，接站的人主动帮对方拿东西，尽量做到热情和周到。二是“二八定律”，要求“业务员”对受骗者 80%谈感情，20%谈事业，绝对不讲有关传销的事情。

（二）灌输“暴富”理论

通过讲课培训进行洗脑，让受骗者产生改变自己现状的强烈欲望。首先，讲课人结合社会实际和个人经历，分析影响成功的因素是环境、观念及人生的弱点（如怕、靠、懒、拖、面子等），宣扬接受高等教育是在浪费时间，灌输速成、“暴富”理论。

（三）“直销”掩盖“传销”

他们在讲课时，从来不说自己是在做传销，而说是在开展合法的直销。

（四）“磨砺意志”培训

他们还会制造“磨砺意志”假象，例如，不吃买的菜，每天安排人到菜市场捡，而且只能捡别人扔在地上的，如果是放在柜台上别人不要的，也绝对不能捡。新人来时所吃的“四菜一汤”是介绍人自己出的钱。在住的地方，男的睡地板，女的睡床铺。总之，他们会想尽办法激发受骗者干一番事业的热情。

（五）实地“三捧”法则

他们按照“ABC 法则”进行思想劝说，即 A 带 B 来了之后，A 不能做 B 的思想工作，而是让 C 来做 B 的思想工作；A 负责把 C 神化，C 对 B 进行思想灌输。在大的场合下，传销组织还积极营造出一种感恩的心态，实施“三捧”原则，主动捧“公司”、捧“上线”、捧“公司的理念”。

这些骗术的应用，使受骗者打心底感觉到自己终于找到一个成功的平台，从而最终选择加入传销组织。

三、大学生陷入传销陷阱的原因

大学生误入传销陷阱主要有以下几种原因：

1）“发财就是成功”，这种严重扭曲的成功观和价值观是大学生陷入传销陷阱的直接原因。一夜暴富的期待成了这些大学生的心理渴求。他们“不当得利之心常有，勤劳致富之心常无”，存在不劳而获的想法，而是完全以物质财富来衡量成功与否的成功观、价值观和事业观。

2）传销人员利用大学生急于求职的心理发展“下线”。这同时也显露了大学生存在投机取巧的心理。

3）一些大学生失去了对法律的敏感和畏惧，法制观念淡薄。某些大学生，基本法律常识他们了解，但往往处理具体事情时，却无视法律威严的存在，根本没有意识到自己在违法。

4）缺少完善的社会判断能力和自我认识能力，即缺少社会经验，也是大学生陷入传销陷阱的原因之一。

5）轻信朋友、同学、熟人的花言巧语，不做理性思考，也是大学生轻易上当的原因。

四、组织和参与传销应负的法律责任

1）组织策划传销的，由工商行政管理部门没收非法财物，没收违法所得，处 50 万元以上 200 万元以下的罚款，构成犯罪的依法追究刑事责任。

2）介绍、诱骗、胁迫他人参加传销的，由工商行政管理部门责令停止违法行为，没收非法财务，没收非法所得，处 50 万元以下的罚款；构成犯罪的，依法追究刑事责任。

3）参加传销的，由工商行政管理部门责令停止违法行为，并可以处 2000 元以下的罚款。

4）为传销行为提供经营场所、培训场所、货源、保管、仓储等条件的，由工商行政管理部门责令停止违法行为，没收违法所得，处 5 万元以上 50 万元以下的罚款。

5）为传销行为提供互联网信息服务的，由工商行政管理部门责令停止违法行为，并通知有关部门依照《互联网信息服务管理办法》予以处罚。

6）当事人擅自动用、调换、转移、损毁被查封、扣压财物的，由工商行政管理部门责令停止违法行为，处被动用、调换、转移、损毁财物价值 5%以上 2%以下的罚款；拒不改正的，处被动用、调换、转移、损毁财物价值 1 倍以上 3 倍以下的罚款。

7）拒绝、阻碍工商行政管理部门的执法人员依法查处传销行为，构成违反治安管理行为的，由公安机关依照治安管理的法律、行政法规规定处罚；构成犯罪的，依法追究刑事责任。

案例分析 10-1

参加招聘时不可抵押身份证

小马是某高校营销专业的学生，即将大学毕业，急切地搜寻各种就业招聘信息。一天，她收到一则招聘售楼业务员的手机短信，便抱着试试看的心态，与对方取得联系，并赴 H 房产开发公司应聘。经过笔试和面试，小马被告知“已被录用”。双方当即签订了合同，规定小马负责对外销售公司开发的商品房工作，试用期 1 个月。为了保证公司的利益不受损失，小马必须向公司交纳 1000 元押金，并且抵押身份证，试用期满退还押金和身份证。小马签约后立即投入了工作，但是，在忙碌了一个月后，一套商品房也没有卖出。公司鉴于小马的业绩，解聘了她，并且退还了 1000 元押金和身份证。小马以为这事已经了结，又忙于寻找其他工作。孰料，过了几个月，电信公司寄来了催交话费的通知，小马感到如坠云雾之中，几经了解，才知道 H 公司持有她的身份证以她的名义办理了通信业务，导致她欠费。

分析：初涉职场的高校毕业生对社会的复杂性往往缺乏必要的认识和了解，一些用人单位也正是利用了高校毕业生这种急于找到工作但又缺乏必要社会经验和知识的弱点，侵害他们的就业权益。

小马在这场求职过程中之所以遭遇不法侵害，虽然有外在的原因，但是与她自身的过错也是分不开的。

首先，小马对用人单位缺乏必要的了解。知彼知己，百战不殆，掌握用人单位的资质、信用对于保护高校毕业生的权益是十分必要的。小马出于急于就业的心理，匆忙应聘和就业，放弃了对用人单位详细了解和必要的询问，对用人单位的资质、信用知之甚少，以至于被别人欺骗和利用。

其次，小马缺乏必要的就业知识。掌握与就业有关的知识是保护高校毕业生就业权益的基础。小马对与就业相关的法律、操作程序不甚了解，以至于不能对用人单位的不合理要求提出有力的反对意见，最后只能屈从于用人单位的意志。在本案例中，小马完全有理由拒绝扣押身份证和押金的行为，因为按照有关法律的规定，公民的身份证是不能出租、出借给他人的，任何组织和个人也不能扣押身份证，用人单位也不能收取就业押金。

最后，小马缺乏足够的警惕性。小马在签订合同时应当谨慎审查各条款的内容，弄清双方的权利和义务，保证内容的合法性。否则，不法分子会利用合同文本的缺陷，损害应聘者的利益。此外，小马还犯轻信招聘信息的错误。现代社会，信息传播的渠道多种多样，内容繁杂，只有明辨真假，才能最大限度地利用信息为自己服务。在社会经验欠缺、求证渠道不畅、判断真假不准的情况下，高校毕业生应当多关注高校就业指导部门正式发布的需求信息，以及各地方教育、人事主管部门主办的招聘会、人才交流会所提供的需求信息。来源于这些渠道的信息是经过主管部门初步审核的，具有较高的可信度。对于一些资质不明的社会中介，或者来历不清的短信、广告，毕业生千万不能轻信。

案例分析 10-2

用人单位滥用“试用期”

武汉某高校毕业生小黄应聘深圳某银行，经过四轮面试，最后和同校其他 9 位同学入围，但该银行并没有和黄某等毕业生签订就业协议书或劳动合同，而是要求他们于春节后到深圳实习一个月，期满后才可能签订就业协议书和劳动合同，面对一个月的实习要求等不稳定因素，小黄一筹莫展。

分析：高校毕业生与用人单位达成初步意向后，用人单位要求高校毕业生到单位实习后再签订就业协议书和劳动合同，而实习时间正处于毕业生求职的黄金时期，一旦用人单位不与高校毕业生签订就业协议，高校毕业生将可能错过很多就业机会。同时，因为高校毕业生与用人单位并没有就实习、录用签订书面协议，实习期间的待遇也没有相应的保证，高校毕业生很难维护自身权益。这种“以就业实习为名，行试用之实”的招聘单位已引起了很多高校毕业生的不满。

本案例中用人单位的做法不符合法律规定。

首先，用人单位用“就业实习期”替代“试用期”是规避法律责任的行为，案例中的“就业实习期”应当理解为“试用期”。因为按照法律的规定，试用期就是由用人单位和劳动者双方协商约定的对对方的考察期。试用期的设立和期限长短不是由用人单位随意确定的，而是由双方依法约定，用人单位不能巧立名目滥用试用期。

其次，用人单位不得约定试用期。案例中，用人单位只明确安排了一个月的实习工作，并没有对以后的工作进行确定，因此，这种约定只能理解为一个月的短期劳动合同。按照法律规定，以完成一定工作任务为期限的劳动合同或者劳动合同期限不满三个月的，不得约定试用期。

最后，用人单位应当及时签订就业协议书和劳动合同。根据《劳动合同法》的规定，劳动关系的确立是以用工为依据的，并且要求在建立劳动关系后 1 个月内签订劳动合同，试用期必须包含在劳动合同期限内，它是以签订劳动合同为前提的。因此，无论双方签订的是短期劳动合同还是长期劳动合同，用人单位都应当及时与劳动者签订就业协议书或劳动合同，并且按照试用期的法定要求保障劳动者的权益。

案例分析 10-3

创业不可违法经营

某高校毕业生小胡给班主任发了电子邮件，称自己与别人合伙开了一家公司，经济效益较好，表示要寻找一个时机专门向老师汇报创业的成功经验。孰料，没过几个月，班主任老师得到一个消息，证实小胡因经济犯罪被立案侦查，创业经验的汇报只能改成了教训总结。原来，服装专业出身的小胡创业意识强，为人机灵，他毕业时在一家服装外贸公司工作。他发现外国名牌服装在国内有较大的市场需求，遂萌发了自己从事外国名牌服装经营的念头。由于缺乏资金和货源，没有办法开展外国名牌服装代理活动，小胡便找到朋友小贾，仿照外国某名牌服装进行设计加工，销售冒牌产品。由于仿真性高，销售量不错。当然，违法犯罪行为最终逃脱不了法律的惩处，小胡终究为自己的行为付出了惨痛的代价。

分析：面对着形形色色纷繁复杂的社会现象，如何以科学的心态选择人生发展的正确道路，是每一个高校毕业生在走向社会的初期所必须思考的十分重要的问题。受个人主义、享乐主义等思潮的影响，某些毕业生片面追求物质利益，甚至不择手段地寻找所谓发财致富的“捷径”，这种急功近利的心态对高校毕业生的全面发展是十分有害的。本案例中，小胡心系发财梦，违反法律进行创业活动，选择了一条错误的成才之路，是十分可悲的。

小胡的悲剧给正在就业的毕业生的深刻启示：

首先，高校毕业生要懂得，在社会实践中，只有合法的行为才能受法律保护，才是实现利益最大化的行为，以违法犯罪的方式实现自己的利益是行不通的。

其次，高校毕业生应当树立法律意识和法制观念，掌握必要的法律知识，在社会实践中学会依法办事，千万不能贸然行事，以身试法。

最后，高校毕业生在生产经营过程中，要按照法律的要求，尊重他人的知识产权，利用他人的商标、专利和商品名称等必须征得权利所有人同意，按照双方的约定和法律的规定进行。

案例分析 10-4

某大学生自述误入传销组织的经历

一、陷入传销组织的经过

春节过后，我的同班同学发消息给我，说他现在已经上班，地点在广州。我就想通过他也能把我介绍到广州去上班。2 月 27 日，他突然打电话给我，当时我正在昆山找工作，要我立即买张去广州的车票，并说我的工作已经找好，在广告部上班。当时我信以为真，马上到火车站买张去广州的车票，3 月 1 日凌晨我坐上南下广州的火车。

3 月 2 日早晨 6:00 左右，我到达广州。按照他所说的地点，坐了直达番禺的公交车，大约 7:00，在番禺宾馆门口我见到了我同学。当时我颇为感动，然后他七拐八拐地把我带到一早餐店吃了点包子。我在吃饭时再三问他工作的事情，他就是避而不谈，吃了一个多小时。我说回去吧，然后他帮我提着箱子一起步行到宿舍，走了将近一个小时的路程，他把我带到一私人住所，然后他叫我先洗个澡，再睡一觉。一觉醒来，已是 14:00 左右，然后他叫我起来吃饭，中午饭很简单，一小盆面条。吃完饭，下午他带我到他们附近的地方（不是派出所）办了暂住证。回来后已晚了，20:00 左右开始吃晚饭，大约十来个人围成一桌，相互间很客气，吃过饭在一起“海阔天空”一通。由于我很累，一觉醒来是 3 日早晨 7:00。7:00 他准时起床，并把被子叠得整整齐齐，用他们自己人的话说是军事化管理。洗漱完毕，开始吃早饭。早饭后，他们把我带到他们经理那儿“面试”，他们的经理只是简单地问了问我的个人情况，并且对我说我不是在广告部上班。我问他是干什么？他说我们要考验你一段时间，一星期过后才能决定。从经理的脸色我已经开始怀疑了，问题很明显，我感觉到可能要上当受骗，于是我提高警惕性，然后经理叫我把手机交出来，我说不行，我自己还要用手机打电话呢！无奈之下，他们把手机卡拿去了。过了一会儿，他们把我带到另一主任那儿“面试”，当那个主任说我的工作 80%在于他们决定，20%我自己决定。我当时大吃一惊，于是我假装受凉，在洗手间里面装吐，可是他们说我是装的，没办法，我只得使劲装吐，终于吐出来了。那位主任大怒，叫我立即出去，回到原宿舍。我又吐了一遍，然后在卫生间里面躺在地上想办法。过了十分钟，我强行出门，但门被反锁了。当时，我很紧张，看硬的不行，我就来软的了，央求他们让我出去走走。我的同学说门被锁了，他没有钥匙。于是我就躺在床上装睡，12:30 左右吃午饭，我一边吃饭，一边想办法，吃了半个多小时。饭后大家一起收拾桌子，我说我到厨房拿抹布擦桌子。于是我的同学就端着碗跟在我后边看着，下楼时我一看防盗门没有锁，于是我先推一把我前面的那个人，又用屁股撞一下后面的同学，然后一拉门闩，关上防盗门就跑了。虎口脱险过后，我打的去车站，坐车去了深圳。在深圳住在另一同学哥哥那里。3月5日下午，同学哥哥给我买好回我老家的车票，又给了我200元，我就回来了。希望破案后公安机关能把我的行李、学生证、就业推荐表找回来。

二、传销过程中的洗脑过程介绍（一天时间表）

6:30～7:30，起床、做操、看书。

7:30～8:00，早饭（集体吃，AA制）。

8:00～8:30，推销自己，站起来介绍自己叫××，或唱一首歌。

8:30～9:00，运作。大家争着讲我的母亲、我的老师……有时“网头”给出个题目，大家进行辩论，目的是锻炼口才。例如，题目是“能力重要还是配合重要”，正方选能力，反方选配合。

9:00～11:30，发展。通过打电话、发信息、写信邀朋友参加（规定条件：小学文化不要，结婚的不要，女的1.5米以下，男的1.68米以下不要，残疾的不要）。

11:30～12:00，运作。

12:00～12:30，午饭（安排人轮流做饭）。

12:30～13:30，看书，不可休息。

13:30～15:00，整理自己的形象，打扫卫生（都有责任区）。

15:00～15:30，讲笑话。

15:30～16:30，运作。

16:30～18:30，发展。

18:30～19:00，晚饭。

19:00～19:30，看书、值日者刷碗。

19:30～20:30，运作。重点谈八大心态：①积极心态；②感恩心态；③宽容心态；④平静心态（遇事不慌）；⑤付出心态；⑥成就心态；⑦学习心态；⑧自律心态。

20:30～21:00，发展。

21:30～22:30，开家庭会。网上讲话，讲家里做得不好的方面，总结一天计划的完成情况等。

22:30～23:00，交流感情，然后休息。

三、传销内部组织和成员待遇

成员分五级：A、B、C、D、E。

A级，老总（最高），单住别墅，管理393人。

B级，经理。

C级，主任。

D、E，没头衔。

其中，B级、C级、D级、E级住在一起。

D 级管理 2～9 人。

E 级自己管自己。

发展一个新员须交人头费 3200 元，分配原则提成是 15%～52%，级别越高，提成比例越高。

分析：这是一个大学生受骗陷入传销组织的典型案例。传销组织往往披着合法公司的外衣，或盗用其他公司的名义，主要目标是引诱急于找到一份高薪工作的大学生。常用手法是以高薪诱惑大学生前往应聘，或者是有意无意已落入传销组织的同学或亲朋好友主动与在校大学生联系，一旦上当则无人身自由，并且被洗脑，成为传销组织的帮凶，害人害己，最终人财两空或身陷囹圄。作为即将走上工作岗位的大学生，一定要强化自己的法纪意识，要有合理的就业定位和期望值，对超出一般大学生初次就业薪酬的高薪招聘，一定要提高警惕，了解和核实企业的资质和背景，谨防上当。最重要的是，要有正常的就业心态，切记天下没有免费的午餐，没有一个用人单位用高薪聘用一个初入职场的新人。另外，大学生一定要分清传销和直销的不同点，直销也要在国务院规定的《直销管理条例》范围内从事销售活动（具体可以扫描本章“阅读资料及教学课件”中“直销管理条例”二维码阅读）。

案例分析 10-5

劳动者择业自主权不容侵犯

黄某是大学法律本科学历，并考取了法律顾问资格证书，现为某矿业公司员工，与公司签有 5 年期限的劳动合同，工作岗位为法律顾问。黄某非常喜爱法律事务工作。在劳动合同履行 3 年时，公司借口工作需要，未经黄某同意，即单方变更了黄某的工作岗位，安排黄某从事统计员工作。黄某认为自己没有不胜任工作的表现，且公司的法律顾问岗位并未撤销，公司强行变更工作岗位是违法的，于是提起劳动争议仲裁，要求公司按劳动合同履行义务。

分析：公司的做法侵犯了黄某的择业自主权。劳动权包括就业权和择业权，劳动者有权根据自己的爱好、能力等自主选择职业、工种。该公司如变更黄某的工作岗位，应与黄某协商，未经协商即变更黄某的工作岗位是违法的，应承担相应的法律责任。公司没有正当理由单方变更黄某的工作岗位是违法无效的，应按劳动合同规定继续履行。

案例分析 10-6

预就业过程中可以签订劳动合同

原告小刘是某高校的应届毕业生，毕业前半年被招聘进入甲公司工作，职务为投资顾问，负责开发行业市场、吸纳客户入金。双方约定试用期为一个月，试用期底薪 2000 元，提成另计，第二个月转正，底薪提高到 3000 元。次月甲公司以工资条形式发放小刘工资 1800 元。后因为甲公司拖欠工资，小刘离开了该公司。甲公司认为作为尚未毕业的小刘进入公司只能是实习，而非就业，因此无权索要工资。

分析：劳动者与单位建立劳动关系，付出劳动，应当从单位取得相应的劳动报酬。本案中，法院经审理认为，小刘在进入甲公司处工作时已年满16周岁，符合《劳动法》规定的就业年龄，其在校大学生的身份也非《劳动法》规定排除适用的对象，法律并没有禁止临毕业大学生就业的规定。被告明知小刘尚未正式毕业，小刘并未隐瞒和欺诈，因此，法院有理由确认小刘为适格的劳动合同主体。甲公司虽称小刘在该单位属于实习，但鉴于该公司向小刘明确了在单位的具体岗位和职责，并向其发放了一个月的工资，以上事实充分表明，小刘在该公司并非实习，而应属于就业，属于《劳动合同法》管辖的范围，因此法院认定双方存在事实的劳动关系。对于甲公司提出的无入金量就无底薪的说明，由于该项规定违反《劳动法》的规定，法院不予支持。现小刘要求支付拖欠工资，理由正当，予以支持，据此，法院做出了如上判决。所以在特殊情况下大学生亦可就业，属于《劳动合同法》管辖的范围。

案例分析 10-7

具有法律效力的条款需履行

小何是杭州某理工科院校应届毕业生，4月进入杭州一家IT公司，因表现优秀，5月公司出资派他到省外进行了1个月的新技术培训，然后与他签订了就业协议书，并在就业协议书的备注栏内约定：经公司出资培训后，要为公司服务3年（服务期）。如违约，承担2万元的违约金。7月，小何正式到公司上班，双方开始签订劳动合同。在正规的劳动合同里，他发现约定的合同期只有1年，和就业协议书中的3年服务期不同，小何产生了疑惑："一年合同期满后，我可以离开公司吗？还是必须要服务期满才能离开？"

分析：工作初期，很多毕业生都会遇到就业协议书与劳动合同内容不一致的问题，也容易因此与单位产生纠纷。就业协议书主要是作为转递毕业生人事关系的依据，同时对高校毕业生和用人单位具有一定的约束力，在毕业生正式到单位报到并签订劳动合同后，就业协议书的效力就终止了。因此，一旦签订劳动合同，就业协议书中约定的内容就失效。但是，当在就业协议书上约定的内容具有法律效力时，如约定了关于服务期、保守商业秘密等内容的，即使后来签订了劳动合同，协议中约定的效力仍然存在，高校毕业生必须遵循约定，否则需承担相关违约责任。此外，《劳动合同法实施条例》第十七条规定："劳动合同期满，但是用人单位与劳动者依照劳动合同法第二十二条的规定约定的服务期尚未到期的，劳动合同应当续延至服务期满；双方另有约定的，从其约定。"因此，公司与小何在就业协议书上约定的服务期是具有法律效力的，只不过将该服务期约定放在了就业协议书这一载体上，以后的工作中小何仍需继续履行，完成3年的服务期，除非与其公司另有约定。

案例分析 10-8

乙肝病毒携带者可以平等就业

即将毕业的研究生小李，刚找到一份工作，单位要求进行全面的入职体检，这让他的神经紧绷起来，因为他是乙肝病毒携带者。据了解，小李很优秀，每次求职，面试都能顺利通过，可到了体检这一关就没戏了。“难道一个人与乙肝沾上了边，就与美好的事业绝缘了吗？”小李陷入深深的苦恼之中。

分析：据统计，我国目前约 1.2 亿人是乙肝病毒携带者。其实，根据有关医学资料，一般的乙肝病毒携带者传染性很小，对健康危害也不大，但不少单位仍会以健康为由将他们拒之门外。2008 年 1 月 1 日开始实施的《就业促进法》虽然没有提到乙肝病毒携带者的具体字眼，但在第三十条却做了概括性规定：“用人单位招用人员，不得以是传染病病原携带者为由拒绝录用。但是，经医学鉴定传染病病原携带者在治愈前或者排除传染嫌疑前，不得从事法律、行政法规和国务院卫生行政部门规定禁止从事的易使传染病扩散的工作。”可见，只要全国人民代表大会及其常务委员会制定的法律、国务院制定的行政法规或国务院卫生行政部门的规定没有禁止，用人单位就不得以乙肝病毒携带者为由拒绝录用。换言之，除了前述规定，其他任何机关或单位禁止录用乙肝病毒携带者的规定都是无效的。

学生活动

10.1 问题研讨

10.1.1 高校毕业生的就业权益包含哪些主要内容？

10.1.2 针对高校毕业生不能正确行使自己的权利，以及用人单位侵犯高校毕业生权益现象开展调查研究。

10.1.3 组织大学生开展如何树立正确的权益观和依法维护自己的合法权益的大讨论。

10.2 小品表演

10.2.1 围绕高校毕业生在就业过程中所遇到的实际问题，创作剧本。

10.2.2 组织毕业生进行小品表演。

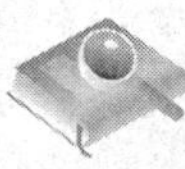

阅读资料及教学课件

高校毕业生就业权益自我保护的“五意识”

中华人民共和国就业促进法

中华人民共和国劳动合同法

《劳动合同法》对《劳动法》的补充完善内容

禁止传销条例

直销管理条例

关于加强高校学生管理禁止学生参与非法传销活动的紧急通知

为创业轻信他人陷“魔窟”

警惕6种劳动合同

第十章教学课件

第十一章 初涉职场

本章要点

大学生完成学业，选择了理想或较理想的职业或单位，开始步入社会。对他们而言，这无疑是人生的一次重大转折。如何走好职场成功的第一步，是摆在每位大学生面前的十分重要的现实问题。在这关键时刻，大学毕业生应当更充分地认识自我和积极地适应社会，完成从学生角色到职业角色的转换，树立良好的职业形象，建立和谐的人际关系，迈好事业的第一步，为以后的事业发展和成功奠定良好的基础。

理论指导

第一节 角色认知与角色转换

> 人生成功从职业生涯发展开始，职业生涯发展从做好本职工作开始，做好本职工作从对事情结果负责开始，对事情结果负责从找自己的错开始。
>
> ——职场名言

在社会生活中，每个人都承担着多种社会角色。例如，一个女医生在家中要承担妻子、母亲等角色；在医院里她可能还同时承担着内科医生、科室主任、学术团体成员、工会会员等多种角色；在社会公共场合，她要承担起车上的乘客、商店里的顾客，以及公园里的游客等角色。对每个人来说，有些社会角色是可以共存的，有些社会角色则需要转换。人的一生，面临着各种不同的社会角色转换。就高校毕业生而言，由学生角色到职业角色的转换，在其一生经历中占十分重要的位置。

一、明确社会角色

（一）学生角色

大学阶段是人生中增长知识、发展智力、求学成才的关键阶段。大学生的中心任务是努力学习以专业知识为主的多方面知识，培养以专业能力为主的各种能力。因此，这是一个接受教育、储备知识、培养能力的重要阶段。大学生在校期间是以学习为主，经济上主要依靠家庭，所以将其界定为学生角色。其主要任务是在社会教育环境的保证下和家庭经济资助下，学习知识，培养能力，全面提高自身素质，努力使自己成长为社会的合格人才。

（二）职业角色

职业角色的个性表现非常具体，但是千差万别的职业角色却有一定的共同特征：职业角色扮演者具有自己的社会职位和一定职权；具有相应的职业规范；一定的基础知识和业务能力；履行一定的义务；经济独立。因此，可以这样定义职业角色：在某一职位上，以特定的身份，依靠自身知识和能力并按照一定的规范具体的开展工作，在行使职权、履行义务为社会做出贡献的同时取得相应的报酬。

二、实现角色转换

根据社会心理学的角色理论，高校毕业生从学生角色到职业角色的转换，必然伴随着角色冲突、角色学习和角色协调等一系列过程。在这个过程中，只有尽早做好准备，形成职业角色观念，提高职业角色技能，增强角色扮演能力，才能使自己的职业生涯有一个良好开端。

（一）角色转换的过程

1. 毕业前夕的角色转换

大学生一般在每年的 6～7 月毕业离校，但是对部分专科生来说，在前一年的 11～12 月就离开学校开始预就业，所以求职工作在三年级的上学期开学后（也就是 8～9 月）基本上就开始了。这一段时间是毕业生转换角色的重要阶段，主要表现在以下两个方面。

（1）毕业前夕是择业的黄金季节

毕业生通过与用人单位“双向选择”，可以加强对用人单位的了解，合理确定自己的职业定位，进而通过签订就业协议书来确定自己的职业角色。

毕业生在与用人单位接触的过程中，能够比较全面地了解用人单位的基本情况，切身体会到社会对自己的认可程度，并依据自身感受调整职业期望值，实事求是地定位自己的职业。这是从学生角色向职业角色转换的第一步，它为大学生的职业角色确定了一个基调，对角色的转换将产生深远的影响。

（2）提前奠定良好的心理基础和知识技能基础

一般来说，从就业协议书签订到预就业离校这段时间，是有针对性地学习知识、培养能力进而转换角色的最佳时期。这段时间内，除了按照学校正常教学计划完成课程的学习、实训等外，还应该进行如下学习和训练。

1）学习与未来工作岗位有密切联系的专业知识和专业技能。大学的课程设置总体上偏重于基础知识的学习和基本技能的培养，而不一定涉及特定岗位上所需要的专业知识和技能。同时，通过学习和训练，可以加深对未来职业岗位的认同，培养职业兴趣。

2）进行非智力因素技能的训练。高校毕业生智力上的差距并不太大，而非智力因素方面的技能却是影响毕业生择业、就业和创业的重要因素。毕业生要敢于表现自己，克服在公众面前“害羞”和“胆怯”等人格心理方面的不良现象，这是给人留下良好印象的前提和关键；还要善于表现自己，重点提高书面表达能力和口头表达能力。在与人交往的过程中要诚恳而不谦卑，自尊而不倨傲，不急不躁，以富有感染力的幽默语言来展示自己的意图和信誉。

3）进行必要的心理准备特别是“受挫准备”。高校毕业生都很有才华，但并非都能在自己的工作岗位上获得成功。过硬的职业技能对职业成功固然重要，充分的心理准备更是不可缺少，特别是要有“受挫”的心理准备。一般来说，事业不会是一帆风顺的，如果心理准备不足，就会产生过激情绪，导致能力低下，甚至愤世嫉俗。因此，大学生在校期间要调整心态，充分做好心理上的“受挫准备”。在事业顺利的时候不沾沾自喜，以平常心对待工作上的平淡和不被重用；在屡试屡挫的境地中屡挫屡试，不懈追求；在似乎一文不名的地位上奋发向上。这是事业成功者的必备素质。

2. 预就业期间和见习期内的角色转换

大学生在毕业前到用人单位实习，称为预就业；毕业后到工作单位的一年或半年为见习期，之后转为正式人员，这两段时间是关键的“磨合期”。初到工作岗位，生活和学习环境与大学相比，都有很大的区别。高校大多位于大中城市，学习和生活条件比较优越，空闲时间和自由支配的时间比较多，节奏也很缓和，压力较小；而众多的职业岗位不一定在城市里，有的在偏僻的山沟里，有的在茫茫的戈壁滩上，有的环境相当艰苦。由于工作繁忙，经常需要加班加点，能自由支配的时间越来越少。从大学学习环境到职业环境的变化，往往会加剧角色冲突，为此，高校毕业生应该加强见习期内的角色学习，使角色转换顺利实现。

一般来说，大学生要在较短的时间内获得同事的认可和领导的肯定，应当从以下几个方面提高和锻炼自己。

（1）完成职业心理调适

首先，客观认识自我，无条件接纳自我。每个人只有一个人生，却有着无数个机会。什么是最佳人生呢？必须在实践中体会和探寻。自以为是不行，自以为非也不行。自以为是者往往缺乏能力基础，过去不屑做的事现在做起来却做不好；自以为是者易失去朋友和机会，过分高估自己，在受挫后会产生挫折感和无助感。而自以为非者容易产生自卑情绪，很难获得自我价值感。

大学期间接受的主要是文化训练，培养的是学习能力而不是所有的能力。高校毕业生进入社会时只是个“新生”而已，要允许自己在某些方面比别人暂时落后，赶得上是锦上添花，赶不上也无伤大雅。“鹰有时飞得比鸡还要低，鸡却永远飞不到鹰那么高”。每个人都是这世上的唯一，这本身就是我们的价值。

其次，适应工作环境，重塑自我。适应工作环境的要求，少问“为什么”，多问“是什么”“如何做”，克服自由散漫的坏习惯。生活、工作均要有节奏感，能够雷厉风行更好。

最后，适应人际关系的变化。良好的人际关系是生活幸福、事业成功的重要保障，但不要指望跟所有人都能建立起亲密关系。多数情况下，人际关系只是一种“生存的技巧和手段”。尽量与上司保持一定距离，特别是在公开场合，不要让别人觉得你是×××

的亲信或嫡系；不要把人际关系过分复杂化，避免加入小团体，要知道能力归根结底比关系重要。

另外，与同事建立和谐的关系是顺利成长的重要条件。

（2）善于展现自己的知识

大学生在同事面前一定要表现得谦虚、随和，在尊重同事丰富经验的同时，适时、适度地展现自己的知识。例如，可以利用工作机会，特别是当同事在工作中遇到麻烦时，以谦虚诚恳的态度从理论上提出自己的见解，共同商讨，共同解决问题；也可以利用业余娱乐机会，发挥自己的知识优势，在交流中让同事了解你的为人和性格，表明自己的世界观、人生观和价值观，缩短与同事间的距离，成为大家的朋友。大学生切忌自命清高，看不起别人，那样只能使得同事对你产生反感，使得自己越来越脱离群众，变得孤立无助。

（3）树立工作责任意识

大学生对于未来都有美好的愿望，都想在事业上大干一场，建功立业。但是多数人在走上工作岗位之初，一般不会被委以重任，而是先从最简单的辅助性工作做起，这也符合人才成长的一般规律。但是有不少人凭着对工作的新鲜感和学识上的优越感，认为自己被大材小用了，对一些工作不愿意干，甚至开始闹情绪。其实，这是缺乏责任意识的表现。任何一项工作，都要有丰富的经验和随机应变的能力才能做好。这种经验和能力的获得并非一朝一夕之功，它需要平时的工作来积累和训练。因此，不管事务的大小，分工的高低，大学生都要以满腔的热情、高度的事业心和责任感认真对待，圆满完成。

（4）培养实事求是的工作作风

大学生具有较强的自尊心和自主意识，在工作上总想独当一面，取得成就。尽管很多人对待工作的态度是认真谨慎的，但在很多时候，工作还是难免出现失误。工作失误并不可怕，可怕的是不能正确地认识失误。工作中一旦出现了失误，就要认真分析原因，总结经验教训，找准失误点；同时要敢于向领导和同事承认，开展批评和自我批评，并勇于承担责任，以获得领导和同事的理解；另外，要虚心学习、请教，总结经验教训，避免类似失误再次发生。

另外，大学生要重视岗前培训这样的重要环节，因为岗前培训对于刚刚走上工作岗位的大学生的角色转换是非常重要和必要的。它不仅是让新员工了解单位的基本情况，熟悉规章制度和工作程序，更重要的是通过岗前培训来树立集体主义观念，培养人际协调能力和奉献精神。从某种意义上讲，岗前培训可以直接反映出新员工的素质高低，因此单位都非常重视，并依此择优录用、分配岗位。高校毕业生一定要以认真的态度把握好这样一次充实自己、表现自己和提升自己的良机。事实证明，很多高校毕业生就是因为在岗前培训期间显露才华，表现出色而被委以重任。

（二）角色转换过程中容易出现的问题

高校毕业生从学生角色向职业角色的转换，往往会面临着新旧角色的冲突。有些人由于受到社会因素、家庭因素尤其是自身认知能力、人格心理发展、意志品质及情绪情感等因素的影响，不能正确认识角色转换的实质，或者在角色转换中不能持之以恒，于是在从学生角色到职业角色的转换过程容易出现以下问题。

1. 对学生角色的依恋

一些大学生在角色转换过程中容易依恋学生角色，出现怀旧心理。经过十多年的读书生涯，大学生对学生角色的体验可以说是非常深刻了，学生生活使得每一位学生在学习、生活和思维方式上都养成了一种相对固定的习惯。因此，在职业生涯开始之初，许多人常常会自觉或不自觉地把自己置身于学生角色之中，以学生角色的社会义务和社会规范来要求自己、对待工作，以学生角色的习惯方式来待人接物，来观察和分析事物。

2. 对职业角色的畏惧

面对新环境，一些大学生在刚走进新的工作环境时，不知道工作应该从何入手、如何应付，在工作上就放不开手脚，前怕狼后怕虎，缺乏年轻人的朝气与锐气。具体表现为在工作中缩手缩脚、怕担责任、怕出事故、怕闹笑话、怕造成不良影响。

3. 主观思想上的自傲

有些大学生对人才的理解不够全面和准确，认为自己接受了比较系统正规的高等教育，拿到了学历，学到了知识，已经是比较高层次的人才了。因而，他们往往看不起基层工作和基层工作人员，甚至认为让自己做一些琐碎的不起眼的工作是大材小用，于是就轻视实践，结果总是眼高手低。

4. 工作作风上的浮躁

一些人在角色转换的过程中受社会环境的影响，表现出不踏实的浮躁作风和不稳定的情绪情感。一阵子想干这项工作，一阵子又想干那项工作，不能深入工作内部了解工作性质、工作职责及工作技巧。近年来，高校毕业生频繁跳槽的人数增多，就是因为一些学生就职很长时间后还不能稳定情绪，进入职业角色，反而认为单位有问题，没有适合自己的职位。事实上，如果不能静下心来踏踏实实地学习、适应工作，不管什么样的单位都不会适合。

（三）如何更好地实现角色转换

要想更好地实现学生角色向职业角色的转换，可以从以下几个方面来努力。

1. 融入新集体

（1）树立良好的第一印象

大学生就业后，在新的工作环境中所树立的第一印象十分重要。第一印象好，人们与其交往的热情就高，就容易打开工作局面；第一印象不好，就会事倍功半。第一印象是客观事物首次作用与人的感官，在人的头脑中产生的对事物的整体反映，包括事物的外观形状、行为特点、价值评价等。第一印象在人与人相互认识和交往过程中的作用十分重要。在心理学上，第一印象可分为：①前摄作用，即通常说的“先入为主”；②光环作用（晕轮效应），即人们在交往过程中，有时看到一个人的某一特点比较突出，于是就忽视了这个人的其他特点和本质；③定势作用，即第一印象如何，会对以后的发展形成一个固定的趋势——别人可能已据此决定了以后对你的态度。

树立好的第一印象往往会“扩大”自己的优点，“弥补”自己的不足，即使出了点差错，也会得到别人的谅解；否则，建立了不好的第一印象，也可能会“扩大”自己的缺点，要改变它，绝非一朝一夕能改变得了的。具体来讲，大学生应该做到以下几点。

1）衣着整洁，讲究仪表。初到工作单位，一定要注意衣着。服饰要同自己的身份相符，同工作单位的习惯相一致。衣服不一定时髦、高档，但应保持整洁。男士不宜蓬头垢面或油头粉面，女士不宜浓妆艳抹，要整洁、朴素、大方。

2）言谈举止要得体，要亲切、热情、礼貌、理智，冒失莽撞、木讷呆板不可取。

3）遵章守纪，讲究信誉。遵守时间，讲求信用，与人交往不失约、不失信，这既是工作关系中的纪律要求，又是人际交往中的一种美德。初到工作单位，大学生可以提前上班，稍晚下班，严格遵守单位的规章制度，积极主动地做好力所能及的事情，工作要紧张、有序、高效。这无疑会给单位留下良好的印象。相反，没有时间观念，不遵守劳动纪律，不守时，不守信，消极被动地等待工作，显然不可能赢得别人的信赖和尊敬。

4）严守秘密，待人真诚。有些保密性强的单位，如军队、安全部门等，对工作人员的纪律要求比较严。到这些单位工作的大学生，应当严守机密，不随便向外人透露内部情况（相关部门要做培训）。在与同事相处中，要以诚相见，平等待人，不自惭形秽，也不傲慢无理。

5）注意做到三勤三忌。三勤：嘴勤，多请教，多交流；眼勤，能够做到眼里有活儿，主动做事；手勤，多做力所能及的事。三忌：忌傲气，夸夸其谈；忌过于谦卑，不自信；忌过于随便或在办公室打电话聊天等。

总之，尽管第一印象具有暂时性、表象性等特点，但良好的第一印象作用是十分重要的，它有助于大学生初到工作单位站稳脚跟，有助于大学生与单位职员融为一体，有助于大学生工作的起步与发展。但是，也不能仅仅满足于建立良好的第一印象，大学生更需要通过长期不懈的努力，以自己良好的品质、正直的为人、出色的工作成绩去建立更深层次的长期印象。

（2）了解你的新集体

每个人的工作都不一样，有的在国家机关，有的在企业，有的在事业单位……但是对每个高校毕业生来说，要更好地融入新的集体，必须首先对新集体有一个全面的了解。这里以公司为例，具体阐明如何了解你的新集体。

1）理解公司企业文化。企业文化是一个公司长期以来形成的，具有纲领性和指导作用的一系列精神原则和行为规范的总和。

公司的企业文化通常来源于高层领导者的思想和理念，它反映了他们对于管理、客户服务、员工的价值和金钱等的观点和想法。也许你在面试时就已经感受到了，但真正领会这个公司的理念和做事的原则，你还需要工作一段时间之后。有时你也会看到，实际的做法并不与公司所倡导的“文化”完全吻合。从长远来看，你的满意度取决于你个人的思想和价值观与公司的企业文化的认同程度。

2）学习企业规章制度和“潜规则”。你在员工手册上已经看到了公司成文的规章制度，那么现在，你需要领会的三件事情是：哪些规章制度正被严格的遵守着？哪些没有？公司里不成文的规章制度又是什么？如果你不在意的话，这些“潜规则”会使你在日后的工作中“碰钉子”，并且你永远意识不到你是在犯错误。因此，所有的这些你必须事先弄清楚，而不能靠你的直觉。

3）掌握初到职场的处事原则。一般来说，刚参加工作，为了适应新的环境，你应做好以下几个方面的事情。

① 办公室礼仪很少会写在纸上。“礼仪”一词在词典里被定义为“被大众和权威所认可的行为方式”。不妨找出单位里被大家所认可的礼仪和习惯，这对你会很有帮助。总之，用你希望别人对你的方式来对待别人是不会有错的。

② 尽快学习业务知识与技能。你必须具备丰富的知识和卓越的能力才能完成工作赋予你的使命。这些更实际的东西与学校所学的大不相同，学校里所学的是书上的理论知识，而工作更多需要的是实践经验。

③ 在预定的时间内完成工作。一项工作从开始到完成，必定有预定的时间，而初入职场的你必须在这个时间内将它完成，决不可借故拖延。如果你能提前完成，那是再好不过的了。

④ 在工作时间内避免“走私”。我们必须明确不能把丝毫个人的东西带进工作场所，哪怕是拿自家的事情与同事进行闲聊。

4）执行任务的一些要点。

① 上司所指示的事务中，有些事件不需要立刻完成，这时，你就应该从重要的事情着手，但是，要先将应做的一一笔录下来，以免遗忘。

② 若无法暂停手头正在进行的工作，在完成上司临时交给的任务时，你要学得灵活一点，应该立即提出，以免误事。

③ 外出收款、取文件或购物时，要问清金额、物品数量和质量等重要细节，然后再去，否则出了差错，后果就担在你的头上了。

④ 未充分了解上司所交代的事情前，一定要问清楚后再进行，决不能自作主张。

⑤ 离开工作岗位时要收妥资料。有时工作正在进行当中，因为上司召唤、客户来访或其他临时事故要暂时离开座位。碰到这样的情况，即使时间再短促，也必须将桌上的重要文件或资料等收拾妥当。

2. 建立和谐的人际关系

在工作中建立和谐的人际关系对我们适应社会有着积极的推动作用，它可以尽快地使人们消除陌生感，适应人际环境；可以使人们工作顺心，生活愉快；可以使人们保持心情舒畅，心理健康；可以使人们增强团结，有利于集体。人际关系渗透到了所有的社会关系之中，人际关系是无处不在的，它对于人的各方面的发展都具有非常重要的意义。

（1）对上级以尊重为主，多多沟通

1）尊重你的上司。尊重他人是一种美德，而尊重上司是员工必备的素质之一。

① 适应上司。上司是决定团队命运的关键人物，其他成员只有积极主动去适应他，才能够形成有效的配合力量。因此，做下属的应该适当了解上司的工作习惯、处事作风，甚至要了解上司的一些独特习惯，这样才能对上司的决定做出较准确的判断。初涉职场

的员工更应主动适应上司，这样才能使自己得到更好的发展。

② 勇于承认错误。作为新进职员，犯错误是允许的，但这不能成为你犯错误的理由。如果你违反了单位纪律、工作规则，就应对自己的过失负责。承认错误并非羞耻之事，相反，被人揭穿了仍死不承认，才是不明智的。

③ 正确处理上下级之间的关系——一切以工作为基础。在国外，一般不提倡与上司建立私人感情，而是保持纯粹的工作关系。在我国，多年形成的“裙带”观念和家族式管理也在现代管理体制下有所松动甚至是瓦解。因此，我们要明确的是，大家走到一起来，工作是基础，没有工作，其他一切都无从谈起。因此，建议不要和上司讲太多的私生活话题，这会影响你在其心目中的形象，其他同事也会因为你与上司的私交甚密，对你另眼相看，从而使你的工作及社交出现障碍。

④ 做个有心人。你有没有想过准备一个小本子，记上单位常用的电话，甚至是司机、保洁员的电话呢？如果没有，建议你到新的工作单位后准备一个这样的本子。关键时刻，它也许会给你很大的帮助。

2）学会与上司沟通。员工要想得到上司的赏识，做上司的“圈内人”，就需要平时多与上司交往。要达到与上司心往一处想，劲往一处的境界，作为下属就必须加强与上司的沟通，增进相互之间的了解。接触上司需要足够的勇气，举止要自然。在接触的同时，要与同事处好关系，以减弱各种诽谤和嫉妒。

3）工作积极主动。人在社会中，都不是孤立存在的。每个人的职业成功，不仅取决于完成任务的能力，而且，由于你是一个单位的组成分子，职业的成功还取决于你为与同事相处而进行自我调整的能力，为与主管合作而具备相互沟通的技巧，以及为与客户建立关系而表现的服务态度等。因此，真正有能力的人在工作中，总是表现得主动、积极、富有责任感，能够踏踏实实、全神贯注、干净利落地把任务完成，又能在事后表现出轻松、愉快和若无其事的平易态度。这就是成功者的素质。

表现积极性的另一种方式，就是积极学习工作所需的各种知识。你可以通过参与那些并非自己必须参与的工作，而了解企业中的不同岗位要求，并得到多方位的锻炼；你也可以向有经验的员工或主管学习他们如何思考和迎接新的挑战；你也可以充分学习那些在这个企业中可能用到的其他知识，甚至是为了你将来的发展所需的后备知识。总之，只有不断地学习，才能使你成为工作的多面手，才能为你将来的晋升增添更多的机会。

另外，积极主动地工作还要求你比其他人付出更多的努力和牺牲。例如，牺牲自己的休息时间，承担艰苦和困难的工作，主动加班以完成更多的任务，提高自己的工作标准，等等。

总而言之，一个能够自我激励、坚持学习、无需过多监督和值得信赖的人，是任何单位都欣赏的人，自然也就是上司将来所倚重的人。

（2）对同事以合作为主，多交流

一个人不论有多么出色，仅靠一个人的努力是不能使整个团队获得成功的。能够与同事友好相处，就会得人心，也会受上司赏识，发展机会自然也就越多。

1）成为团队的优秀成员。许多职业失败者的例子显示，招致失败的最常见原因，是他们难以与他人共事。你可能拥有特殊的才能，但如果无法成为团队的优秀成员，不能与他人友好相处，你就无法取得成功。

要成为团队的优秀成员，在工作中获得成功，必须成为一个受人喜欢和感兴趣的人，并且有令他人欣赏的特征，如快乐、幽默、情感丰富、有同情心，以及参与的愿望等。这些特征不仅会帮助你与同事友好相处，也会增加晋升的机会。

2）与他人相处的关键是合作。合作包括自己的努力和给他人提供必要的帮助。合作就像一个蓄电池，它或许不会马上起作用，但经常充电的话，关键时刻它总会发挥出不可替代的作用。

合作不仅包括两个人之间的合作，也包括与整个团队的合作。例如，协助完成与自己职位岗位没有什么关系的工作；如果他人有更好的想法可以为工作团队或公司谋得利益，就应当放弃自己的想法；如果自己有一些新的想法，尽快告诉他人，以便大家更加快捷地开展工作；等等。

3）虚心求教，懂得尊重他人。在工作中，多听一听前辈们的意见和建议，对你的好处是多方面的。即使他们的观点和做法与你的观点有偏差，仍会对你的工作有一定的借鉴作用。对前辈的批评要抱着“有则改之，无则加勉”的态度真诚接受，无论受了多大的委屈也不要发火，真心表现出对前辈的尊敬。

初到单位，应该把每一个人当作自己的老师，不管它的职务尊卑，收入多少，年龄大小和文化高低，要尊重他们的人格和感情，尊重他们的劳动和成果。坚持对别人的尊重，是与同事处好关系的重要方法。

4）克服不良心理品质。高校毕业生走上工作岗位，应注意克服以下不良心理品质。

① 性格内向，多疑。在单位里不大愿意主动和任何人交流，常给人一种冷漠、难以接近的感觉。同时，又觉得自己刚到一个新的单位容易受到别人的伤害，自我保护意识过强，经常把注意力集中在对其他人的防卫上。

② 自私，妒忌心重。凡事总是先考虑自己，自私自利，争名争利，既缺乏自知之明，又容不得别人超过自己，尤其是对于工作上做出突出成绩，并受到组织和领导的提拔重用的和学历、能力不如自己的人，心理上就很难平衡，甚至还怀恨在心。

③ 骄傲，瞧不起人。少部分毕业生自以为毕业于名牌大学，各方面条件都优越，年轻，专业基础扎实，高人一等，一到单位就这个看不顺眼，那个也看不惯，唯我独尊。

第二节　岗位适应与发展

> 在职业生涯发展的道路上没有空白点：每一种环境、每一项工作都是锻炼，每一个困难、每一次失败都是机会，享受失败才能创造成功。
>
> ——职场名言

一、养成良好的工作习惯

培根说：“人的思考取决于动机，语言取决于学问和知识，而他们的行动，则多半取决于习惯。”有人说性格决定命运，但性格又是怎么形成的呢？是习惯，习惯养成性格。那么我们完全可以这样说，习惯决定你的命运，习惯决定你的成功。

好的习惯不仅能促使一个人成功，而且能改变一个人的命运。坏的习惯不但会导致一个人的失败，而且可能过早地扼杀一个人的生命。好的习惯可以使你受用一生，而坏的习惯足以让你痛苦一世。好习惯养成得越多，驾驭自己的能力就越强。坏习惯越多，则越容易放纵自己。

良好的习惯可以大大提高我们生活和工作的效率。对成功人士的调查，问及失败的可能原因时，几乎每个人都认为“坏习惯是失败的重要原因之一”。你也许觉得自己轻而易举地就能克服坏习惯，但是事实上根本办不到。坏习惯像铁索一样紧紧地束缚住了你的一切，只有通过痛苦地、仔细地、精心地反复从事正确的行为才能加以纠正，而且要用无比坚定的意志力来控制自己的每一次行为。这样，你才有可能成功。

为什么很多人在工作的时候总是抱怨无聊？他们就是因为没有养成良好的工作习惯，该工作的时候不工作，如一到单位，就打开电脑，但不是工作，而是浏览花边新闻，或是和网友聊天。而一旦你养成了良好的工作习惯，你的工作就会开展得很顺利，你的效率也会大大提高，更重要的是你的心情将会非常愉快。拥有一个愉快的心情，你就不会总是向你的朋友抱怨工作得不快乐了。

一个优秀的员工上班第一件事情不应是上网聊天，而应是处理自己的电子邮件（哪些该回，哪些不该回，哪些需要下载，哪些可以直接删除，哪些需要转给老板等）。

一个优秀的员工在下班之前应整理好自己的办公桌。可以想象一下，你下班一走了之，第二天早晨一上班，看到桌子上堆满的报告、回信、公文等，你势必会产生混乱、紧张和忧虑的情绪，这样的情绪会严重影响你的工作状态。如果你整理一下自己的文件，使自己的办公桌干净整洁有序，在办公桌上只留下与自己要处理问题的相关资料。这种方法看起来很简单，但对一天的工作状态确实能产生微妙的影响。因为一个人的工作情绪如果高涨的话，那么即使做再多的工作也不会感觉疲劳；倘若一上班看到的就是堆积如山的资料，就会产生消极的情绪，工作效率也会大受影响。

一个优秀的员工会提前给自己做好计划，很多成功人士也是这样做的。工作虽然千头万绪，但只要把它们理顺了，有轻重缓急、分清主次繁简，实施起来就会轻松很多。虽然人们常说“计划赶不上变化”，但有计划地开展工作绝对要比随兴所至地去处理事情好得多。

一个优秀的员工处理问题应坚决果断。在工作中，你会遇到这样或者那样的问题，如果是需要自己做决定的问题，一定要当场解决，不要总想着：“这个问题以后再说吧。”如果你不当机立断，等小的问题一个一个堆积起来，那么你就会每天带着一大包的资料回家加班加点，就会让你觉得疲惫不堪。

事实上，上面都是一些日常的工作习惯，我们在工作中经常犯的一个错误就是拖沓。我们总是在想，今天已经做了很多事情了，余下的等明天吧。我们总是在想：“应该休息一下了，何苦这么累呢！反正又不是为自己工作。”我们总是在想：“这周已经完成任务了，即使自己想出一个好的提案也不要急，等领导没有吩咐任务的时候再拿出来，还可以显示自己的主动呢。”于是，我们总是把今天的事情推到明天做，把这周的事情推到下周做，拖沓是最危险的恶习，它会毁灭你的一生。

对一位成功者而言，拖延与苟且是最具破坏性、最危险的恶习，它会使你丧失掉主动的进取心。一旦开始遇事推托，你就很容易再次拖延，直到它们变成一种根深蒂固的习惯。唯一的解决良方就是行动。当你真的着手做一件事时，你会惊讶地发现，你正迅速地改变自己和所处的环境。行动未必总能带来幸福，但没有行动却一定没有幸福。

如果你存心拖延，你总能找出成打的理由来辩解事情为什么不可能完成、做不了，而对事情为什么该做的理由却想得少之又少。把“事情太困难、太花时间”的种种理由合理化，要比相信“只要我们够努力、够聪明、衷心期盼，就能完成任何事”的念头容易得多。这类人不愿许下承诺，只想找个借口。如果你发现自己经常为了没做某些事而制造借口，或想出千百个理由为事情未能如计划般实现而辩解时，就该面对现实好好检讨。

我们通常将上述所说的人称为“摇摆人”，他们做事往往举棋不定、拖泥带水。我们所需要的是一种雷厉风行的办事作风。搁着今天的事不做而想留到明天做，在这个拖延过程中所耗去的时间、精力，实际上足够我们将这件事做好。每个人做以前积压下来的事时，都会觉得不愉快和讨厌。在当初可以很愉快、很容易地做好的事，拖延了数日、数星期之后，就会显得厌烦而困难了。

命运无常良缘难。在人们的一生中，每个人都有良机到来的一刻，但它总是转瞬即逝。我们当时不把它抓住，以后就可能永远失去了。

有计划而不去执行，使之烟消云散，这对于我们的品格会产生非常不良的影响。有计划而努力执行，这就能增强我们的品格力量。有计划不算稀奇，能执行计划才算可贵。一个生动而强烈的意象、观念闪入一位作家的脑海，生出一种不可阻遏的冲动——就要提起笔来，将那美丽生动的意象、观念移向白纸。但那时他或许有些不方便，所以没立刻就写。尽管那个意象不断地在他脑海中活跃、催促，然而他还是拖延。后来那意象便逐渐地模糊、暗淡了，最终整个消失。例如，一个神奇美妙的印象突然闪电一般地袭入一位艺术家的心胸，但是他不想立刻提起画笔将那不朽的印象绘在画布上。尽管这个印象占据了他全部的心灵，然而他总是不跑进画室埋首挥毫，最终这幅神奇的图画会渐渐从他心头淡去。

二、提高时间利用率

时间是最宝贵的，对刚刚参加工作的大学生来讲，没有时间保证，你的工作就会大打折扣，那么，我们应如何运用和有效利用时间呢？

（一）活用笔记式备忘录

准备一本笔记本，然后在每个星期日计划下周要做的事，包括学习、工作社交和业余生活安排，同时把重要的事情按月做好备忘录。时间表一旦定妥，就不要轻易变更。这样做有三个好处：①因为脑中清晰地刻画了下周的计划，精神上就有了充分的准备；②因事先了解活动计划，就容易掌握和分辨事情的先后及轻重；③正确拟定每天的预定工作，按着时间表做事，事情就可一一解决而不拖延。当然，在信息技术高速发展的今天，也可以用相同功能的软件来代替，但是在回顾工作和总结的时候效果没有笔记式备忘录效果好。

（二）在早晨先思考当日的工作

每天起床后，在刷牙、吃早点或穿衣打扮的同时，应思考一下当日的工作安排，考虑如何计划当日的活动。同时，也可以使尚未完全清醒的脑子开始转动起来，以便使思想和精神渐渐集中到工作上，使自己到岗位时能够更快地进入工作状态。

（三）从始而终

效率差的人往往一件事还没做完，又去做另一件事，结果是每件事都半途而废，一天做不成一件事。任何事情只要是安排到日程上，如没有特别情况，就要一气完成。即使是一类工作中的几项内容，也最好一次做完，不留尾巴。

（四）不要把等待的时间浪费

善于利用工作间隙，如等待东西送达、等待客户会面等，把这些时间化为有效的时间，如考虑一些问题、读几页书等。这样，久而久之，你就可以养成善于利用时间的好习惯，就会慢慢感到自己的时间充裕起来。

三、避免工作中的差错与失误

对于涉世不深、经验不足的大学生来说，工作中出现某些差错和失误是难免的，但这并不意味着理所当然应该出现差错和失误。在实际工作中，大学生还是要尽可能避免差错，把差错减少到最低限度。要避免工作中出现差错和失误，首先要找出可能导致差错的各种因素，然后逐一分析可行性对策，防患于未然。

（一）加强薄弱环节

正如每个人都有自己的优点和长处一样，每个人也都有自己的缺点和不足，而缺点和不足往往是造成工作失误的主要根源。因此，每个人在具体的工作中要注意弥补自己的缺点和不足。例如，如果有一紧张就口吃的毛病，那你在正式上台前就不妨多排练几遍；如果你的数学功底不好，填统计表的时候就不妨多算几遍；你对工作不熟悉，就下狠心比别人多花一倍的时间甚至是几倍的时间去熟悉它。笨鸟先飞、勤能补拙就是这个道理。

（二）对工作认真负责

在实际工作中，不怕没能力，就怕不认真。事实证明，许多工作中的差错和失误都是疏忽大意造成的。有些大学生刚走进工作单位，就以为自己是高材生，做任何事情都会手到擒来，所以干起工作来不下功夫、自以为是、大大咧咧，这就势必造成工作上的差错和失误。也有的大学生是因为没有养成一种良好的生活和工作习惯，干起事来丢三落四、拿东忘西，自然难免出错。针对这两种情况，最终还是要在思想上重视起来，既要防止思想上的自高自大，也要防止行为上的马虎了事。只要以认真负责的态度去对待工作上的每一件大事和小事，就会避免由于疏忽大意而造成的工作上的差错和失误。

（三）选择你的最佳状态

一个人受体力、心理、情绪等各方面因素的影响，不可能在任何情况下都具有充沛的精力和最佳的状态。有的人在早晨精力最好，思维敏捷，注意力容易集中。有的人则在晚上精力充沛，脑清目明。因此，不管你是属于哪种类型的人，只要条件许可，都要尽可能地选择在自己最佳状态时去工作，尤其是那些较为细致复杂的工作。在精力最佳状态时，你可以全身心地投入，从而在一定程度上减少差错和失误。

综上所述，工作中出现差错和失误，有主观因素造成的，也有客观因素造成的，其中，主观因素起决定性的作用。所以，只要在思想上充分重视，认真负责的对待工作，一定会有效地避免工作中的差错和失误。

四、在工作中给人留下深刻印象

好的人际关系能力对人的职业生涯会产生巨大的影响。一个在工作中建立了良好人际关系的人，他的工作业绩往往是优于一般水平的。而良好人际关系的基础就是印象，以下是几个给人留下深刻印象的技巧。

（一）称赞别人而不宣扬自己

特意宣扬自己的优点，除了使别人对你印象恶劣之外，没有任何意义。相反，称赞别人的长处，往往能使对方产生良好的情绪，从而为达到自己的目的打下基础。

（二）把对方的名字反复应用于谈话中

在谈话中频频使用对方的姓名，一来可以加强自己对此人的印象，二来能够让对方产生亲切的感觉。此外，你还可以将收到的名片抄录在贺年卡或圣诞卡上，一年寄出一两回，使别人感到你没有忘记他，反过来，别人也就加深了对你的印象。

（三）了解对方的兴趣爱好

初次见面，如果能用心了解与利用对方的兴趣爱好，就能缩短双方的距离，加深好感。例如，和中老年人谈健康长寿，和少妇谈孩子和减肥等。即使不太了解的人，也可以与之谈谈新闻、书籍等话题，这些都能在短时间内给对方留下深刻的印象。

（四）尽量与“众”不同

这里所说的“众”不是广大群众，而是你所处的那个阶层、那个“圈子”。如果你能使自己与他人略有不同，必然会给别人留下极其深刻的印象。当然这种“不同”的程度要保持在人们可以接受的范围之内。

（五）给予对方所期待的评价

在人际交往中，大多数人都非常希望他人对自己有个好评价。例如，胖人希望人家说他瘦点，老人愿意有人夸奖他显得年轻。如果你能想出应对的方法，并从自己的言谈话语中表现出来，别人自然会心情愉快，对你产生好感。

（六）恰如其分地“附和”对方

“附和”是表示专心倾听对方说话最简单的信号。适当地附和对方，可以引起他的愉悦和赏识。当然，物极必反，过多的附和反而显得你是在恭维对方。

（七）注意自己的表情

人心灵深处的想法，都会形之于外，通过表情而显露无遗。如果你想给人留下一个好印象，不妨在见面前先照照镜子，审慎地检查一下脸部表情是否和平常不一样，并适当调整一下，以便自然、得体。

（八）留心对方无意识的动作

当你看到交谈的对方突然焦躁地看着手表，或是望着天空并询问时间的时候，你就应该尽早结束话题，让对方明白你是一个“心有灵犀一点通”的人，很清楚并尊重他的想法。这样，你也会给对方留下一个好印象。

第三节　克服职业挫折

> 对于看不清的路，先走两步，踩结实了，然后再跑。走了两步，发现不对，赶快折回来，脚上沾了点泥，没有什么了不起，换双鞋，寻找新路再往前走。
>
> ——柳传志

职业挫折是人生生涯中相当常见的一种社会现象。挫折本身当然不是好事，但是生涯成功、人生辉煌的“好事多磨”恰恰“磨”在这些挫折上。我们分析职业挫折，是要使人们理性地认识挫折，正确地应对挫折，减少挫折发生的频率，降低挫折这种“磨难”对人的伤害程度。实际上，挫折也会磨炼人、造就人，缔造职业生涯的辉煌，须知“盖文王拘而演《周易》；仲尼厄而作《春秋》；屈原放逐，乃赋《离骚》；左丘失明，厥有《国语》；孙子膑脚，《兵法》修列；不韦迁蜀，世传《吕览》……《诗》三百篇，大抵圣贤发愤之所为作也”。

一、职业挫折

（一）职业挫折的含义

职业挫折，是指人们从事职业活动和个人职业生涯发展方面的需求不能满足、行动受到阻碍、目标未能达到的失落状态。例如，某人想要谋求某个职位但却屡屡不能得到；想要发挥才能却没有条件、无人识才；经过大量努力、做了大量工作，却由于主观和客观的原因不能达到目标而陷于失败。职业挫折的本质，是对职业生涯的消极影响。

（二）职业挫折产生的原因

1. 因人职不匹配导致的职业挫折

如果职业岗位对人的素质要求与从业者个人的能力和人格不相匹配，工作不能干好，自然会使人产生职业挫折感。一个人处在工作难度很大、自己无法完成任务、与别人对比相形见绌的情况下，自然更会产生“自己无能”的挫折感。

2. 因才能不能发挥导致的职业挫折

当一个组织在对人的工作安排上大材小用，浪费了人才，个人觉得不能发挥专长时，会产生“被埋没”的挫折感。特别是领导者用人不公正，有人通过“关系”而得到好职位，个人的能力不能够得到发挥时，这种基于价值判断的挫折感不仅会大大加强，还会进一步造成受挫者个人与组织的离心离德。

3. 因组织本身的问题导致的职业挫折

在组织结构的设置及其运行中，不可避免地会存在一定的问题。其中有的问题会影响人的工作，影响人的职业，影响人的生涯。在一个组织中，可能存在以下问题：上级领导的作风不民主，监督和控制过分严厉以至对员工进行惩罚；在组织中个人没有发表意见的机会，使员工失去主人翁的感觉；组织运行制度不健全和领导者不公正，导致劳动报酬不合理，提薪、晋升不公平，员工辛劳和贡献得不到承认；员工被当作“劳动力”，在工作中无法获得信任和尊重，发挥自身的才能与潜能方面的需要不能得到满足。这些组织方面的问题，都会使成员产生挫折感。

4. 因人际关系不佳导致的职业挫折

组织是由人构成的，在组织中会存在一定的人际关系问题。例如，上下级之间缺乏有效沟通；上级对下级不信任、不尊重；组织成员之间关系紧张，互相猜疑、嫉妒；等等。这会使组织成员的友爱、互助、合作需要得不到满足，从而使人产生职业生涯的挫折感。

5. 因其他因素导致的职业挫折

工作的非人性化（如工作过于单调），单位的工作时间安排不当、工作量过大等非正常压力，职业的社会评价不佳等，都可能造成人的工作不顺利和工作成果得不到承认，导致产生职业挫折感。

二、职业挫折的反应与影响

人遇到挫折以后，会有一定的反应，并会对自己以至他人造成一定的影响。具体来说，职业挫折的反应与影响有以下几个方面。

（一）攻击行为

人遇到挫折的时候，往往会产生不满的情绪。当这种情绪发展到“愤怒”和难以控制的地步时，就可能对阻碍满足自己需要的障碍做出反抗，形成攻击行为。

人的攻击行为可以分为直接攻击与转向攻击两种。直接攻击时把攻击矛头指向造成其挫折的人或物；转向攻击是遇到挫折的个人把攻击的矛头发生转移，指向与挫折原因无关的目标，如夫妻吵架后第二天上班时却向同事发火。

（二）冷漠态度

冷漠是指个人受到挫折后不以愤怒和攻击的形式表现，而是采取一种无动于衷的冷淡态度。实际上，挫折者绝不是没有心理上的不满和愤怒情绪，而只是将这种情绪反应暂时压抑下去，在外部行为上表现出遭遇挫折后沉默冷淡的样子。当一个人在职业中受到挫折又无法脱离这种工作时，往往会产生冷漠的反应，其结果是对工作丧失热情，以至消极怠工。

（三）行为退化

退化反应是指人在遭受挫折后，做出与年龄不相称的幼稚行为，其行为表现似乎又回复到儿童时期的习惯与行为方式。例如，有的人在遭受挫折后大哭大闹、撒泼打滚；有的人在受挫折后盲目相信别人。从职业生涯的角度看，一个人受到挫折，也可能会有行为退化，从一定层次的职业阶梯位置下行，去从事那些相对简单、低级的工作，而不能是职业维持和前进。

（四）固执反应

固执反应是指人在遭受挫折后，执意重复某些已经失败了的行动。在大多数情况下，这些挫折、失败后的重复性活动是没有效果的，是在做无用功。一般来说，人遭受职业挫折以后，应当进行反思，应对自己所从事活动的目标、方法进行必要的调整，而不能完全沿袭过去的行为，遭受重复性的失败。但有时执着也能够带来新的生路，这往往是在工作和生涯的大目标并没有发生错误的情况下，执着给人带来（实际上是等来）了外界或组织内部的机遇。

三、职业挫折的克服

（一）正确认识挫折

人们从事工作、学习、研究、创造活动，都是在一定的自然环境、社会环境、人文环境和组织环境中进行的。保持这些活动的顺利，当然是人们的共同愿望，但维持职业生涯永远一帆风顺而不出现挫折，只是脱离实际的幻想。要知道，生涯目标的实现过程，会受到种种条件的限制，因此大学生应当对挫折有充分的心理准备，以达观、坦然的态度对待挫折。这样，在遇到挫折时就不至于过分激动和苦恼，而是保持冷静的态度，比较理智地分析造成挫折的原因，并根据自身职业发展的各种条件，做出相应的对策。

（二）挫折产生的原因与针对性措施

造成挫折的原因多种多样，因此，对具体问题一定要作具体分析，寻找原因，找到适合自己的解决方法。

1. 个人的水平问题及针对性措施

在一个人感觉到从事工作力不从心甚至有很大困难，而同事在相同的情境中却很轻松时，说明自己存在着专业水平、技能水平低于职业岗位要求的能力素质问题。有这种问题的人为数不少，甚至有些高文凭者也存在。这时，就不得不重新“充电”，接受培训，以使自己扭转颓势，不致被单位排斥和落在社会的后面。在学习内容的选择方面，可根据实际需要和客观条件，参加一些培训班。如果这样做困难较大、难以兼顾，也可以考虑放弃现在的岗位，脱产学习，集中精力完成学业，再图发展。当然，后者所付出的时间成本会很大。

2. 不熟悉工作的问题及针对性措施

与上述情况有所区别的是，一个人的基本素质较好，能够胜任职业岗位，致使在实际工作中不能很好地应用理论知识，尚需要一个“磨合期”。这种挫折显然是比较小的挫折，是人的职业生涯中很正常的挫折。这里把它作为挫折加以分析，有益于人们重视这一问题，恰当地解决这一问题。

当一个人处在“不熟悉工作”的情况时，需要在职业岗位中多加锻炼，从实践中学习，要多听、多看、多问其他人是怎么做的，从中吸取宝贵的职业技能经验及生涯发展的经验。

3. 组织环境不好的问题及针对性措施

如果一个人不适应组织的文化，与同事不能和谐相处甚至难以相容时，或者有能力而在单位中被压制，特别是一个单位存在着严重的不公平、领导对自己有成见从而对自己的发展“制造”障碍时，就需要考虑“树挪死，人挪活”的办法，在适当的时候考虑去一个更能发挥自己特长或者自己更加喜欢的工作环境。

4. 职业选择失误的问题及针对性措施

如果一个人在职业生涯一开始时就选择失误，在工作实践中已经发现这个职业根本不可能做好，就应该马上中断，重新选择职业，以找到适合自己的岗位，让自己轻松、愉快地工作。这种二次选择对刚参加工作的大学生来说可能成本会相对低一些。如果一个人的生涯道路已经走了很久，事情就不那么容易了。这时是在从事着一种“非零决策”，即已有一定基础和负担，而不是完全自由的决策。

在对职业生涯再次选择的时候，应当根据个人的条件、组织与自己的相容性和社会能够给予自己的机会，进行“维持”和“离开”两种方向的成本-效益分析比较，做出决策。如果选择“离开”的道路，则要有慎重和严密的考虑，应当在进行类似“可行性研究”的分析以后再做出决策。

（三）提高挫折商

提高挫折商（adversity quotient，AQ）是应付挫折的根本措施，也是职业生涯成功的重要条件。思想成熟、有修养的人往往具有很高的挫折商，他们无论在遇到什么样的挫折时，都能保持乐观向上的情绪，并能通过陶冶情操、宽阔胸怀、加强修养、培养意志等方式，提高挫折商水平。据有关专家研究，挫折商的水平主要是在人的早年活动挫折时受到权威人物（父母、老师等）反复评价的作用下形成的，如果权威人物以体谅或鼓励为主，挫折商就高；如果权威人物一再叱责或打击，挫折商就低。当然，在人们成年以后，挫折商仍然可能通过教育训练等途径加以改善。

人的职业生涯机遇和挫折商水平之间，也有着一定的互动关系。大学生应努力通过各种办法提高挫折商，这样在生涯遭遇挫折时就会比较坚强，同时又进一步强化了自己的挫折商，从而改善自己的职业生涯。

第四节　善于把握和正确对待机遇

积极的人在每一次忧患中都看到一个机会，而消极的人则在每个机会都看到某种忧患。

——职场名言

一、职业晋升

（一）做好第一份工作

事业的成功，不在于做的是什么工作，而在于工作做得怎么样，以及对待工作的态度。美国原国务卿鲍威尔，他的第一份工作是在一家汽水厂里抹地板，当时他就打定主意做个最好的抹地工人，结果第二年就被提升为副工头，最终成为声名显赫的军事家、政治家。凡是能成大事者，都不嫌弃平凡的工作，都是在实干的基石上建立起自己的金字塔的。

（二）爱岗敬业

企业录用员工首先考虑的是其对待工作的态度、精神、团体观念。一位企业家曾这样说：“现在大学生的专业技术、知识都较高，但普遍缺乏的是对本职工作的热爱、精神和团队合作素质。”年轻人应自我警醒，不管自己从事什么工作，要想得到上司的首肯，首先要尊重自己的职业、热爱自己的职业，尽自己的一切力量把工作做好。

（三）理顺人际关系

刚毕业的大学生来到新单位，与同事搞好关系是十分重要的。初来乍到，一切都是陌生的，大学生应多观察、多思考、多做事、少说话，要学会与同事保持一定距离，公平对待每一位同事，避免建立小圈子。

建立和谐的人际关系，要在良好的道德品质和文化素养的基础上，做到以下几点：尊重他人，不自恃清高；平等待人，不厚此薄彼；热心待人，不见利忘义；诚实守信，不贪图虚名；主动随和，不孤陋寡闻；律己宽人，不心胸狭窄；服从领导，不无礼抗上。

（四）尽快崭露头角

首先，大学生在工作中要注重平时创造机会，出色地完成领导交办的细小的工作，取得信任。其次，要注意提高自己的知名度，充分利用各种会议、借助各种社会性活动，包括文艺、体育、庆典等，让上司和同事注意你。当然，最根本的办法是以显著的成绩，这是提高知名度的最有效的武器。最后，找准时机，敢于主动展示自己的才能，亮出自己的成绩。

二、跳槽

（一）跳槽的原因

虽然造成个人跳槽的原因各不相同，但总的归纳起来不外乎两类：用人单位方面的原因和员工自身方面的原因。

1. 用人单位原因

1）用人单位管理者和领导缺乏“人力资源市场”概念，在确定薪酬时只注重单位内部的比较与“平衡”，没有进行跨企业、跨行业的横向分析比较。在这种情况下，如果所定的薪酬偏低于人力资源市场的“通行”价格，就会导致人员的流失，特别是那些已在用人单位中得到一定的实践锻炼与提升且“身价”已经提高的员工就更容易流失。

2）缺乏有效的激励机制，员工的业绩得不到公正评价，付出与获得不相符。有些用人单位员工的底薪偏低，甚至没有底薪，员工缺乏安全感与归属感。把员工当作彻底的打工仔去追求单位的最大效益，那么员工必然会以自身收益最大化作为行动准则，出现跳槽之类的现象也就不足为怪了。

3）用人单位没能营造出一种“留人”的人文环境，福利、生活、工作条件差等。因为少数员工的品德问题而全盘否定了整个队伍，对员工持不信任的态度。因为这一原因而导致员工产生逆反心理而跳槽的也不少。

4）用人单位缺乏对员工的职业规划与从业引导，从而使员工看不到自身在企业的发展前景，或者不能专一、安心地从事工作，总是幻想找到更精彩的世界。

5）用人单位缺乏有效的培训与人才储备机制，满足不了员工的求知欲与上进心。

6）用人单位缺乏战略规划与文化建设，员工看不到企业的前景，也没能形成具有强大号召力与凝聚力的核心理念与共有价值观。很多中小企业都存在这一问题。

2. 员工个人原因

1）经济体制及政治体制改革日渐深入的今天，旧的规则已被打破，企业生存规则还未理性地被员工认同及适应。这样，许多员工的心理就处于一种没有安全感，又欲寻找安全感的状态，自然就出现了频繁的跳槽现象。

2）员工工作态度不端正，过分追求短期利益。谁给的钱多就为谁“打工”，一年吃掉几年的饭，不知爱惜名声、前途与个人声誉，甚至还有极少数员工道德基础堕落，置道德与法律于不顾，发生破坏公物，甚至挪用贪污公款、携款潜逃之类等恶性事件，当以上现象被用人单位察觉时，就成为跳槽的动因。

3）自视过高，不知天外有天，总是觉得自己“屈才”。大学生总认为自己是接受过高等教育的，心中的期望值较高，总想开始工作时就必须达到自己设定的工作岗位，结果理想和现实差距很大。个人理想与现实冲突造成的心理不平衡也就自然成为跳槽的动因。

4）没能认真衡量眼前利益与个人长远发展的关系，轻率离开有难得的培训锻炼机会的用人单位，或稳定、熟悉的职位，去谋求暂时的高薪高职。

5）对自己定位不准，总想另立山头，自己做老板。一个合格的员工和一个称职的管理者、老板是两种不同类型的人才，而很多员工却不明白这一点。由于员工和用人单位管理者、领导总是在被管理和管理上交错，在工作过程中由于工作成效的进展或弱化，每一成因的每一环节上，员工未充分与用人单位沟通或用人单位未充分的了解监督，就会逐渐加深误解，以至产生“信任危机”，最终促使员工跳槽。

（二）跳槽的利弊

任何事物都有它的两面性，有利有弊，只是有利弊大小之分，对于跳槽的行为和现象来说也是如此。对大多数处在职业的初期的高职高专院校毕业生来说，能够清晰地认识到跳槽的弊端和好处，学会权衡利弊趋利避害，对于今后职业生涯的发展会有很大帮助。

1. 跳槽之“利”

确实是由于用人单位的原因，如你与上司关系不融洽，觉得得不到发展，自己也感觉无法适应目前的环境，或者寻求更高的挑战与报酬；或者发现自己的能力应付目前的工作绰绰有余，并且发现了自己真正感兴趣的工作的时候，你就不妨考虑换个工作试试。“打工女皇”吴士宏说过：“我要一种自由施展的空间，如果在一个地方，不菲的薪金和崇高的地位成为束缚我飞翔的因素，如果领导不尊重我的意见，我会立刻抽身离去，毫不怜惜。”她从IBM公司到微软公司，到TCL公司，再到奥克斯公司，一直在跳跃中寻找最大的发展空间。

1）古人说：“穷则变，变则通。”在某种程度上，跳槽是一种双向选择的人才流动机制，它的标准是社会价值与个人价值的有效统一。跳槽不等于盲目跳槽，也不是人才的盲目流动，而是人才的有效流动，是随着市场经济的发展应运而生的。市场经济的自动调节作用引入了人才竞争机制，这样企业的竞争就转化为人才的竞争。因此人才的跳槽必然引起企业和社会的关注，无形中形成了“尊重知识，尊重人才”的氛围，使英雄有了用武之地。如果把计划经济下的人才比喻成笼中鸟、池中鱼的话，那现在在市场经济中的跳槽这一人才竞争机制下，则可以使人才海阔任鱼跃，天高任鸟飞。

2）合理的跳槽一定程度上有利于促使用人单位内部加强管理，不断改进和提高用人单位环境。

① 树立人力资源市场观念，向员工提供有吸引力的薪酬，不要一味凭主观意愿定薪酬，或者过分强调企业内部的“平衡”。

② 制定激励和奖励机制，充分调动员工的积极性，让员工有安全感和归属感。

③ 注重企业的战略规划，让营销人员看到企业远大的目标与美好的前景，吸引营销人员主动放弃个人短期利益，与企业共同发展。

④ 注重企业文化建设，塑造宽松的人文环境。要用制度管理人、监督人，而不要“用人疑人”；要鼓励员工创新和主动承担责任，变“不得有过”的思想为“不得无功”的进取理念，塑造出一种适合进取型员工生存、成长的氛围。

⑤ 实施员工的职业生涯规划和人才储备制度，不断为员工设置更高的奋斗目标，让有发展前景的员工在个人成就、经济收入方面有更高的奋斗目标，永远不要让优秀的员工感到在企业“已干到了头”。

⑥ 加强培训工作，满足员工的求知欲与上进心，并以此吸引并留住优秀的员工。

⑦ 加强对员工的职业道德教育，要让员工懂得：名声是职业人“个人品牌”的重要组成部分，是员工在职业领域不断迈向更高境界的重要资本，而频繁跳槽将会对员工的“个人品牌”造成极大损害。

⑧ 帮助员工对自己进行准确定位，要通过分析让他们判断自己是更适合做一个“老板”还是做一个职业人。如果员工放弃他所驾轻就熟的职业而去从事一个并没有把握的新职业（老板），意味着巨大的风险与高额的机会成本。

⑨ 不要永远把优秀的员工放在“打工者”的位置，要通过员工持股计划、利润转股、期权、赠股、折价配股、分公司参股等形式转变优秀员工的身份。如果你想长期做“大老板”，就必须要让优秀员工做“小老板”。

2. 跳槽之“弊”

（1）跳槽不利于自身的成长

《财经时报》的一份调查显示：60%的“跳槽”者在“跳槽”以后产生了挫败感，认为自己的“跳槽”是失败的。

首先，我们一起来看人是如何成长为人才的。著名科学家钱学森教授给人才下了这样的定义：“我们说的人才，不是什么无才，而是人民之才，是人民当中各行各业的有能力的人。”由此可见，人之成才必须立足本职岗位，勤奋学习，勇于实践，掌握过硬本领，建功立业。人才在成长中，必须把提高自身思想道德素质放在首位。树立崇高的理想和坚定的信念，树立正确的世界观、人生观和价值观，诚实守信。在经济社会生活中，人才更加要塑造自己的诚信形象。

其次，人之成才离不开单位、企业的培养和造就。松下幸之助说，企业中人才成长 50%靠工作磨炼，50%靠训练。一个人精力有限，不可能什么都学，人要成才必须要结合企业发展的需要，职业的要求，有计划、有重点地学习，增强学习的预见性、前瞻性、实效性。反之，你看上去是什么都会、什么都懂，实际上是“半瓶水在晃荡”而已。

如果跳槽者自以为在原单位大材小用，自以为是人才而被单位错用了，为此愤愤不平，于是就凭着一种冲动的本性，自动离职而更换单位，殊不知这种跳来跳去，只会让自己失去一些本应拥有的东西。

“既来之，则安之”这句话不知流传了多少年，适应一个陌生的环境往往需要花费很多时间和精力。与其处心积虑地想一些并没有十足把握的事，倒不如潜下心来，把眼前的事处理好。是金子总会发光的，只要你是人才，无论在哪里工作，早晚都会“冒出头”来。只要你安心在岗位上踏实工作，干出成绩，前途自然不可限量。

“滚石不生苔”，跳槽频繁的人，往往得不偿失。因为工作能力的培养，都要经过一个相对长的时间才能真正实现。如果经常跳槽转行，往往什么都会一点，但什么都不精通、不专业。

由此可见，跳槽并不利于人才成长。

最后，跳槽在本质上是无序的，是一种不规范的人才流动方式。跳槽者自动离职不辞而别的更换单位，有的甚至脚踏两只船。不难想象在崇尚敬业、诚信的今天，跳槽这种不规范的行为，对于树立个人良好形象是不利的。可以肯定地说，没有一个企业单位会信任这种人的。如果一个人失去企业单位的信任，那他将“英雄无用武之地”，更别说会得到培训提拔，长此以往，成才之路也就渺茫了。一颗种子之所以能长成一棵参天大树，它必然有发达的根系支撑着，这就是说一个人才的成长，必须立足本职岗位，适应自己的环境，只有这样才能建功立业，成为一个有用之才。试想，你经常把一棵本来能成材的幼苗挪东挪西，那么它存活尚非易事，更别说成材了。

（2）跳槽可能给自己带来法律纠纷和官司

无论是主动跳槽还是被动跳槽，都要与原单位了结各种关系，如果稍有疏忽，就可能陷入官司的泥潭。因为在我们工作的过程当中或多或少涉及用人单位的客户或者商业秘密等，跳槽到另外的单位后这些重要的资源往往仍是我们赖以生存、发展的基础。在现代商业社会，客户名字就是一个销售网络，就是一个体系。那么什么是商业秘密呢？商业秘密大体上就分为两大类，一是技术秘密，二是经营方法的秘密。不为公众所周知，并且能为它的控制人带来经济利益，具有实用性，并且由控制人予以保密的这种技术和经营咨询称为商业秘密，包括设计、程序、产品的配方、数据、管理的诀窍、在经营当中的客户名单、货源情报、产销策略等，另外还有招投标方面的一些资料、底标等也属于此列。

（三）跳槽者应具备的资本和能力

有一幅漫画，说的是两种挖井方法。一种是在一个地方挖两锹，看挖不出水，就换个地方挖，再不出水，就再换地方……另一种是认准了一个地方，不管怎样艰难都坚持挖下去……当然，他们的结果都很难说。那个不断变换地方的挖井人，也许因为他的灵活、思维开放就挖到了水；也许因为他浅尝辄止、没有坚持而挖不到水。另一位也许因为他不知变动而失败；也许因其坚持，遇到了水脉，泉水就喷涌而出。人们工作的态度又何尝不是如此，有的人不断跳槽，跳来跳去，心机用尽；有的人则再不如意也会坚持下去，直到老去。不同的方式决定着不同的人生，也就是说，不管用什么方法，都要用他的机会成本去搏。然而收获又怎样呢？回首检视，不知有几个人对自己的选择是满意的。

1）跳槽应该有理由，但在众多的理由中，自己的职业目标和职业定位才应该是核心的选择，只要符合自己的职业设计与职业方向，就应该在一个地方“挖”下去。“天将降大任于斯人也，必先苦其心志，劳其筋骨，饿其体肤”，不要因为非目标性的原因，而盲目地频繁跳槽，最后造成挖井而始不见水，失去了岁月青春，一生一无所获。盲目跳槽的朋友，应该准确确定自己的职业定位，去掉浮躁，潜心“修炼”。“任何一个公司的内涵和企业文化都不是一个人在三五个月就能学得到的，无论是搞专业还是搞管理，只有去掉浮躁，潜心修炼，才能让自己更快地进步。”否则，就会为找另一份工作而不停地奔波。

2）确立明晰的努力方向。古人说：“天行健，君子以自强不息。”这深刻说明了勤奋努力、刻苦自强对于一个人成才的重要性。一个人在明确了个人的人生道路后，就要朝着这个方向不断努力，才有可能取得成功。奋斗不止和方向正确是成功所必不可缺少的。如果一个人仅有努力的方向而没有努力的具体行动，那么就不可能成功到达目标，目标更会成为海市蜃楼，形同虚设；但是如果仅有努力的行动，而方向不明晰，道路方向不清楚，那么个人的精力就可能会分散而不集中，甚至朝三暮四，最终空手而归。

给自己找个跳槽的理由不难，难的是你跳槽的理由是否充分，是否真正了解自己，有没有准确的职业目标；要衡量自己的才能是否胜任、个性是否适合、兴趣是否浓厚，是否真正具备了跳槽的资本和能力。理性跳槽者应具备下列基本条件：①对职业目标、职业定位准确，既不好高骛远，也不自甘弱小；②对职业具有良好的敬业精神和良好的学习习惯；③能正确认识自己；④具有善于总结、勤于思考的能力；⑤具有适应新工作、新环境、新人际关系的能力；⑥接受过良好的、系统的、专业的培训；⑦具有同行业过硬的专业本领。

（四）怎样实现跳槽

很多人之所以跳槽失败，原因不在于跳槽本身，而在于跳槽的人没有想清楚和把握好与跳槽有关的一系列问题。

1. 什么是好单位

好单位通常具备以下几个衡量指标。

1）公司形象良好，或为业界的模范。名牌公司、业内龙头自然声名远扬，只要成为其中一分子，都会觉得无比光荣。好比哈佛、牛津的毕业生，不管你的成绩是 A 还是 C，别人无不对你肃然起敬。但也存在一个问题，就是船大调头难，很多大型公司下设若干子公司，如果母公司尚且存在各种问题，子公司的效益就更不尽如人意了。

就职于大型公司企业（包括机关事业单位）有利的一面是它的稳定。即使航运公司在外面沉了一条船，公司里工资奖金也照发。但问题也同样存在，那就是大型公司企业很难注意到你个人的能力或才华。习惯了“批处理”的办事方式，培训、晋升、提职都得按期、分批。稳定固然使人衣食无忧，但同时也消磨一个人斗志，让你很快没入平常。

随着政治、经济、国内、国外方方面面因素的影响，传统的“铁帽子”行业也开始出现大量挑战性因素。相比之下，小而精悍的公司企业也会有非凡的声誉。经济学家和管理学家目前对“小公司”的定义尚不能达成共识：有人认为凡未列入 500 强的企业就是中小企业；也有人认为员工总数少于 100 人就是小企业；还有人认为营业额低于 100 万元的就是小公司。在规模小但业绩良好、充满生命力的单位里，一个最好的方面就是每个人的价值可以得到发挥，能力可以得到很大提高。假如你希望在某一个行业增长个人的从业经验和资历，为今后的长足发展创造条件，到该行业的中小型公司工作往往比较适合。而且小公司对人的约束力往往也较小，通常以劳动合同方式界定双方的权利义务；违约者按约赔偿违约金，不存在“大衙门”的是是非非、行政制裁。

2）优秀的员工、和谐的人际关系。一家用人单位各方面条件好，内部员工自然也人才济济，你也就有更多的学习机会，提升也就越大。这就如同各国参加奥运会的队友、知名乐团的成员，其间每个人都是精英，和他们在一起工作，个人所能爆发的创造力是相当可观的。相反，如果大家都终日无所事事，每天勾心斗角，为权力和利益而争，你就很难避免堕入一种恶性循环之中。不管如何，和“高手过招”，就算你起点水平很低，也会获取难得的经验——而这正是你今后发展所必需的。看一看你从业的部门人员构成是青年中居多，还是老同志居多；男士居多还是女士居多；真正工作的人居多还是聊天的人居多；精神面貌高涨、谈吐自信的居多还是情绪萎靡……

3）培训的机会。美国训练发展协会执行副总裁普拉特曾经说过，对公司来讲，员工培训的制度化比公司的有形资产更为可贵。一家公司、单位是否生机蓬勃，重要的一方面就是它的员工培养计划安排的怎么样。与很多生机盎然的单位相比，观念陈旧的用人单位生怕员工谈“培训”二字，往往采用几年内不得报考研究生、几年内不得出国留学压服新人。教育可以被换算成金钱，也可以被换算成能力。一批不断充电、年富力强的员工无疑会回报公司丰厚的利润，即便这些人待不多久便跳槽了，对公司也是一笔财富。

4）相当的薪金待遇、晋升机会和定期考评制度以及开明的管理方式。待遇不仅包括工资收入，还包括一切工资外收入和福利（如有无住房公基金、医疗保险、失业保险、单身住房补贴、外勤车旅费用、年终奖金津贴、分房方式等）。有调查显示，我国城市高收入居民的工资外收入已经占到其经济来源的 48%以上，各种奖金、福利等加起来所形成的工资外收入已经成为我国拉大居民收入差距的重要因素。开明的公司都有一套规范的人员激励机制，虽然平均收益在业界并不是头筹，但多数员工都能感到一种公平感。比起单一部门大权独揽，唯领导意志的“家族式”管理当然要开明许多。

5）公司文化、精神主导与自己个性贴合。并不是只有大型公司企业才强调企业文化，事实上每家公司自其发起成立之日起就开始积累和形成一种“非制度化”的氛围，这些氛围不写在纸上，但却实实在在地融入每个员工平时的工作中。有的人能够很快融入这种氛围，能够很快赢得上司的赏识，很大程度上归因于其人格素质与企业文化相容，或者他能够把握企业文化，适时调整自我。反之，很多人却始终只能游离于企业文化氛围之外，不仅自己感到不适，周围的同事也很难与之融洽相处。

2. 企业的生命周期

并不是说每个企业与个人的结合程度都会一成不变。企业是一个有生命的有机体，总是处在诞生、成长、成熟和衰退（蜕变）的阶段中。即使是性质或制度完全一样的企业，由于其所处生命周期阶段的不同，对每一员工的成长影响也会有极大的不同。

处在诞生期的企业，会对员工提出极大的挑战，也会给员工提供极大的发展机会。在这一类型的企业供职，会有相当大的压力和风险，但高风险常常与高回报并存。由于一切都在初创期，一切都必须从头做起，决定企业生存的关键因素主要是企业与外部环境之间的关系，如与政府各部门之间、与顾客之间、与竞争对手之间、与投资者之间等的关系。这时，企业内部管理、员工关系等都处于相对次要的位置。在这样的企业工作，需要有较强的外联公关能力、处理多项事务的能力和广阔的知识面。过于按部就班的人、讲究条例或程序的人当然就不大适合在处于发展初期的企业工作。

在处于成长期的企业工作也需要员工有较大的付出，但一般来讲工作忙自然收入也高，发展快自然升迁的机会也多。进入成长期的企业就好像是一架高速运转的战车，由不得员工有任何的偷懒和松懈。企业需要的是一位精力充沛、好胜向上的人，而假如你恰恰是这样的人，那便会随着企业的高速发展获得快速成长。

进入一个已经处于成熟期的企业，等待你的可能是比较悠闲的工作内容、比较轻松的工作节奏，并可能获得不菲的工资收入，即使是相对较少的付出也能获得较好的业绩。但有一得必有一失，在成熟的企业工作，个人的价值常常容易被淹没在循规蹈矩的工作流程中，个人的发展往往被限制在论资排辈的提升体制中。“稳定”是这类企业吸引人的一面，但“挑战”与“机遇”往往也容易被湮没在岁月的尘埃中。

有时一不小心你也可能进入一个处于衰退期的企业。那也不能完全怨自己，因为进行选择确实是件不容易的事情。正确的决策需要完整的信息作基础，而一旦信息不完整，甚至是虚假的时候（这种情况还可能是经常发生的），因选择错误带来的沮丧也就随之而来了。有时候你高高兴兴地进入了一个成长期的企业，却不幸被安排到了一个处于衰退期的部门，那你怎么办呢？其实，衰退本身也没什么可怕的，衰退期的企业或衰退期的部门也并不是人人都无事可做。物极必反，衰退期的另一种说法是蜕变期，或变革期，从某种意义上来看是又进入了新的诞生期。在这样的企业工作虽然有一种压抑感、危机感，但也能使人产生一种变革和创新的冲动，对员工的素质要求会更接近诞生期的一些基本内容。当然，这可能是一个比单纯的创业更艰难的过程，如果一个人无法自新突进，就有随着企业衰退而落后于整个时代的风险。

3. 跳槽的时机把握

一旦决定跳槽，你在实施的过程中你需要选择恰当的跳槽时机，比较妥当的做法如下：

1）守口如瓶。跳槽是很私人的决定，你一定要尽力避免走漏风声，即使对自己最要好的同事也要守口如瓶。

2）知己知彼。查阅与目前公司签订的劳动合同，明确自己是否受到违约金等条款影响、离职手续办理难易程度等，做到心中有数。

3）尽可能收集新公司的信息及可能要求自己提供的项目，做到有备无患。

4）设计简历。准备一份职业化的简历，你可以寻求职业顾问的帮助。

5）有时候根据自己的工作经历和能力，使用猎头公司应聘也不失为一种有效的策略。

6）递交辞呈。向原公司递交辞职信，做好离职过渡期的安排。

7）与人为善。虽然你应聘成功了，虽然你可能“痛恨”原来的公司，但是也不要在背后恶言冷语，也许你哪天还会“用”到原来的公司，这谁也说不准。

4. *跳槽之后的注意事项*

当你跳槽了，面对新的工作环境、新的同事、新的工作等问题，该如何去解决？

初到新岗位的第一周多帮别人的忙，低调展现自己。这个时期办公室可能开始会有许多关于新人的传言。在这一周里，你对那些传言不要太在意，照自己的步调生活、工作。对于日常工作的操作方法要尽快熟悉习惯。为了让自己能更容易进入状态，多帮别人的忙是个很不错的方式。所谓“树大招风”，因此在这一周里，不要一开始就让自己崭露头角，切忌太突出、太与众不同。比起展现自己的能力，在这个时期多了解工作更为重要。关于工作提案或自我表现，待一切熟悉后便可尽情发挥。

第二周把握工作流程，了解公司的期待。进入第二周后，要确认自己的工作细节，若有不懂的部分一定要问。除了自己所属的部门，也要尽力去了解其他部门的工作性质及往来的客户。尤其对于那些转行跳槽的人而言，在第二周，最需要将有关的业务知识彻底了解。或许这会让你觉得很吃力，但这是绝对必要的。主管慢慢地也会开始思考可以交付你何种任务，不过在这个时候别过于做作，自然地表现自我即可。这个时期最重要的课题，就是把握工作的流程并了解公司对自己的期待。在以后的两周内要把握见面机会，试着与同事沟通，创造同事之间良好的人际关系。

在跳槽后的一个月内，你要试着去了解上司和同事过去的经历，这应该是在通过很自然的聊天交流中获取的。另外，切忌不分场合地直接去了解上司和同事的过去经历，因为这样很容易产生误解。而在工作上有合作关系，却很少碰面的人，更要把握见面的机会，设法增加彼此沟通的机会。在这个时候自己应该会有一些比较熟的同事了，聊天时要切记避免拿以前的公司来做比较。第一个月过去后，你就应该以在工作上独立操作为目标，不妨也好好回想自己这一个月的工作有哪些缺失，今后是否有需要再改进的地方。只要把握好跳槽后一个月的操作期，这样你就会很轻松地融入新的工作环境里了。

以上所述的注意事项为一般情况，在现实环境下应灵活变通。

案例分析 11-1

正确对待办公室的小团体

宋丽是一家美资公司的销售部经理。她最讨厌的就是“小团体”，也因此得罪了以部门副经理为首的一些同事。最近，宋丽在一项重要计划方案的竞争中败下阵来，原因是大多数人都投票支持那位副经理。“我成为办公室政治的一个牺牲品。”对于这个结果，宋丽既惊讶又愤怒。

分析：宋丽面对的这种“小团体”问题，在职场上屡见不鲜。尤其在今天，人际关系中讲的是沟通和交流，它对封闭自我的人们提出了新的挑战——增强人际交往能力，跳出个人小圈子，融入集体中去，成了很多人不容回避的现实。于是，“小团体”也有了很大的发展空间，漠视它相当于漠视了现代的企业文化。那么，该如何正确对待办公室里的小团体呢？

首先，要学习推销自己。不要借口“不喜欢搞关系，不想活得太累”，而排斥必要的“沟通”。他们了解你吗？他们心目中的你像你自己想象的那么好吗？要认识到个人同组织的辩证关系，尊重他人，哪怕是缺点。

其次，扩大自己的朋友圈子。职场上得有高素质的朋友圈子，才能打造高质量的生活。“你成就了团队，团队也会成就你”。

再次，不要一味排斥“办公室政治”。上班族应看清一个事实，“办公室政治”没有旁观者，这是一场你不参赛就会自动被判出局的游戏。想要独善其身的人，下场可能是被大家遗忘，甚至哪一天你就得卷铺盖走人。与其对“办公室政治”心怀排斥畏惧，不如投身其中，享受它。而拿捏的分寸则是“害人之心不可有，防人之心不可无”，简而言之，就是广交朋友，让周围的同事和领导成为你的良师益友。

最后，“同理心”必不可少，好奇心保持就好。在心理学里，“同理心”指的是在沟通的过程中充分理解和合理表达，也就是我们常说的“将心比心”。

职场中，人们自我防御意识很强，总是想把自己掩藏起来，让别人猜不透。而与人交往的过程是需要不断沟通、相互了解的。一个总抱怨自己圈子小的人，问题往往出在自己身上，想让别人对你打开心扉，你首先也要有一个开放的心态。另外，要保持适当的好奇心，注意回避过分私人化的问题，尤其是在工作时间以内。

案例分析 11-2

目标必须用行动来实现

杰森和约翰是邻居，他们的家坐落在离小村两公里远的山坡上，那里空气清新，景色宜人，而且每到春夏交替的那段日子，山花与松叶所散发的清香就会弥漫整个山谷，惬意极了。然而美中不足的是，在通往他们两家的路上，有一棵胡杨树挡在路中，每次开车路过时，他们不得不小心翼翼地绕过它。

一天杰森和约翰在路上相遇了，他们商量要把这棵树砍掉，并且约翰想要明天就动手。

“可是……可是我明天有一件非常重要的事情！”杰森说。

“那么就过几天好了，我想我们会干得很好的！”约翰耸了耸肩说。

然而事情的发展并没有像约翰所预想的那样。几乎每次谈及此事，他们都会有一些意外的事情要去处理。就这样，日子一天天地过去了，一年、两年、五年、十年、二十年……当他们须发斑白的时候，一天，两位老人再次在树旁相遇了。

“老伙计，我们真的应该把它砍掉了，要不然琳达和凯森他们会在这儿出事的。看，这家伙的体形越来越大了，占据了半条路的空间。”约翰望着已经长得粗壮如柱的胡杨树说。“是啊，这么久了，我们还是没有砍掉它，这回我们该用锯子锯喽！”杰森边说边蹒跚着向家里走去，他决心用小钢锯锯断它。

可是，由于他们已老迈，再也拉不动那把小钢锯了。

分析：杰森和约翰要完成的工作目标很现实，也没有难度，但终生没有实现，缺少的是务实的行动。人不能没有理想，要确立一个符合实际的理想也很重要，但最重要的是用行动付诸实施。我们不能光坐而论道，做语言上的巨人，行动上的矮子。

案例分析 11-3

你会如何抉择

王某毕业于一所名不见经传的本科院校，学财政学，大学毕业后在国企做会计。两年后，王某跳槽到会计师事务所，取得注册会计师、注册税务师和注册评估师资格。因为要谈朋友和结婚，两年后，王某离开了事务所（因为经常要出差）。之后，王某在国家电网系统所属的公司（武汉）做财务主管，年收入 10 万元左右。由于公司利润大，但是规模小，根本谈不上财务管理，更谈不上资本方面的运作。由于行业的原因，公司每年需要支付大量的信息费。公司创始人也乘机捞钱。王某所能做的就是做好账务处理。王某在这家公司工作近两年，觉得自己没有提高，反而在退步，心中很郁闷。

王某结婚后，准备换一份工作。王某希望能从事一些有创造性的工作，比如投资、财务分析、资本运作等方面的工作。

之后王某准备考 MBA，但是很多人都说他这种情况不适合读 MBA。但王某还是希望能进一步提升自己的能力，但是不知道该怎么着手。

那么，王某应该往哪个方向发展？为了那个方向，王某现在还需要做哪些努力和准备？

分析：王某明显缺少相对完整的职业生涯规划，面临职业生涯的困境，显得进退两难。世界上很难有十全十美的选择，王某的优势在于工作以后积累的财会工作经验，在此基础上从事投资、资本运作方面的开创性工作是可行的，但是需要补充相关专业知识。建议，王某在继续做好现有工作的同时学习投资、资本运作等财务管理方面专业知识，并考取相关职业资格证书，并对照理想工作单位的职业标准充电。

学生活动

11.1 交流研讨

11.1.1 高校毕业生在就业时如何才能完成从学生角色向职业角色的转换？

11.1.2 客观环境对人的成才会产生什么影响？

11.2 调研活动

11.2.1 采访两位顶岗实习或预就业表现出色的学生，了解他们对适应职场的体会。

11.2.2 利用暑期社会实践到企业打工，了解和适应企业文化。

阅读资料及教学课件

初涉职场的四大经典建议

三位资深职场人士传授职场秘籍

职场新人如何度过三个月试用期

写给刚毕业参加工作的朋友真诚的话

初入职场如何得体着装

毕业生融入职场攻略

初涉职场如何应对人际关系

大学生初入职场应具备的12种能力

最让老员工讨厌的8种职场新人

第十一章教学课件

参 考 文 献

陈曦，赵北平，2007．大学生就业指导［M］．武汉：武汉理工大学出版社．
董文强，谭初春，2007．大学生职业生涯规划［M］．西安：西北工业大学出版社．
杜林致，张旭翔，2005．大学生职业规划与拓展［M］．南京：河海大学出版社．
杜言敏，杨斌，肖祥，等，2005．大学生职业发展与求职方略［M］．济南：山东人民出版社．
杜映梅，Bessie，2005．职业生涯规划［M］．北京：对外经济贸易大学出版社．
胡金波，2008．大学生就业与创业指导［M］．南京：江苏教育出版社．
杰弗里·蒂蒙斯，小斯蒂芬·斯皮内利，2005．创业学［M］．周伟民，吕长春，译．北京：人民邮电出版社．
李明才，2006．职业指导［M］．北京：石油工业出版社．
李仁山，2006．大学生职业道德教育与就业指导［M］．北京：首都经济贸易大学出版社．
林夕宝，王传明，2006．大学生就业指导［M］．北京：北京理工大学出版社．
林永和，2006．毕业生就业指导［M］．北京：经济管理出版社．
刘德恩，包昆锦，2006．职业生涯规划：学习、就业与创业指导实操［M］．北京：北京师范大学出版社．
刘俊坤，2000．就业全程指导［M］．长沙：湖南大学出版社．
刘善球，张玉东，2007．大学生职业生涯规划与就业指导教程［M］．长沙：中南大学出版社．
孙权，2005．高职大学生就业指导［M］．北京：北京邮电大学出版社．
田光哲，2005．创新职业指导：新理念［M］．北京：中国劳动社会保障出版社．
王波，2006．大学生求职就业指导［M］．哈尔滨：黑龙江教育出版社．
王兆明，2005．就业创业实务［M］．苏州：苏州大学出版社．
温金梅，2006．到哪里找个好工作［M］．北京：中国人事出版社．
伍秋林，2007．大学生创业指导教程［M］．长沙：中南大学出版社．
肖建中，2006．职业规划与就业指导［M］．北京：北京大学出版社．
许玫，张生妹，2006．大学生如何进行生涯规划［M］．上海：复旦大学出版社．
郁义鸿，李志能，罗博特·D.希斯瑞克，2000．创业学［M］．上海：复旦大学出版社．
张敏强，2005．大学生职业规划与就业指导［M］．广州：广东高等教育出版社．
张震，2004．人力资源管理［M］．南京：东南大学出版社．
钟谷兰，杨开，2017．大学生职业生涯发展与规划［M］．2 版．上海：华东师范大学出版社．
周湘浙，2006．大学生就业指导［M］．杭州：浙江大学出版社．

附录 《大学生职业发展与就业指导》阅读资料目录

上篇 职业认知

第一章 大学生就业体制和就业形势

一、劳动力市场七大供需变化影响大学生就业

二、高校扩招后大学生就业十二大变化

三、大学生应培养和建立全新的就业观念

四、大学生就业应避免的几大误区

五、给大学新生的建议

六、原北大校长王恩哥送给毕业生的 10 句话

第二章 自我认知与职业

一、细说职业分类

二、职业选择的策略

三、职业理想不等于理想职业

四、大学生应树立正确的择业观

五、职业选择：螺丝钉或者万金油

六、大学生十大“职业错乱症”

第三章 职业素质与职业能力

一、主要职业资格证书考试介绍

二、我为什么不愿招应届大学毕业生

三、具备哪些素质的求职者最受知名企业的青睐

中篇 职业生涯规划

第四章 职业价值与职业选择

一、自我评价的误区

二、在自我认知中不断进化

三、如何正确认知自我

四、完善的自我认知对人生很重要

五、如何确定择业目标